［增补版］

中国古建筑调查报告

梁思成

上

THE REPORTS ON CHINESE
TRADITIONAL ARCHITECTURE

生活·讀書·新知 三联书店

Copyright © 2024 by SDX Joint Publishing Company.
All Rights Reserved.

本作品版权由生活·读书·新知三联书店所有。
未经许可，不得翻印。

图书在版编目（CIP）数据

中国古建筑调查报告 / 梁思成著. —增补版. —
北京：生活·读书·新知三联书店，2024.7
（梁思成作品）
ISBN 978-7-108-07592-5

Ⅰ.①中… Ⅱ.①梁… Ⅲ.①古建筑－调查报告－中国　Ⅳ.① K928.71

中国国家版本馆 CIP 数据核字 (2023) 第 007050 号

责任编辑	刘蓉林
装帧设计	薛　宇
责任校对	张国荣　常高峰
责任印制	宋　家
出版发行	生活·讀書·新知 三联书店
	（北京市东城区美术馆东街 22 号 100010）
网　　址	www.sdxjpc.com
经　　销	新华书店
印　　刷	天津裕同印刷有限公司
版　　次	2024 年 7 月北京第 1 版
	2024 年 7 月北京第 1 次印刷
开　　本	720 毫米 × 1020 毫米　1/16　印张 102
字　　数	700 千字　图 1718 幅
印　　数	0,001－6,000 册
定　　价	468.00 元

（印装查询：01064002715；邮购查询：01084010542）

20世纪30年代,梁思成在中央公园
营造学社办公室前留影

目录

导言　建筑史的基石　　王　南

上　册

蓟县独乐寺观音阁山门考 ··· 1

宝坻县广济寺三大士殿 ··· 105

平郊建筑杂录 ··· 175

正定古建筑调查纪略 ··· 207

大同古建筑调查报告 ··· 277

中　册

云冈石窟中所表现的北魏建筑 ··· 517

山西应县佛宫寺辽释迦木塔 ··· 569

赵县大石桥即安济桥——附小石桥、济美桥 ··· 761

晋汾古建筑预查纪略 ··· 793

曲阜孔庙建筑之研究 ··· 901

下　册

清文渊阁实测图说　···　1041

西南建筑图说　···　1075

　　四川部分　···　1079

　　云南部分　···　1337

浙江杭县闸口白塔及灵隐寺双石塔　···　1427

记五台山佛光寺建筑　···　1457

广西容县真武阁的"杠杆结构"　···　1555

导　言　建筑史的基石

王　南

在梁思成先生的学术生涯中，中国建筑史的研究占有举足轻重的地位。他在建筑史研究方面的重要成果大致包含以下几部分：第一，中国建筑史的撰写，包括《中国建筑史》（1943年完稿）[1]和英文版《图像中国建筑史》（*A Pictorial History of Chinese Architecture*，1946年完稿）。[2]第二，对北宋《营造法式》和清工部《工程做法则例》的研究与释读，成果有《清式营造则例》（1932年完稿，1934年出版）和《〈营造法式〉注释》（1982年，2001年）。[3]第三，十余篇中国古建筑调查报告以及数十篇其他学术论著。本书收录的主要是梁思成在中国营造学社时期撰写的古建筑调查报告，它们既是梁思成及学社同仁进行中国古建筑实地调查测绘的第一手学术成果，同时为梁思成的上述两项重要工作——《中国建筑史》的著述和《营造法式》的释读——打下了坚实的基础。

胡适认为理想中的学者是既能博大又能精深，他曾将此类学者及其治学比作金字塔——"塔的最高度代表最精深的专门学问……塔底的面积代表博大的范围……

---

[1]　该书稿原名为《中国艺术史·建筑篇》，1955年因教学需要出油印本时更名为《中国建筑史》，此后均沿用此名。

[2]　此外，梁思成还参与了1959—1965年建筑科学研究院建筑史编委会组织的《中国古代建筑史》集体编写工作，他和刘敦桢同为这项工作最主要的领导者，并撰写了该书第六稿的"绪论"（1964年7月）。参见：建筑科学研究院建筑史编委会组织编写，刘敦桢主编《中国古代建筑史》，北京：中国建筑工业出版社，1978年。

[3]　《营造法式注释》（卷上）于1982年由中国建筑工业出版社出版；包含"卷下"的完整版则于2001年作为《梁思成全集》第七卷由该社出版。

宋儒程颢说得好：'须是大其心使开阔；譬如为九层之台，须大做脚始得。'"[4] 借此为喻，如果说《中国建筑史》《〈营造法式〉注释》等论著代表梁思成建筑史研究的学术金字塔那令人高山仰止的顶端，那么他十余载的古建筑实地调查及其工作结晶——系列古建筑调查报告，则是金字塔广阔无垠的牢固基石。也可以说，正是凭借对一座座古建筑的实地调查和一篇篇调查报告的撰写，梁思成得以一步一个脚印地攀上了建筑史研究的学术高峰。

20 世纪 30—40 年代，梁思成与中国营造学社同仁的足迹遍及中国十五省的二百余县，调查了逾两千处古建筑，工作成果集中体现在他们发表在《中国营造学社汇刊》（下文简称"《汇刊》"）的一系列调查报告中。其中，梁思成参与撰写的调查报告共计十一篇，包括独立完成的五篇和与人合著的六篇，分别为：1.《蓟县独乐寺观音阁山门考》（第三卷第二期，1932 年）；2.《宝坻县广济寺三大士殿》（第三卷第四期，1932 年）；3.《平郊建筑杂录》（与林徽因[5] 合著，出处同上）；4.《正定古建筑调查纪略》（第四卷第二期，1933 年）；5.《大同古建筑调查报告》（与刘敦桢合著，第四卷第三、四期合辑，1933 年）；6.《云冈石窟中所表现的北魏建筑》（与林徽因、刘敦桢合著，出处同上）；7.《赵县大石桥即安济桥——附小石桥、济美桥》（第五卷第一期，1934 年）；8.《晋汾古建筑预查纪略》（与林徽因合著，第五卷第三期，1934 年）；9.《平郊建筑杂录（续）》（与林徽因合著，第五卷第四期，1934 年）；10.《清文渊阁实测图说》（与刘敦桢合著，第六卷第二期，1935 年）；11.《记五台山佛光寺建筑》（第七卷第一、二期连载，1944—1945 年）。

另有三篇调查报告因抗日战争全面爆发而未能发表：一是《山西应县佛宫寺辽释迦木塔》（完稿于 1937 年）[6]，该报告的手稿在湮没近七十年之后，于 2006 年 4 月被重新发现；二是《浙江杭县闸口白塔及灵隐寺双石塔》（完稿于 1937 年 4 月）；三是《西南建筑图说》（约完稿于 1940—1945 年间，未署名，推测与刘敦桢合著）。[7] 另外，1961 年底梁思成重操放下约二十年的旧业，调查测绘了广西容县真武阁，并撰

---

[4] 胡适：《读书》（原载 1925 年 4 月 18 日《京报副刊》）。参见胡适：《读书与治学》，北京：生活·读书·新知三联书店，1999 年，3—12 页。
[5] 此文及《云冈石窟中所表现的北魏建筑》发表于《汇刊》时，林徽因仍署其原名"林徽音"，本文统一写作林徽因，特此说明。

写了人生最后一篇古建筑调查报告——《广西容县真武阁的"杠杆结构"》（发表于《建筑学报》1962年第7期）。

此外，梁思成在《汇刊》发表的《曲阜孔庙之建筑及其修葺计划》（第六卷第一期，1935年）一文的上篇——"孔庙建筑之研究"，逾四万字，约占《汇刊》三分之二期的篇幅，完全符合调查报告的标准。

以上所述十五篇古建筑调查报告，外加《曲阜孔庙之建筑及其修葺计划》的上篇"孔庙建筑之研究"，全部收入这套《中国古建筑调查报告》（全三册）之中。

本文是笔者对上述文章的学习心得，尝试略述其主要学术价值及写作特点，拟探讨以下几个方面：首先，通过实地调查测绘和调查报告的撰写，梁思成及学社同仁确立了中国古建筑科学调查研究的范式；第二，梁思成逐步释读了《营造法式》这部在他初读时犹如"天书"的古代建筑专著；第三，梁思成一方面为系统研究中国建筑史积累了丰富的资料，同时逐渐形成其建筑史研究的理论体系，为最终完成《中国建筑史》与英文版《图像中国建筑史》奠定了基础；最后，这些调查报告不仅是高水平的学术论文，且兼具文学的美感，完美地将现代科学论文与中国古代游记散文两种文体熔于一炉，同时予人智识的启迪和审美的享受——其文字饱含着梁思成、林徽因在《平郊建筑杂录》中共同提出的"建筑意"。

一、调查研究范式之建立

梁思成是中国营造学社古建筑实地调查测绘以及研究报告撰写的科学范式的建立者。尤其是他的第一篇调查报告——《蓟县独乐寺观音阁山门考》（以下简称"《观

---

［6］《梁思成全集》（第十卷）收入《山西应县佛宫寺释迦木塔》一文，文前"编者的话"中称"1935年他们又赴应县补测了第一次疏漏的部位，直到年底才完成了全部图纸及调查报告"。然而《山西应县佛宫寺释迦木塔》一文"装修"一节中有"去岁再度赴应调查时……"的明确记录，据现存应县木塔测稿（清华大学档案馆藏），学社第二次赴应县调查测绘木塔的时间是1936年5月5日至5月12日，由此可知手稿应完成于1937年（故称1936年为"去岁"），并且应在1937年6月底赴山西五台山调查之前。
［7］参见本书下册《西南建筑图说》注释的说明。

音阁山门考》"),对于调查研究范式的确立起到了决定性的作用。[8]在此之前,《汇刊》尚未发表过古建筑调查报告,《观音阁山门考》既是第一次尝试,更是一座里程碑,可视作后续一系列调查报告的范本。

《观音阁山门考》开宗明义地提出:

> 近代学者治学之道,首重证据,以实物为理论之后盾,俗谚所谓"百闻不如一见",适合科学方法。
>
> ……
>
> 造形美术之研究,尤重斯旨,故研究古建筑,非作遗物之实地调查测绘不可。

上文点明古建筑研究的基本方法是"作遗物之实地调查测绘",并"以实物为理论之后盾"。自此,实地调查测绘成为营造学社古建筑研究最重要的途径之一,即便在抗日战争时期极端艰苦的条件下,学社同仁仍然尽一切可能进行此项工作。

该报告进一步指出,调查测绘的基本方法是"实地研究,登檐攀顶,逐部测量,速写摄影,以纪各部特征";而调查报告的撰写方式则是"归来整理,为寺史之考证,结构之分析,及制度之鉴别"——两段文字言简意赅,高度概括了调查测绘研究的基本范式。

(一)实地调查测绘

据统计,中国营造学社于1937年之前共计详细测绘二百零六组大小建筑群,完成测绘图稿一千八百九十八张。[9]如此丰硕的成果,系建立在科学的实地调查测绘方法之上。

梁思成曾于1950年4月19日做了题为"中国建筑调查研究的技术"的演讲[10],详细介绍了营造学社古建筑调查测绘的方法,主要内容分为"法式则例准备"、"文

---

[8] 相关讨论可参见陈薇:《千里之行,始于足下——学习梁思成先生发表的调研论文有感》,《建筑史学刊》,2021年第2卷第2期。
[9] 参见林洙:《中国营造学社史略》,天津:百花文艺出版社,2008年,151页。
[10] 讲稿(手稿)现藏于清华大学中国营造学社纪念馆,部分相关内容可见《建筑史学刊》,2021年第2卷第2期,135—136页。

献准备"和"田野工作"三大部分。

1. 法式则例准备

在外出实地考察之前,梁思成等学社成员须尽可能熟悉北宋《营造法式》和清工部《工程做法则例》这两部重要的建筑典籍。《工程做法则例》是梁思成研究古建筑的入门书,通过拜清末民初的老匠人为师,结合对故宫古建筑的实地调查和对《工程做法则例》的研读来研究清式建筑,并完成专著《清式营造则例》。对《营造法式》的解读则要难得多,是在之后一系列实地调查研究中逐渐入门的(详见后文)。

2. 文献准备

梁思成开列的文献主要包括:"(一)地方志,(二)游记,(三)图画、照片,(四)邮询,(五)传闻,乃至(六)歌谣诗词之类。"

由于营造学社与当时的北平图书馆(今中国国家图书馆之前身)建立了合作关系,所以地方志等相关文献,学社同仁可以在考察前方便地获睹。

"照片""邮询"二项,典型的例子是梁思成对应县木塔的调查:由于当时去应县路途不易,为了预先了解塔的外观以便判断是否值得跑一趟,梁思成便写了封信,信封上写"探投山西应县最高等照相馆",请当地照相馆帮助摄影,最终真的获得一张应县木塔的相片。

至于"传闻",《观音阁山门考》中转述蓟县耆老缙绅所云,独乐寺为"唐贞观十年建""尉迟敬德监修""为安禄山誓师之地",乃至乾隆年间重修时鲁班降世的神话,清末窃贼潜居阁顶之轶事等,皆属传闻之列。而关于辽代建筑宝坻广济寺三大士殿的线索,梁思成是在蓟县调查时从当地一位乡村师范学校教员口中得知的,也可归入传闻。

再看"歌谣",梁思成与学社同仁曾依据北方民谣"沧州狮子应州塔,正定菩萨赵州桥",按图索骥对其逐个进行调查。在赵州桥调查报告中,梁思成还援引了《小放牛》中大家耳熟能详的"赵州桥，鲁般爷修……"一段歌谣。

3. 田野工作

田野工作的重点是调查测绘，其分工及工作步骤尤其重要。梁思成指出，每到一处古建筑，学社同仁首先要"初步预查，决定工作分工及步骤"；之后以"三人一组"的最佳组合方式分工协作，三人的具体分工是一人照相、一人画测稿、一人读碑抄碑并搜寻其他文献资料；最后三人合作对古建筑进行实测。以上诸项工作的注意点如下：

照相：总原则是研究对象之内外，最好每一方寸都摄入镜头，并且由不同方向摄取。由大到小，由整体到局部。建筑之外，勿忘家具、陈设、庭园、彩画等。最好能摄取生活状态。

抄碑及其他文献：建筑本身携带的建造年代信息，通常在梁下或脊檩下；如找不着，可读碑并择要抄录，若能拓碑更好（碑本身也是调查研究对象）。

画测稿：包括总平面，各个建筑物的平面、断面、立面、细节，并作写生。测稿绘完后再量尺寸，补注在图上。测稿是最终绘制正式测绘图的依据。

实测：测稿完成之后，三人合作实测，画测稿者负责标注尺寸，其他二人拉尺。大尺寸（如总高、总平面等）要用经纬仪等仪器测量。如在山坡地，须在平面上注明各部分的不同高度。高的地方，须上梁、上顶测量，必要时就地找人搭脚手架。

调查工作的深度分为详测加摄影、略测加摄影和仅摄影三种，如《正定古建筑调查纪略》称"计摄影或测量的建筑物十八处，详细测量者六处，略测者五处，其余则只摄影而已"。《大同古建筑调查报告》中记录了测绘大同上华严寺大殿时的具体分工——"思成摄影，徽音与敦桢、莫宗江三人，共量殿之平面尺寸，并抄录碑文，记载结构上特异诸点"。当然，实际上学社每个主要成员都能熟练掌握上述各项技能。据莫宗江回忆，调查测绘时凡是梁思成、莫宗江二人敢攀登的高处，林徽因一样敢上；由于是作家的缘故，林徽因对抄碑格外有兴趣。[11]

---

[11] 据王军1995年7月7日采访莫宗江录音。

1933年9月对应县木塔的测绘，让梁思成和莫宗江都印象深刻。在测绘期间，梁思成写信给身在北平的林徽因讲述了工作进展："像片已照完，十层平面全量了，并且非常精细，将来誊画正图时可以省事许多。明天起，量斗栱和断面，又该飞檐走壁了。我的腿已有过厄运，所以可以不怕。现在做熟了，希望一天可以做两层，最后用仪器测各檐高度和塔刹，三四天或可竣工。"对于测绘中发生的"险情"，梁思成则以诙谐的口吻加以描述："今天工作将完时，忽然来了一阵'不测的风云'。在天晴日美的下午五时前后狂风暴雨，雷电交作。我们正在最上层梁架上，不由得不感到自身的危险，不单是在一百八十多尺高将近千年的木架上，而且紧在塔顶铁质相轮之下，电母、风伯不见得会讲特别交情。我们急着爬下，则见实测记录册子已被吹开，有一页已飞到栏杆上了。若再迟半秒钟，则十天的功作有全部损失的危险。"〔12〕

莫宗江的回忆则要惊心动魄得多："最后把几千根的梁架斗栱都测完了，但塔刹还无法测。当我们上到塔顶时已感到呼呼的大风仿佛要把人刮下去，但塔刹还有十多米高，唯一的办法是攀住塔刹下垂的铁链上去，但是这九百年前的铁链，谁知道它是否已锈蚀断裂，令人望而生畏。但梁先生硬是双脚悬空地攀了上去。我们也就跟了上去，这样才把塔刹测了下来。"〔13〕在梁、莫二人绘制的应县木塔塔刹的测稿中，画了一个人抱着塔刹覆钵的有趣的细节，既起到了尺度（scale）参考的作用，同时记录了二人冒着生命危险进行测绘的瞬间（测稿的日期标注为1933年9月27日）。（见本书中册《山西应县佛宫寺辽释迦木塔》，图拾叁-1、图拾叁-2）

经过十余年的实地调查测绘，营造学社收获了大量宝贵的一手资料，它们是撰写古建筑调查报告及其他学术论著的"原材料"。其中最重要的三类是测稿、测绘笔记和照片，基本上与实地调查时三人小组的分工内容相对应。清华大学现存中国营造学社测稿近两千幅、测绘笔记本三十一册、古建筑调查照片约两万帧，是深入研究中国建筑史和进行古建筑保护修缮及复原设计的珍贵遗产。

〔12〕林徽因：《闲谈关于古代建筑的一点消息（外 通讯一～四）》，原发表于1933年10月7日天津《大公报·文艺副刊》第5期。参见梁思成：《梁思成全集·第一卷》，北京：中国建筑工业出版社，2007年，315—318页。

〔13〕林洙：《中国营造学社史略》，天津：百花文艺出版社，2008年，102页。

（二）调查报告撰写

梁思成的《观音阁山门考》确立了营造学社调查报告的写作范式。其正文包括"绪言、总论、寺史、现状、山门、观音阁、今后之保护"七部分，另有"附录"一篇录重要碑文（本书未收入），又附《蓟县观音寺白塔记》一篇。正文总字数约三万八千字，插图为七幅大尺寸测绘图以"卷首图"的方式置于报告篇首，此后几乎成为报告的通例。在该文的基础上，梁思成及学社同仁建立起古建筑调查报告的基本体例，大致包含以下部分。

1. 绪言、纪游等

绪言，有时亦称"引言""总论"等，提纲挈领地对全文主旨及写作背景进行总括。

自《宝坻县广济寺三大士殿》开始，报告篇首出现"行程"一节，有时称"纪游""纪行""记游"等，综述考察经过及见闻，如同一篇生动的游记，之后几成通例，有时直接取代绪言，这是学社调查报告的一个突出特色。梁思成在《宝坻县广济寺三大士殿》中对此解释道：

> 旅行的详记因时代情况之变迁，在现代科学性的实地调查报告中，是个必要部分。

2. 古建筑（群）历史沿革

此部分属于文献研究，主要依据二十四史、地方志及碑文、题记、匾额等，是报告中极富历史趣味的内容。

重要的碑文有时全文抄录作为附录（如《观音阁山门考》）。宝坻广济寺、大同华严寺及善化寺均存有较多古碑，对于梳理建筑沿革极有裨益，《宝坻县广济寺三大士殿》《大同古建筑调查报告》均就如何通过释读碑文来钩沉建筑群之历史变迁做出了绝佳示范。曲阜孔庙是各报告中建筑数量最庞大的建筑群,梁思成在报告中更多依托地方志(如《阙里志》等),结合建筑形制、手法,对数十座建筑进行了细致入微的历史考证。应县木塔内的数十块匾额以及大量碑刻、题记,则是塔之营建及历代修葺的重要佐证。

3. 各建筑的调查分析

这是调查报告的核心部分,学术性最强,主要包括:(1)建筑群的总平面布局;(2)各单体建筑的描述及分析,一般包含外观、平面、立面、断面、台基、柱及柱础、斗栱、梁架、瓦作、墙壁、门窗、彩画、装修等;有时还包含建筑之附属艺术,如雕塑、壁画、家具、匾额、碑碣、香炉、钟鼓等。

此部分通常以大木构架(即柱、斗栱和梁架)的分析为主要内容,其中又往往以"斗栱"分析最为详尽。例如独乐寺观音阁,共有二十四种斗栱,报告中用超过七千字的篇幅对其详加剖析,对山门斗栱的分析也有近四千字,二者相加,篇幅占全文的30%。学社多篇报告都列表详细讨论斗栱、梁架的尺寸,不厌其详,正如《大同古建筑调查报告》中所言:"本文以阐明各建筑之结构为唯一目的,于梁架斗栱之叙述,不厌其繁复详尽,职是故也"——之所以如此重视大木构架,特别是斗栱,其核心原因在于梁思成及学社同仁希望结合古建筑实物来研究《营造法式》。从《观音阁山门考》开始,梁思成便以宋《营造法式》、清《工程做法则例》与辽代实物进行比较研究,自此成为学社古建筑调查报告的基本研究方法之一。

此外,这部分有时还辅以古建筑的结构力学分析,在《观音阁山门考》《宝坻县广济寺三大士殿》《广西容县真武阁的"杠杆结构"》等文中格外突出。

需要特别指出的是,本部分包含大量专业术语,尤其是《营造法式》和《工程做法则例》的术语,且对斗栱、梁架等木构件进行大量分析与计算(辅以相当数量的测绘图),有时会令非专业读者乃至建筑史的初学者望而却步。想要读懂报告的这部分内容(为全文精华所在),首先需要理解梁思成研究中国建筑史采用的主要方法，即实物调查测绘与《营造法式》等古籍研究相结合；其次，要做好前文提到的"法式则例准确"，对《营造法式》和《工程做法则例》中的一些术语及基本营造原则有所了解；第三，最好的办法是像梁思成等人一样，做一番实地调查，身临其境，对照调查报告的文字和图纸，现场逐一认知、学习古建筑错综复杂的构件和术语，相对来说会直观、容易得多——还是梁思成那句话，"研究古建筑，非作遗物之实地调查测绘不可"。

4. 结论（有时附带维修保护之建议）

此部分除了重申全文主旨及主要结论之外，常常会附带古建筑保护、维修方面的建议，这些内容其实是构成梁思成古建筑保护思想之雏形，后来成为其学术研究的又一重要领域。

在《观音阁山门考》"今后之保护"一节中，梁思成称独乐寺观音阁与山门为"无上国宝"，并呼吁道："故对于阁、门之积极保护，实目前所亟不容缓也。……保护之法，首须引起社会注意，使知建筑在文化上之价值；使知阁、门在中国文化史上及中国建筑史上之价值，是为保护之治本办法。"除了"治本"，他还指出应早日立法保护古建筑。在应县木塔报告文末，梁思成记录了1935年木塔所受的"八百余年以来最大的厄运"，并大声疾呼道："邑绅们将各层灰墙及其内斜戗拆除，全数换安格子门，不唯各壁内原有的壁画全成尘土，而且直接影响到塔身之坚固上，若不及早恢复，则将不堪设想了。"可惜因全国抗战爆发，该报告未能及时出版并引起国人关注。

除正文之外，报告有时还设"附录"，内容包括重要碑文、次要或附属建筑等。

5. 插图（测绘图、照片等）

图文并茂是学社调查报告的重要特点。报告中的插图包括三部分：一是作为"卷首图"的测绘大图；二是斗栱等细部测绘图，[14]三是实景照片，其中最重要的是卷首的测绘图。本书中调查报告的测绘图，大多数出自梁思成、莫宗江二人手笔，[15]

---

[14] 有时包含从地方志中摹绘的古地图、调查路线图等。
[15] 此外参与测绘及绘图的合作者还包括：林徽因、刘敦桢、邵力工、刘致平、陈明达、梁思达、王先泽、纪玉堂、黄报青等。
[16] 该文及其译文可参见《梁思成全集》（第三卷），361—367页。

是科学性与艺术性完美融合的杰作。测绘图与报告文字相辅相成，皆为调查研究成果的重要组成部分。

要特别说明的是，绘制这些杰作的工具，仅仅是普通的鸭嘴笔和墨水而已。抗战时期学社迁往四川李庄的农舍中，脊椎患病的梁思成必须穿着"铁马甲"支撑弯曲的腰椎，在下巴上垫一只花瓶来画图。正是在此种条件下，梁、莫二人绘出了《图像中国建筑史》中数十幅精美绝伦并且带中英文双语注释的图纸，成为难以超越的经典。

《观音阁山门考》初步确立了调查报告的写作模式，之后的报告不断趋于成熟。至《大同古建筑调查报告》一文，达到学社调查报告的最大篇幅（总字数达八万，卷首测绘大图三十六幅，其他插图一百九十七幅），内容极详尽完备。最后则以《记五台山佛光寺建筑》一文作为登峰造极的收官之作，这篇报告介绍了学社多年来田野调查最重大的发现——唐代木构建筑佛光寺东大殿。报告发表在四川李庄期间恢复出版的《汇刊》第七卷第一、二期上，由于条件所限，不能像在北平那样用锌版、铜版来印制测绘图和照片，学社唯有采用"土法石印"，用手写文字、手绘图（包括将照片绘成线描画）直接制版，这篇里程碑式的报告（总字数近两万四千字，插图四十八幅）便是如此出版的，却愈发彰显其伟大价值。

尤其值得一提的是，在1944—1945年连载发表《记五台山佛光寺建筑》之前，梁思成曾于1941年7月在《亚洲杂志》（Asia Magazine）发表了题为"China's Oldest Wooden Structure"（《中国最古老的木构建筑》）的英文文章，[16]第一次向全世界详细公布了唐代木构建筑佛光寺东大殿的发现经过（文章内容接近后来正式报告的"记游"部分）。[17]此前，日本建筑史学者关野贞曾于1929年宣称："中国全境内木质遗物的存在，缺乏得令人失望。实际说来，中国和朝鲜一千岁的木料建造物，一个亦没有。而日本却有三十多所一千至一千三百年的建筑物。"[18]另一位日本建筑

---

[17] 此前关于营造学社发现佛光寺唐代建筑的简讯，已于1937年7月9日由《北平晨报》依据梁思成7月7日发给学社的电报加以报道，题为《营造学社调查组发见唐代建筑寺院，梁思成由五台佛光寺报告，测绘故宫赶制模型即开始》。参见王军：《五台山佛光寺发现记》，《建筑学报》，2017年第6期。

[18] 关野贞演讲，吴鲁强、刘敦桢译：《日本古代建筑物之保存》，《中国营造学社汇刊》，第三卷第二期，1932年。该文为关野贞提交于1929年世界工程学会的演讲内容。

史学者伊东忠太于1930年在中国营造学社作学术报告《支那建筑之研究》时，提议中日双方合作研究中国古建筑，并且建议"在支那方面，以调查文献为主；日本方面，以研究遗物为主"，"对于遗物，如科学的之调查，为之实测制图，作秩序的之整理诸端，日本方面虽亦未为熟练，敢效犬马之劳"[19]，显然认为中国学者不具备科学的实物调查测绘研究之能力。应该说，上述言论对于营造学社同仁来说，是极大的刺激与挑战。梁思成及学社同仁以实际行动——包括十余年间的大量实地调查测绘，撰写一系列具有一流学术水准的调查报告，特别是最终发现唐代木构建筑遗物——充分批驳了日本学者的谬见。而在抗战期间发表关于五台山佛光寺唐代建筑的英文文章和正式调查报告，其重要意义更加不言而喻。

二、以实物解读《营造法式》

梁思成的古建筑研究所采用的基本方法，若一言以蔽之，就是将实地调查测绘与文献研究——尤其是对《营造法式》的研究——相结合，对古建筑作历史考证、结构分析与制度鉴别。其中最关键的，则是以实物解读《营造法式》这一研究法门。

早在就读美国宾夕法尼亚大学建筑系时，梁思成便已初次接触到这部古籍。梁思成在《〈营造法式〉注释序》（1963）中写道：

> 公元1925年（《营造法式》）"陶本"刊行的时候，我还在美国的一所大学的建筑系作学生。虽然书出版后不久，我就得到一部，但当时在一阵惊喜之后，随着就给我带来了莫大的失望和苦恼——因为这部漂亮精美的巨著，竟如天书一样，无法看得懂。[20]

---

[19] 日本伊东忠太博士演讲：《支那建筑之研究》，《中国营造学社汇刊》，第一卷第二册，1930年。
[20] 梁思成：《梁思成全集》（第七卷），北京：中国建筑工业出版社，2001年，10页。

于是解读《营造法式》这部"天书",并且用现代的语言和图纸对其进行"翻译",成为梁思成 1931 年正式加入中国营造学社之后,进行古建筑研究的重要目标之一,他所担任的职务便是"法式部"主任,而中国营造学社的名称即源自《营造法式》。

因为没有老匠人可以帮助他读懂这部宋朝的书,于是唯有通过寻找与该书同时代的建筑并进行测绘研究,以实物来解读《营造法式》,即"以实物为理论之后盾";反过来也通过读懂《营造法式》来认识古建筑的营造原则与方法。对一系列唐、宋、辽、金时代古建筑的调查测绘以及相关研究报告的撰写,正与一步步解读《营造法式》的历程相伴随。

(一) 对"以材为祖"模数制的释读[21]

1963 年,在调查测绘蓟县独乐寺三十一年后,梁思成在《〈营造法式〉注释序》中回忆称:

> 在这两座辽代建筑中,我却为《营造法式》的若干疑问找到了答案。例如,斗栱的一种组合方法——"偷心",斗栱上的一种构材——"替木",一种左右相连的栱——"鸳鸯交手栱",柱的一种处理手法——"角柱生起",等等,都是明清建筑中所没有而《营造法式》中言之凿凿的,在这里却第一次看到,顿然"开了窍"了。[22]

比理解上述名词、术语方面的疑问更重要的是,通过对独乐寺观音阁和山门大木结构的测绘分析,梁思成领悟了《营造法式》的一大精髓,真是"开了窍"——他在《观音阁山门考》中写道:

---

[21] 相关讨论可参见王军:《建筑师林徽因的一九三二》,《中国建筑史论汇刊》(第拾辑),北京:清华大学出版社,2014 年。
[22] 梁思成:《梁思成全集》(第七卷),北京:中国建筑工业出版社,2001 年,10 页。

> 此次独乐寺辽物研究中，因梁枋、斗栱分析而获得之最大结果，则木材尺寸之标准化是也。……观音阁全部结构，梁枋千百，其结构用材（structural members），则只六种，其标准化可谓已达极点。

梁思成研究这两座辽代木构建筑最大的发现，乃是其"木材尺寸之标准化"，而这正是《营造法式》的核心要义之一，集中体现在该书卷四"大木作制度"开篇的一段话中：

> 材其名有三：一曰章，二曰材，三曰方桁：凡构屋之制，皆以材为祖。材有八等，度屋之大小，因而用之。……各以其材之广，分为十五分。[23]，以十分°为其厚。凡屋宇之高深，名物之短长，曲直举折之势，规矩绳墨之宜，皆以所用材之分，以为制度焉。

又云：

> 栔广六分°，厚四分°。材上加栔者谓之足材。

上面两段话微言大义，可谓《营造法式》"大木作制度"的总纲。

这涉及《营造法式》中最重要的概念之一——"材"。此处的"材"，不是一般木料的笼统称呼，而专指一座木结构建筑中运用最多的标准木材的横断面，《营造法式》规定标准木材横断面高十五分°，宽十分°（高宽比为3∶2）。斗栱中的"横栱"以及一种起杠杆作用的构件"昂"，大量联络斗栱、梁架的"枋"，等等，其横断面皆是所谓的"材"（而"华栱"的横断面为"足材"），此类构件在一座木构建筑中数量成百上千，其实都是高度标准化的。而其他木构件诸如柱、梁、阑额、槫、椽等

---

[23]"分"（音份）是《营造法式》的重要概念。为了和长度单位尺、寸、分的"分"相区别，梁思成在《营造法式注释》一书中，特地发明了"分°"这个符号来表示之。也有的学者用"份"字来代替之。

的尺寸（即"名物之短长"），或者建筑整体之面阔、进深、高度、屋顶坡度等（即"屋宇之高深""曲直举折之势"），皆为"材"的倍数或分数，因此"材"同时也是木构建筑的基本度量单位。《观音阁山门考》称"'材''栔'既为营造单位，则全建筑物每部尺寸，皆为'材''栔'之倍数或分数"。此外，"材"被分为八个等级，不同等级的"材"用于营造不同规模、尺度的建筑，即"材有八等，度屋之大小，因而用之"，以此令建筑群获得和谐的整体秩序。

用现代建筑术语来说，"材"是木结构建筑的基本"模数"[24]。《营造法式》的作者李诫将这种模数制总结为"凡构屋之制，皆以材为祖"。

《营造法式》这套"以材为祖"的模数制，正如梁思成所指出的，是一种高度标准化的建造模式。木结构建筑所需的大量构件，均可批量生产、加工，这便是中国古代木构建筑建造神速的秘诀——文献记载中有隋大兴（即唐长安的前身）宫室不到一年建成，武则天明堂（中国历史上最大的木结构建筑之一）仅用一年左右建成的工程"神话"，背后其实是标准化、模数化的营造法式在起作用。与之类似，清《工程做法则例》则是以"斗口"作为基本模数的模数制。

由于早年在宾夕法尼亚大学建筑系所受的巴黎美术学院式（Beaux-Arts）建筑教育，梁思成敏感地意识到《营造法式》"以材为祖"的模数制，与西方古典建筑中的 Order（现在一般译作"柱式"，梁思成曾将其译作"型范"[25]）所包含的模数制之间高度的相似性，这是此前中外学者均未发现的。梁思成在《观音阁山门考》的"总论"中高屋建瓴地指出：

> 斗栱者，中国建筑所特有之结构制度也……其在中国建筑上所占之地位，犹 Order 之于希腊、罗马建筑；斗栱之变化，谓为中国建筑制度之变化，亦未尝不可，犹 Order 之影响欧洲建筑，至为重大。

---

[24] 模数的英文为 module，也译作模度、模量、模块、模件、组件等。本文采取梁思成使用的"模数"一词。在1964年7月完稿的《中国古代建筑史》（六稿）"绪论"中，梁思成在中国建筑的特征中列入"模数"及"标准构件和装配式施工"，并称"斗栱在中国建筑中的重要还在于自古以来就以栱的宽度作为建筑设计各构件比例的模数"。参见《梁思成全集》（第五卷），北京：中国建筑工业出版社，2001年，458页。

[25] 参见王军：《梁思成"中国建筑型范论"探义》，《建筑学报》，2018年第9期。

两年后，林徽因在为梁思成《清式营造则例》（1934年）所作的"绪论"中，对以上观点做了进一步发挥：

> 斗栱不唯是中国建筑独有的一个部分，而且在后来还成为中国建筑独有的一种制度。就我们所知，至迟自宋始，斗栱就有了一定的大小权衡；以斗栱之一部为全部建筑物权衡的基本单位，如宋式之"材""栔"与清式之"斗口"。这制度与欧洲文艺复兴以后以希腊、罗马旧物作则所制定的Order，以柱径之倍数或分数定建筑物各部一定的权衡（proportion），极相类似。所以这用斗栱的构架，实是中国建筑真髓所在。[26]

古罗马时期维特鲁威的《建筑十书》中已有关于Order的记载，希腊-罗马神庙通常以"柱径"（即立柱的直径）作为模数，神庙的开间、进深以及各类细部尺寸皆为柱径的倍数或分数。[27]这种古老的模数制在文艺复兴时期被重新规范，在西方学院派建筑教育中被奉为圭臬。学贯中西的学术背景使得梁、林二人得以充分认识到中西方古代建筑在运用模数制方面的异曲同工。在《图像中国建筑史》中，梁思成更进一步形象地将《营造法式》"以材为祖"的模数制称为中国建筑之"ORDER"（THE CHINESE "ORDER"），并以直观的图解加以说明，这是梁思成对中西建筑史比较研究的一项重大贡献。

对《营造法式》"以材为祖"模数制的释读，是《观音阁山门考》这篇报告的精华所在，也是贯穿梁思成系列调查报告乃至中国建筑史研究的一条主线。此后，与《营造法式》相结合，对调查的每一处建筑进行结构分析与制度鉴别，成为各篇调查报告的核心内容。

---

[26]梁思成：《梁思成全集》（第六卷），北京：中国建筑工业出版社，2001年，13—14页。
[27]参见维特鲁威著、高履泰译：《建筑十书》，北京：中国建筑工业出版社，1986年，12页，59—78页（第三书）。

（二）对《营造法式》理解的不断深化

在蓟县独乐寺之后的古建筑调查中,梁思成及学社同仁对《营造法式》的理解日渐深入,首先体现在名词、术语层面。《营造法式》中的专有名词、术语多如牛毛,的确如天书一般难读。通过与调查测绘中逐渐积累的宋、辽、金实物相互印证,几乎每篇调查报告中,都有新的名词或术语被"破译"出来。

梁思成在《正定古建筑调查纪略》中首次分析了"角柱生起"的做法（即檐柱由明间向两侧次间、梢间逐渐增高）,并检讨在独乐寺、广济寺未能注意这一特征——"在蓟县独乐寺及宝坻广济寺也有同样的做法。惜去年研究时竟疏忽未特别加以注意,至今心中仍耿耿"。而在独乐寺、广济寺的报告中反复出现的梁架上的"斜柱",在《大同古建筑调查报告》中已经改用《营造法式》的准确称谓——"叉手";后来梁思成等在五台山佛光寺东大殿发现不施侏儒柱的古法"叉手"之制,更是如获至宝。在调查佛光寺东大殿时,梁思成已认识到室内天花中方格小者称"平闇",而在调查独乐寺观音阁时尚称其为"平棊"（大方格天花的称谓）。在杭州闸口白塔及灵隐寺双石塔则见到《营造法式》中的"梭柱"、"圜斗"（圆形栌斗）、"讹角斗"（圆角栌斗）、"丁头栱"等实例。梁思成在独乐寺、广济寺的报告中还是将宋、清名词与术语混合使用,到十余年后撰写佛光寺调查报告时,对《营造法式》名词、术语已经达到了如指掌、运用自如的境地。[28]

此外,学社成员在调查中不断发现前所未见的结构方法或者新实例,并对《营造法式》"大木作制度"之外的其他各作制度也有了进一步认知。

在正定调查时,梁思成发现北宋建筑隆兴寺摩尼殿的45度斜栱,而在大同的调查中,进一步注意到辽、金建筑斗栱中有60度和45度两种斜栱,为《营造法式》所未记的特殊做法。此外,在正定隆兴寺还见到慈氏阁斗栱中的宋式假昂（后尾不挑起,不起杠杆作用）,梁思成推测其为"明清式假昂的始祖";而在太原晋祠圣母殿,林徽因、梁思成又见到真昂、假昂在柱头铺作和补间铺作[29]中并置的"奇例"。

---

[28] 参见王贵祥:《梁思成与〈营造法式注释〉——纪念梁思成先生诞辰120周年》,《建筑史学刊》,2021年第2卷第2期,31—45页。
[29] 柱头铺作指位于柱子上的斗栱,补间铺作指位于柱头之间的斗栱,二者皆为《营造法式》术语。

在赵城（今属洪洞）广胜上、下寺，他们则见识了元代木构中大内额和大斜昂等特殊结构，并将后者与日本早期建筑结构做了比较。在佛光寺东大殿，梁思成第一次见到"月梁"的实例，并将其与《营造法式》比较，探讨了唐、宋造月梁制度之异同。

《营造法式》"小木作制度"中记载的转轮藏与壁藏，学社在正定隆兴寺转轮藏殿和大同下华严寺薄伽教藏殿找到了当时的"海内孤品"。在应县木塔调查中，梁思成将底层和顶层的两座"斗八藻井"与《营造法式》中的记载进行了比较。正定隆兴寺大悲阁观音的石须弥座及残存的柱础，应县木塔台基转角带石狮的"角石"，杭州闸口白塔的八角形"土衬"及须弥座，五台山佛光寺东大殿精美的"宝装莲花"柱础等，皆为研究《营造法式》"石作制度"的珍贵实例。在大同报告中，梁思成、刘敦桢还对各建筑早期彩画中与《营造法式》"彩画制度"相关的特征加以评析。

比上述进步与收获更重要的是，通过大量测绘研究，梁思成及学社同仁对《营造法式》"大木作制度"有了更深刻的理解，并且对历代木构建筑演变之脉络有了更清晰的认知。

梁思成在《宝坻县广济寺三大士殿》中结合《营造法式》"材分八等"的规定，指出独乐寺与广济寺的"材"为同一等级，二者的标准材广 24 厘米、厚 16 厘米；此外他还敏锐地提出辽、宋营造尺的相关问题——如今对"营造尺"的推算，已是当代学者研究木构建筑时十分重视的课题。

梁思成、刘敦桢合著的《大同古建筑调查报告》是又一个里程碑式的成果，报告与之前相比有两项突出的新进展。

第一是对各建筑实例的分析中，专门增加"年代"一节，进行断代分析。报告开篇对断代方法进行了高度概括："大木手法之变迁，即为构成各时代特征之主要成分。故建筑物之时代判断，应以大木为标准，次辅以文献记录，及装修、雕刻、彩画、瓦饰等项，互相参证，然后结论庶不易失其正鹄。"此乃学社成员结合《营造法式》"大木作制度"与实物调查测绘，总结出的古建筑断代的重要方法。报告中对大同诸辽金建筑大木结构的分析中,以斗栱比例、补间铺作朵数[30]及屋顶坡度为断代的主要依据,再以其他细节手法作为辅助。

第二是在建筑分析中新增"材栔"一节(此后成为惯例),显然对《营造法式》"以材为祖"的理解比之前更为深刻。报告将大同辽金建筑"材栔"的实测数据及斗栱各构件的材分°值,与《营造法式》比较,同时还与此前调查的辽代建筑进行综合比对,甚至上溯唐代、下迄明清加以纵贯比较,视野更加开阔。

应县木塔的结构为学社所有调查实例中最错综复杂者,梁思成的《山西应县佛宫寺辽释迦木塔》一文,在"材栔""斗栱"之前,又专门加入"构架概略"一节,细述木塔大木构架的整体特点。其中特别论及平坐层中用于加固构架的类似桁架结构(truss)的"斜戗",认为"其于全塔的坚固上有极大的关系,若不是因它的支撑,这塔在今日也许不能如此完整"。木塔二至五层的外墙,在1935年被当地士绅拆毁,从此危及木塔结构的安全,导致塔体逐年歪斜。报告中描述的木塔外墙构造——由柳枝和粗绳构成篱笆,外部抹灰泥,内含具有重要结构作用的"斜戗"——成为珍贵的、唯一的记录,对今后木塔的修复具有重要的参考意义。报告还对木塔三十五种斗栱[31]逐一条分缕析,达到系列调查报告中斗栱分析之最。

《记五台山佛光寺建筑》是梁思成发表在《汇刊》上的最后一篇调查报告,也是系列报告的集大成者。报告中将佛光寺东大殿的"材栔"以及各木构件尺寸统统折合成"分°"数,与《营造法式》进行了深入比较,[32]并证实"以材为祖"的模数制可以上溯至唐代。此前梁思成在《观音阁山门考》中便大胆推测"然则以材栔为度量之制,辽宋已符,其为唐代所遗旧制必可无疑";在《大同古建筑调查报告》中,梁思成、刘敦桢则再次重申"颇疑辽宋双方材之比例,俱系遵守唐代遗规,未与变更"。以上推断在唐代建筑实例中得到了证实。其实,在《汇刊》发表的《哲匠录》系列文章中曾援引唐柳宗元的《梓人传》一文,文中主人公"梓人"杨潜在谈及自己的职业特长时曾云:

[30] 梁、刘二人发现,辽代建筑明间、补间铺作皆为一朵,金代建筑为两朵,后者已受到《营造法式》的影响。
[31] 陈明达《应县木塔》(1966)一书中则统计木塔斗栱多达五十四种。
[32] 这一研究方法后来在陈明达的《营造法式大木作制度研究》(1981)中得到重要发展。

> 吾善度材，视栋宇之制，高深圆方短长之宜，吾指使而群工役焉。舍我，众莫能就一宇。

上面这段话与《营造法式》中的"以材为祖"简直若合符节，可以作为文献例证。

在全面证实了唐、宋、辽、金建筑中皆存在"以材为祖"的模数制，并充分理解《营造法式》中各类名词、术语之后，梁思成对《营造法式》的认知达到了新的高度。他在1945年发表于《汇刊》第七卷第二期的《中国建筑之两部"文法课本"》中进行了重要的理论总结，将宋《营造法式》和清《工程做法则例》誉为中国建筑的"文法课本"，并写道：

> 不知道一种语言的文法而研究那种语言的文学，当然此路不通。不知道中国建筑的"文法"而研究中国建筑，也是一样的不可能。……
>
> 所谓"斗栱"者是在两书中解释得最详尽的。它是了解中国建筑的钥匙……斗栱与"材"及"分"在中国建筑研究中实最重要者。

结合实物研究《营造法式》，既是解读这部"天书"的关键，也是梁思成及学社同仁建筑史研究的基本方法。正是借助《营造法式》《工程做法则例》这两部"文法课本"，他们得以顺利找到"了解中国建筑的钥匙"，打开了中国建筑史研究的大门，走向更加广阔而深远的堂奥。

三、为《中国建筑史》奠基

营造学社 20 世纪 30—40 年代的古建筑调查，从调查对象的历史分期来看，大致呈由晚近向远古"倒叙"的顺序。首先以故宫和《工程做法则例》为"课本"研究明清建筑，以梁思成完成《清式营造则例》为阶段性成果。从 1932 年 4 月调查蓟县独乐寺开始，学社调查测绘了大量宋、辽、金木构建筑（其过程中当然也有元、明、清木构建筑之发现及研究），并以 1937 年 7 月发现唐代木构建筑佛光寺东大殿为高潮。这一时期，学社还调查了一批重要砖石建筑，包括河南登封汉阙、山东肥城汉代石祠、北魏至唐代的石窟、隋代赵州桥以及历代砖石佛塔、经幢等。抗战期间，学社辗转云南、四川，调查了一大批汉代遗物如阙、崖墓等，此外还包括众多唐宋石窟、摩崖造像、佛塔、墓葬以及明清木构建筑、桥梁等。

通过实地调查与系列报告的撰写，梁思成在四川李庄计划撰写《中国建筑史》之际，无论是对建筑实例的积累，还是对建筑历史脉络、演变规律的把握，乃至对中国建筑史理论体系的构建，都已水到渠成。古建筑调查报告对于梁思成《中国建筑史》的撰写，无疑起到了重要的奠基作用，主要表现在对历代木构建筑演变规律之探讨、对砖石建筑的研究等方面，并为最终构建理论体系做了充分准备。

（一）历代木构建筑演变

梁思成的《中国建筑史》一书以木构建筑的演变为第一主题，这是由中国建筑本身的特点决定的——该书"绪论"中所列"中国建筑之特征"的第一项，即"以木料为主要构材"。学社的调查报告同样以历代木构建筑的调查研究（结合《营造法式》的解读）为主，且每篇报告都注重探讨不同时期木构建筑的特征及其演变规律。例如《观音阁山门考》"绪言"称独乐寺观音阁与山门"以时代论，则上承唐代遗风，下启宋式营造，实研究我国建筑蜕变上重要资料，罕有之宝物也"；又如《正定古建筑调查纪略》中称阳和楼的元代斗栱"虽没有宋式的古劲，但比清式斗栱却老成得多"，"或许可以说是晚宋初明前后两种过渡的式样"。类似的规律总结在调查报告中比比皆是。

学社的系列调查报告初步廓清了由唐至清的木结构建筑演变之大势，主要是从斗栱比例、平面与立面比较，以及各类细节手法等方面来进行探讨。

1. 斗栱比例

梁思成在《中国建筑史》中写道：

> 斗栱之组织与比例大小，历代不同，每可藉其结构演变之序，以鉴定建筑物之年代，故对于斗栱之认识，实为研究中国建筑者所必具之基础知识。

通过调查报告中对历代斗栱比例的分析，梁思成敏感地认识到中国木结构建筑演变最直观的规律之一，同时也是古建筑断代最简明的依据，就是斗栱与柱高之间的比例关系。他早在《观音阁山门考》一文中已指出：

> 唐宋建筑之斗栱以结构为主要功用，雄大坚实，庄严不苟。明清以后，斗栱渐失其原来功用，日趋弱小纤巧，每每数十攒排列檐下，几成纯粹装饰品，其退化程度，已陷井底，不复能下矣。观音阁山门之斗栱，高约柱高一半以上，全高三分之一，较之清式斗栱——合柱高四分或五分之一，全高六分之一者，其轻重自可不言而喻。

在《中国建筑史》中，他全面总结了历代斗栱与柱高比例的演变规律：

就实例而言,其在燕云边壤者,尚多存唐风,如独乐寺观音阁、应县木塔、奉国寺大殿等,其斗栱与柱高之比例,均甚高大;斗栱之高,竟及柱高之半。至宋初实例,如榆次永寿寺雨华宫、晋祠大殿等……比例则略见缩减。北宋之末,如初祖庵,及《营造法式》之标准样式,则斗栱之高仅及柱之七分之二,在比例上更见缩小。至于南宋及金,如苏州三清殿、大同善化寺三圣殿及山门等,斗栱比例更小……

就斗栱之结构言,元代与宋应作为同一时期之两阶段观。元之斗栱比例尚大……明清二代,较之元以前斗栱与殿屋之比例,日渐缩小。斗栱之高,……至明清仅为柱高五分或六分之一。[33]

《图像中国建筑史》中的"历代斗栱演变图"则是对上述结论最直观的说明。

2. 平面、立面比较

在平面布置方面,梁思成、刘敦桢的《大同古建筑调查报告》一文比较了六座辽金建筑的平面比例,并绘制了一幅"辽、宋、元、明、清平面比较图",讨论大同善化寺、华严寺诸殿的"减柱之法",认为其正符合建筑以"合用"为第一原则,同时指出明清建筑平面无减柱做法,渐趋僵化。以此为基础并结合更多实例,梁思成在《图像中国建筑史》中绘制"历代殿堂平面及列柱位置比较图"一幅,使人对殿堂平面之历史演变一目了然。

建筑外观方面,梁思成在《观音阁山门考》中指出,观音阁出檐长度与屋檐高度之比为1:2,而清式建筑的该项比例为1:3,相形之下"观音阁巍然两层远出如翼,其态度至为豪放"。唐代建筑佛光寺东大殿在他笔下更是"广檐翼出",呈现"庞大豪迈之象"。在《图像中国建筑史》中,结合斗栱与柱高、檐出与檐高比例之演变,以及各细节手法之变化,梁思成对历代木构建筑之立面外观做了风格特征演变的分期:将9世纪中叶至11世纪中叶(唐、辽及宋初)称为中国木构建筑的"豪

---

[33] 梁思成:《梁思成全集》(第四卷),北京:中国建筑工业出版社,2001年,144页,210页。

劲时期",其特征是"比例和结构的壮硕坚实";11世纪中叶至14世纪末(北宋末至元)称为"醇和时期",特征是"比例优雅、细节精美";15世纪初至19世纪末(明清)称为"羁直时期",特征是"建筑普遍趋向僵硬""建筑比例变得笨拙"。基于这一分期,该书同样配有直观形象的"历代木构殿堂外观演变图"一幅。[34]

3. 其他细节手法演变

木构建筑中诸构件或细节手法的演变也是调查报告中常关注的方面,并直接体现在《中国建筑史》《图像中国建筑史》之中,试举数例如下:

屋顶坡度演变:《大同古建筑调查报告》中已提出将屋顶坡度作为建筑断代的重要依据。《营造法式》规定殿堂屋顶坡度为1:3,[35]厅堂屋顶坡度为1:4。而通过测绘研究,梁思成、刘敦桢发现辽代殿堂的坡度为1:4左右,仅相当于《营造法式》中厅堂的坡度——可知辽代建筑屋顶坡度比宋式要缓和;而金代建筑屋顶坡度则与宋式接近。梁思成后来测得唐代佛光寺东大殿屋顶坡度仅为1:4.77,在所有调查实例中最为缓和。而清式建筑屋顶坡度则大多超过1:3,最为陡峻。这样一来,通过历年调查实例便可得出由唐至清屋顶坡度越来越陡的演变规律。

梁断面高宽比演变:梁断面高宽比的变化是梁思成在调查报告中十分注意的线索,并且以此评价历代建筑结构力学知识之优劣。例如,独乐寺观音阁与山门的梁断面高宽比皆为2:1,与现代建筑设计中梁断面的惯常取值完全一致;《营造法式》规定梁断面高宽比为3:2,同样科学合理;而清代建筑的梁断面高宽比则变为5:4或6:5,几近正方形,受力极不合理——梁思成在《观音阁山门考》中慨叹"岂吾侪之科学知识,日见退步耶";"宋人力学智识,固胜清人;而辽人似又胜过宋人一筹矣"。这些观点同样被写入《中国建筑史》中。

阑额、普拍枋、耍头样式演变:《大同古建筑调查报告》细致梳理了宋、辽、金建筑中各类木构件之样式对比,并且绘制了阑额、普拍枋、耍头等细节手法的演变图,后来发展为《图像中国建筑史》中的"历代耍头(梁头)演变图"与"历代阑

---

[34] 梁思成:《梁思成全集》(第八卷),北京:中国建筑工业出版社,2001年,54—55页。
[35] 此处坡度指"举高"与"前后橑檐榑间距"之比,后同。

额、普拍枋演变图"。

鸱尾－鸱吻演变：梁思成在《观音阁山门考》中，结合《营造法式》记载，指出独乐寺山门的鸱尾代表了早期的鸱尾（纯为鳍形之尾，尾端内卷）向宋以后的鸱吻（作龙头形，其尾向外卷起）过渡的重要实例，是将"唐式之尾与明清之吻，合而为一"。

此外，门窗、天花、栏杆、彩画等样式演变之分析，在调查报告中亦常涉及。梁思成及学术同仁经多年调查研究，对由唐至清木构建筑的演变规律，于多方面均有了颇充分的认识。

（二）砖石建筑研究

学社的古建筑调查，除了历代木构建筑这一主要对象之外，也兼顾各类砖石结构建筑，并做了许多有价值的研究。

1. 早期石构建筑中的木构建筑佐证

东汉石构建筑是学社调查的最古老遗物，其类型包括：（1）石阙，主要来自抗战时期对四川、西康的调查[36]，外加1936年调查的河南登封太室、少室、启母三阙和山东嘉祥武氏阙；（2）崖墓，同样来自抗战时期的四川调查；（3）石祠，包括1936年调查的山东肥城县孝堂山郭巨祠以及费慰梅（Wilma Fairbank）对山东嘉祥武梁祠的复原研究。[37]

学社调查的另一类重要石构建筑是石窟，包括抗战前调查的大同云冈、洛阳龙门、山西天龙山、河北响堂山等石窟，以及抗战时期调查的四川石窟及摩崖石刻，如大足石窟、夹江千佛崖、乐山龙泓寺千佛崖、广元千佛崖等。

上述石构建筑，除了其自身作为重要的建筑实例之外，在木构建筑遗存最早仅能上溯到唐代的情况下，早期石构建筑中留存的"木构建筑信息"成为研究汉代、南北朝及隋、唐木构建筑的重要间接资料，尤其是仿木结构的石阙、石祠，崖墓中的柱和

---

[36] 其中包含几处梁思成、刘敦桢推测为晋代、南北朝时期的石阙。
[37] Wilma Fairbank 著、王世襄译：《汉武梁祠建筑原形考》，《中国营造学社汇刊》第七卷第二期，1945年。

斗栱等结构，石窟的仿木构窟檐，以及窟内雕刻中的木构殿阁、佛塔或建筑细节等。特别是样式丰富的汉代、北朝及隋代斗栱，为高度重视斗栱研究的学社成员建立起早期斗栱与唐代及其后斗栱之间的演变序列，弥足珍贵。在《云冈石窟中所表现的北魏建筑》《西南建筑图说》等报告中，皆不乏此方面的精彩讨论。《中国建筑史》和《图像中国建筑史》对唐以前的木构建筑形制，大多是以上述间接资料作为"佐证"。

2. 砖石佛塔

除了硕果仅存的应县木塔之外，中国现存佛塔绝大多数为砖石结构。经学社调查测绘的砖石佛塔更是贯穿北魏到清代的漫长历史（时间跨度犹胜木构建筑），蔚为大观。本书调查报告中集中讨论的砖石佛塔包括：云冈石窟中的塔（北魏，含中心塔柱和各类浮雕塔）、五台山佛光寺祖师塔（梁思成推测其年代为北魏至北齐）、杭州闸口白塔与灵隐寺双石塔（五代或宋初）、蓟县观音寺白塔（辽）、北平天宁寺塔（辽）、宜宾旧州坝白塔（北宋）、正定四塔（北宋至明）、北平法海寺门塔（清）等。特别重要的是《平郊建筑杂录》中以天宁寺塔为例，结合大量实例，探讨如何通过样式——包括佛塔的平面、立面整体形式，及斗栱、柱额、门窗、栏杆、须弥座、雕刻等局部手法——的比较鉴别来对佛塔进行断代，这表明梁思成、林徽因已经能够通过学社调查研究的实例，初步建立起中国历代砖石佛塔样式演变的框架。该文成为之后梁思成在《图像中国建筑史》中梳理历代佛塔类型演变的基础。

梁思成的《中国建筑史》第四至第七章自北朝至清代的建筑实物中，均包含砖石塔实例，成为数量上仅次于木构建筑的第二大类。而在《图像中国建筑史》中，则专辟"佛塔"一章，与"木构建筑重要遗例"相并列，更增其重要性。该书将砖石佛塔依时代顺序分作古拙时期（约公元500—900年）、繁丽时期（约公元1000—1300年）与杂变时期（约公元1280—1912年），在类型样式上则将其分作单层塔、多层塔（即楼阁式塔）、密檐塔、瓶形塔和金刚宝座塔五个大类（各类中有时再细分为若干子类），并绘制了一幅包含四十多个代表性实例的"历代佛塔类型演变图"，是书中此类图解的巅峰之作。

3. 石桥及其他

石桥方面最重要的发现是隋代工程杰作——赵州桥，梁思成在调查报告《赵县大石桥》中揭示了其在世界桥梁工程史上的重要成就及价值：

> 这种将小券伏在大券上，以减少材料、减轻荷载的空撞券法（open spandrel），在欧洲直至近代工程中，才是一种极通用的做法。欧洲古代的桥，如法国蒙托邦（Montauban）14世纪建造的Pont des Consuls，虽然在墩之上部发小券，但小券并不伏在主券上。真正的空撞券桥，至19世纪中叶以后，才盛行于欧洲。布朗温（Brangwyn）与斯帕罗（Sparrow）合著的《说桥》（*A Book of Bridges*），则认为1912年落成的阿尔及利亚康斯坦丁的Point Sidi Rached——一道主券长七十公尺，两端各伏有四小券的桥，是半受罗马水沟影响，半受法国Ceret两古桥（公元1321）影响的产品。但这些桥计算起来，较安济桥竟是晚七百年，乃至千二百余年。

此后，他又于1938年在西方颇具影响力的刊物 *Pencil Points* 上分Ⅰ、Ⅱ两辑发表了关于赵州桥的论文"Open Spandrelled Bridges of Ancient China"。[38] 文中梁思成援引了法国14世纪同类古桥（西方最古老的敞肩拱桥，比赵州桥晚约七百二十年）的平面、立面图，借此表明赵州桥在结构技术方面巨大的超前性。

此外，经学社调查研究的砖石建筑类型还有墓室、无梁殿、牌楼、坛台等。上述调查研究成果均对梁思成的建筑史撰写有所贡献。

（三）中国建筑史理论体系建构

1943年，梁思成在《中国建筑史》一书中提出了"结构技术+环境思想"的理

---

[38] LiangSsǔ Ch'eng. "Open Spandrelled Bridges Of Ancient China-I." *Pencil Points*, 1938（1）:25-32; LiangSsǔ Ch'eng. "Open Spandrelled Bridges Of Ancient China-II." *Pencil Points*, 1938（3）:155-160.

论体系。[39]他在该书第一章"绪论"的第一节"中国建筑之特征"中指出：

> 建筑显著特征之所以形成，有两因素：有属于实物结构技术上之取法及发展者；有缘于环境思想之趋向者。对此种种特征，治建筑史者必先事把握，加以理解，始不至淆乱一系建筑自身优劣之准绳，不惑于他时他族建筑与我之异同。治中国建筑史者对此着意，对中国建筑物始能有正确之观点，不作偏激之毁誉。

这一理论体系的建构，离不开此前学社大量的实地调查测绘、文献研究以及调查报告的探索和铺垫。梁思成称"本篇之作，乃本中国营造学社十余年来对于文献术书及实物遗迹互相参证之研究，将中国历朝建筑之表现，试作简略之叙述，对其蜕变沿革及时代特征稍加检讨，试作分析比较，以明此结构系统之源流而已"。全书最核心的内容——"结构系统之源流"，正是在历次调查和研究报告撰写中逐渐成形的，正如前文所言，报告中对历代木构建筑演变的探讨，最终在《中国建筑史》《图像中国建筑史》中得到集大成的总结，并以一系列"历代××演变图"予以直观呈现。报告涉及的一大批经典实例及重要分析结论，包括许多未及写成报告的调查实例，皆被纳入《中国建筑史》各章的"实物"和"建筑特征分析"之中，成为全书骨干。

对《营造法式》及《工程做法则例》的解读，尤其是对宋代"以材为祖"模数制及清代"斗口"模数制不断深化的认识，是自《观音阁山门考》以来各篇调查报告的精华所在，自然也体现在《中国建筑史》的理论体系之中。比如在探讨中国建筑之特征中"属于结构取法及发展方面之特征"时，第三条即"以斗栱为结构之关键，并为度量单位"，且重申"斗栱之制日趋标准化，全部建筑物之权衡比例遂以横栱之'材'为度量单位，犹罗马建筑之 Order 以柱径为度量单位，治建筑学者必习

---

[39]此方面讨论可参见王军：《梁思成"中国建筑型范论"探义》，《建筑学报》，2018年第9期；
王军：《从读懂梁思成开始》，《读书》，2022年1期。

焉"。此外,"绪论"的第三节为"《营造法式》与清工部《工程做法则例》",对这两部古籍专作讨论,以为全书纲领之一。《中国建筑史》及《图像中国建筑史》共用的三幅重要插图——"中国建筑之'ORDER'"、"宋《营造法式》大木作制度图像要略"和"清工部《工程做法则例》大式大木图像要例",则是对梁思成、林徽因所认为的"中国建筑真髓所在"的最直接而深刻的诠释,三幅图都被置于书的开篇,起到统摄全局的作用。

以上是理论体系的"结构技术"部分,再看"环境思想"的相关内容。梁思成在探讨中国建筑"属于环境思想方面"之特征时,有"着重布署之规制"一项,称"政治、宗法、风俗、礼仪、佛道、风水等中国思想精神之寄托于建筑平面之分布上者,固尤深于其他单位构成之因素也"。由于该书主旨是"明此结构系统之源流",故对上述中国思想精神诸方面在建筑群总平面布置上的反映,未及深入研究与展开,仅作简略论述——集中体现在各章中对历代都城、宫殿等营建活动的介绍,特别是明清时期都城、宫殿、坛庙、苑囿及庭园、陵墓、寺庙及住宅等平面布局的简述中。

关于"环境思想"体现于平面布署方面的讨论,在系列调查报告中也已颇具"雏形"。

涉及各类建筑群总平面布署之规制的报告主要有:《曲阜孔庙之建筑及其修葺计划》"上篇"中对曲阜孔庙总平面布局及其历史沿革的分析;《平郊建筑杂录》对卧佛寺平面所采取的古老廊院制布局的讨论;《山西应县佛宫寺辽释迦木塔》对木塔居于全寺总平面中心的强调;《晋汾古建筑预查纪略》中则记多处山西地方庙宇之平面布局特色,或与窑洞民居相结合,或大殿两侧设东、西耳殿保存"魏晋六朝东西堂之制",或佛塔位于正殿前中轴线上尚存"唐制",等等;而对晋祠的总体布局更有"又像庙观的院落,又像华丽的宫苑,全部兼有开敞堂皇的局面和曲折深邃的雅趣,大殿楼阁在古树婆娑、池流映带之间,实像个放大的私家园亭"的敏锐总结——以上数例已或多或少关涉政治、礼仪、佛道、风俗等内容。《西南建筑图说》除记述多处四川、云南寺观布局之外，甚至谈到成都、阆中等地清真寺之布局、朝向及装饰题材，则又不止于佛、道二教了。《清文渊阁实测图说》中指出故宫文渊阁面阔六间乃取《周易》"天一生水，地六成之"之义，又谓该阁"为厌胜故，色彩以寒色为主"，已涉五行、数术及风水等范畴。

此外，晋汾、西南二文中有颇多关于山西、云南、四川等地民居、会馆、祠堂及墓葬的内容，涉及环境思想的宗法、风俗、风水等项，尤其反映出各地民居与自然环境之高度融合。林徽因、梁思成在《晋汾古建筑预查纪略》"山西民居"一节中称"由全部的布局上看来，山西的村野的民居，最善利用地势，就山崖的峻缓高下，层层叠叠，自然成画！使建筑在它所在的地上，如同自然由地里长出来，权衡适宜，不带丝毫勉强，无意中得到建筑术上极难得的优点"。报告中有关民居的内容体现在《中国建筑史》第七章中，将中国各地民居住宅分成四大地区——华北及东北区、晋豫陕北之穴居窑居区、江南区、云南区——加以讨论。

以上略述系列古建筑调查报告对于梁思成《中国建筑史》撰写的奠基作用。若单独看的话，各篇调查报告本身也自成一体，比《中国建筑史》中对同类实例的介绍及分析（往往浓缩为一节或一段文字）要丰富、深入得多——仿佛是建筑史上一系列经典实例在放大镜乃至显微镜下的"特写"，又像是建筑史的一个个生动鲜活的"局部"。于是读者既能通过《中国建筑史》来了解中国古代建筑发展的整体脉络，尤其是木结构建筑演变之大势；又可以通过调查报告来近距离欣赏、品味建筑史上的经典杰作。调查报告所涉及的建筑实例也可以串起一部简明扼要的中国建筑史略。建筑史专著与调查报告珠联璧合，真正构成梁思成中国建筑史研究之大观。

四、饱含"建筑意"之文字

凡是读过中国营造学社古建筑调查报告的人,往往都会惊讶于这些科学论文所具有的高度文学性。特别是各报告开篇的"纪游"部分,上承中国古代文人游记、笔记之传统,完全可作为散文名篇来品赏。这一点在梁思成与林徽因合著的《平郊建筑杂录》《晋汾古建筑预查纪略》中发挥到了极致,将科学严谨的调查完完全全融于饱含"诗情画意"——或者直接借用二人自己提出的概念"建筑意"——的文字当中。

这部分偏重感性的文字,大致涉及三方面内容:或记下作者对某座建筑直观的印象;或记录时代背景;或者干脆直接是对建筑意境的渲染乃至内心情感的抒发。它们与那些历史考证、结构分析、制度鉴别等高度理性的文字相互交织,构成调查报告感性与理性完美交融的文体。

(一)经典建筑之印象

调查报告中,在对古建筑进行科学分析之前,常先对其外观、内部空间或者结构作一番感性的描述,记录下梁思成及学社同仁作为建筑史学者对古建筑敏锐的直观感受,十分可贵。其中有许多描写,已经成为今天的建筑史研究者耳熟能详甚至倒背如流的名句。

比如梁思成最推崇的唐代木构建筑佛光寺东大殿,在他笔下是"斗栱雄大,屋顶坡度缓和,广檐翼出,全部庞大豪迈之象,一望而知为唐末五代时物也"。斗栱雄大、广檐翼出这八个字,几乎成为对唐代建筑特征的最佳概括。

独乐寺观音阁及山门,则被梁思成视作唐风犹存的典型,他认为"观音阁及山门最大之特征,而在形制上最重要之点,则为其与敦煌壁画中所见唐代建筑之相似也……熟悉敦煌壁画中净土图者，若骤见此阁，必疑身之已入西方极乐世界矣"——这段话敏锐地道出建筑史演变中"辽承唐风"的趋势，已是今日学界共识。

北宋建筑隆兴寺摩尼殿，最引梁思成注目的是其外观造型与宋画之肖似，"那种画意的潇洒、古劲的庄严，的确令人起一种不可言喻的感觉"；广济寺三大士殿最让他惊喜的则是梁架结构，他认为"在三大士殿全部结构中，无论殿内殿外的斗栱和梁架，我们可以大胆地说，没有一块木头不含有结构的机能和意义的。在殿内抬头看上面的梁架，就像看一张 X 光线照片，内部的骨干，一目了然，这是三大士殿最善最美处"。同样以梁架设计之精湛引发梁思成赞叹的还有隆兴寺转轮藏殿，为了容纳特殊的转轮藏（经橱），匠人设计了带有弯梁、大斜柱的巧妙而有机的结构，梁思成将之与交响乐相比拟，谓其"条理不紊，穿插紧凑，抑扬顿挫，适得其当，唯有听大乐队（symphony orchestra）之奏名曲，能得到同样的锐感"。之所以能写下如此"神来之笔"，缘于梁思成对音乐的热爱，他在清华学校读书时任军乐队队长，演奏第一小号；据老同学陈植回忆，他还会小提琴和钢琴，具有相当的演奏水准。

《大同古建筑调查报告》中，对于全国最大佛殿——上华严寺金代大殿，梁思成、刘敦桢惊叹"殿面阔九间，巍然压台上，自来外籍所载相片，仅收一部，未传真象，余辈遽窥全豹，不期同声惊讶，叹为巨构"。他们对下华严寺海会殿的描写尤妙——"外观无繁缛装饰，简洁异常，令人如对高僧逸士，超然尘表"。

（二）时代背景之记录

报告中的纪游部分或者对古建筑现状的描述中，记录了丰富的时代背景信息，为现今大多数学术论文所不具备。从中我们可以了解 20 世纪 30—40 年代学社从事古建筑调查时多方面的背景，如交通、食宿、调查工作环境乃至战争对古建筑之影响等。

1. 交通与食宿

梁思成在《宝坻县广济寺三大士殿》的"行程"一节，对一路的交通状况作了极生动之描绘。首先学社成员由北平东四牌楼长途汽车站出发，车站"在猪市当中——北平全市每日所用的猪，都从那里分发出来——所以我们在两千多只猪的惨号声中，上车向东出朝阳门而去"。接下来详记汽车一路经历的恶劣路况，乘客不时需下车跋涉，甚至一齐推车。从宝坻返程更是历尽艰难，先是乘坐一段骡车，"一只老骡，拉着笨重的轿车，和车里充满了希望的我们，向'光明'的路上走"；继而又更换一顶轿车和"加一匹驴"，并且在倾盆大雨中奋勇前行，最终赶上回北平的火车。梁思成特地在报告中绘制了一幅饶有趣味的"行程图"，不仅标出文中描述的路线、地标，甚至连火车、汽车、骡车皆历历在目。（见本书上册《宝坻县广济寺三大士殿》图一）

该文继续以轻松幽默的口吻交代了住宿环境，"下车之后，头一样打听住宿的客店，却都是苍蝇爬满，窗外是喂牲口的去处。好容易找到一家泉州旅馆，还勉强可住，那算是宝坻的'北京饭店'。泉州旅馆坐落在南大街，宝坻城最主要的街上。南大街每日最主要的商品是咸鱼——由天津经一百七十里路运来的咸鱼——每日一出了旅馆大门便入'咸鱼之肆'，我们在那里住了五天"。相比之下，在正定得以在隆兴寺方丈院借宿，条件好了不少，只是天气骤冷时需要"用报纸辅助薄被之不足"。

饮食方面，《正定古建筑调查纪略》详细列出与隆兴寺方丈共进素斋之食谱，"豆芽、菠菜、粉丝、豆腐、面、大饼、馒头、窝窝头，我们竟然为研究古建而茹素，虽然一星期的斋戒曾被荤浊的罐头宣威火腿破了几次"。而寻不着饭店时在路边或车上随便对付一餐更是家常便饭，《大同古建筑调查报告》中即写道："赴善化寺，时已亭午，余等自晨至此未进食，饥肠辘辘不可耐，延颈四顾，觅餐馆不得，久之，获小店，入购饼饵数事，相与踞车上大嚼，事后思之，良堪发噱。"

林徽因、梁思成与费正清夫妇在晋汾调查时则经历了徒步外加餐风宿雨的情形："介休至赵城间三百余里，因同蒲铁路正在炸山兴筑，公路多段被毁，故大半竟至徒步，滋味尤为浓厚。餐风宿雨，两周艰苦简陋的生活，与寻常都市相较，至少有两世纪的分别。"

2. 调查测绘工作纪实

对测绘工作环境、过程的记录也颇具价值。梁思成在《记五台山佛光寺建筑》中对工作环境做了尤为细致地描写：

> 此殿因有"平闇"顶板，梁架上部结构均为隐藏，斜坡殿顶之下有如空阁，黑暗无光……其上积尘数寸，着足如绵。以手电探视，各槫则为蝙蝠盘据，千百群聚，无法驱除……
>
> 摄影之中，蝙蝠见光振翼惊飞，秽气难耐，工作至苦。同人等晨昏攀跻，或伛偻入顶内，与蝙蝠、壁虱为伍，或登殿中构架，俯仰细量，探索唯恐不周，盖已深惧机缘难得，重游匪易，此时图录未详，终负古人匠心也。

至于梁、林等人依据佛光寺东大殿梁下题记和殿前经幢文字，最终成功为这座珍贵唐代建筑断代的记述，简直如侦探小说一样扣人心弦，成为学术史上一段佳话：

> 徽因素病远视，独见"女弟子宁公遇"之名，甚恐有误，又细检阶前经幢建立姓名。幢上有官职者外，果亦有"女弟子宁公遇"者称"佛殿主"，名列诸尼之前。"佛殿主"之名既书于梁，又刻于幢，则幢之建造应与殿为同时。即非同年兴工，幢之建立要亦在殿完工之时也。殿之年代于此得征。

3. 战争之影响

20世纪30—40年代正值兵荒马乱之世，学社在兵匪满地的情况下进行田野考察，殊为不易，而其调查报告中，也每每透露出战争对古建筑破坏之一斑。

梁思成在《观音阁山门考》中记，蓟县独乐寺于"十七年春，驻孙□□部军队，十八年春始去。此一年中，破坏最甚。然较之同时东陵盗陵案，则吾侪不得不庆独乐寺所受孙部之特别优待也"。他在《正定古建筑调查纪略》里忠实写下在战争阴云笼罩下测绘古建筑的复杂心境——"这几天之中，一面拼命赶着测量，在转轮藏平梁、叉手之间，或摩尼殿替木、襻间之下，手按着两三寸厚几十年的积尘，量着材梁栱斗，一面心里惦记着滦东危局，揣想北平被残暴的邻军炸成焦土，结果是详细之中仍多遗漏，不禁感叹'东亚和平之保护者'的厚赐"。

在应县木塔报告中，他细数战争对木塔的破坏："民国十五年，国民军自南口退五原，取道晋北，大同、应县、雁门一带，沦为战场。佛宫寺塔便作了一个方便的炮靶，幸而炮火不太猛烈（或不太准确），未危及全塔之存在。这次战事，'塔之上下，被炮轰二百余弹，柱、梁、栏杆、墙壁、檐台无不受其毁坏'，并'炸毁塔顶之云罗宝盖等等'。"《西南建筑图说》里则记录了乐山大佛所受破坏，"民国十四年，杨森部队炮轰像之面部，嗣虽墁补，神态迥异，亦我国佛教艺术之一重大损失也"。

在抗战时期写下《记五台山佛光寺建筑》时，梁思成为他心目中第一国宝的命运深深担忧："今晋省沦陷已七年，豆村曾为敌寇进攻台怀据点。名刹存亡，已在未知之数。吾人对此唐代木建孤例之惴惧忧惶，又宁能自已。"每次读到上述文字，虽然明知佛光寺东大殿如今安然无恙，依然与先贤一样不能自已！

（三）"建筑意"之抒写

梁思成、林徽因在《平郊建筑杂录》中提出关于建筑审美的重要概念——"建筑意"，与诗意、画意并举：

> 这些美的所在，在建筑审美者的眼里，都能引起特异的感觉，在"诗意"和"画意"之外，还使他感到一种"建筑意"的愉快……

无论那一个巍峨的古城楼，或一角倾颓的殿基的灵观里，无形中都在诉说——乃至于歌唱——时间上漫不可信的变迁；由温雅的儿女佳话，到流血成渠的杀戮。它们所给的"意"的确是"诗"与"画"的。但是建筑师要郑重郑重地声明，那里面还有超出这"诗""画"以外的意存在。

尽管此后他们没有机会对这一美学概念进行更多探讨和发挥，但他们的古建筑调查报告中，充满了对"建筑意"的体悟。前面那些对经典建筑的感受固然如此，有时哪怕是一些不经意间邂逅的无名建筑，甚至仅仅是建筑的一个局部，也能引发他们作为"建筑审美者"的浓厚兴味。《平郊建筑杂录》里杏子口的三座无名小石龛"分峙两崖，虽然很小，却顶着一种超然的庄严，镶在碧澄澄的天空里，给辛苦的行人一种神异的快感和美感"；北坡两座带着"苍绿的颜色"，而南坡一座"已成纯厚的深黄色，像纯美的烟叶"。《观音阁山门考》中，梁思成笔下观音阁的屋檐一角诗意盎然——"大小角梁下皆悬铜铎，每当微风，辄吟东坡'东风当断渡'句，不知蓟在山麓，无渡可断也"。

林、梁合著的《晋汾古建筑预查纪略》中，那些名不见经传的山西村野小庙，比起学社四处探访的唐、宋、辽珍稀木构，又是另一番悠远意境："山西庙宇的远景，无论大小都有两个特征：一是立体的组织，权衡俊美，各部参差高下，大小相依附，从任何视点望去均恰到好处；一是在山西，砖筑或石砌物，斑彩淳和，多带红黄色，在日光里与山冈原野同醉，浓艳夺人，尤其是在夕阳西下时，砖石如染，远近殷红映照，绮丽特甚。"在汾阳小相村灵岩寺那片几成丘墟、佛像已经露天的残迹间，他们笔下的"建筑意"却愈发浓郁："……更进又一土丘，当为原来前殿——中间露天跌坐两铁佛，中挟一无像大莲座；斜阳一瞥，奇趣动人，行人倦旅，至此几顿生妙悟，进入新境。再后当为正殿址，背景里楼塔愈迫近，更有铁佛三尊，跌坐慈静如前，东首一尊且低头前俯，现悯恻垂注之情。此时远山晚晴，天空如宇，两址反不殿而殿，严肃丽都，不藉梁栋丹青，朝拜者亦更沉默虔敬，不由自主了。"他们长年的田野调查中，借宿古庙已属常事，也因此能体验到不同寻常的诗意况味，如在孝义吴屯村东岳庙"夜宿廊下，仰首静观檐底黑影，看凉月出没云底，星斗时现时隐，人工自然，悠然融合入梦，滋味深长"。

梁思成对其无限敬仰的应县木塔和佛光寺东大殿，更是进行了浓墨重彩的渲染。比如在应县木塔报告中，他精心描写了由远及近、由日暮至清晨逐渐接近木塔的过程，简直犹如纪录片的镜头：

> ……在桑干河平原上，距应县三四十里，即可遥见木塔。我们所得塔第一个印象，是在一个九月中旬的下午；先在二十余里外，隐约见塔屹立。到夕阳西斜时，距城约十二三里，塔身反映成金黄色，衬着深紫的远山，灿烂闪烁着。暮色苍茫时，距城五六里，已不见远山，而木塔伟大的轮廓由四面平凡的低矮中突兀矗立；塔顶放出微光一点。我们到城下时，塔影便消失在迎面城墙黑影的背后。翌晨，在光耀的晨光里，天是蓝得一片云都没有，由庭院中可以望见屹立的塔身上段。塔身的木构架，油饰全脱落，显出纯润的古檀香色；构架间的灰墙，反映着带红色的晨曦；而塔顶上的铁刹，更不住地闪烁，庄严美丽，无与比伦。

更加富有意境的是《记五台山佛光寺建筑》开篇描写发现佛光寺的旅途，宛如一幅缓缓展开的古代卷轴画：

> 乘驮骡入山，峻路萦回，沿倚崖边，崎岖危隘，俯瞰田畴。坞随山转，林木错绮；近山婉婉，远峦环护，势甚壮。旅途僻静，景至幽丽。至暮，得谒佛光真容禅寺于豆村附近，瞻仰大殿，咨嗟惊喜。国内殿宇尚有唐构之信念，一旦于此得一实证。

在描绘学社同仁发现唐代建筑的一连串激动人心的经过之后,梁思成写下一个意境深远的结尾——"最后访墓塔于岩后坡上,松林疏落,晚照幽寂;虽峰峦萦抱亘古胜地,而左右萧条,寂寞自如。佛教迹象,如随高僧圆寂。唐代一时之盛,已渺不可追,亦不禁黯然矣"。

此类文字在调查报告中俯拾皆是,其中所含"建筑意",一方面是作者体验到的建筑所特有的美感和意蕴;而另一方面,更是学社先贤对中国古建筑的敬意与爱意的抒发——这些饱含"建筑意"的文字,其实是情景交融的结晶。于是读者在阅读这些调查报告时,不仅能看到中国古建筑卓越的科技与艺术成就,还能深切体会到作者对中国传统建筑文化的真挚情感。

梁思成及学社同仁的中国古建筑调查报告,具有重要的学术价值,可视作梁思成建筑史研究的基石,为其书写《中国建筑史》和研究《营造法式》这两项重大学术工作奠定了坚实的基础。这些报告既有如《洛阳伽蓝记》《东京梦华录》或古代游记那般文学化的描写,更有现代科学调查报告严谨的分析和数据,此外还配有大量精美的测绘图——融科学性、艺术性及文学性于一身,不仅前不见古人,往后也几成绝唱。调查报告集结成书,既是绝佳的中国古建筑入门书籍,又是极好的中国传统文化与艺术的读本。

这些调查报告,同时也可看作是以中国营造学社先贤为代表的中国古代建筑文化研究与守卫者的一部特殊的"传记"。傅斯年曾经以"上穷碧落下黄泉,动手动脚找东西"来概括前中央研究院"史语所"的考古工作,我们同样可以用下面两句话来概括梁思成及学社同仁对中国古建筑的调查研究工作,或许亦可作为这部《中国古建筑调查报告》的写照:筚路蓝缕寻古建,描梁画栋译天书。

蓟县独乐寺观音阁山门考

*本文原载1932年《中国营造学社汇刊》第三卷第二期。——莫宗江注

目 录

绪　言 ··· 15

一、总论 ··· 17

二、寺史 ··· 19

三、现状 ··· 25

四、山门 ··· 31
>　外观 – 平面 – 台基及阶 – 柱及柱础 – 斗栱 –
>　梁枋 – 角梁 – 举折 – 椽 – 瓦 – 砖墙 – 装修 –
>　彩画 – 塑像 – 画像 – 匾

五、观音阁 ··· 54
>　外观 – 平面 – 台基及月台 – 柱及柱础 – 斗
>　栱 – 天花 – 梁枋 – 角梁 – 举折 – 椽及檐 –
>　两际 – 瓦 – 墙壁 – 门窗 – 地板 – 栏杆 – 楼
>　梯 – 彩画 – 塑像及须弥坛 – 匾

六、今后之保护 ··· 98

附　录 ··· 102
>　独乐寺大悲阁记　王于陛
>　修独乐寺记　王弘祚

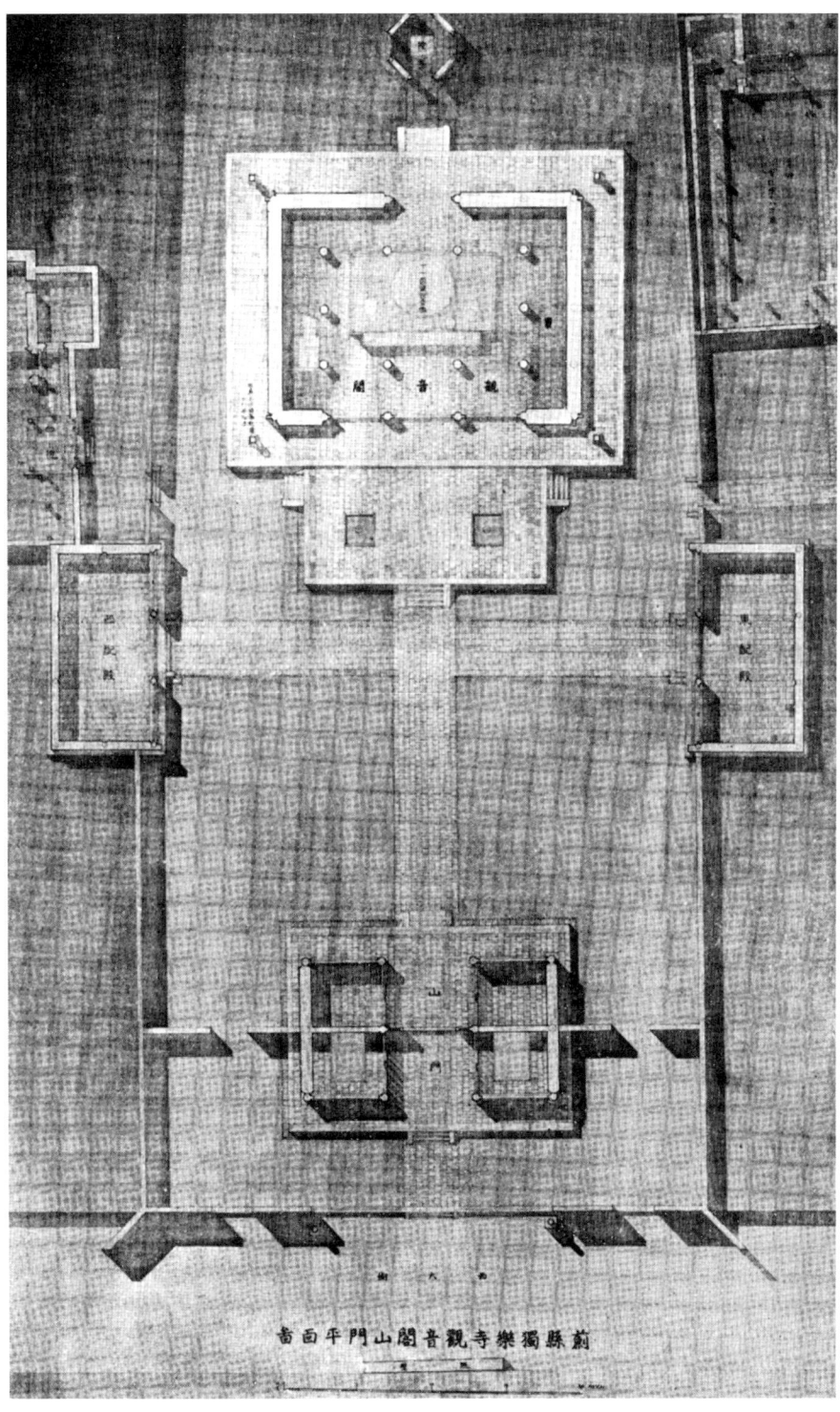

卷首图一
蓟县独乐寺观音阁、山门平面图（清末状况）

卷首图二
观音阁南立面图

卷首图三
观音阁西立面图

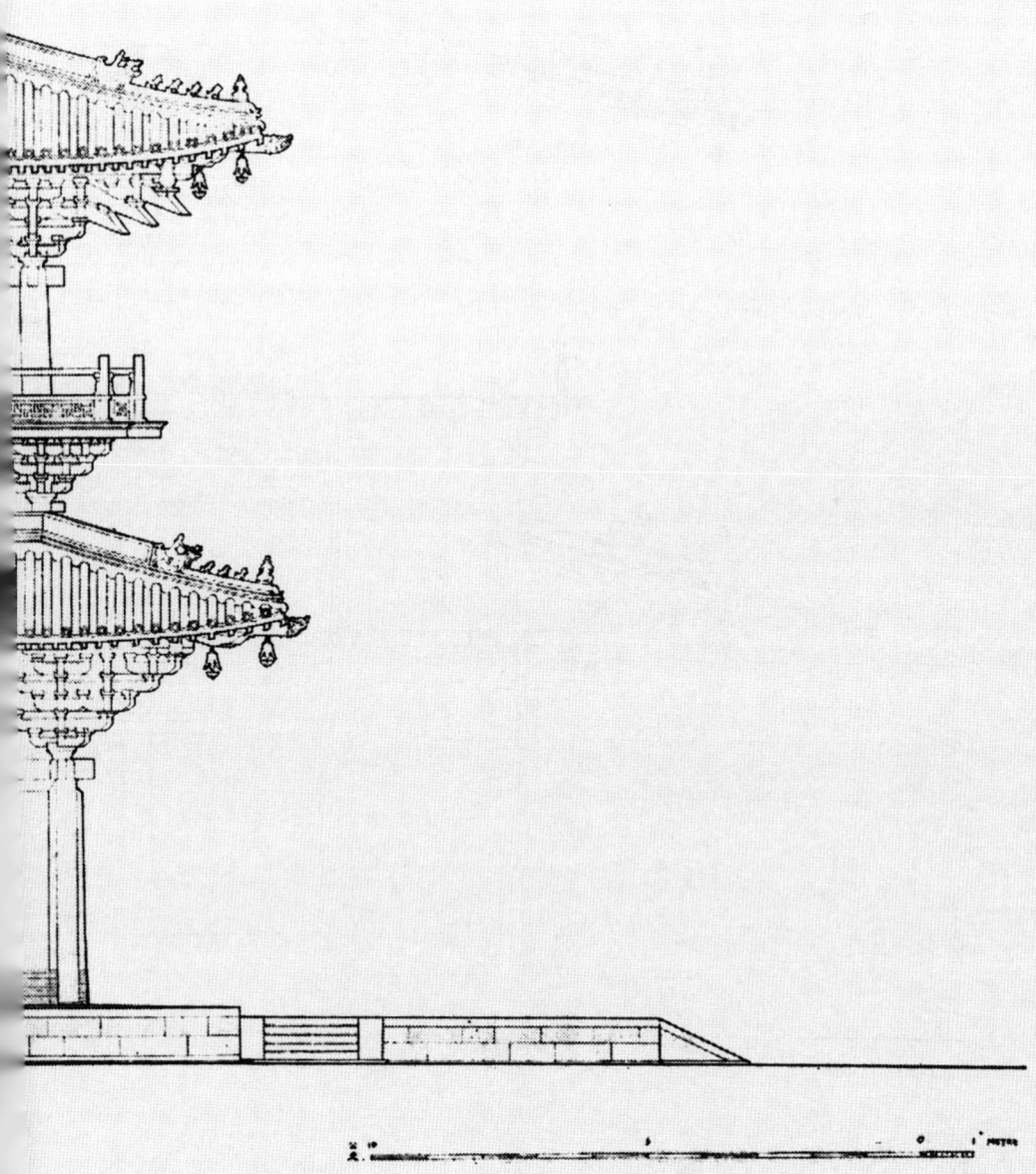

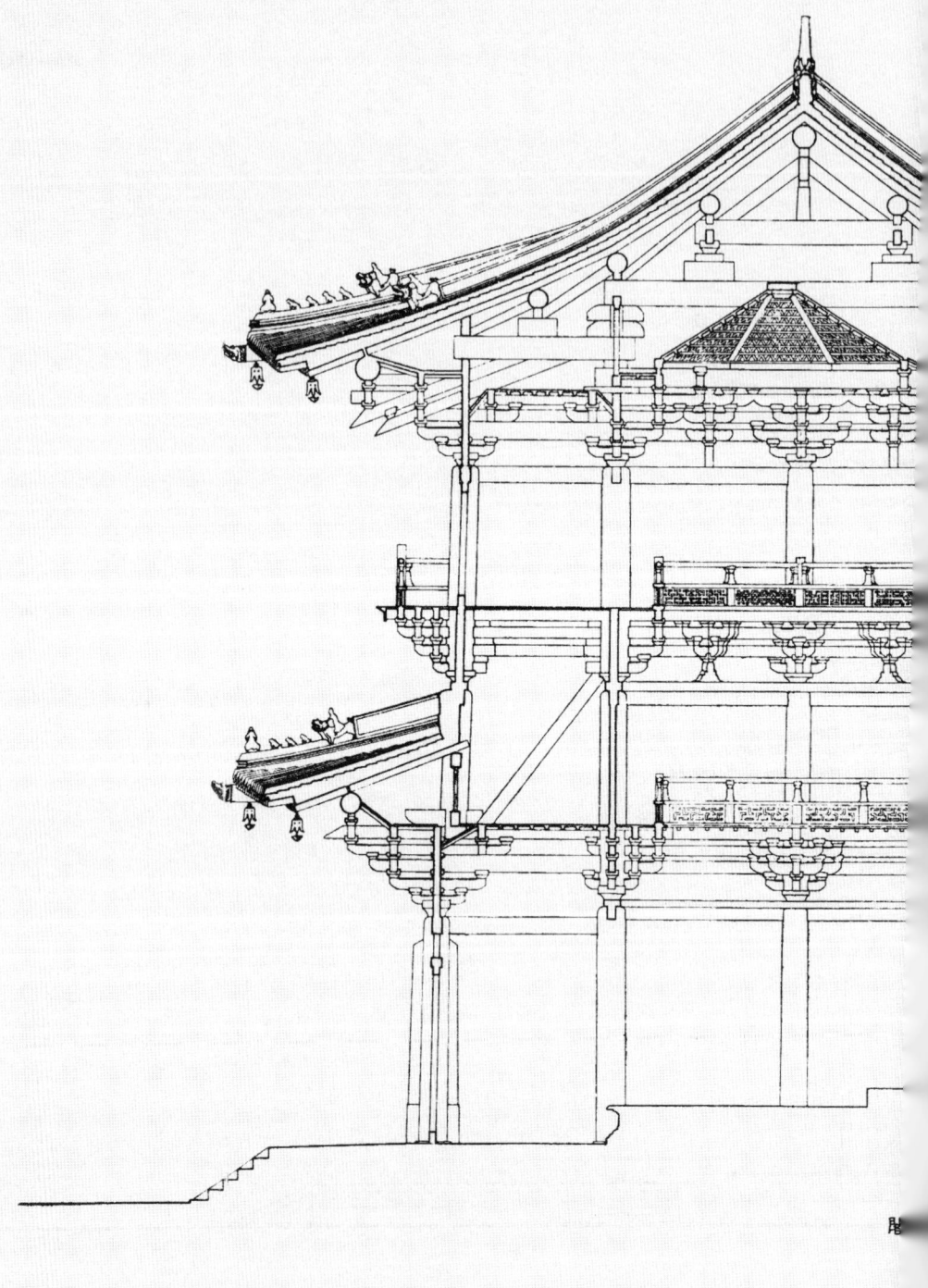

5 0 10 20 30 營造尺

卷首图四
观音阁横断面图

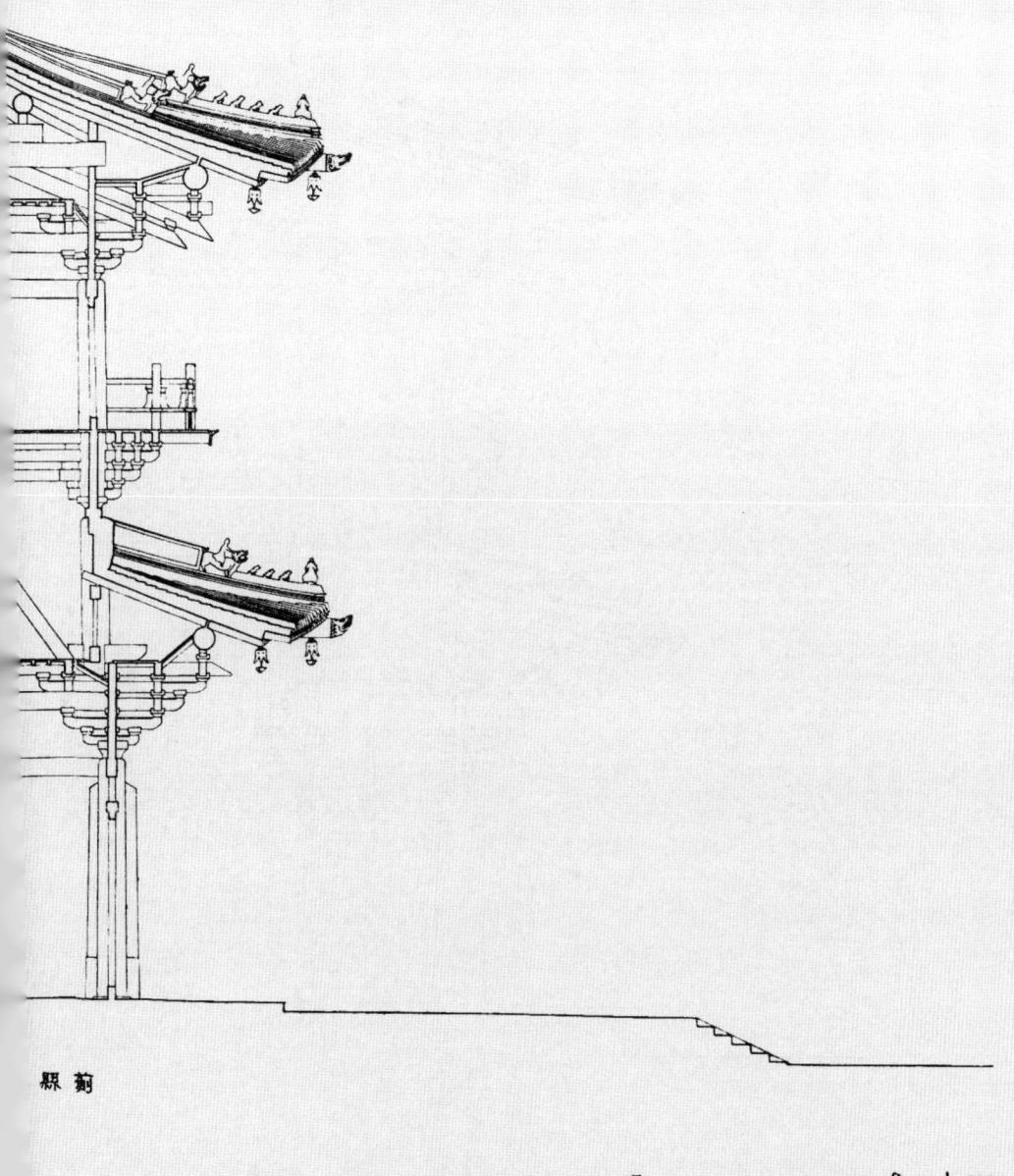

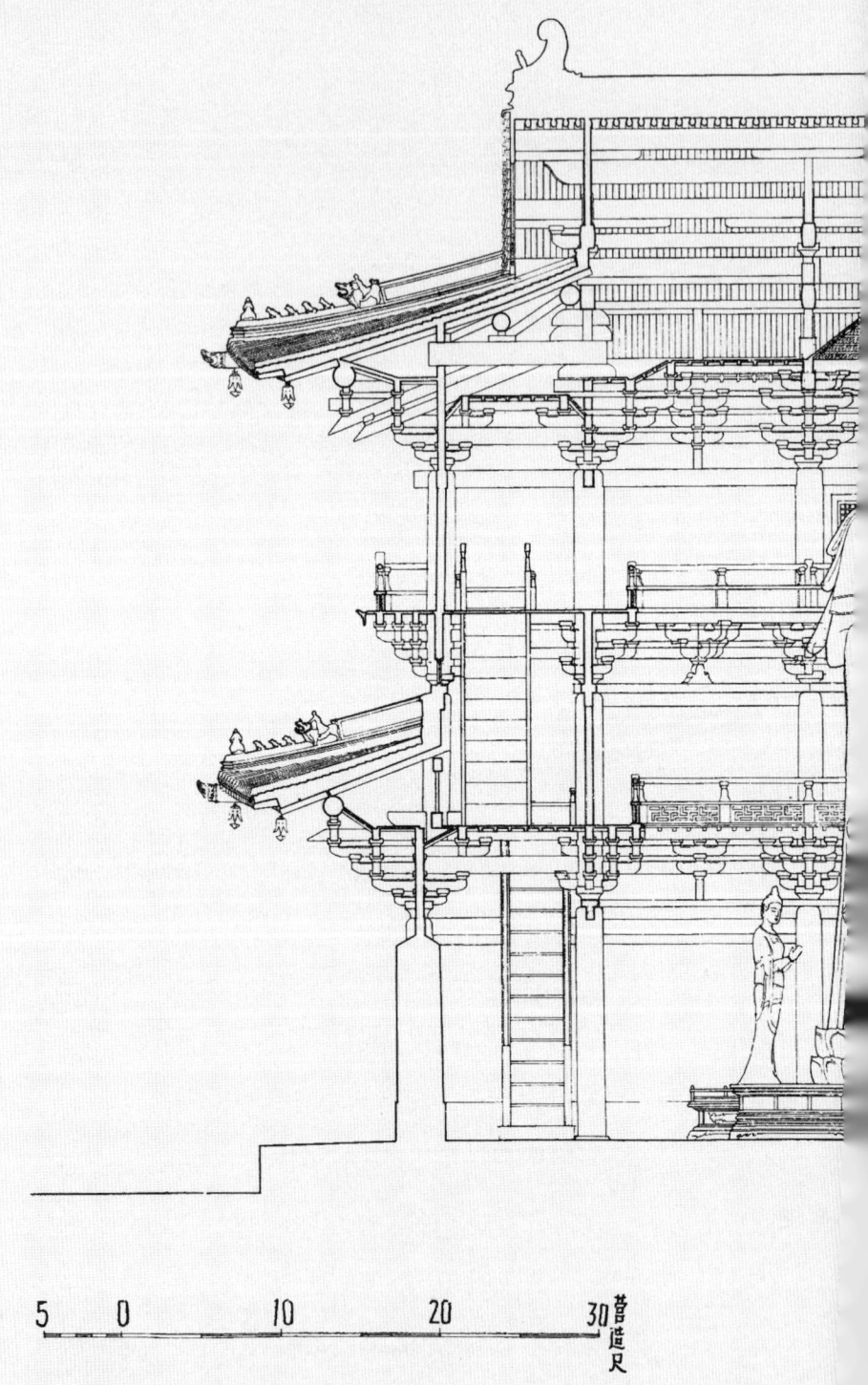

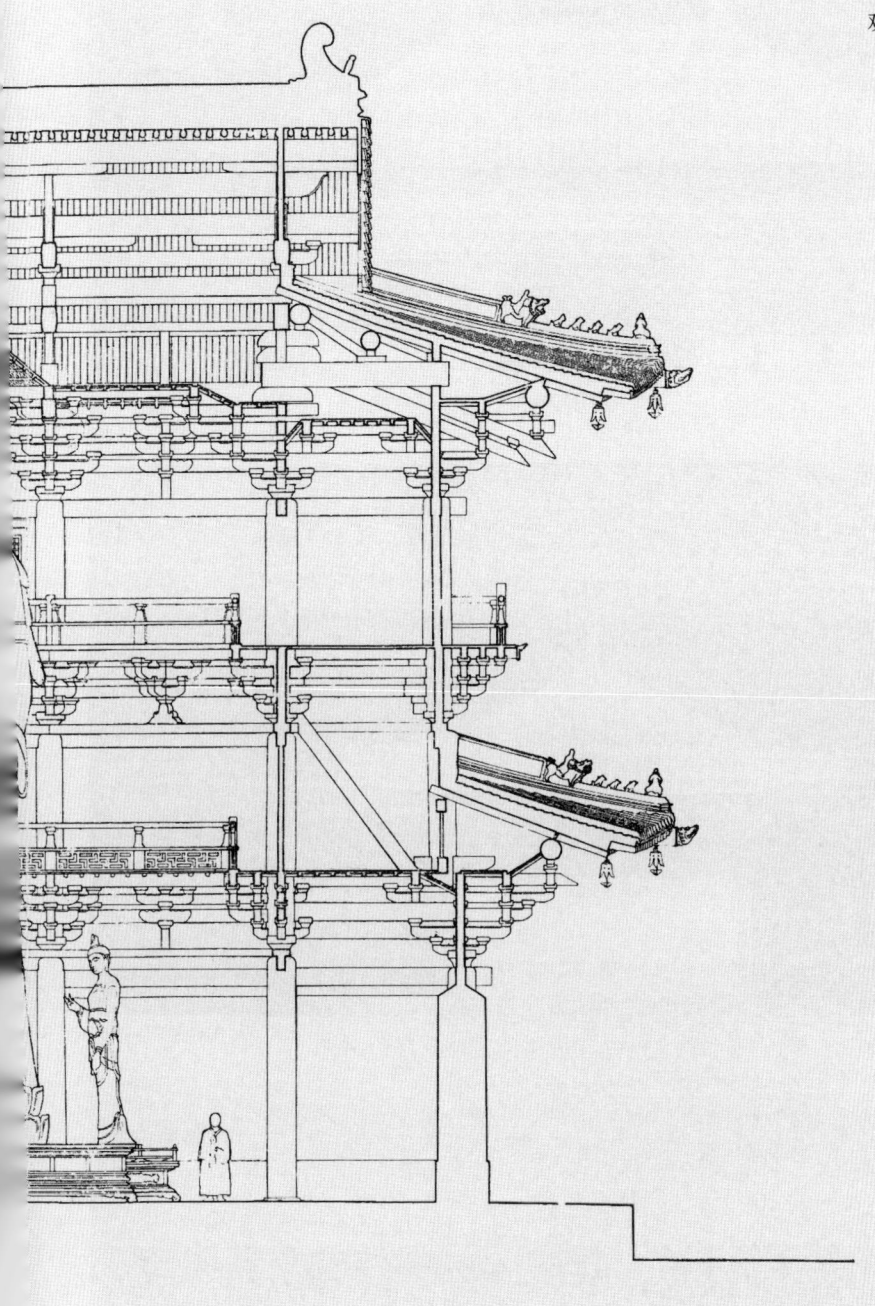

卷首图五
观音阁纵断面图

卷首图六
山门立面图

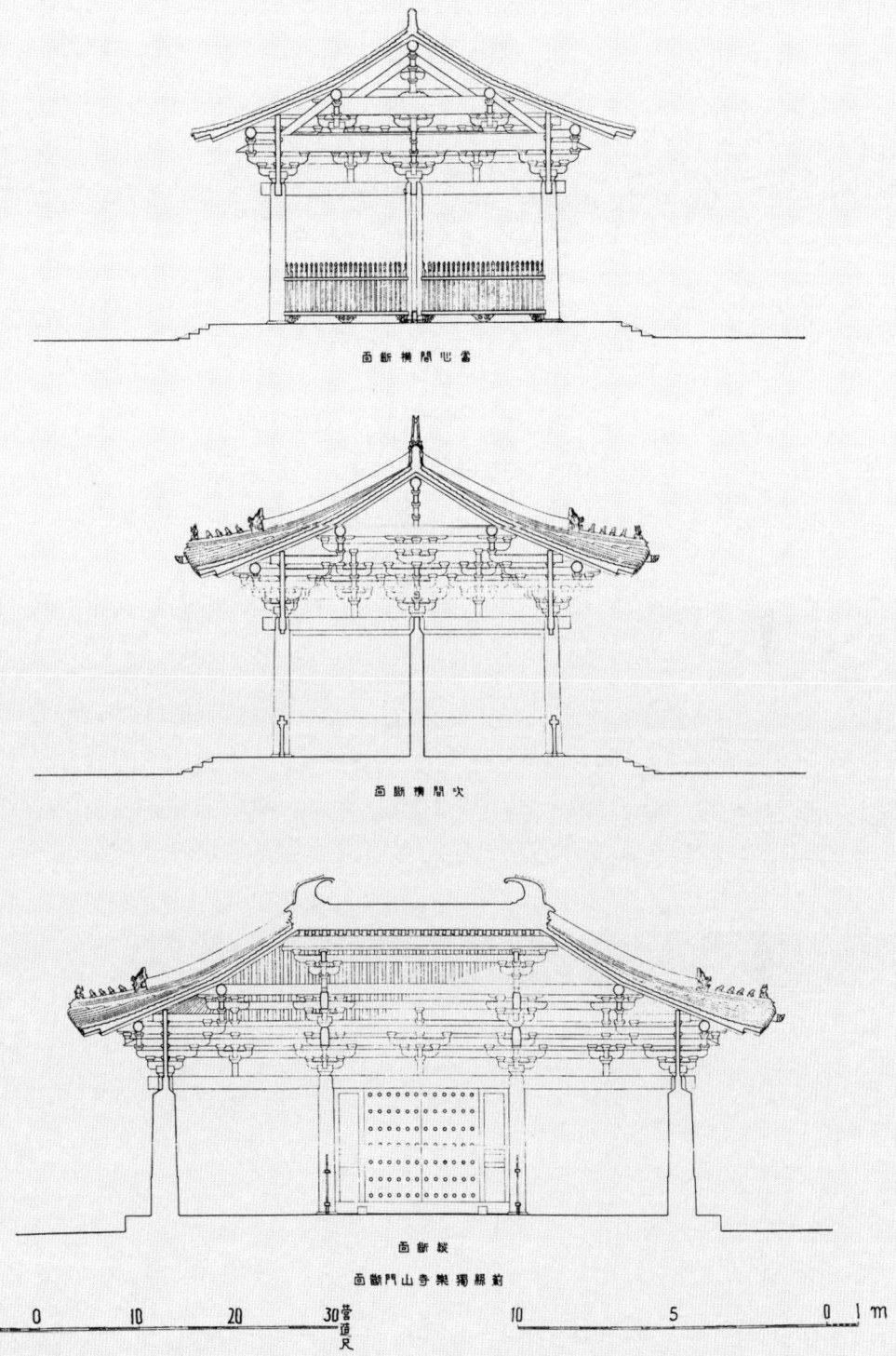

卷首图七
山门横断面及纵断面图

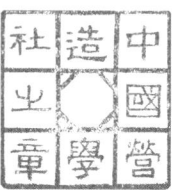

绪　言

近代学者治学之道，首重证据，以实物为理论之后盾，俗谚所谓"百闻不如一见"，适合科学方法。艺术之鉴赏，就造型美术（plastic art）言，尤须重"见"。读跋千篇，不如得原画一瞥，义固至显。秉斯旨以研究建筑，始庶几得其门径。

我国古代建筑，征之文献，所见颇多，《周礼·考工》《阿房宫赋》《两都》《两京》，以至《洛阳伽蓝记》等等，固记载详尽，然吾侪所得，则隐约之印象，及美丽之辞藻，调谐之音节耳。明清学者，虽有较专门之著述，如萧氏《元故宫遗录》，及类书中宫室建置之辑录，然亦不过无数殿宇名称，修广尺寸，及"东西南北"等字，以标示其位置，盖皆"闻"之属也。读者虽读破万卷，于建筑物之真正印象，绝不能有所得，犹熟诵《史记》"隆准而龙颜，美须髯；左股有七十二黑子"，遇刘邦于途，而不之识也。

造型美术之研究，尤重斯旨，故研究古建筑，非作遗物之实地调查测绘不可。

我国建筑，向以木料为主要材料。其法以木为构架，辅以墙壁，如人身之有骨节，而附皮肉。其全部结构，遂成一种有机的结合。然木之为物，易朽易焚，于建筑材料中，归于"非永久材料"（impermanent material）之列，较之铁石，其寿殊短；用为构架，一旦焚朽，则全部建筑，将一无所存，此古木建筑之所以罕而贵也。然若环境适宜，保护得法，则千余年寿命，固未尝为不可能。去岁西北科学考察团自新疆归来，得汉代木简无数，率皆两千年物，墨迹斑斓，纹质如新。固因沙漠干燥，得以保存至今；然亦足以证明木寿之长也。

至于木建筑遗例，最古者当推日本奈良法隆寺飞鸟期诸堂塔，盖建于我隋代，距今已千三百载。[1]然日本气候湿润，并非特宜于

[1] 此是20世纪30年代日本学界的说法。近年日本学界已公认法隆寺虽为公元607年圣德太子创建，但在公元670年焚毁。公元680年以后在原址西北重建，约在公元710年建成，即现存的法隆寺西院中门、塔、堂、回廊等建筑。但再建的法隆寺西院仍保持飞鸟时代的风格特点，也仍是现存世界上最古的木构建筑。——傅熹年注

木建筑之保存，其所以保存至今日者，实因日本内战较少，即使有之，其破坏亦不甚烈，且其历来当道，对于古物尤知爱护，故保存亦较多。至于我国，历朝更迭，变乱频仍，项羽入关而"咸阳宫室火三月不灭"，二千年来革命元勋，莫不效法项王，以逞威风，破坏殊甚。在此种情形之下，古建筑之得幸免者，能有几何？故近来中外学者所发现诸遗物中，其最古者寿亦不过八百九十余岁[1]，未尽木寿之长也。

蓟县独乐寺观音阁及山门，皆辽圣宗统和二年重建，去今（民国二十一年）已九百四十八年，盖我国木建筑中已发现之最古者。以时代论，则上承唐代遗风，下启宋式营造，实研究我国建筑蜕变上重要资料，罕有之宝物也。

翻阅方志，常见辽、宋、金、元建造之记载；适又传闻阁之存在，且偶得见其照片，一望而知其为宋元以前物。平蓟间长途汽车每日通行，交通尚称便利。廿年秋，遂有赴蓟计划。行装甫竣，津变爆发，遂作罢。至廿一年四月，始克成行。实地研究，登檐攀顶，逐部测量，速写摄影，以记各部特征。

归来整理，为寺史之考证、结构之分析及制度之鉴别。后二者之研究方法，在现状图之绘制（measured drawing）；与唐、宋（《营造法式》）、明、清（《工程做法则例》）制度之比较；及原状图之臆造（restoration drawing）。（至于所用名词，因清名之不合用，故概用宋名，而将清名附注其下。）计得五章：首为总论，将寺阁主要特征，先提纲领；次为寺史及现状；最后将观音阁山门做结构及制度之分析。

除观音阁、山门外，更得观音寺辽塔一座，附刊于后。

此次旅行，蒙清华大学工程学系教授施嘉炀[2]先生惠借仪器多种，蓟县王子明先生及蓟县乡村师范学校校长刘博泉，教员王慕如、梁伯融，工会杨雅园诸先生多方赞助，与以种种便利。而社员邵力工、舍弟梁思达同行，不唯沿途受尽艰苦，且攀梁登顶，不辞危险，尤为难能。归来研究，得内子林徽音在考证及分析上，不辞

[1] 山西大同华严寺教藏，建于辽兴宗重熙七年，公元1038年。——作者注

当时中国营造学社刚开始调查古建筑，尚未积累足够的史料，故多参考日本学者的调查资料，如日本常盘大定、关野贞等的著作《支那佛教史迹》等，薄伽教藏是其中有确切纪年之例，故引用之。以后随着营造学社工作的开展，发现了一些更古老的建筑，最后形成一个有纪年的木建筑的排序目录。薄伽教藏现在的年代排序是第十五名。——傅熹年注

[2] 施嘉炀，1902年出生，早年赴美留学，回国后在清华大学土木系任教，是清华大学土木系第一任系主任，40年代任清华工学院院长，现为清华水利系一级教授，已退休。曾长期任水利学会、水利工程学会理事长。——傅熹年注

[3]
蔡方荫，详《故宫文渊阁楼面修理计划》一文。——傅熹年注

[4]
朱启钤（1872—1964），字桂辛，贵州紫江人，历任清京师大学堂译学馆监督，辛亥革命后历任交通总长、内务总长、代理国务总理。退休后，于1929年发起组织中国营造学社，1930年正式成立，自任社长，聘梁思成、刘敦桢分任法式部、文献部主任，从事中国古代建筑的调查研究，影响深远。建国后历任中央文史馆馆员，第二、三届全国政协委员。——傅熹年注

[5]
参阅拙著《我们所知道的唐代佛寺与宫殿》。——作者注

此文与《敦煌壁画中所见中国古代建筑》内容相近，故未收入，可参阅该文。——傅熹年补注

劳，不惮烦，予以协作；又蒙清华大学工程教授蔡方荫[3]先生在比较计算上予以指示，始得此结果。而此次调查旅行之可能，厥为社长朱先生[4]之鼓励及指导是赖，微先生之力不及此，尤思成所至感者也。

一、总论

独乐寺观音阁及山门，在我国已发现之古木建筑中，固称最古，且其在建筑史上之地位，尤为重要。统和二年为宋太宗之雍熙元年，北宋建国之第二十四年耳。上距唐亡仅七十七年，唐代文艺之遗风，尚未全靡；而下距《营造法式》之刊行尚有百十六年。《营造法式》实宋代建筑制度完整之记载，而又得幸存至今日者。观音阁、山门，其年代及形制，皆适处唐、宋二式之中，实为唐宋间建筑形制蜕变之关键，至为重要。谓为唐宋间式之过渡样可也。

独乐寺伽蓝之布置，今已无考。隋唐之制，率皆寺分数院，周绕回廊。[5]今观音阁、山门之间，已无直接联络部分；阁前配殿，亦非原物，后部殿宇，更无可观。自经乾隆重修，建筑坐落于东院，寺之规模，更完全更改，原有布置，毫无痕迹。原物之尚存者唯阁及山门。

观音阁及山门最大之特征，而在形制上最重要之点，则为其与敦煌壁画中所见唐代建筑之相似也。壁画所见殿阁，或单层或重层，檐出如翼，斗栱雄大。而阁及门所呈现象，与清式建筑固迥然不同，与宋式亦大异，而与唐式则极相似。熟悉敦煌壁画中净土图（图二十三）者，若骤见此阁，必疑身之已入西方极乐世界矣。

其外观之所以如是者，非故仿唐形，乃结构制度仍属唐式之自然结果。而其结构上最重要部分，则木质之构架——建筑之骨干——是也。

其构架约略可分为三大部分：柱、斗栱及梁枋。

观音阁之柱，权衡颇肥短，较清式所呈现象为稳固。山门柱径亦如阁，然较阁柱犹短。至于阁之上中二层，柱虽更短，而径不改，故知其长与径不相牵制，不若清式之有一定比例。此外柱头削作圆形（图二十六），柱身微侧向内，皆为可注意之特征。

斗栱者，中国建筑所特有之结构制度也。其功用在梁枋等与柱间之过渡及联络，盖以结构部分而富有装饰性者。其在中国建筑上所占之地位，犹 Order 之于希腊、罗马建筑；斗栱之变化，谓为中国建筑制度之变化，亦未尝不可，犹 Order 之影响欧洲建筑，至为重大。

唐宋建筑之斗栱以结构为主要功用，雄大坚实，庄严不苟。明清以后，斗栱渐失其原来功用，日趋弱小纤巧，每每数十攒排列檐下，几成纯粹装饰品，其退化程度，已陷井底，不复能下矣。观音阁山门之斗栱，高约柱高一半以上，全高三分之一，较之清式斗栱——合柱高四分或五分之一，全高六分之一者，其轻重自可不言而喻。而其结构，与清式、宋式皆不同；而种别之多，尤为后世所不见。盖古之用斗栱，辄视其机能而异其形制，其结构实为一种有机的（organic），有理的（logical）结合。如观音阁斗栱，或承檐，或承平坐，或承梁枋，或在柱头，或转角，或补间，内外上下，各各不同[1]，条理井然。各攒斗栱，皆可作建筑逻辑之典型。都凡二十四种，聚于一阁，诚可谓集斗栱之大成者矣！

观音阁及山门上梁枋之用法，尚为后世所常见，皆为普通之梁（beam），无复杂之力学作用。其与后世制度最大之区别，乃其横断面之比例。梁之载重力，在其高度，而其宽度之影响较小；今科学造梁之制，大略以高二宽一为适宜之比例。按清制高宽为十与八或十二与十之比，其横断面几成正方形。宋《营造法式》所规定，则为三与二之比，较清式合理。而观音阁及山门（辽式）则皆为二与一之比，与近代方法符合。岂吾侪之科学知识，日见退步耶！

其在结构方面最大之发现则木材之标准化是也。清式建筑，皆

[1] 楼阁外周之露台，古称"平坐"；斗栱之在屋角者为"转角铺作"；在柱与柱之间者为"补间铺作"。——作者注

以"斗口"[2]为单位，凡梁柱之高宽，面阔进深之修广，皆受斗口之牵制。制至繁杂，计算至难；其"规矩"对各部分之布置分配，拘束尤甚，致使作者无由发挥其创造能力。古制则不然，以观音阁之大，其用材之制，梁枋不下千百，而大小只六种。此种极端之标准化，于材料之估价及施工之程序上，皆使工作简单。结构上重要之特征也。

观音阁天花，亦与清代制度大异。其井口甚小，分布甚密，为后世所不见。而与日本镰仓时代[3]遗物颇相类似，可相较鉴也。

阁与山门之瓦，已非原物。然山门脊饰，与今日所习见之正吻不同。其在唐代，为鳍形之尾，自宋而后，则为吻，二者之蜕变程序，尚无可考。山门鸱尾，其下段已成今所习见之吻，而上段则尚为唐代之尾，虽未可必其为辽原物，亦必为明以前按原物仿造，亦可见过渡形制之一般。砖墙下部之裙肩，颇为低矮，只及清式之半，其所呈现象，至为奇特。山西北部辽物亦多如是，盖亦其特征之一也。

观音阁中之十一面观音像，亦统和重塑，尚具唐风，其两傍侍立菩萨，与盛唐造像尤相似，亦雕塑史中之重要遗例也。

二、寺史

蓟县在北平之东百八十里。汉属渔阳郡，唐开元间，始置蓟州。五代石晋，割以赂辽[4]，其地遂不复归中国。金曾以蓟一度遗宋，不数年而复取之。宋、元、明以来，屡为华狄冲突之地；军事重镇，而北京之拱卫也。蓟城地处盘山之麓。盘山乃历代诗人歌咏之题，风景幽美，为蓟城天然之背景。

蓟既为古来重镇，其建置至为周全，学宫衙署，僧寺道院，莫不齐备（图一）。而千数百年来，为蓟民宗教生活之中心者，则独乐

[2] 斗栱大斗安栱之口为"斗口"。——作者注

[3] 日本古代历史时代，起自公元1185年，止于公元1333年，当中国南宋孝宗淳熙十二年至元顺帝元统元年。镰仓时代建筑受同期中国南方建筑影响较大。——傅熹年注

[4] 1926年北伐后，北京改称北平，至1949年建国后，又改称北京。此文撰于1932年，故称北京为北平。——傅熹年注

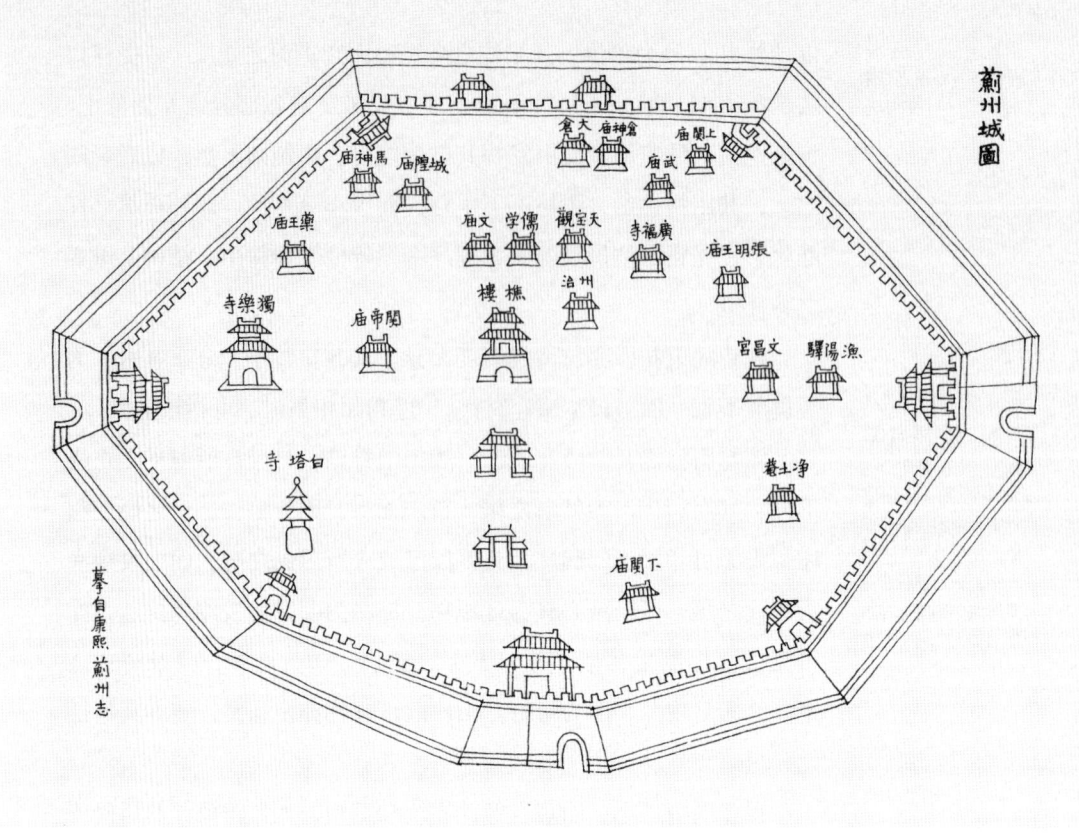

图一
蓟州城图

[1]
即夏历。1927年以后推行公历，故称夏历为废历。——傅熹年注

寺也。寺在城西门内，中有高阁，高出城表，自城外十余里之遥，已可望见。每届废历[1]三月中，寺例有庙会之举，县境居民，互数十里跋涉，参加盛会，以期"带福还家"。其在蓟民心目中，实为无上圣地，如是者已数百年，蓟县耆老亦莫知其始自何年也。

独乐寺虽为蓟县名刹，而寺史则殊渺茫，其缘始无可考。与蓟人谈，咸以寺之古远相告；而耆老缙绅，则或谓屋脊小亭内碑文有"贞观十年建"字样，或谓为"尉迟敬德监修"数字，或将二说合而为一，谓为"贞观十年尉迟敬德监修"者，不一而足。"敬德监修"，已成我国匠人历代之口头神话，无论任何建筑物，彼若认为久远者，概称"敬德监修"。至于"贞观十年"，只是传说，无人目睹，亦未见诸传记。即使此二者俱属事实，亦只为寺创建之时，或其历史中之一段。至于今日尚存之观音阁及山门，则绝非唐构也。

蓟人又谓：独乐寺为安禄山誓师之地。"独乐"之名，亦禄山所命，盖禄山思独乐而不与民同乐，故尔命名云。蓟城西北，有独乐水，为境内名川之一，不知寺以水名，抑水以寺名，抑二者皆为禄山命名也。

寺之创立，至迟亦在唐初。《日下旧闻考》引《盘山志》云[2]：

> 独乐寺不知创自何代，至辽时重修。有翰林院学士承旨刘成碑。统和四年孟夏立石，其文曰："故尚父秦王请谈真大师入独乐寺，修观音阁。以统和二年冬十月再建，上下两级，东西五间，南北八架，大阁一所。重塑十一面观音菩萨像。"

自统和上溯至唐初，三百余年耳。唐代为我国历史上佛教最昌盛时代；寺像之修建供养极为繁多，而对于佛教之保护，必甚周密。在彼适宜之环境之下，木质建筑，寿至少可数百年。殆经五代之乱，寺渐倾颓，至统和（北宋初）适为需要重修之时。故在统和以前，寺至少已有三百年以上之历史，殆属可能。

刘成碑今已无可考，而刘成其人者，亦未见经传。尚父秦王者，耶律奴瓜也。[3] 按辽史本传，奴瓜为太祖异母弟南府宰相苏之孙，"有膂力，善调鹰隼"，盖一介武夫。统和四年始建军功。六年败宋游兵于定州，二十一年伐宋，擒王继忠于望都。当时前线乃在河北省南部一带，蓟州较北，已为辽内地，故有此建置，而奴瓜乃当时再建观音阁之主动者也。

谈真大师，亦无可考，盖当时高僧而为宗室所赏识或敬重者。观音阁之再建，是在其监督之下施工者也。

统和二年，即宋太宗雍熙元年，公元984年也。阁之再建，实在北宋初年。《营造法式》为我国最古营造术书，亦为研究宋代建筑之唯一著述，初刊于宋哲宗元符三年（公元1100年）[4]，上距阁之再建，已百十六年。而统和二年，上距唐亡（昭宣帝天祐四年，公元907年）仅七十七年，以年月论，距唐末尚近于《法式》刊行

---

[2] 同治十一年李氏刻本《盘山志》尚无此段。——作者注

[3] 查辽史，统和四年碑上提到的"故尚父秦王"应是韩匡嗣，而不是开泰初始（公元1012—1021年）加尚父的耶律奴瓜。——莫宗江注

[4] 《营造法式》初刊于宋崇宁二年（公元1103年）。——莫宗江注

之年。且地处边境，在地理上与中原较隔绝。在唐代地属中国，其文化自直接受中原影响，五代以后，地属夷狄，中国原有文化，固自保守，然在中原若有新文化之产生，则所受影响，必因当时政治界限而隔阻；故愚以为在观音阁再建之时，中原建筑若已有新变动之发生，在蓟北未必受其影响，而保存唐代特征亦必较多。如观音阁者，实唐、宋二代间建筑之过渡形式，而研究上重要之关键也。

阁之形式，确如碑所载，"上下两级，东西五间，南北八架"。阁实为三级，但中层为暗层，如西式之 mezzanine[1]者。故主要层为两级，暗层自外不见。南北八架云者，按今式称为九架，盖谓九檩而椽分八段也。

自统和以后，历代修葺，可考者只四次，皆在明末以后。元明间必有修葺，然无可考。

万历间，户部郎中王于陛重修之，有《独乐大悲阁记》，谓：

> ……其载修则统和己酉也。经今久圮，二三信士谋所以为缮葺计；前饷部柯公[2]，实倡其事，感而兴起者，殆不乏焉。柯公以迁秩行，予继其后，既经时，涂塈之业斯竟。因赡礼大士，下睹金碧辉映，其法身庄严钜丽，围抱不易尽，相传以为就刻一大树云。

按康熙《朝邑县后志》：

> 王于陛，字启宸，万历丁未进士。以二甲授户部主事，升郎中，督饷蓟州。

丁未为万历二十五年（公元 1597 年）。其在蓟时期，当在是年以后，故其修葺独乐寺，当在万历后期。其所谓重修，亦限于油饰彩画，故云"金碧辉映，庄严钜丽"，于寺阁之结构无所更改也。

明清之交，蓟城被屠三次，相传全城人民，集中独乐寺及塔下

[1] 即夹层。——编者注

[2] 《蓟州志》（官秩·户部分司题名），柯维騄，万历中任是职，王于陛之前任。——作者注

寺，抵死保护，故城虽屠，而寺无恙，此亦足以表示蓟人对寺之爱护也。

王于陛修葺以后六十余年，王弘祚复修之。弘祚以崇祯十四年（公元1641年）"自盘阴来牧渔阳"。入清以后，官户部尚书，顺治十五年（公元1658年），"晋秩司农，奉使黄花山，路过是州，追随大学士宗伯菊潭胡公来寺少憩焉。风景不殊，而人民非故；台砌倾圮，而庙貌徒存……寺僧春山游来，讯予（弘祚）曰：'是召棠冠社之所凭也，忍以草莱委诸？'予唯唯，为之捐资而倡首焉。一时贤士大夫欣然乐输，而州牧胡君[3]，毅然劝助，共襄盛举。未几，其徒妙乘以成功告，且曰宝阁配殿，及天王殿山门，皆焕然聿新矣"（《修独乐寺记》）。

此入清以后第一次修葺也。其倡首者王弘祚，而"州牧胡君"助之。当其事者则春山妙乘。所修则宝阁配殿，及天王殿山门也。读上记，天王殿山门，似为二建筑物然者，然实则一，盖以山门而置天王者也。以地势而论，今山门迫临西街，前无空地；后距观音阁亦只七八丈，其间断不容更一建筑物之加入，故"天王殿山门"者，实一物也。

乾隆十八年（公元1753年）"于寺内东偏……建立座落，并于寺前改立栅栏照壁，巍然改观"（《蓟州沈志》卷三）。是殆为寺平面布置上极大之更改。盖在此以前，寺之布置，自山门至阁后，必周以回廊，如唐代遗制。高宗于"寺内东偏"建立座落，则"寺内东偏"原有之建筑，必被拆毁。不唯如是，于"西偏"亦有同时代建立之建筑，故寺原有之东西廊，殆于此时改变，而成今日之规模。"巍然改观"，不唯在"栅栏照壁"也。

乾隆重修于寺上最大之更动，除平面之布置外，厥唯观音阁四角檐下所加柱（图二十四），及若干部分之"清式化"。阁出檐甚远，七百余年，已向下倾圮，故四角柱之增加，为必要之补救法，阁之得以保存，唯此是赖。

关于此次重修，尚有神话一段。蓟县老绅告予，当乾隆重修之

[3]
《蓟州志》（官秩·知州题名），胡国佐，三韩人，荫生。修学宫西庑戟门，有记。升湖广德安府同，去任之日，民攀辕号泣，送不忍舍，盖德政有以及人也。——作者注

时，工人休息用膳，有老者至，工人享以食。问味何如，老者曰："盐短，盐短！"盖鲁班降世，而以上檐改短为不然，故曰"檐短"云。按今全部权衡，上檐与下檐檐出，长短适宜，调谐悦目，檐短之说，不敢与鲁班赞同。至于其他"清式化"部分，如山花板、槫脊及山门雀替之添造，门窗隔扇之修改，内檐柱头枋间之填塞，皆将于各章分别论之。

高宗生逢盛世，正有清鼎定之后，国裕民安，府库充实；且性嗜美术，好游名山大川。凡其足迹所至，必重修寺观，立碑自耀。唐宋古建筑遗物之毁于其"重修"者，不知凡几，京畿一带，受创尤甚。而独乐寺竟能经"寺内东偏"座落之建立，观音阁、山门尚侥幸得免，亦中国建筑史之万幸也。

光绪二十七年（公元1901年）"两宫回銮"之后，有谒陵[1]盛典，道出蓟州，独乐寺因为座落之所在，于是复加修葺粉饰。此为最后一次之重修，然多限于油漆、彩画等等外表之点缀。骨干构架仍未更改。今日所见之外观，即光绪重修以后之物。

[1] 清东陵，在蓟东遵化县境。——作者注

有清一代，因座落之关系，独乐寺遂成禁地，庙会盛典，皆于寺前举行。平时寺内非平民所得入，至清末遂有窃贼潜居阁顶之轶事。贼犯案年余，无法查获，终破案于观音阁上层天花之上；相传其中布置极为完善，竟然一安乐窝。其上下之道，则在东梢间柱间攀上，摩擦油腻，尚有黑光，至今犹见。

鼎革以后，寺复归还于民众，一时香火极盛。民国六年，始拨西院为师范学校。十三年，陕军来蓟，驻于独乐寺，是为寺内驻军之始。十六年，驻本县保安队，始毁装修。十七年春，驻孙□□[2]部军队，十八年春始去。此一年中，破坏最甚。然较之同时东陵盗陵案，则吾侪不得不庆独乐寺所受孙部之特别优待也。

[2] 指孙殿英。——傅熹年注

北伐成功以后，蓟县党部成立，一时破除迷信之声，甚嚣尘上，于是党委中有倡议拍卖独乐寺者。全蓟人民哗然反对，幸未实现。不然，此千年国宝，又将牺牲于"破除迷信"美名之下矣。

民国二十年，全寺拨为蓟县乡村师范学校，阁、山门，并东西

院座落归焉。东西院及后部正殿，皆改为校舍，而观音阁、山门则保存未动。南面栅栏部分，围以土墙，于是无业游民，不复得对寺加以无聊之涂抹撕拆。现任学校当局诸君，对于建筑，保护备至。观音阁、山门十余年来，备受灾难，今归学校管理，可谓渐入小康时期，然社会及政府之保护，犹为亟不容缓也。

三、现状

统和原构，唯观音阁及山门尚存，其余殿宇，殆皆明清重建（见图二）。今在街之南，与山门对峙者为乾隆十八年所立照壁。街之北，山门之南为墙，东西两端辟门道，而中部则用土坯垒砌，与原有红墙显然各别。此土墙部分，原为乾隆十八年立栅栏所在，日久栅栏朽坏，去岁蓟县乡村师范学校接收寺产后，遂用墙堵塞，以防游民入校。虽将山门遮掩，致使瞻仰者不得远观前面立之全部，然为古物之保存计，实亦目前所不得不尔者。栅栏之前有旗杆二，一杆虽失，而石座夹杠则并存。旗杆与栅栏排列并非平行，东座距壁〇·二八公尺而西座距壁〇·七三公尺。座高一·五七公尺，见方约〇·八四公尺。与北平常见乾隆旗杆座旨趣大异。且剥蚀殊甚，殆亦辽物也。

栅栏之内为山门（图三），二者之间，地殊狭隘。愚以为山门原临街，乾隆以前未置栅栏，寺前街道，较他部开朗，旗杆立于其中，略似意大利各寺前之 piazza [3]，其气象庄严，自可想见。山门面阔三间，进深二间 [4]，槅扇装修，已被军队拆毁无存，仅存槛框。南面二梢间 [5]，立天王像二尊，故土人亦称山门曰"哼哈殿"。天王立小砖台上，然砖已崩散，天王将无立足之地矣！北面二梢间东西壁画四天王，涂抹殊甚，观其色泽，殆光绪重修所重摹者。笔法、颜色皆无足道。

山门之北为观音阁，即寺之主要建筑物也。阁高三层，而外观

[3] 即广场。——编者注

[4] 建筑物之长度为面阔，深度为进深。——作者注

[5] 如屋五间，居中者为明间或当心间，其次曰次间，两端为梢间。——作者注

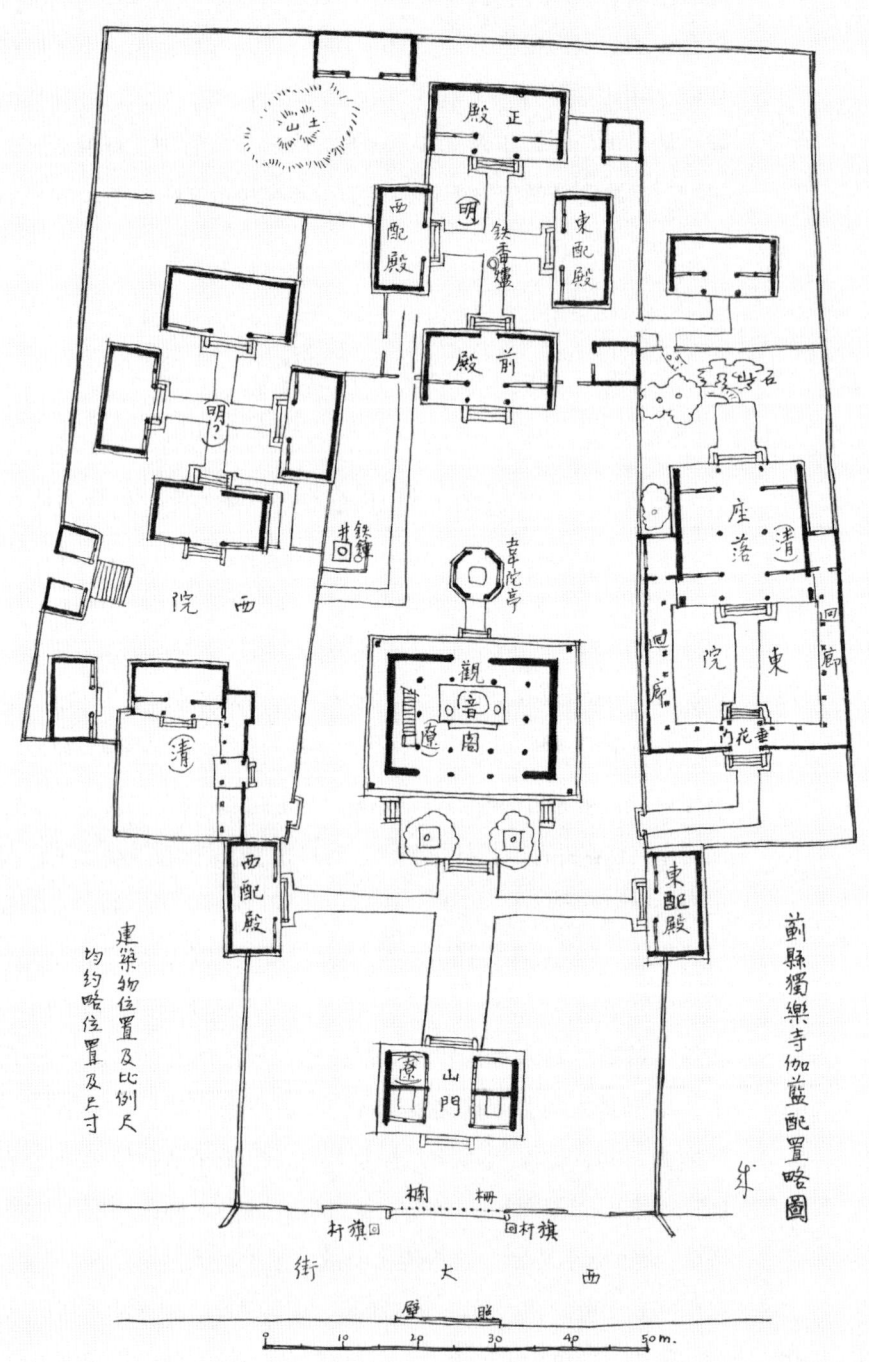

图二
蓟县独乐寺平面图

图三
山门

图四
观音阁远望

则似二层者。立于石坛之上，高出城表，距蓟城十余里，已遥遥望见之（图四）。经千年风雨寒暑之剥蚀，百十次兵灾匪祸之屠劫，犹能保存至今，巍然独立。其完整情形，殊出意外，尤为难得。阁檐四隅，皆支以柱，盖檐出颇远，年久昂腐，有下倾之虞，不得不尔。阁中主人翁为十一面观音像，高约十六公尺，立须弥坛上，二菩萨侍立。法相庄严，必出名手，其年代或较阁犹古，亦属可能。与大像相背，面北部分尚有像，盖为落伽山中之观音。此数像者，其意趣尚具唐风，而簇新彩画，鲜艳妖冶，亦像之辱也。坛上除此数像外，尚有像三躯，恐为明以后物。北向门额悬铁磬一，万历间净土庵物，今为学生上课敲点用。庵在县城东南，磬不知何时移此。

阁与山门之间，为篮球场，为求地址加宽，故山门北面与观音阁前月台南面之石阶，皆已拆毁，其间适合球场宽度。球场（即前院）东西为配殿，各为三楹小屋，纯属清式。东配殿门窗全无，荒置无用，西配殿为学校接待室。

阁之北，距阁丈余为八角小亭，亦清构。亭内立韦驮铜像（图五），甲胄武士，合掌北向立，高约二·三〇公尺，镌刻极精。审其手法，殆明中叶所作。光绪重修时，劣匠竟涂以灰泥，施以彩画，大好金身，乃蒙不洁，幸易剔除，无伤于像也。

亭北空院为网球场，场北为本寺前殿，殿三楹，殊狭小，而立于权衡颇高之台基上。弦歌之声，时时溢出，今为音乐教室。前殿之后为大殿，大小与前殿略同，为学校办公室。东西配殿为学生宿舍，此部分或为明代重修。然气魄极小，不足与阁调和对称。庭中有铁杏炉一座（图六），高约二·六〇公尺，作小圆亭状，其南面檐下斗栱间文曰：

顺天府蓟州
独乐寺大殿前进
□炉一座
本寺僧正　□僧□

□□　　□□（？）
　　元成（？）
　　□智
　　□□
　　宽龙（？）
　　普福
　　普祥

惜僧正名无可读。西南二门之间文曰：

信士　平冶　陈□程元忠魏邦冶

铸匠　王之禄　王之富　男王有文等
　　　王之屏　王之蒲

崇祯拾肆年拾壹月吉日造

韦驮亭西有井一口，据县老绅士王子明先生言，

图五
韦陀铜像

图六
后殿及香炉

幼时曾见寺有残碑，于光绪重修时用作垒砌井筒之用，岂即刘成碑耶？井口现有铁钟一口（图七），系于井架，高〇·八三公尺。钟分八格，其中二格有文字：

蓟州独乐寺募缘比丘戒莲诚资铸钟一口二百斤

弘治二年四月　日首座戒宗皇图永固帝道遐昌佛日增辉法轮常转

匠人邓华　信女惠成　妙真妙全　刘氏刘氏[1]　惠贤惠荣　铸钟信人　王璩

[1] 原文如此，疑有误。——编者注

借此得知明孝宗时首座之名。

图七　铁钟

图八　东院座落正厅

前院东配殿之北，墙有门，通东院，即乾隆十八年所建之"座落"也。入门有空院，其北为垂花门，内有围廊，北面广厅，东西三楹，南北二间，其一切形制，皆为最合规矩之清式。厅现为大讲堂（图八）。其后空院，石山大树犹存，再后则小屋三楹，荒废未用。

前院西配殿之北，墙亦有门，通西院，殆亦同时建。入门为夹道，垂花门东向，内有小廊，小屋三楹，他无所有。现为校长及教员宿舍。

此部之后面，尚有殿二进，东西配殿各一座，皆三楹。现为学生宿舍及食堂。其西尚有大门三楹，外临城垣，内有礓磜[1]，颇似车骑出入之门。在寺产完全归校以前，此即学校正门也。

总之，寺之建筑物，以观音阁为主，山门次之，皆辽代原构，为本次研究主物。后部殿宇，虽属明构，与清式只略异，东西两院，则纯属极规矩之清式，无特别可注意之点也。

[1] 斜坡不作阶级，由一高度达另一高度之道为礓磜。——作者注

四、山门

（一）外观

山门为面阔三间、进深二间之单层建筑物。顶注四阿[2]，脊作鸱尾，青瓦红墙。南面额曰"独乐寺"，相传严嵩手笔。全部权衡（proportion），与明清建筑物大异，所呈现象至为庄严稳固。在小建筑物上，施以四阿，尤为后世所罕见（图九）。

[2] 屋顶各面斜坡相交成脊。如屋顶四面皆坡，则除顶上正脊外，四隅尚有四垂脊，即"四阿"是也。——作者注

（二）平面

面阔三间，进深二间，共有柱十二。当心间（今称明间）面阔六·一七公尺，中柱[3]间安装大门，为出入寺之孔道。梢间面阔五·二三公尺，南面二间立天王像，北面二间原来有像否尚待

[3] 在建筑物纵中线之上之柱，在明间次间之间，或次间梢间之间者为"中柱"。在最外两端者为"山柱"。在建筑物前后面之柱为"檐柱"，在角者为"角柱"。——作者注

图九
山门北面

考。中柱与前后檐柱间之进深为四·三八公尺。因进深较少于梢间面阔,故垂脊与正脊相交乃在梢间之内而不正在中柱之上也(卷首图一)。

(三)台基及阶

台基为石质,颇低;高只〇·五〇公尺。前后台出[1]约二·二〇米,而两山台出则为一·三〇公尺,显然不备行人绕门或在两山[2]檐下通行者。南面石阶三级,颇短小,宽不及一间,殆非原状。盖阶之"长随间广",自李明仲至于今日,尚为定例,明仲前百年,不宜有此例外也。北面石阶已毁,当与南面同。

(四)柱及柱础

山门柱十二,皆《营造法式》所谓"直柱"者是。柱身与柱径之比例,虽只八·六与一之比,尚不及罗马伊阿尼式[3]柱之瘦长,而所呈现象,则较瘦;盖因抱框[4]等附属部分遮盖使然。柱之下径较大于上径,唯收分[5]甚微,故不甚显著,非详究不察;然在观者下意识中,固已得一种稳固之印象。兹将各柱之平均度量列下:

[1] 由檐柱中线至台基外边为前后"台出",由山柱中线至两旁台基外边为两山"台出"。——作者注

[2] 长方形建筑物之两狭面为"两山"。——作者注

[3] 今译作爱奥尼亚柱式。——编者注
罗马建筑五式之一,其柱之长为径之九倍。——作者注

[4] 柱间安窗先将窗框安于柱旁,谓之"抱框"。——作者注

[5] 柱下大上小,谓之"收分"。——作者注

柱高：四・三三公尺　　下径：〇・五一公尺
上径：〇・四七公尺　　高：径：八・六五：一
收分：千分之二五

前后柱脚与中柱脚之距离为四・三八公尺，而柱头间则为四・二九公尺，柱头微向内偏，约合柱高百分之二。按《营造法式》卷五：

> 凡立柱并令柱首微收向内，柱脚微出向外，谓之侧脚。每屋正面，随柱之长，每一尺即侧脚一分；若侧面，每长一尺，即侧脚八厘。至角柱，其柱首相向各依本法。

山门柱之倾斜度极为明显，且甚于《营造法式》所规定，其为"侧脚"无疑（图九）。

柱身经历次重修，或坎补，或涂抹，乃至全柱更换，亦属可能。观音阁柱头，皆"卷杀[6]作覆盆样"（图二十六），而山门柱头乃平正如清式，其是否原物，亦待考也。

柱础[7]为本地青石造，方约〇・八五公尺，不及柱径之倍，而自《营造法式》至清《工程做法则例》皆规定柱础"方倍柱之径"，此岂辽宋制度之不同欤？础上"覆盆"较似清式简单之"古镜"，不若宋式之华丽也。

（五）斗栱

山门外檐斗栱，共有三种，分述如次：

1. 柱头铺作[8]　　清式称柱头（图十，图十一）。其栌斗（今称坐斗）"施之于柱头"，不似清式之将"坐斗"施于"平板枋"上。自栌斗外出者计华栱（今称翘）两层，故上层长两跳[9]。上层跳头施以令栱（今称厢栱），与耍头相交，置于交互斗（今称十八斗）内。其耍头之制，将头做成约三十度向外之锐角，略似平置之昂，不若清式之做六十度向内之钝角者。令栱之上，置散斗（今称三才升）

---

[6] 将木材方正之端，斫造使圆，谓之"卷杀"。——作者注

[7] 柱下之石，清名"柱顶石"。其上雕起作盘形部分，宋称"覆盆"，清称"古镜"，宋式繁多，而清式简单。——作者注

[8] 清称"斗栱"，宋称"铺作"。——作者注

[9] 用栱之制，原则上为上层材较下层伸出，层层叠出，即挑檐或悬臂之法是也。《营造法式》栱每伸出一层，谓之一"跳"。栱端谓之"跳头"。——作者注

图十
山门柱头铺作及补间铺作

三个,以承栱形小木,及其上之槫(今称桁)。按《营造法式》卷五,有所谓"替木"者,其长按地位而异,"两头各下杀四分……若至出际,长与槫齐"。此栱形小木,殆即"替木"欤?与此"替木"位置功用相同者,于清式建筑中有"挑檐枋",长与檩同,而此处所见,则分段施于各铺作令栱之上,且将两端略加卷杀,甚足以表示承受上部分散之重量,而集中使移于柱头之机能,堪称善美。

与华栱相交,而与建筑物表面平行者为泥道栱(今称正心瓜栱)及与今万栱相似之长栱。然此长栱者,有栱之形,而无栱之用,实柱头枋(清式称正心枋)上而雕作栱形者也。就愚所知,敦煌壁画、嵩山少林寺初祖庵[1]、《营造法式》及明清遗构,此式尚未之见,而与独乐寺约略同时之大同上下华严寺、应县佛宫寺木塔皆同此结构,殆辽之特征欤?

[1] 敦煌壁画大部为唐代遗物。初祖庵建于宋徽宗宣和七年。——作者注

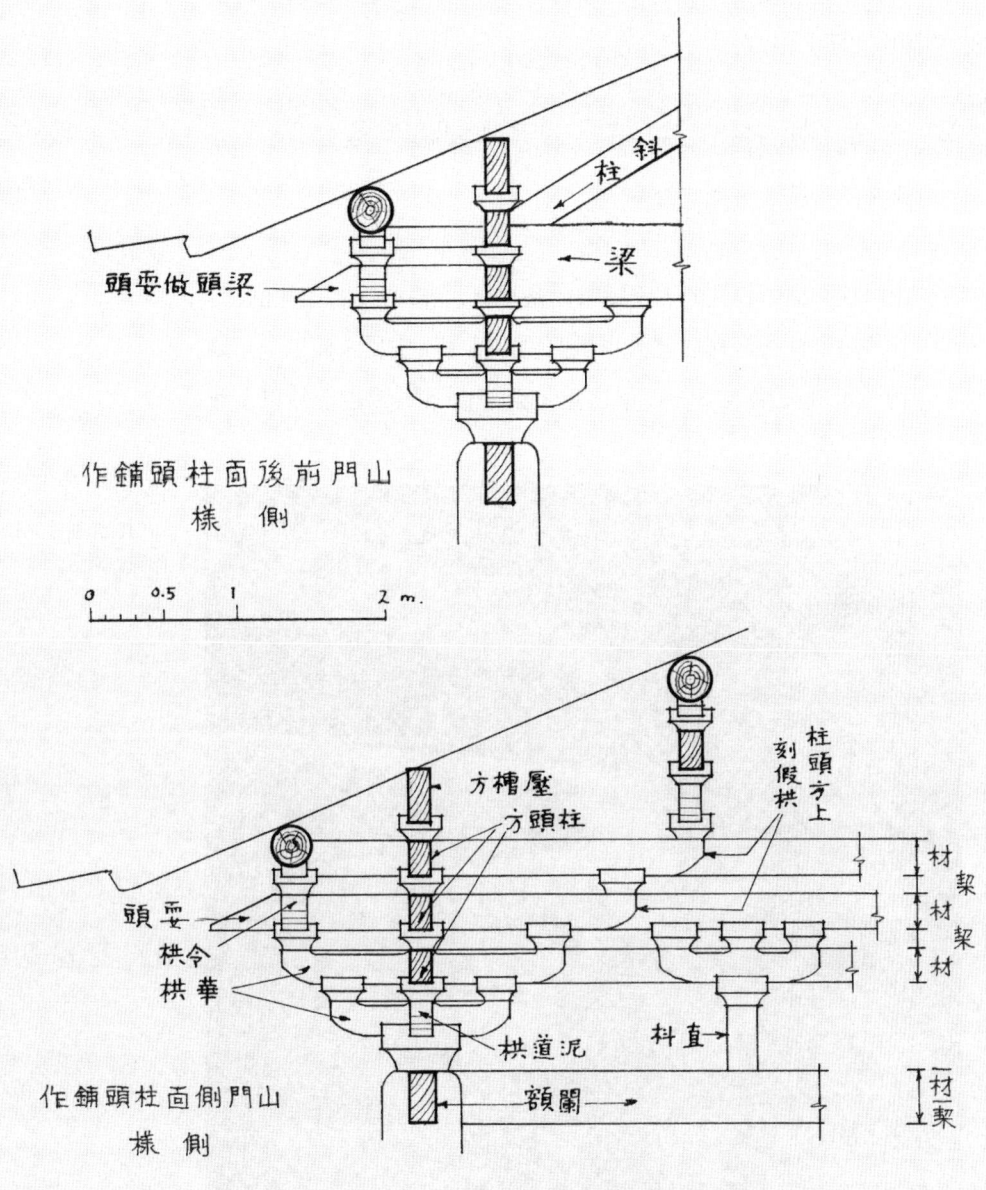

图十一
山门柱头铺作侧样

华栱二层，其上层跳头施以令栱，已于上文述及；然下层跳头，则无与之相交之栱，亦为明清式所无。按《营造法式》卷四，《总铺作次序》中曰：

> 凡铺作逐跳上安栱谓之"计心"。若逐跳上不安栱，而再出跳或出昂者谓之"偷心"。

山门柱头铺作，在此点上适与此条符合，"偷心"之佳例也。

前后檐柱柱头铺作后尾为华栱两跳，跳头不安栱，而以上层跳头之散斗承托大梁之下。使梁之重量全部由斗栱转达于柱以至于

图十二
山门转角铺作并补间铺作后尾

地，条理井然，为建筑逻辑之最良表现（卷首图七）。

山门柱头铺作后尾，则唯华栱五跳，层层叠出，以承平榑。跳头皆无横栱，为明清制度所无（图十一，图十二）。此式《营造法式》亦未述及。然考之日本镰仓时代所建之奈良东大寺南大门，及伊东忠太博士发现之怀安县照化寺掖门[1]，皆作此式，虽内外之位置不同，而其结构法则一。此式在日本称"天笠样"，虽称"天笠"，亦来自中土，不过以此示别于日本早年受自中国之"唐样"，及其日本化之"和样"耳。

服部胜吉《日本古建筑史》所引《东大寺造立供养记》关于寺中佛像之铸造，则有"……铸物师大工陈和卿也，都宋朝工舍弟陈佛铸等七人也，日本铸物师草部是助以下十四人也"等句，是此寺所受中土影响，毫无疑义。前此只见于日本者，追溯其源，伊东先生得之于照化寺，今复见之于蓟县遗物，其线索益明了矣。

至于斗栱之正面，则栌斗之内，与华栱相交者，有泥道栱（今称正心瓜栱），其两端施以散斗（散斗之在正心上者今称槽升子）；其上则为柱头枋，枋上刻成长栱形。再上为第二层柱头枋，亦刻作栱形，长与泥道栱同，其上为第三层柱头枋，又刻作长栱形。其全部所呈现象，为短栱上承长栱之结合共二层，各栱头皆施以散斗。

上述泥道栱，即今之正心瓜栱。其长栱殆即《营造法式》所谓"慢栱"是也。《营造法式》卷四有各栱名释，谓"造栱之制有五"，而所释只四。同卷中又见"慢栱"之名，慢栱盖即第五种栱而为李所遗者。但卷三十大木作图样中，又有慢栱图，其形颇长。清式建筑中，与之位置相同者称"万栱"，南语慢、万同音，故其名称无可疑也。

在结构方面着眼，将多层枋子，雕作栱形，殊不合理。《营造法式》以至明清制度，皆在慢栱之上，施以枋子，无将枋上雕作栱形者。然追溯古例，其所以如此之故，颇易解释。按西安大慈恩寺大雁塔门楣雕刻所见，乃正心瓜栱上承正心枋，正心枋上又有小坐斗（《营造法式》所称"齐心斗"？），斗上又有正心瓜栱及正心枋。

[1] 见《中国营造学社汇刊》第三卷第一期，刘敦桢译《法隆寺建筑》补注及补图23、24。——作者注

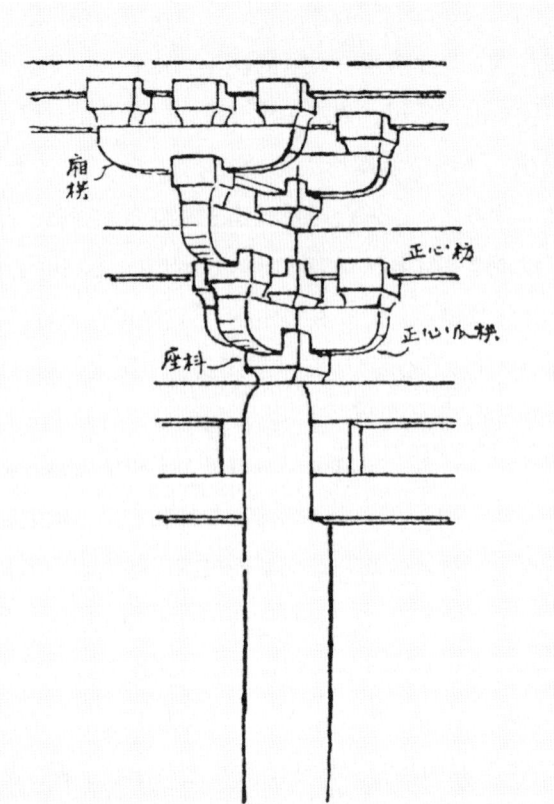

图十三
西安大雁塔门楣石柱头铺作图（刘士熊先生制图）

图十四
山门转角铺作

是同一物而上下两层叠叠者也（图十三）。今若将此下层正心枋雕以慢栱之形，再将上层正心瓜栱伸引成枋，则与山门所见无异。其来历固极明显也。

2. 转角铺作 清式称"角科"。其结构较柱头铺作为复杂，盖两朵[1]柱头铺作相交而成（图十四）。于柱之中线上，其正面及侧面皆有华栱二层。上层华栱之上，正面、侧面皆各出耍头，与柱头铺作上者同。而此面耍头之后尾，则为他面第二层柱头枋，换言之，则正侧二面第二层柱头枋相交后伸出而为耍头也。此面第一层华栱之后尾为彼面泥道栱，第二层华栱后尾则为彼面刻成慢栱形之第一层柱头枋。此种做法，即清式所谓"把臂"，宋式称为"列栱"者是。每层华栱跳头，皆施以栱，成所谓"计心"者。

屋角四十五度斜线（mitre line）上，有角栱三层，最上者与跳头令栱平，以支角梁。与角栱成正角，而施于柱中线上者，有长栱一道，与令栱平，唯安于二层跳头之瓜子栱（今称外拽瓜栱）上，姑名之曰"抹角慢栱"。其栱端亦安散斗，以承檩下之替木。

转角铺作之后尾乃由角栱后尾五层叠成，与山柱柱头铺作后尾同其形制，其最上一跳则以承正面及山面下平槫（今称下金桁）之相交点。

3. 补间铺作（图十，图十五） 清式称"平身科"。其机能在防止两柱头间之檩及上部向下弯坠。其位置在二柱头之间。其最下层为"直斗"，立于阑额（今称额枋）之上，直斗之上置大斗，大斗之上安华栱两跳，上层跳头施以替木，以承檐檩（今称挑檐桁）。下层华栱与第一层柱头枋相交安于大斗口内。此第一层柱头枋雕作泥道栱（瓜栱）形，其上第二层柱头枋则雕作慢栱，第三层又雕作泥道栱。与柱头铺作上各层枋上所雕栱，长短适相错。若皆为真栱，则此相错排列，为事实上所不能，亦其不合理处也。

此种补间铺作，与明清制度固极不同，而与《营造法式》亦迥然异趣。明清式之补间铺作，多者可至七八攒——如太和殿。《营造法式》卷四《总铺作次序》则谓：

[1] 斗栱之全部称"朵"，清称"攒"。——作者注

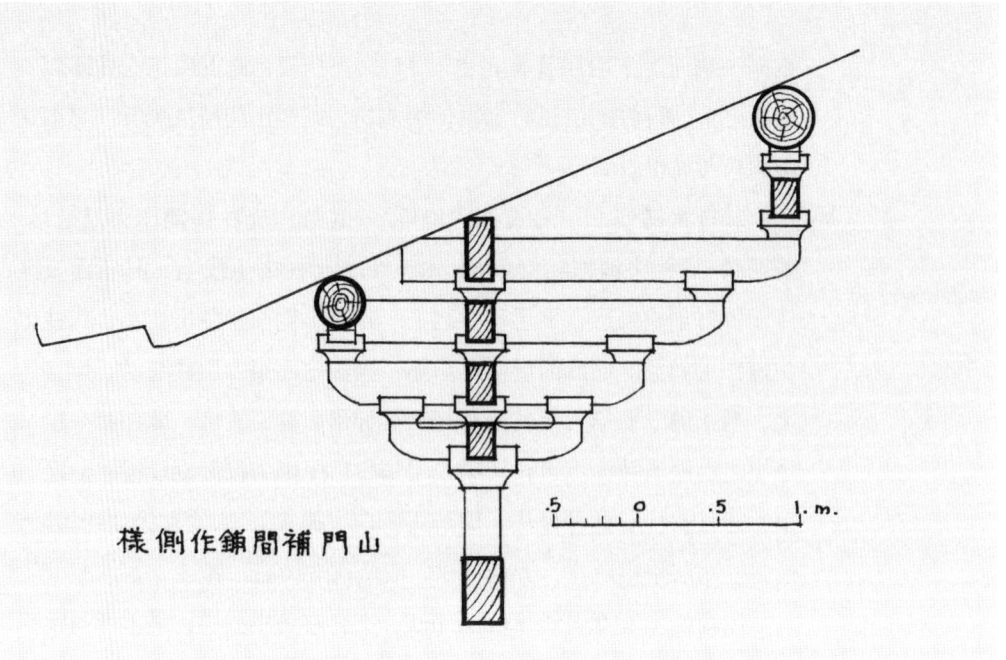

山门补间铺作侧样

图十五
山门补间铺作侧样

当心间须用补间铺作两朵，次间及梢间各用一朵。其铺作分布，令远近皆匀。

而独乐寺观音阁及山门，补间铺作皆只一朵（即一攒），虽当心间亦无两朵者。

至于其结构，则与宋、元、明、清更异，如直斗一物，在六朝隋唐遗物中，固所常见；在《营造法式》中则并其名亦无之；日本称之曰"束"，刘士熊先生称之曰"直斗"，今沿刘先生称。隋唐直斗上多安一斗以承枋，而无栱交于其口内。明清补间铺作则似柱头铺作，以栌斗安于平板枋上。此处所见，则直斗之上，施以华栱二跳，以承檐桁，盖二者间之过渡形式，关键至为明显。今南、北、西三面直斗皆已失，唯东面尚存，劣匠施以彩画，竟与垫栱板画成一片（图十），欲将其机能之外形一笔抹杀；幸仔细观察，原形尚可见也。

补间铺作之后尾，与山柱柱头铺作后尾略同，为四层华栱，跳头无横栱，层层叠出以承下平槫。其梢间铺作与山面铺作皆不在二柱之正中，与《法式》"令远近皆匀"一语不符，前者偏近角柱，后者偏近山柱，而二者与角柱间距离则同，盖其后尾与转角铺作之后尾共同承支前后下平槫及山下平槫之相交点，其距离乃视下平槫而定也。

山门内檐斗栱，则有：

4. **中柱柱头斗栱**　其机能在承托大梁之中段，将其重量转达于柱。华栱二跳自栌斗伸出，与外檐柱头铺作后尾同，前后二面皆如此。正面则泥道栱一道，上承三层枋，枋上亦雕栱形，如外檐所见。

5. **补间铺作**　内檐补间铺作乃将外檐补间铺作而去其华栱所成。其直斗立于阑额上，其上承枋三层，枋亦雕成栱形，当心间铺作上，第一层枋雕作泥道栱，第二层则雕作慢栱，第三层不雕。梢间唯第一层雕作栱形，二、三层不雕。此三层枋子者，实山面柱头铺作后尾伸引而成，亦有趣之结构法也。

大梁以上尚有斗栱数种，当于下节分析之。

至于斗栱各部尺寸，亦饶研究价值，兹先表列如下：

	长（公尺）	宽（公尺）	高（公尺）
栌斗	○·五一	○·五一	○·三二
交互斗	○·二七	○·二二	○·一六五
散斗	○·二二	○·二二	○·一六五
补间铺作大斗	○·四三	○·四三	○·二五
华栱	按跳定	○·一六五	○·二四
泥道栱	○·一七	○·一六五	○·二四
慢栱	一·九○	○·一六五	○·二四
令栱	一·○八	○·一六五	○·二四
替木	一·八三	○·一六五	○·一○五

考之《营造法式》，卷四有造斗之制：

> 栌斗……长与广皆三十二分……高二十分；上八分为耳，中四分为平，下八分为欹，开口广十分、深八分。底四面各杀四分，欹颛一分。

其长广与高之比例为八与五之比；〇·五一公尺与〇·三二公尺亦适为八与五之比，故在此点，与宋式同，而异于清式之三与二之比。宋式之耳、平、欹，及清式之斗口、升腰、斗底，皆为二／一／二之比；而山门栌斗此三部乃〇·三七、〇·二六、〇·四三公尺[1]。其开口之深度，较宋、清式略浅，而其影响于全朵之权衡则甚大。

[1] 栌斗耳、平、欹的高应为0.11米、0.08米、0.13米。——莫宗江注

交互斗及散斗与《法式》所述亦略有出入，然因体积较小，故对于全朵权衡之影响亦较小也。

关于栱之横断面（cross section），《法式》所定宽与高为二与三之比，此处所见虽略有不同，大致仍符合。而清式则为一与二之比。

宋式口广十分，泥道栱长六十二分，慢栱长无可考[2]。清式瓜栱之长与斗口之比亦六十二分，而万栱则为九十二分。山门泥道栱长一·一七公尺，口广〇·一六五公尺，其比例约为七十一分弱；慢栱长一·九〇公尺，约合一百十五分强，故辽栱之长，远甚于宋以后之栱。

[2] 1932年所用陶本《营造法式》缺慢栱条全文。——莫宗江注

华栱之长，视出跳之数及其远近而定。然出跳似无定制，第一跳长〇·四九公尺，第二跳则长〇·三五公尺，耍头则长〇·四七公尺，不若清式之各跳均匀也。华栱卷杀，每头四瓣，每瓣长约〇·〇七五公尺；泥道栱则每头三瓣，与宋、清制度均同。

（六）梁枋

阑额横贯柱头之间，清名额枋。其高〇·三七公尺，广〇·一五公尺。广约当厚之五分之二。额上无平板枋，异于清制。补间铺作即置于阑额之上。

山门有梁二架（卷首图七），置于柱头铺作之上，梁端伸出，即为耍头，成铺作之一部分。清式耍头只用于平身科（即补间铺作），柱头科上梁头则大几如梁身，不似辽式之与栱同大小也。耍头既为梁头，而又为斗栱之一部分，梁与斗栱间之联合乃极坚实。同时耍

图十六　山门大梁柁橔

[3] 据《营造法式》卷五"栋"条,应称"橑风槫",后同。——傅熹年注

头又与令栱交置,以承替木及"橑檐槫"[3]（今称挑檐桁）,于是各部遂成一种有机的结合。梁之中段,置于中柱柱头铺作之上,虽为五架梁,因中段不悬空,遂呈极稳固之状。梁上檐柱及中柱之间置柁橔,然其形不若清式之为"橔",乃由大斗及相交之二栱而成,实则一简单铺作（图十六）；其前后栱则承上层之三架梁,左右栱则以承襻间（今称枋）。然此铺作,不直接置于梁上,而置于梁上一宽〇·二一公尺,厚〇·〇六公尺之垫板上。其位置亦非檐柱及山柱之正中,而略偏近檐柱。距檐柱一·八八公尺,距中柱则二·四一公尺。

三架梁与平槫枋相交于此铺作上,梁头亦形如耍头。枋上复有散斗及替木以承平槫。梁之中段则置于五架梁上直斗之上；其上则

图十七
山门侏儒柱

有驼峰，驼峰上又为直斗，直斗上为交互斗（或齐心斗），口内置泥道栱及翼形栱一。泥道栱上为襻间（今称脊枋），枋上置散斗，枋端卷杀作栱形，以承替木及脊槫。自枋之前后，有斜柱下支于三架梁，平槫之前或后，亦有斜柱下支于五架梁。斜柱下空当，现有泥壁填塞，原有玲珑状态为此失去不少（图十七）。

五架梁于《营造法式》称"四椽栿"，三架梁称"平梁"。平梁上之直斗称"侏儒柱"。斜柱亦称"义手"，见《法式》卷五"侏儒柱"节内。翼形栱不知何名，《法式》卷三十一第二十二页图中有相类似之栱；以位置论，殆即清式所谓"棒梁云"之前身欤？

《营造法式》卷五"侏儒柱"节又谓：

凡屋如彻上明造，即于蜀柱之上安斗，斗上安随间襻间，或一材或两材。襻间广厚并如材，长随间广，出半栱在外，半栱连身对隐……

"彻上明造"即无天花。柱上安斗，即山门所见。襻间者，即清式之脊枋是也。[1] 今门之制，则在斗内先作泥道栱，栱上置襻间。其外端作栱形，即"出半栱在外，半栱连身对隐"之谓欤？（图十八）

此部侏儒柱之结构，合理而美观，良构也。然至清代，则侏儒柱改称脊瓜柱，驼峰斜柱合而为一，成所谓"角背"者，结构既

[1] 清代已无《营造法式》中襻间的做法。——莫宗江注

图十八
山门脊槫与侏儒柱并内檐补间铺作

拙，美观不逮尤远。

侏儒柱之机能在承脊槫，而槫则所以承椽。而用槫之制，于檐槫——清式称檐桁或檐檩——一部，辽宋清略有不同，特为比较。

清式于正心枋上置桁（即槫），称"正心桁"，而于斗栱最外跳头上亦置桁，称"挑檐桁"。《营造法式》卷三十一殿堂横断面图十二种，其中五种有正心桁而无挑檐桁，其余则并正心桁亦无之，而代之以枋。嵩山少林寺初祖庵，建于宣和间，正与《营造法式》同时，亦只有正心桁而无挑檐桁，其为当时通用方法无疑。

独乐寺所见，则与宋式适反其位置，盖有挑檐桁而无正心桁者。同一功用，而能各异其制如此，亦饶趣矣（图十一）。

《营造法式》造梁之制多用月梁，于力学原则上颇为适宜。《法式》图中亦有不用月梁而用直梁者。山门及观音阁所用亦非月梁。其最异于清式者，乃在梁之横断面。《工程做法则例》规定梁宽为高之十分之八，其横断面几成正方形。不知梁之载重力，视其高而定，其宽影响甚微也。《营造法式》卷五则规定：

> 凡梁之大小，各随其广分为三分，以二分为厚。

其广与厚之比为三比二。此说较为合理。今山门大梁（《法式》称"檐栿"）广（即高）〇·五四公尺、厚〇·三〇公尺，三架梁（《法式》称"平梁"）广〇·五〇公尺，厚〇·二六公尺，两者比例皆近二与一之比。梁之载重力既不随其宽度减小而减，而梁本身之重量，因而减半。宋人力学知识，固胜清人；而辽人似又胜过宋人一筹矣！

梁横断面之比例既如上述，其美观亦有宜注意之点，即梁之上下边微有卷杀，使梁之腹部微微凸出。此制于梁之力量，固无大影响，然足以去其机械的直线，而代以圜和之曲线，皆当时大匠苦心构思之结果，吾侪不宜忽略视之。希腊雅典之巴瑟农庙（Partheono）[1]亦有类似此种之微妙手法，以柔济刚，古有名训。乃

[1]
即帕台农神庙。——编者注

至上文所述侧脚，亦希腊制度所有，岂吾祖先得之自西方先哲耶？

（七）角梁

垂脊之骨干也。于屋之四隅伸出者，计上下二层，下层较短，称老角梁或大角梁，上层较长者为仔角梁，置于老角梁之上。由平榑以达脊榑者今称"由戗"，《法式》卷五则称为"隐角梁"。大角梁及隐角梁皆置于榑（即桁）上，前后角梁相交于脊榑之上。清式往往使梢间面阔作进深之半，使其相交在梁之中线上。山门因面阔较大，故相交在梢间之内，而自侏儒柱上伸出斗栱以承之（图十八）。

大角梁头卷杀为二曲瓣，颇简单庄严，较清式之"霸王拳"善美多矣。仔角梁高广皆逊大角梁，而长过之。头有套兽，下悬铜铎，皆非辽代原物。

（八）举折

今称"举架"，所以定屋顶之斜度，及侧面之轮廓者也（卷首图七）。

山门举折尺寸，表列如下：

部位	长（公尺）	举高（公尺）	高长之比
橑檐榑中至平榑中	二·七二	一·一一	十之四强
平榑中至脊榑中	二·四一	一·四六	十之六强
橑檐榑中至脊榑中	五·一三	二·五七	十之五强

此第一举（即橑檐榑至平榑）之斜度，即今所谓"四举"；第二举（平榑至脊榑）之斜度，即今所谓"六举"。而全举架斜度，由脊至檐，为二与一之比，即所谓"五举"是。其义即谓十分之长举高四分五分或六分是也。《法式》卷五：

> 举屋之法，如殿阁楼台，先量前后檐枋相去远近，分为三分，从檐枋背至脊榑背，举起一分。如瓦厅堂，即四分中举起一分。又通以四分所得丈尺，每一尺加八分……

若由脊橑计，则筒瓦厅堂之斜度，实乃二分举一分，即今之五举。[1] 山门举架之度，适与此合。宋式按屋深而定其"举"高，再加以"折"，故举为因而折为果。清式不先定屋高，而按步数（即宋式所谓橼数）定为"五，七，九"或"五，六五，七五，九"举，此若干斜线连续所达之高度，即为建筑物之高度。是折为因而举为果。清式最高一步，互折达一与一之比，成四十五度角，其斜度大率远甚于古式，此亦清式建筑与宋以前建筑外表上最易区别之点也。

[1] 宋代举屋之法仍应按以上所引《法式》原文，非清式之五举。——莫宗江注

（九）椽

与举折有密切关系，而影响于建筑物之外观者，则椽出檐之远近是也。清式出檐之制，约略为高之十分之三或三分之一，其现象颇为短促谨严。《营造法式》檐出按椽径定，而椽径按槫数及其间距离定，与屋高无定比例。[2] 然因斗栱雄大，故出檐率多甚远，恒达柱高一半以上。其现象则豪放，似能遮蔽檐下一切者。与意大利初期文艺复兴式建筑颇相似。

山门自台基背至橑檐枋背高为六・〇九公尺，而出檐自檐柱中线度之，为二・六三公尺，为高之十分之四・三二或二・三一分之一。斜度既缓，出檐复远，此其所以大异于今制也。

椽头做法，亦有宜注意者，椽头及飞椽头（即飞子）皆较椽身略小。《营造法式》卷五"檐"节下：

[2]《营造法式》规定檐出按椽径定，而椽径是按殿阁或厅堂而定。如殿阁椽径九分至十分，厅堂椽径七分至八分等。——莫宗江注

> 凡飞子，如椽径十分，则广八分厚七分；各以其广厚分为五分，两边各斜杀一分，底面上留三分，下杀二分……

此种做法，于独乐寺所见至为明显。且不唯飞子如是，椽头亦加卷杀，皆建筑上特加之精致（refinement）也（图十）。

梢间檐椽，向角梁方面续渐加长，使屋之四角，除微弯向上外，还要微弯向外，《营造法式》称为"生出"，清式亦有之，但其比例略异耳。

（十）瓦

蓟县老绅士言，观音阁及山门瓦，原皆极大，宽一尺余，长四尺，于光绪重修时，为奸商窃换。县绅某先生，曾得一块，而珍藏之。请借一观则谓已遗失。其长四尺，虽未必信，而今瓦之非原物，固无疑义。其最可注意者，则脊上两鸱尾，极可罕贵之物也（图十九）。鸱尾来源，固甚久远，唐代形制，于敦煌壁画及日本奈良唐招提寺见之，盖纯为鳍形之"尾"，自脊端翘起，而尾端向内者也。明清建筑上所用则为吻，作龙头形，其尾向外卷起，故其意趣大不相同。《营造法式》虽有鸱尾之名，而无详图，在卷三十二《小木作制度图样》内，佛道帐上有之，则纯为明清所习见之吻，非尾也。此处所见，龙首虽与今式略同，而其鳍形之尾，向内卷起，实后世所罕见；其辽代之原物欤？即使非原物，亦必明代仿原物所做。于此鸱尾中，唐式之尾与明清之吻，合而为一，适足以示

图十九
山门鸱尾

其过渡形制。此后则尾向外卷，而成今所习见之吻焉。

正脊与垂脊，皆以青砖垒成，无特殊之点。但《营造法式》以瓦为脊，日本镰仓时代建筑物亦然，是独乐寺殿堂原脊之是砖是瓦，将终成永久之谜。垂脊之上有兽头（今称垂兽），脊端为"仙人"，《法式》称"嫔伽"，而实则甲胄武士也！嫔伽与垂兽间为"走兽"，《法式》亦称"蹲兽"，其数为四。宋式皆从双数，而清式从单。其分布则不若清式之密，亦不若宋式"每隔三瓦或五瓦安兽一枚"之疏，适得其中者也。

（十一）砖墙

两山及山柱与中柱间皆有砖墙，其为近代重砌，毫无可疑，然其制度则异于清式。清式以墙之最下三分之一为"裙肩"，此处则墙高四·三三公尺，而裙肩高只〇·九七公尺，约为全高之四·五之一，其现象亦与清式所习见者大异（图三）。此外则别无特殊可志者。姑将其各部尺寸列下：

墙高：四·三三公尺　　外裙肩高：〇·九七公尺

山墙厚：约〇·九七公尺　收分：百分之二

裹裙肩高：〇·三八公尺　墙肩高：〇·三一公尺

中墙厚：〇·四四公尺

梢间檐柱与角柱间，尚有槛墙痕迹，高一·一三公尺，厚〇·四三公尺，亦清代所修，而近数年始失去者。

（十二）装修

辽代原物，一无所存。清物则大门二扇，尚称完整。考其痕迹，南、北二面梢间之外面，清代曾有槛墙，上安槛窗。今抱框及上中槛尚存，横披花心亦在，其楞子为清故宫内最常见之"菱花"几何形纹样。檐柱与中柱间，当曾有栅栏，想已供数年前驻军炊焚之用矣。

（十三）彩画

彩画之恶劣，盖无与伦。乃光绪末年所涂者。画匠对于建筑各部之机能，既毫无了解；而于颜色、图案之调配，更乏美术。除斗栱所施，尚称合宜外，其他各部，皆丑劣不堪。因结构之不同，以致清式定例不能适用，而画者又乏创造力，于是阑额作和玺，檐槫（桁）作"大点金"，大点金而间以万字"箍头"又杂以"苏画枋心"。数层柱头枋上彩画亦如是，而枋心又不在其正当位置。替木上又加以 ⎍⎍ 纹。尤为荒谬者则垫栱板上普遍之万字纹上添花，竟将补间铺作之直斗亦置于其掩盖之下，非特加注意，观者竟不知直斗之存在。喧哗嘈杂，不可响尔（图十）。夫名刹之山门，乃法相庄严之地，而施以滑稽如彼之彩画，可谓大不敬也矣。

（十四）塑像

南面梢间立塑像二尊，土人呼为"哼哈二将"，而呼山门为"哼哈殿"。像状至凶狞，肩际长巾，飘然若动。东立者闭口握拳，为"哼"（图二十）。西立者开口伸掌为"哈"。实为天王也。像皆前倾，背系以铁索。新涂彩画甚劣。

（十五）画像

北半梢间山墙，画四天王像。东壁为增长（南）持国（北），西壁为多闻（北）广目（南）（图二十一）。笔法平庸，而布局颇有意趣，盖近代重修而摹画者耶？驻军曾以纸糊墙，今虽撕去，而画受损已多矣。

（十六）匾

山门南面额曰"独乐寺"，匾长二·一七公尺，高一·〇八公尺，字方约〇·九公尺。传为严嵩手笔（图二十二）。

图二十
山门东间天王塑像

图二十一
山门西壁天王画像

图二十二
山门匾

五、观音阁

（一）外观

阁高三层，而外观则似二层；其上下二主要层之间，夹以暗层，如西式所谓 mezzanine 者，自外部观之不见。阁外观上最大特征，则与唐敦煌壁画中所见之建筑极相类似也（图二十三）。伟大之斗栱，深远之檐出，及屋顶和缓之斜度，稳固庄严，含有无限力量，颇足以表示当时方兴未艾之朝气。其三层斗栱，各因其地位而异其制。层顶为"歇山"式[1]，而收山殊甚，正脊因之较清式短，而山花[2]亦较清式小。上层周有露台，可登临远眺。今檐四角下支以方柱，以防角檐倾圮。阁立于低广石台基上，其前有月台，台上有花池二方，西池内尚有古柏一株（图二十四）。

（二）平面

阁东西五间，南北四间；柱分内外二周。外檐柱十八，内檐柱十（卷首图一）。最中为须弥坛，坛略偏北，上立十一面观音像一，侍立菩萨像二，其他像三；与大像相背有山洞及像。西梢间内为楼梯，可达中层。

中层位于下层天花板之上，上层地板之下，其外周为下檐及平坐铺作所遮蔽，故无窗。其檐柱以内，内柱（清称金柱）以外一周，遂空废无用。内柱以内上下空通全阁之高，而有小台可绕像身一周（卷首图四，卷首图五）。楼梯在西梢间北端，至中层后折而向南，可达上层。

上层极为空朗，周有檐廊[3]，可以远眺岖峒盘谷。内柱以内，地板开六角形空井，围绕佛身，可以凭栏细观像肩胸以上各部（图二十五）。南面居中三间俱辟为户，可外通檐廊，北面唯当心

[1] 中国屋顶之结构，可分三大类：前后左右皆为斜坡者为"庑殿"，古称"四阿"；前后有斜坡而左右山墙直上者为"悬山"；四周有斜坡而左右两坡之上半截改为直上，如悬山与庑殿相合者为"歇山"。——作者注

[2] 歇山直立部分之三角形为山花，宋式称"两际"。——作者注

[3] 清代在外檐平坐栏杆的四角加支柱，造成类似一周檐廊的错觉，实际是平坐（下同）。——莫宗江注

图二十三
敦煌壁画净土图

图二十四
观音阁南面

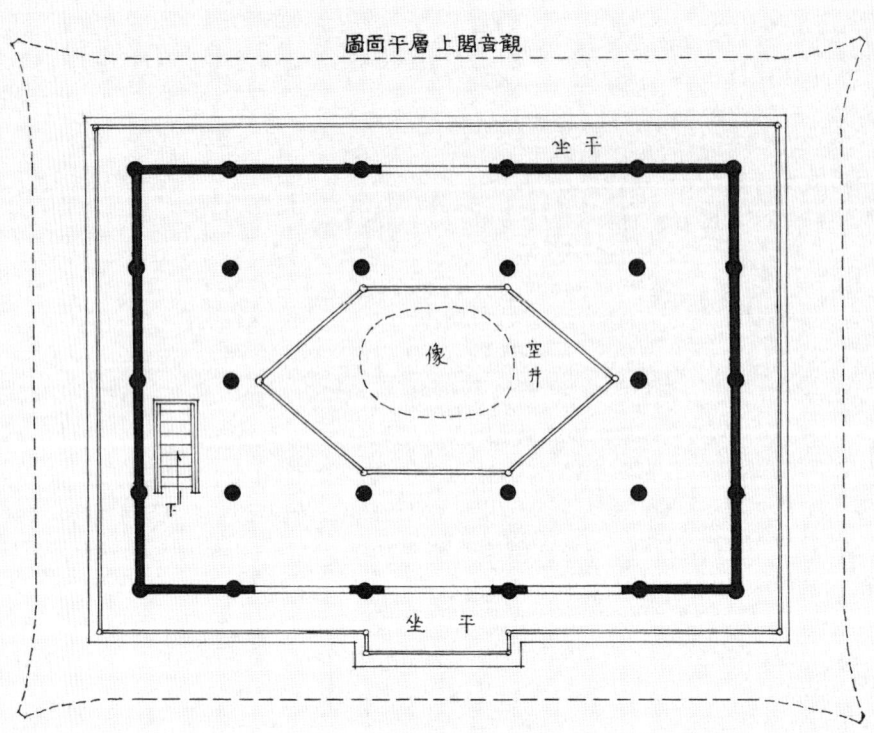

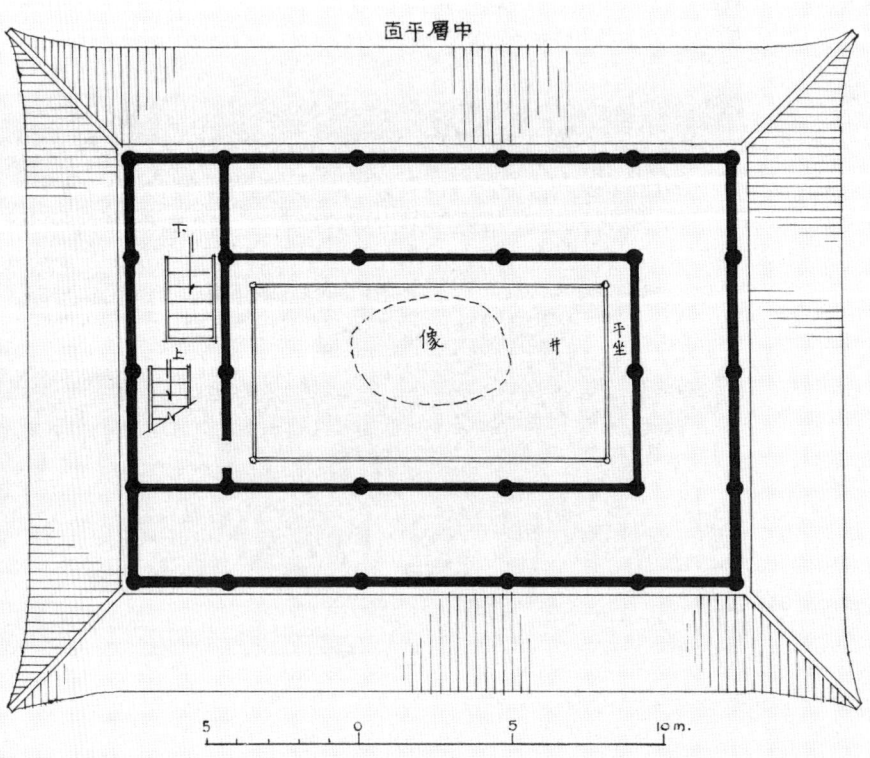

图二十五 观音阁二三层平面图

间辟户。其余各间则皆为土壁，梯位置亦在西梢间，可以下通中下二层。

下层面阔，当心间较阔于次间，次间又阔于梢间；进深则内间较深于前后间。而梢间之阔与前后间之深同，故檐柱、金柱之间乃成阔度相同之绕廊一周。而内部少二中柱，为佛坛所在。其特可注意者，乃中上二层之金柱，立于下层金柱顶上，而上中层檐柱乃不立于下层檐柱顶上，而向内立于梁上，故中上二层外周间较狭，而阁亦因之呈下大上小之状。兹将各层各柱脚间尺寸列下：

	下层（公尺）	中层（公尺）	上层（公尺）
明间面阔	四·七五	四·七五	四·七五
次间面阔	四·三五	四·三五	四·三五
梢间面阔	三·三九	二·〇二	二·九八
前后间进深	三·三九	三·〇三	二·九八
内间进深	三·七四	三·七四	三·七四

以上度量，不唯可见中上二层檐柱之内移，且可见柱侧脚之度[1]。

（三）台基及月台

观音阁全部最下层之结构为台基，全部之基础，而阁与地间之过渡部分[2]也。台基为石砌，长二六·六六公尺，宽二〇·四五公尺，高一·〇四公尺。以全部权衡计，台基颇嫌扁矮，若倍其高，于外观必大有裨益。然台基今之高度，是否原高度，尚属可疑，惜未得发掘，以验其有无埋没部分也。砌台基之石，皆当地所产花岗石，虽经磋琢，仍欠方整，殆亦原物而经重砌者。台基之上面，墁以方砖；檐柱以内，即为下层地板。

台基之前为月台，长一六·二二公尺，占正面三间有余，宽七·七〇公尺，而较台基低〇·二〇公尺。月台亦石砌，与台基同。上墁方砖。台上左右有花池二，方约二公尺，西池内尚有古柏一株，而东池一株并根不存矣。

月台东、西两方，与台基邻接处，有阶五级，可下平地。南面

[1] 文中只有各柱脚间尺寸，无各柱头间尺寸，因此不能看出柱侧脚之度。——莫宗江注

[2] transitional member。——作者注

原亦有阶,然因有碍球场,已于去岁拆毁。今阶石尚存月台东阶下,拆毁痕迹尚可见。台基北面亦有阶。

(四)柱及柱础

观音阁柱与山门柱形制相同,亦《营造法式》所谓直柱者也。山门诸柱,原物较少,而观音阁殆因不易撤换,故皆(?)原物,千年来屡经修葺,斫补涂抹之处既多且乱,致使各柱肥瘦不同,测究非易。然测究之结果,乃得知各柱因位置之不同,尺寸略约,姑列如下表:

	高(公尺)[1]	下径(公尺)	上径(公尺)	收分	高与径比
下层檐柱	四·三五	〇·四八	—	—	九·一与一
下层内柱	四·五八	〇·五〇五	—	—	九·一与一
上层檐柱	二·七五	〇·四九	〇·四九	无	五·六与一
上层角柱	二·七五	〇·五二	〇·五二	无	五·三与一
上层内柱	二·七五	〇·五四	〇·五二	千分之七	五·一与一
上层中柱	二·七五	〇·四七	〇·四五	千分之七	五·八五与一

[1] 表中将上层檐柱、角柱、内柱、中柱的柱高都作 2.75 米,这是当时还不了解古代建筑的柱高有生起之误。——莫宗江注

综上列诸度量及山门柱度量,得知柱径与高无一定之比例。清式定例,柱高为柱径之十倍,而独乐寺所见,则绝无定例。考之《营造法式》卷五,用柱之制,亦绝无以柱高或径定其比例及尺寸者。山门及观音阁,其柱径虽每柱不同,然皆约略为半公尺,愚意以为原计划必每柱皆同径,不分地位及用途;其略有大小不同者,乃选材不当或施工不准及后世斫补所使然耳。

阁柱收分尤微,虽有亦不及百分之一。然因各柱尺寸不同,亦难得知确为何如。

其最显而易见者,则柱之侧脚度也。关于此点,上文已详加申述,然于楼阁柱侧脚之制,则《法式》有下列一段:

> 若楼阁柱侧脚,只以柱以上为则,侧脚上更加侧脚,逐层仿此。

按上列各层面阔进深尺寸表，梢间面阔及前后间进深，向上层层缩减，可知其然；即未测量，肉眼描视，亦显现易见也（图二十四）。

阁高既为三层，柱亦为三层垒叠而上达，而各层于斗栱、檐廊等部，各自齐备；故阁之三层，可分析为三个完整之结构垒叠而成。[2] 然则各层相叠之制，亦研究所宜注意。中层檐柱，不立于下层檐柱之上，而立于其上之梁上，二柱中线相距〇·三五五公尺。惧其不固也，更以横木承之。而此横木乃一旧栱，其必为唐以前物无疑。上、下二柱既不衔接，则其荷重下达亦不能一线直下，而借梁枋为之转移，此转移荷重之梁枋，遂受上、下二柱之切力[3]，为减少切力之影响，故加旧栱以增其力。但枋下梁栱叠出，最上受柱重之枋，已将其重量层层移向下层柱心，而切力亦在栱之全身，而不独在受柱之枋。此法固非极善，然因斗栱结构完善，足以承重不敝也（卷首图四，卷首图五）。清式楼阁有童柱之制，与此略同。然因童柱立于梁中，而不在梁之一端，故其应力亦不同也。

至于上层檐柱，乃立于中层柱头栌斗之上，上下层内柱亦立于中下层内柱柱头栌斗之上；与各栱相交，似成为斗栱之中心然者；因与各栱交置，故各柱脚竟多劈裂倾斜，亦非用木之善法也。此种做法，当于下文平坐铺作题下详论之（图四十）。

至于柱之形式，上径、下径相差无几，其收分平均不过百分之一，故其所呈现象颇长而直。所谓直柱者是。其柱头卷杀作覆盆样，亦为特征，此点于在暗层内之中层内柱未经油饰诸部分最为明显（图二十六）。

柱基石料与山门同，亦当地青石造。方〇·九〇公尺，亦不及柱径之倍，然比例较大于山门柱础。其上覆盆之制亦与山门同。[4]

（五）斗栱

观音阁上下内外计有斗栱二十四种，各因其地位及功用之不同，而异其形制。

[2] 欧洲建筑有所谓 superposed order 者，此其真正之实例也。——作者注

[3] shearing force。——作者注

[4] 独乐寺的阁与门柱础上都没有覆盆。——莫宗江注

下层外檐斗栱四种：

1. 柱头铺作 栌斗施于柱头，斗上出华栱四跳，并耍头共计五层。与华栱耍头相交者计泥道栱一层、柱头枋四层，共计亦五层。下三层柱头枋皆雕作假栱形，如山门之制。跳头每隔一跳，上安横栱，作"偷心"之制，故华栱四跳中，唯第二跳及第四跳跳头上安横栱，栱上承枋（图二十七，图二十八）。关于此部结构，《法式》卷四《总铺作次序》谓：

> ……每跳令栱上只用素枋一重，谓之单栱……每跳瓜子栱上施慢栱，慢栱上用素枋，谓之重栱。

而此段小注中则谓：

图二十六
观音阁暗层内柱头

图二十七
观音阁下层外檐柱头及补间铺作

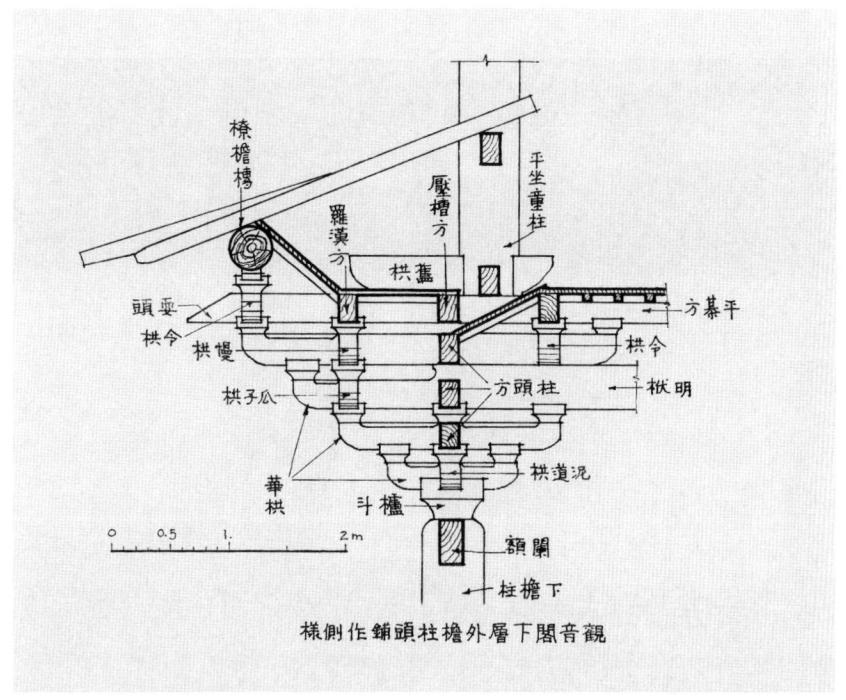

图二十八
观音阁下层外檐柱头铺作侧样

[1] 罗汉枋长通建筑物之全长宽度或全长度，清式谓之"拽枋"；其在外者为"外拽枋"，在内者为"内拽枋"。柱头枋清式称"正心枋"。——作者注

素枋在泥道栱上者谓之柱头枋，在跳上者谓之罗汉枋[1]，枋上斜安遮椽版。

第二跳跳头计瓜子栱、慢栱各一层，上用罗汉枋，即所谓重栱之制。此制至清代仍沿用之。第四跳跳头上则只用单栱，唯令栱一层，与耍头相交，清代亦同此制。唯清式于令栱（清称厢栱）上散斗（清称三才升）内安挑檐枋，上承挑檐桁。宋式则无桁而用橑檐枋，辽式则以替木代挑檐枋（图二十九），上加橑檐榑（挑檐桁）。此节上文虽已论及，唯为清晰计，故重申述之。

至于各跳长度，亦因地位、功用而稍异。第一、第三两跳出跳较短，而第二、第四两跳出跳较长，盖因偷心之制，二、四两跳较重要于一、三两跳，故使然也。

铺作后尾之结构（图三十），亦殊饶趣味。最下华栱两层，与前面相同，唯长〇·〇二公尺。第三跳前为华栱，尾为梁，直达内柱柱头铺作上。第四跳为栱，顺安于梁上，长只如三跳，而于二跳中

图二十九
观音阁下层外檐柱头铺作之替木

图三十
观音阁下层外檐柱头铺作及转角铺作后尾

线上施以令栱,以承内罗汉枋。更上则为耍头后尾,直达内檐柱头铺作上。檐柱与内柱之间,遂有联络材二件,梁、枋各一。二者功用皆在平的联络,而不在上面负重者也。

各跳间素枋上皆有遮椽板,清称盖斗板者是。因枋间相距颇远,故板下以小楞木承之,为清式所无,然多见于日本,亦隋唐遗制也。

铺作正面立面为重栱两叠、令栱一层,其在柱上者,除泥道栱外,皆由柱头枋雕成假栱,第二跳跳头为重栱,第四跳跳头为令栱。其偷心之结构、特长之慢栱,及全铺作雄大之权衡,遂使建筑物全部之现象,迥异于明清建筑矣。

2. **转角铺作** 转角铺作者,实两面之柱头铺作,前已述及。故仍当按此原则析分之(图三十一)。栌斗口中,泥道栱与华栱相列之列栱二件相交,其上华栱三跳,皆由三层柱头枋伸出,即柱头枋与华栱相列也。斜角线上,亦安角栱,与各华栱及耍头相垮者五

图三十一
观音阁下层外檐转角铺作及柱头铺作

层。正面及侧面华栱第二跳跳头之瓜子栱及慢栱相交于第二跳角栱跳头之上，其另一面遂成罗汉枋下之华栱第三、四跳，瓜子栱或慢栱与华栱相列者也。最上一层之柱头枋，在彼一面伸出为耍头，与令栱相交于华栱第四跳跳头之上。而罗汉枋亦在彼一面伸出，与耍头并列，但上不施栱，其端则斫作翼形，角华栱第四跳跳头上则有令栱二件相交，上施散斗，斗上承长替木，达正令栱之上。而与耍头相垾之角枋，则端亦作栱形，成第五层角华栱，栱端斗上安"宝瓶"，以承大角梁。

其后尾唯角华栱二层。第三层为斜梁，达内角柱。第四层为栱，顺安梁上。第五层为斜枋，即外端上置宝瓶之最上层角华栱后尾也。此部结构与柱头铺作后尾完全相同，唯位置斜角；其唯一不同之点，乃内罗汉枋下令栱，其一端为栱，而另一端乃与第三层柱头枋相交，《法式》所谓令栱与切几头相列者是也（图三十）。

此转角铺作，骤观颇似复杂不堪者，但略加分析，则有条不紊、逻辑井然，结构法所自然产生之结果也。

3. 正面补间铺作 下檐唯当心间及次间有补间铺作，而梢间无之。由结构上言，谓下檐无补间铺作可也。盖柱头铺作与柱头铺作之间，有柱头枋四层互相联络，而所谓补间铺作者，徒在枋上雕作栱形；其在下一层为泥道栱，其上为慢栱，再上为令栱，无华道栱出跳，非所以承檐者也。各栱上置散斗三，以承上层之柱头枋，而最下层之下，则有一大斗及直斗，置于阑额之上。今直斗已失，其形制幸自山门东面得见之；而大斗则至今尚虚悬枋下也（图二十七）。

4. 山面补间铺作 亦唯内间有之，而前后间不置。虽与正面补间铺作同在枋上雕成假栱形，然因间之进深较小，故栱形亦略异。其最下层为翼形栱，上置一散斗，其上为泥道栱，再上为慢栱，与柱头铺作同层之慢栱"连栱交隐"（图三十二）。各层枋间，亦垫以散斗，最下则支以直斗，如正面及山门之制。

补间铺作，自宋而后始见繁杂，隋唐遗例，殆多用人字形或直斗者。人字形及直斗之功用在各层枋间上下之联络，于檐之出跳无

图三十二
观音阁西面各层斗栱

与也。观音阁他层及山门虽有较繁杂之补间铺作，而简单如阁之下檐，只略具后代补间铺作之雏形，而于功用上仍纯为"隋唐的"者，实罕见之过渡佳例也。

下层内檐斗栱三种：

5. 柱头铺作（图三十三）　　立于内柱柱头上平板枋上，其内向者为铺作之正面，而向外一面乃其后尾。此斗栱者，所以承中层内平坐：华栱两跳，每跳上安素枋，枋上铺地板，置栏杆，可绕佛身中段一周。而中层内柱，亦立于同柱头之上。重栱计心，与《营造法式》下列数段符合：

造平坐之制，其铺作减上屋一跳或两跳，其铺作宜用重栱及逐跳计心造作。

图三十三
观音阁下层内檐平坐铺作

图三十四
观音阁下层内檐平坐柱头铺作侧样

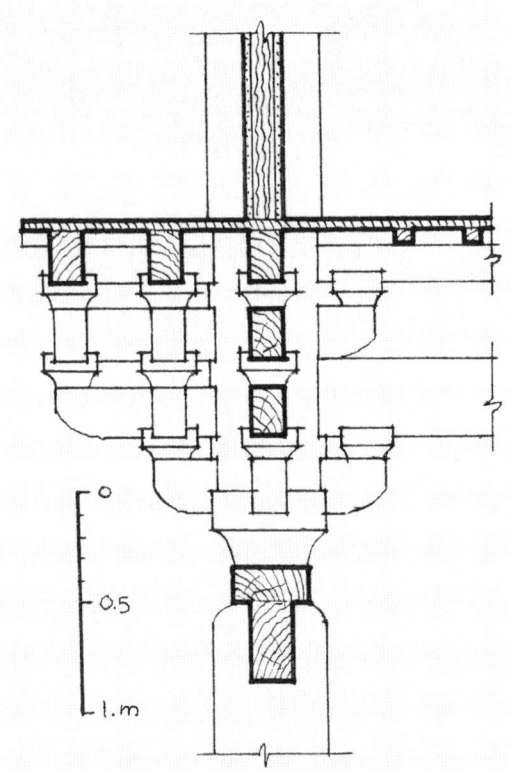

观音阁下层内檐
平坐柱头铺作侧样

> 凡平坐铺作下用普拍枋，厚随材广或更加一栔……

而普拍枋者，盖即清式所谓平板枋；清式凡斗栱皆置于平板枋上，无将栌斗直接置于柱头者，而此处所见于普拍枋之用，只限于平坐铺作之下，与宋式适同。

铺作后尾。第一层为栱，第二层为梁，即外檐第三跳后尾之梁也。第三跳又为栱，第四层为枋，即外檐耍头后尾伸引部分也。

铺作正面，栌斗之内，泥道栱与华栱相交，第二层为慢栱，乃由柱头枋雕成假栱形，柱头枋共计三层，第二层亦雕泥道栱形。第一跳跳头施重栱，上安素枋，第二跳跳头施令栱，上安散斗三枚，以承素枋。

中层内柱，立于下层内柱上栌斗之上，与各层栱枋相交，似成为斗栱之一部分者（图三十四）。《法式》卷四造平坐之制：

> 凡平坐铺作，若叉柱造，即每角用栌斗一枚，其柱根叉于栌斗之上；若缠柱造，即每角于柱外普拍枋上安栌斗三枚。

平坐铺作与上层柱之不能分离，于此已可见；故上一层柱根，实已为下层平坐铺作之一部分。观音阁所见，显然非缠柱造，然是否即为叉柱造，愿以质之贤者。

6. 转角铺作（图三十三）　其正面向内，故其结构亦与向外之转角铺作不同。其正、侧二面各有泥道栱、慢栱，泥道栱与后尾之华栱相列，慢栱与后尾之梁相列，斜角上华栱二跳。第一跳跳头正、侧二面重栱相交，重栱之后尾为切几头，接于柱头枋上。第二跳跳头为二面令栱相交，其后尾亦为切几头，与第一跳上慢栱相交于瓜子栱端斗内。斜角华栱后尾为华栱及梁，与柱头铺作同，亦为外檐转角铺作之后尾。外檐转角铺作及次梢间正面、山面二柱头铺作后尾，三面梁枋会于此柱头之上，于结构上，其位置殊为重要也。

7. 补间铺作（图三十三）　唯正面有之，山面则无。其形制似外檐山面补间铺作，只各层柱头枋间之联络，与出檐结构无关系。下层内外檐补间铺作皆如此，制度一致，非偶然也。

中层外檐铺作五种，皆平坐铺作也；同在一平坐之下，因功用及地位之不同，而各异其结构（图二十四，图三十二）。

8. **柱头铺作** 栌斗安于普拍枋上。华栱三跳，计心重栱：第一跳跳头安重栱，第二跳跳头安令栱，第三跳跳头无横栱，唯安散斗以承素枋及耍头；重栱、令栱上亦施素枋，故共有素枋三道；枋上铺板，即上层外平坐也。耍头之头，不斜斫作耍头形，而南面正中一间，且将此耍头加长约半公尺，以增加平坐之深度，俾登临者可瞻李太白题额。泥道栱上为柱头枋三层，上雕假栱形。铺作后尾第一、三两层锯齐无卷杀，第二层为枋，直达内檐中层柱头，铺作之上；第四层即耍头后尾，亦为枋以达内柱柱头。耍头端外即为挂落板。《法式》卷五平坐之制末条谓：

> 平坐之内，逐间下草栿前后安地面枋，以拘前后铺作；铺作之上安铺版枋，用一材；四周安雁翅版，广加材一倍，厚四分至五分。

第二跳后尾盖即地面枋，耍头后尾盖即铺版枋耶？清式称为挂落版者，即雁翅版也（图三十五）。西面铺作后尾，虽在暗层，适当梯间，故第一、三两层作栱形，栱端施斗。

9. **转角铺作** 华栱三跳，计心，重栱，各栱平正相交相列，角栱亦三跳，绝无不规则之结构（图三十二）。

10. **正面当心间及次间补间铺作** 亦华栱三跳，计心，重栱。其外形与柱头铺作相同，结构亦极相似，唯栌斗上无斗（图二十四）。今自外视之，其栌斗与柱头铺作栌斗同，然其背面，则次间无栌斗，而代以驼峰（图三十九）。其后尾唯第三跳作地面枋（？）直达内檐铺作上，"以拘前后铺作"。

11. **山面补间铺作** 指山面居中两间而言。其泥道栱雕于下

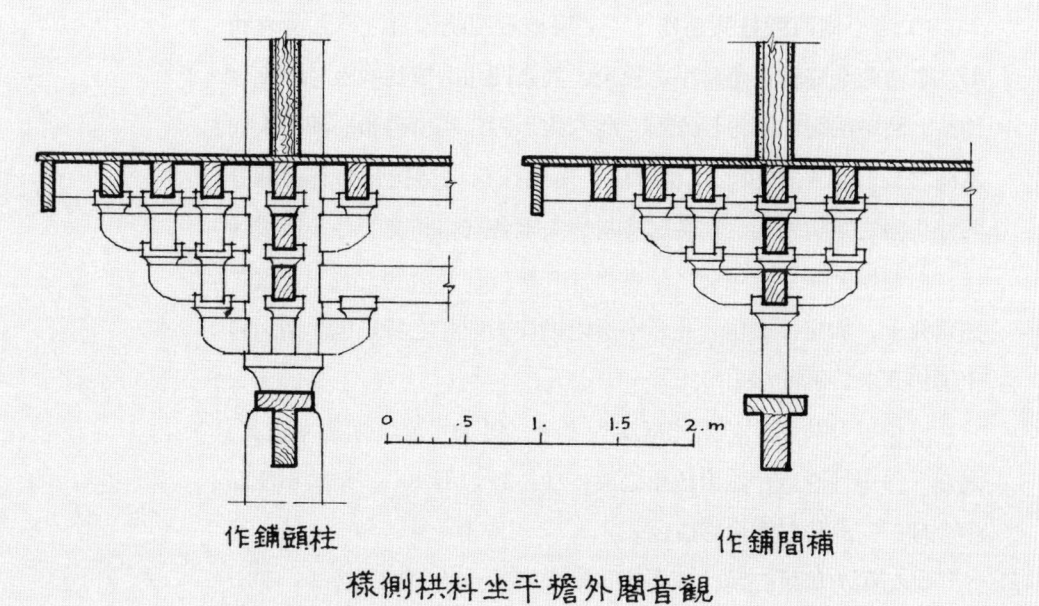

作铺头柱　　　　　　　作铺间补

观音阁外檐平坐斗栱侧样

图三十五、图三十六
观音阁外檐平坐斗栱侧样

层柱头枋上，华栱与之相交，计二跳，第一跳跳头横施令栱，上承最内罗汉枋，第二跳无栱，唯安斗以承中罗汉枋，至于外罗汉枋则由柱头达柱头，其间无承支之者。其泥道栱上未雕慢栱形，盖单栱计心造也。下跳华栱与泥道栱之下，盖有大斗及直斗以置于普拍枋者，今皆毁无存（图三十二，图三十五）。山面补间铺作之必须异于正面者，盖因山面柱间距离较小，不足以容全部之阔也。

12. 梢间补间铺作　柱间距离较山面尤小，并单栱而不能容，故下层柱头枋上雕云形栱，跳头令栱则与并列之柱头铺作及转角铺作之第一跳上慢栱连栱交隐（图二十四，图三十二）。

中层内檐铺作五种，如下层内檐铺作，以内向一面为正面，外向一面为后尾。外向一面，即为暗层之内，故其中除抹角铺作及西面与梯相近之铺作外，其后尾皆如外檐平坐铺作之后尾，栱头概无卷杀，不加修饰。

斗栱之功用，即在承上层之结构，故此部斗栱，亦因上层特殊之布置（图二十五），而有特殊之形制。

13. 当心间两旁柱头铺作　　上层地板围绕像身之空井为六角形，东西两端成较正角略小之锐角，其余四角则成约一百三十度之钝角；然中层空井则为长方形。此六角形者，实由自当心间与次间之间之内柱上至中柱上抹角所成。而此抹角之结构，与其他部分两柱头间之结构相同，其各层枋与柱头上各层枋相交于柱头而成铺作；而铺作上除正角相交之华栱与柱头枋外，乃沿约一百三十度之钝角线上，加交各层枋，此乃中层内檐柱头铺作之特点也。谓为转角铺作亦未尝不可（图三十七）。

以位置及功用论，则此部实为平坐；既为平坐，则按《法式》之制，须用计心造；然因抹角之故，计心颇为不便——结构不便即不合理——故从权用偷心造也。

其结构为华栱二跳，偷心造，跳头横施令栱，栱上置斗，斗上承罗汉枋。与华栱正角相交者为泥道栱及柱头枋三层，枋上雕假栱形，本平平无奇。乃于百三十度斜线上加普拍枋、泥道栱以及柱头枋三层，全部斜加一份，此其所以异也。

铺作后尾则锯齐如外檐平坐铺作，而第二、第四两层则伸长成地面枋及铺版枋焉。

14. 中柱柱头铺作　　其结构与13同，唯各层抹角枋自两面来交（图四十一）。

15. 补间铺作　　栌斗安于普拍枋上，华栱二跳，偷心造，第二跳跳头施令栱，栱斗上承罗汉枋，枋上为上层地板（图三十八）。今栌斗作斗形，然自后尾观之，则作驼峰形；当心间驼峰（图三十九）与次间驼峰（图四十）复略异，正面所见之栌斗，恐非原物也。

16. 转角铺作　　构结殊简单，角栱三跳，上承三方面之罗汉枋。第二层柱头枋上雕翼形栱，适在慢栱头散斗上，其上复置交互斗以承罗汉枋（图三十八）。

此角栱中线，非将角平分而成四十五度者。[1] 盖角栱上素枋之彼端，乃承于抹角枋正中之铺作上，而素枋非将角平分，则角栱须随枋略偏也。

[1] 角栱仍是45°。——莫宗江注

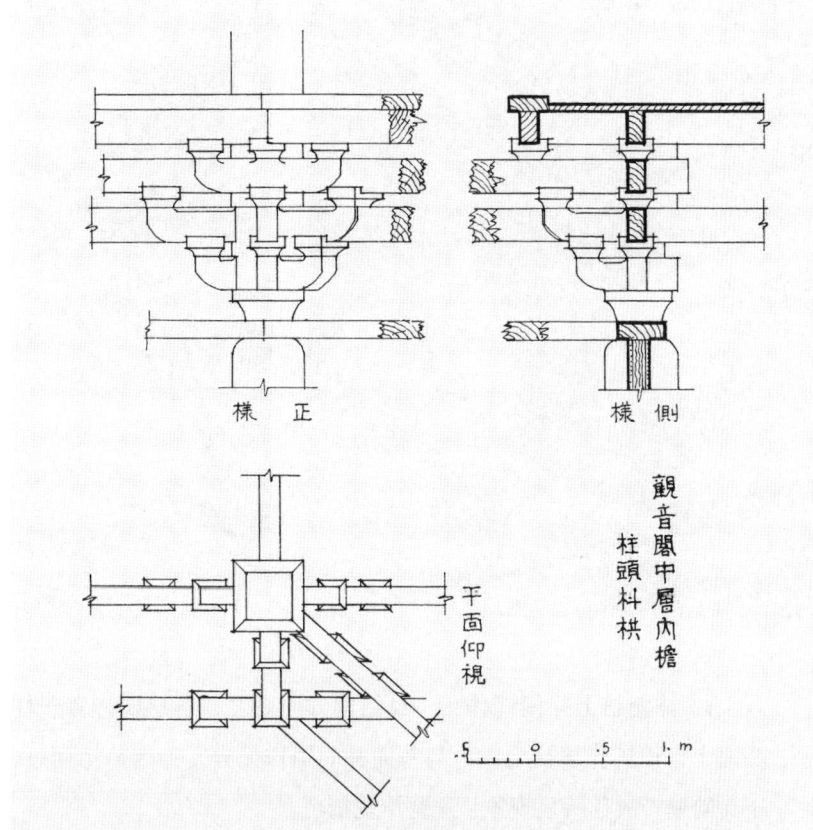

图三十七
观音阁中层内檐柱头铺作图

图三十八
观音阁中层内檐次间补间铺作及转角铺作

图三十九
观音阁中层内檐当心间补间铺作后尾（左）

图四十
观音阁中层内檐次间补间铺作后尾（右）

17. 抹角栿上补间铺作 自结构方面观之，各层栿皆置于柱头之上，而铺作居栿之中，与普通补间铺作无异，唯因悬空而过，下无墙壁，故其所呈现象，殊觉玲珑精巧。

驼峰置普拍枋上，上置交互斗；华栱与雕作泥道栱形之柱头枋相交于交互斗内。华栱计共两跳，偷心造，第二跳跳头置散斗，斗上承素枋，而不施横栱。结构至简（图四十一）。

观音阁全部结构中，除中层内外檐当心间及次间平坐补间铺作外，其余各铺作，泥道栱皆雕于第一层柱头枋上，而于其下置直斗或驼峰；此类部分，内外上下皆毁，唯此抹角铺作上尚存，良可贵也。

上层外檐斗栱三种，在结构上及装饰上皆占最重要位置，观音阁全部之性格，可谓由此部斗栱而充分表现可也。

18. 柱头铺作 栌斗施于柱头，其上出檐四跳，下两跳为华栱，上两跳为昂，即《法式》所谓"重杪重昂"[1]者是。其跳头栱之分配为重栱，偷心造。第二跳华栱跳头施瓜子栱及慢栱，慢栱上为罗汉枋。与瓜子栱及慢栱相交者为下昂二层，第二层昂上施令栱，以承替木及橑檐槫。其正面立面形与下檐略同，而侧面因用昂

[1] 重杪重昂清式称"重翘重昂"。——作者注

而大异（图四十三）。

华栱第一跳后尾为华栱；第二跳后尾伸引为梁，直达内柱柱头铺作上。梁以上又为华栱，与令栱相交；令栱上承平棊枋（井口枋），与又一素枋相交。此第三层栱之外端，长只及第二跳跳头，第四层枋则长只及柱头枋，二者背上皆斫截成斜尖，以承第一层下昂。下昂下部承于第二跳跳头交互斗内，斜向后上伸，至与柱头枋相交处，其底适与第三层柱头枋之底平，昂之斜度，与水平约略成三十度。第二层昂在第一层昂之上，而与之平行，昂端横施令栱，与第二跳跳头上之慢栱平。其向外伸出较第二跳长两跳，而向上升高，则只较之高一跳。故其出檐较远而不致太高；盖伸出如华栱两跳之远，而上升只华栱一层之高也。与令栱相交者为耍头，与华栱平行，虽平出在第四跳之上，而高下则与第四跳平。其后斫斜，平置昂上（图四十三）。

昂之后尾，实为上层柱头铺作最有趣部分。上下二昂，伸过柱头枋后，斜上直达草栿（清称"三架梁"）之下。昂之外端，受檐

图四十一 观音阁中层内檐抹角补间铺作

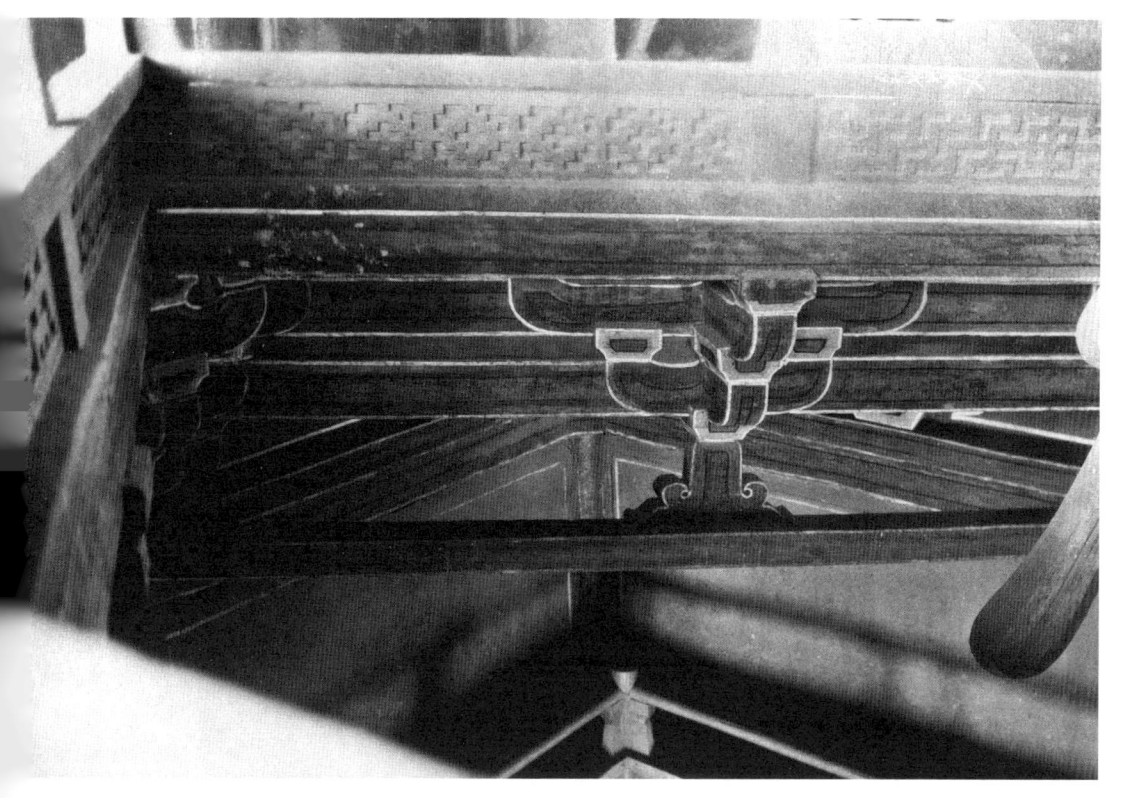

部重量下压，其尾端因之上升，而赖草栿重量之下压而保持其均衡。利用杠杆作用，使出跳远出，以补平出华栱之不逮。《法式》卷四造昂之制有"如当柱头，即以草栿或丁栿压之"之句，盖即指此。宋代建筑用昂之制，尚以结构为前提。明清以后，斗栱虽尚有昂，而徒具其形而失其用，只平置华栱（翘）而将其外端斫成昂嘴状，非如辽、宋昂之具"有机性"矣。

昂嘴部分，宋以后多为曲线的。《法式》卷四谓：

……昂面中颛二分，令顺势圜和。

清式亦如此。然观音阁昂嘴，则为与昂底成三十五度之斜直线，其所呈现象，颇似敦煌壁画所见。此式宋代殆尚有之，见于造昂之制文内小注中：

……亦有自斗外斜杀至尖者，其昂面平直，谓之"批竹昂"。

适与此处所见符合。应县佛宫寺塔亦如此，其为唐、辽盛行之式无疑。其后刚强之直线，受年代磋磨，日渐曲柔，至明仲之世，已成"亦有"之一种，退居小注之中；此固所有艺术蜕变之途径，希腊之成罗马，姬阿陀之成拉飞尔[1]，顾虎头之成仇十洲，其起伏之势，如出一辙，非独唐宋建筑之独循此道也。

19. 转角铺作（图三十二） 在柱头中线上，正、侧二面各层栱昂之结构与层次与柱头铺作者同，所异者唯第二跳跳头重栱与同层他栱相列。角线上角栱二跳，角昂二跳，其上更有"由昂"，上置宝瓶，以承角梁。此三重角昂，在正面及侧面之投影，与正昂投影之角度相同，然其与地面所成之直角，度数实较小，而斜度较缓和，宜注意也。第二跳角栱之上，有正侧二面第二跳上之重栱伸出而成华栱二跳，与角昂相交；上跳跳头置散斗以承替木。第二层角昂之

[1] 姬阿陀今译为乔托；拉飞尔今译为拉斐尔。——编者注

姬阿陀（Giotto），文艺复兴初期意大利画家，画纯朴有蕴力；拉飞尔（Raphael），文艺复兴后期画家，写实妙肖，唯和柔有若女性。——作者注

图四十二
观音阁上层外檐柱
头铺作及补间铺作

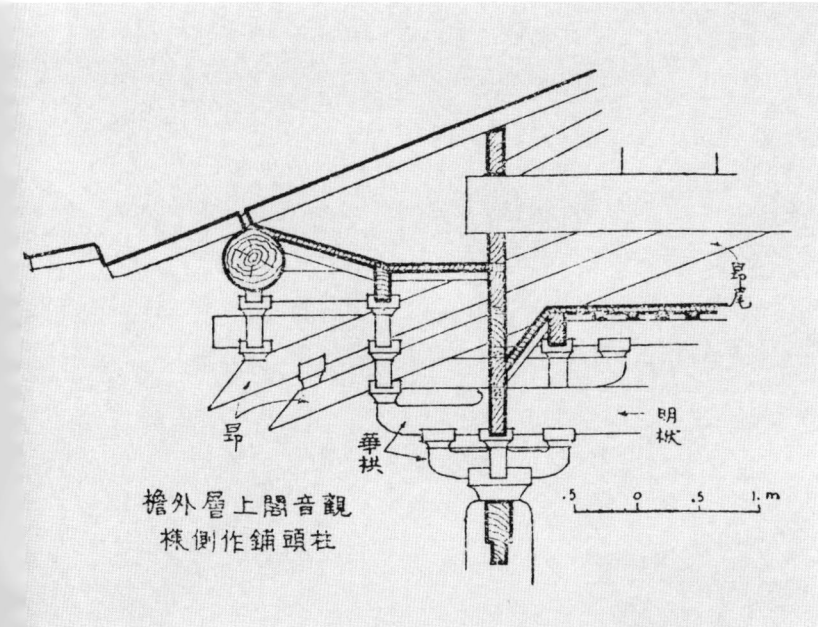

图四十三
观音阁上层外檐柱
头铺作侧样

上，置令栱两件相交，与由昂相交；令栱上置散斗，以承其上相交之正侧二面替木。此外尚有斜华栱两层，与角栱成正角而与正栱成四十五度角，相交于栌斗口内（图四十四）；其上又置栱两跳，与角栱上之两栱夹衬于正昂之两旁。与此栱相交者重栱，其外一端与角栱上之华栱相列，其内一端则慢栱与柱头铺作上相垾之慢栱连栱交隐。

此转角铺作之全部，殊为雄大，似繁而实简，结构毕现焉。

20. **补间铺作**　正面当心间次间及山面居中两间用之。华栱两跳，偷心造，跳头横施令栱，以承罗汉枋。下层华栱与下层柱头枋交于交互斗内，枋雕作翼形栱。二层枋以上则雕重栱，铺作后尾唯栱一跳，上施令栱，以承平棊枋（图四十五）。交互斗下，原有直斗，今已无存。

上层内檐补间铺作，除当心间北面一朵结构特殊外，其余皆与外檐补间铺作相同。其中略异之一朵，乃内檐山面补间铺作，因地位狭窄，其令栱、慢栱皆与两旁铺作连栱交隐（图四十六）。

图四十四
观音阁上层外檐转角铺作栌斗上各栱

图四十五
观音阁上层内外檐柱
头及补间铺作后尾

上层内檐斗栱四种：

21. **柱头铺作** 正面与下层外檐柱头铺作完全相同，为华栱四跳，重栱，偷心造（图四十六）。后尾则与上层外檐柱头铺作完全相同（图四十五）。上檐内檐柱头铺作之特殊者为当心间北面柱头铺作。

22. **当心间北面柱头铺作** 因观音像之位置不在阁之正中，而略偏北，故像顶上之斗八藻井亦随之北偏；因是之故，藻井之南面承于平棊枋上，而北面乃承于罗汉枋上，而平棊枋至当心间而中断。于是华栱第四跳跳头之令栱，在次间内之一端承平棊枋，而在当心间内之一端则斫作四十五度角，以承藻井下之抹角枋。而罗汉枋遂为抹角枋与藻井下北面枋相交点之承支者，遂在其相交点之下，承之以斗，而斗下雕作栱形（图四十七）。

23. **转角铺作** 角栱四跳，偷心造，因地位狭小，其势不能容重栱之交列，故第二跳跳头之上，唯短小之翼形栱与第三跳相交。翼形栱与切几头相列，交于柱头枋上。其上则施短令栱与第四跳相交，而在山面，则短令栱与补间铺作上之令栱连栱交隐。第四跳头上则短令栱二件相交，以承平棊枋（图四十六）。

正、侧二面，则泥道栱相交，其上慢栱之后尾及第二层华栱之后尾皆为梁，第三层柱头枋之后尾则为枋，皆三面分达角柱及其旁二柱，于结构上至为重要焉。

24. **当心间北面补间铺作** 与他间略同，所异者乃华栱跳头只置翼形小栱，更上则于罗汉枋上雕令栱形，上置三散斗，以承藻井下枋（图四十七）。

全阁斗栱共计二十四种，各以功用而异其结构，条理井然，种类虽多而不杂，构造似繁而实简，以建筑物而如此充满理智及机能，艺术之极品也。

（六）天花

观音阁上、下二层顶部皆施天花。天花宋称"平棊"[1]，其主

[1] 这里所指的是"平闇"，下同。——莫宗江注

图四十六
观音阁上层内檐斗栱

图四十七
观音阁上层内檐北面柱头及当心间补间铺作

要干架即斗栱上之素枋名"平棊枋"者，及与之成正角而施于明栿（梁）上之"算桯枋"（？）也。支条（宋称"平闇椽"）纵横交置枋上，其分布颇密，而井口亦甚小，约〇·二八公尺见方，与今所见约二尺（〇·七〇公尺）见方之天花，其现象迥异（图三十，图四十五，图四十六）。《法式》于平棊之大小并无规定，只曰"分布方正"，其是否如此，尚待考。今天花板泰半已供年前驻军炊焚，油饰亦非旧观，然日本镰仓时代之兴福寺北圆堂及三重塔内天花（图四十八），皆与此处所见大致同一权衡，且彩画尚存，与《营造法式》彩画极相类似，可相鉴较也。

天花与柱头枋间，亦用平闇椽斜置，上遮以板，日本遗物，尚多如此。

当心间像顶之上，作"斗八藻井"，其"椽"尤小，交作三角小格，与他部颇不调谐。是否原形尚待考。

（七）梁枋

山门屋内上部，用"彻上明造"之制，一切梁枋椽桁，自下皆见。观音阁则上施平棊。平棊以上之梁枋等等，自下不见，故其做法，亦较粗糙。《法式》卷二《总释》平棊下小注云：

> 今宫殿中，其上悉用草架梁栿承屋盖之重，如攀额……枋樽之类，及纵横固济之物，皆不施斤斧……

其后常用之"草栿"，即指此不施斤斧之梁枋而言；而与之对称者，即"明栿"是也。

观音阁各柱头斗栱上，第二或第三跳华栱之后尾，皆伸引为"明栿"，明栿背上架"算桯枋"（图四十五），已于斗栱题下论及。然明栿及算桯枋之功用在拘前后铺作，及承平棊；屋盖之重，及纵横固济之责，悉在平棊以上不施斤斧之梁栿之上焉。

此处用梁之制，与清式大同小异。檐柱与内柱之上施"双步

图四十八
日本奈良兴福寺北圆堂内天花

梁"（宋称"乳栿"？），内柱与内柱之上施"五架梁"（"檐栿"？），五架梁之上置柁橔，上施"三架梁"（"平梁"），三架梁上立"脊瓜柱"（"侏儒柱"），其上承脊槫（卷首图四）。其与今日习见所不同者，厥为其大小、比例及其与柱之关系。

清式造梁之制，其大梁不论长短及荷重如何，悉较柱宽二寸，而梁高则为宽之四分之五或五分之六。就此即有二问题需加注意者：一、梁对荷重之比例；二、梁宽与梁高之比例。关于第一问题，当于下文另述；而第二问题则清式梁高与宽之比为十与八或十二与十之比。

横梁载重之力，在其高度而不在其宽度；宋人有见于此，故其高与宽为三与二之比。载于《法式》，奉为定例。清人亦知此原则，故高亦较大于宽，然其比例已近方形。岂七八百载之经验，反使其对力学之了解退而无进耶？

至于梁之大小，兹亦加以分析，并与清式比较：

梁长 7.43 公尺，每架长 1.86 公尺，当心间面阔 4.73 公尺。

举高 2.51 公尺，斜顶长 4.40 公尺，梁横断面 0.305×0.585 公尺。

当心间顶面积 4.40×2×4.73=41.70 平方公尺。

静荷载（dead load）：

木料（柁檄、三架梁、侏儒柱、斗座、榑、襻间、椽、望板，均在内）　　体积为 7.069 立方公尺，

瓦（简瓦板瓦）体积为　3.13 ⎫
脊　　　　　体积为　2.13 ⎭ 共 5.26 立方公尺，

苦背　　　　体积为 3.13 立方公尺，

木料重量为每立方公尺 720 公斤，故 7.069×720=5100 公斤

砖瓦重量为每立方公尺 2000 公斤，故 5.26×2000=10520 公斤

泥土（苦背）重量为每立方公尺 1600 公斤，故 3.13×1600=5000 公斤

共 20620 公斤

又五架梁自身重为　　　0.585×0.305×7.43×720=954 公斤

用上得之静荷载，则五架梁所受之最大挠曲弯矩（maximum bending moment）为 10310×1.86 + 954×7.43/8 = 20100 每公尺之公斤数，其所受最大之竖切力（maximum vertical shear）为 10310×954/2 = 10800 公斤，则五架梁中之最大挠曲应力（maximum bending stress）为 $6×20100/0.305×0.585^2$ = 1160000 每平方公尺之公斤数，其最大切应力（maximum shearing stress）为 10800/0.305×0.585×3/2=91000 每平方公尺之公斤数。

活荷载（live load）：

屋顶之活荷载包括屋顶所受之雪压及风力等数。此项荷载，通常可假定为每平方公尺 195 公斤，然其重量之四分之一，已由梁之两端，直下内柱之上。由梁身转达柱上者，只其余四分之三。故其活荷载总量为：

195×41.70×3/4 = 9000 公斤

其最大挠曲弯矩为 3050×1.86 = 5670 每公尺之公斤数；其最大竖切力为 3050 公斤。其最大挠曲应力为 $6×5670/0.305×0.585^2$=327000

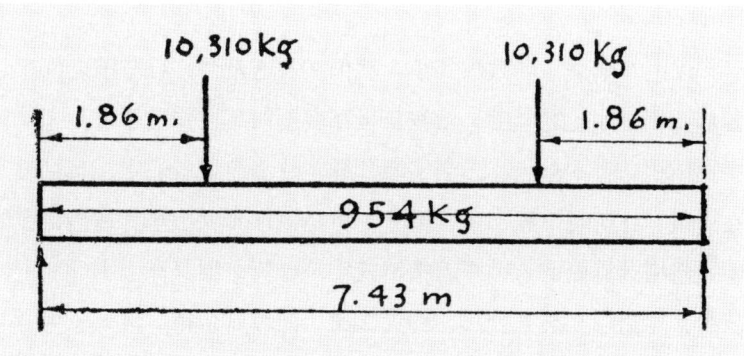

图四十九（一）
五架梁静荷载图

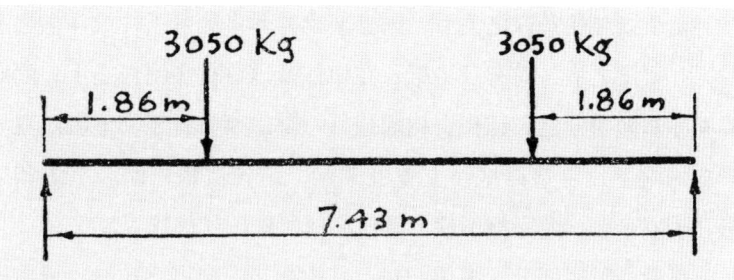

图四十九（二）
五架梁活荷载图

每平方公尺之公斤数。其最大切应力为 3050/0.305×0.585^2=25600 每平方公尺之公斤数。

木料之强度，至不一律，且因年龄与气候而异。观音阁梁枋木料之最大强度果为若干，未经试验，殊难臆断，但木料之最大挠曲强度约在每平方公尺 3000000—4600000 公斤间；而其最大切强度约在每平方公尺 120000—230000 公斤。若以上述之平均数为此阁木料之最大强度，则其挠曲强度为每平方公尺 3800000 公斤，而切强度为每平方公尺 180000 公斤，则此五架梁之安全率（factor of safety）约如下表：

	挠曲		切	
	应力（每平方公尺之公斤数）	安全率	应力（每平方公尺之公斤数）	安全率
静荷载独计	1160000	3.23	91000	1.98
静活荷载并计	1487000	2.56	116600	1.54

以上安全率，虽微嫌其小，然仍在普通设计许可范围之内。且各部体积，如瓦之厚度，乃按自板瓦底至筒瓦上作实厚许，未除沟垄之体积；脊本空心，亦当实心计算，故静荷载所假定，实远过实在重量。且历时千载，梁犹健直，更足以证其大小至为适当，宛如曾经精密计算而造者。今若按清式定例计算，则其高当为〇·七四公尺，宽为〇·五九公尺，辟为二梁，尚绰有余裕，清人于力学与经济学，岂竟皆不如辽宋时代耶？（图五十）

至于梁与柱安置之关系，则五架梁并非直接置于柱或斗栱之上者。五架梁之下，尚有双步梁，在檐柱及内柱柱头铺作之上；然双架梁亦非如明栿之与铺作合构而成其一部，而只置于其上者。双架梁之内端上，复垫以㭼，上置五架梁，结构似嫌松懈。然统和以来，千岁于兹，尚完整不欹，吾侪亦何所责于辽代梓人哉！

草栿之附属部分，多用旧料，其中如垫五架梁之㭼橔，皆由雄大旧栱二件垒成，较今存栱尤大；是必统和重葺以前原建筑物或他处拆下之旧栱，赫然唐木，乃尚得见于兹，惜顶中黑暗，未得摄影为憾耳。

三架梁及五架梁头，并双架梁上㭼橔及三架梁上侏儒柱上皆置榑（桁），榑与梁或橔间，皆垫以替木；替木之下，复有襻间（枋），长随间广，与梁相交。侏儒柱上襻间尤大。襻间与替木间，复支以短柱，使榑、替木、襻间三者合成一"复梁"作用焉。

脊襻间之左右，有斜柱支撑于平梁之上。以下每榑之下，皆有斜柱支撑，此为清式所无，而于坚固上，固有绝大之关系也（卷首图四）。

斜柱之制，不唯用于梁架之上，于中层暗部亦用之（图五十一）。此部或为后世修葺所加；然当初若知用于梁上以支榑，则将此同一原则转用于此处，亦非不可能也。

此次独乐寺辽物研究中，因梁枋、斗栱分析而获得之最大结果，则木材尺寸之标准化是也。清式用材，其尺寸以"斗口"为单位，制至繁而计算难。而观音阁全部结构，梁枋千百，其结构用材

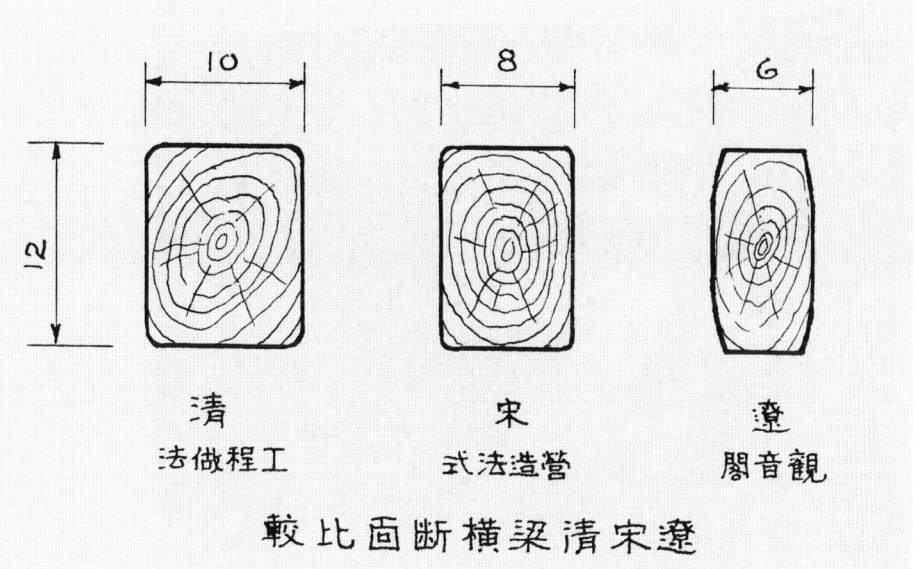

图五十
辽、宋、清梁横断面比较图

（structural members），则只六种，其标准化可谓已达极点。《营造法式》卷四大木作制度，劈头第一句即谓：

> 凡构屋之制，皆以材为祖。材有八等，度屋之大小，因而用之……各以其材之广，分为十五分，以十分为其厚。凡屋宇之高深，名物之短长，曲直举折之势，规矩绳墨之宜，皆以所用材之分以为制度焉。

在八等材尺寸比例之后，复谓：

> 栔广六分，厚四分。材上加栔者谓之足材。

此乃宋式营造之标准单位，固极明显。然而"材""栔"之定义，并未见于中；虽知其大小比例，而难知其应用法，及其应用之可能度。今见独乐寺，然后知其应用及其对于设计及施工所予之便利及经济。

"材""栔"既为营造单位，则全建筑物每部尺寸，皆为

图五十一
观音阁中层内部斜柱

"材""栔"之倍数或分数;故先考何为一"材"。"材"者:(一)为一种度量单位(unit measure);以栱之广(高度),谓之"一材"。(二)为一种标准木材(standard member)之称,指木材之横断面言,长则无限制。例如泥道栱、慢栱、柱头枋等,其长虽异,而横断面则同,皆一材也。

"栔广六分,厚四分":其"广"即散斗之"平"(升腰)及

"欹"（斗底）之总高度，即两层栱间之空隙；六分者，"材"之广之十五分之六也。"栔"为"材"之辅，亦为度量单位名称；用作木材时，则以补栱间之隙，非主要结构木材也。材栔二者，用为度量单位时，皆用其"广"（高度）。栔"厚四分"者，材之广之十五分之四也。"厚"从不用作度量单位，只是标准木材之固定大小而已。

观音阁山门各部栱枋之高，自〇·二四一公尺至〇·二五公尺不等。工匠斧锯之不准确，及千年气候之影响，皆足为此种差异之原因，其平均尺度则为〇·二四四公尺或〇·二四五公尺，此即阁及门"材"之尺寸也。其"栔"则平均合〇·一〇米，约合"材"之五分之二强（虽略有出入，合所谓"六分"——十五分之六）。然则以材栔为度量之制，辽宋已符，其为唐代所遗旧制必可无疑。

材栔之义及用既定，若干问题即迎刃而解。例如：泥道、慢、瓜子、令诸栱，柱头、罗汉、平棊等枋，昂，皆"单材"也（其广一材，其厚为广三分之二）；阑额、普拍枋、华栱皆"足材"也（其广一材一栔，其厚为一材之三分之二）；明栿广一材一栔；劄牵（双步梁）[1]广约二材弱；平梁（三架梁）广二材，檐栿（五架梁）[2]广二材一栔。共计凡六种，此外其他部分亦莫不如是，其标准化可谓已达最高点。《法式》谓"构屋之制，以材为祖"，信不诬也。

[1] 观音阁无劄牵，应是指前后乳栿。——莫宗江注

[2] 内槽柱上的五架梁，不应是檐栿。——莫宗江注

（八）角梁

下层大角梁卷杀作两瓣，而上层则作三瓣；其卷杀之曲线严厉，颇具希腊风味。下层角梁后尾安于中层角柱之上。而上层后尾与角昂、由昂，皆置上层内角柱之上。仔角梁较大角梁短小，头戴套兽。大小角梁下皆悬铜铎，每当微风，辄吟东坡"东风当断渡"句，不知蓟在山麓，无渡可断也。

（九）举折

观音阁前后橑檐槫相距一七·四二公尺而举高为四·七六公

尺，适为五五举弱。较山门举度（五举）略甚。按《法式》之制，殿阁楼台，三分举一分，而筒瓦厅堂则四分举一分又加百分之八，五五举弱适与此算法相符，是非偶然，盖以厅堂举法而施于殿阁也。

至于其折高，则第一举为三二五举，第二举为五举弱，第三举为六举强，第四举为六五举弱，第五举为七五举，其折法不如《法式》之制，与清制亦异。

（十）椽及檐

椽皆以径约〇·一四之杉木造。椽头略加卷杀，飞子亦然，如山门所见。

清式檐出为高三分之一。观音阁下层自橑檐槫背至地高六·五七公尺，而自檐柱中至飞头平出檐为三·二八公尺，适为高之半。上檐出与下檐出大略相同，因童柱之移入及侧脚之故，故较下檐退入约〇·三三公尺。然吾侪平日所习见之明清建筑，上檐多造于内柱之上。故似退垒而呈坚稳之状；而观音阁巍然两层远出如翼，其态度至为豪放（图二十四）。

橑檐槫及罗汉枋间，罗汉枋及柱头枋间，皆有似平闇椽之斜椽，上安遮椽板。

（十一）两际

屋顶为歇山式，其两际之结构，与清式颇异。清式收山少，山花几与檐柱上下成一垂直线。收山少则悬出多，其重量非自梁上伸出之桁（槫）所能胜，故须在山花之内，用种种方法——如踏脚木、草架柱子等——以支撑之；而此种方法，因不甚合理，故不美观，于是用山花板以掩藏之。宋以前则不然，两际之构造，颇似清式之"悬山"；无山花板，各层梁枋、槫头等构材，自下皆见。观音阁两际今则掩以山花，一望而知其非原物；及登顶细察，则原形尚在（图五十二），惜为劣匠遮掩，自外不得见。

图五十二
观音阁两际结构

侏儒柱上大襻间，头卷杀作简洁之曲线，长及出际之半。平槫下襻间与平梁（三架梁）交，伸出长如大襻间，卷杀如栱，上置散斗，以承替木。斜柱与侏儒柱之间，其先必填以壁，以防风寒吹入，今则拆去，而于槫头博风板下，掩以山花。既不合理，又复丑恶，何清代匠人之不假思索耶？

博风板之下，原先必有悬鱼、惹草等装饰，今亦无存。谨按《营造法式》所见，补摹于卷首图三。

（十二）瓦

与山门瓦同，青瓦，亦非原物，其正吻、正脊、垂脊、垂兽、仙人等，殆为明代重修时所配者。

正吻颇似清式，然尾翘起甚高，亦不似清式之如螺旋之卷入。须眉口鼻皆较玲珑。吻背之上皮，斜上尾部，不若清式之平。其剑把则似真剑把，斜插于吻背之背。背兽颇瘦小（图五十三）。

正脊为双龙戏珠纹样。其正中作小亭。相传每届除夕午夜以后，盘山舍利塔神灯，下降蓟城，先独乐而后诸刹。神灯降临则亭中光芒射出，照耀全城，称"独乐晨灯"，为蓟州八景之一云。小亭之神话，尚不止此。蓟人告予，光绪重修以前，亭内有碑，碑刻"贞观十年，尉迟敬德监修"云云。吾以望远镜仔细观察良久，未见只字。碑上原有文字当无可疑，贞观敬德，颇近无稽；尉迟敬德监修寺庙，亦成匠人神话，未可必信也。

垂脊亦有花纹，但无龙。垂兽为清式所不见。似仙童骑于独角犀牛上，双手攀犀角，颇饶谐趣。走兽虽略异，亦无奇。仙人乃甲

瓦當

觀音閣瓦飾

图五十三
观音阁瓦饰图

胄武士，傲然俯视檐下众生。亦历数百寒暑矣。

筒瓦、板瓦与山门同，详见图五十三，不复赘。

（十三）墙壁

下层除南面居中三间及北面居中一间外，皆于柱间砌砖墙。墙高至阑额下。厚约一公尺，计合墙高四分之一。墙收分之度，约为百分之二。墙顶近阑额处，斜收入为墙肩。下肩甚低，约合墙高七分之一。清式定例，下肩高为墙高三分之一。明物则下肩尤高。而观音阁及山门与应县佛宫寺塔，下肩皆特低，绝非偶然，窃疑其为辽制。

乾隆御制诗《过独乐寺戏题》有"梵宇久凋零，落色源流画……"句，其夹注则曰"佛有十二源流，僧家多画于壁间"，是独乐寺本有画壁，其画题则十二源流，当时已"落色"，必明以前画也。

图五十四 观音阁上层外墙结构

上层外墙及中层内墙系在柱间先用绳索系枝为篱，然后将草泥敷于篱上，似今通用之板条抹灰墙（plaster on lath）；然所用绳索枯枝，皆甚粗陋。壁内藏有斜柱，以巩固屋架之结构（图五十四）。

（十四）门窗

原物无丝毫痕迹。清代修葺，门窗改用菱花棂子。下层横披尚见。其活动部分，已全被年前驻军拆毁。

（十五）地板

在中层各铺作上铺版枋上，敷设地板，板上敷灰泥约一寸。枋间距离，至

图五十五 观音阁中层内栏杆并下层内檐铺作

短者亦在二公尺余以上,而板则厚仅一寸。人行板上,板上下弯曲弹动,殊欠安稳。清式于"承重"梁(beam)上加"楞木"(joist),无弹动之虞。每年废历三月中,蓟人举行酬神盛会,登楼者辄同时百数十人,如地板不加坚实,恐惨剧难免发生。

(十六)栏杆

中层内平坐上,绕像一周;上层内地板上,六角形空井一周,及上层外檐平坐一周,皆绕以栏杆。栏杆于转角处立望柱,其间则立短小之蜀柱。柱下为地栿,中部为盆唇,上为寻杖,蜀柱之间盆唇之下为束腰。其各部名称见于《营造法式》,而形制则较似敦煌壁画所见。中层栏杆束腰花纹,与敦煌者尤相似(图五十五)。上层内栏杆六面十二格,花纹六种(图四十一,图五十六),虽各不同,而精神则一贯。上层外檐栏杆,云栱瘿项改作花瓶形,已失原意矣。

(十七)楼梯

位于西梢间居中两间内,自地北向上至中层,复折而南至上

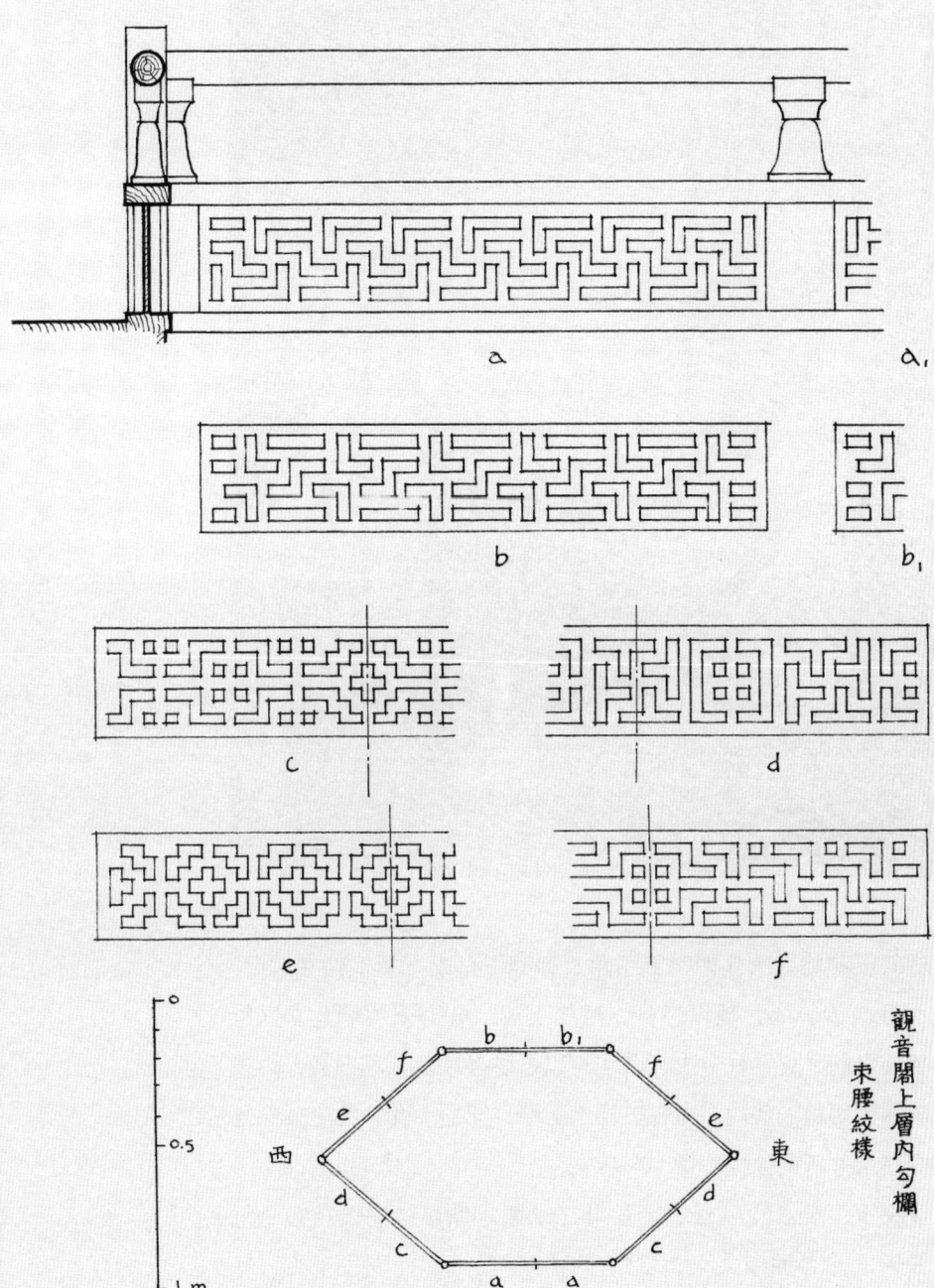

图五十六
观音阁上层内勾栏束腰纹样

图五十七
观音阁上层梯口

层。梯斜度颇峻，约作四十五度角。梯脚下有小方坛，梯立坛上。梯之两框颇为长大，辅以栏杆，略如上述。其上下两端，立以望柱；望柱之间，立蜀柱数支，其间贯以盆唇寻杖，其不同者，为束腰部分，不用板而代以一方杖。梯之上端，穿地为孔，孔之三面复以小蜀柱及盆唇束腰栏护焉（图五十七）。

今梯下段分二十八级，上段分二十级。仰察梯底，乃知今每级只原阶之半，原级之大，实倍于今，下段十四而上段十级，每级高○·三八公尺，宽○·四三公尺，卯痕犹在，易复原状也（图五十八）。

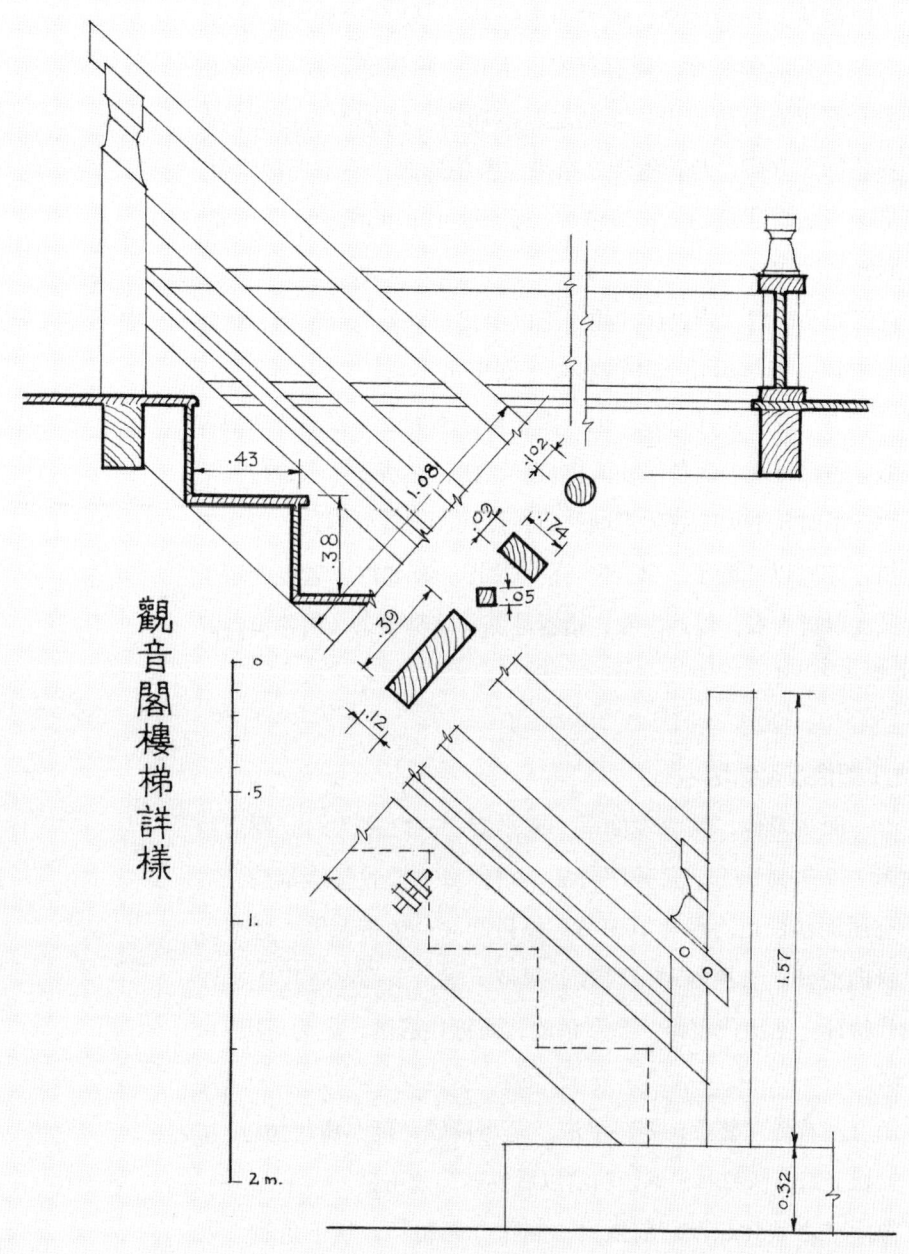

图五十八
观音阁楼梯详样

（十八）彩画

我国建筑，每逢修葺，辄"油饰一新"，故古建筑之幸存者，亦只骨架，其彩画制度，鲜有百岁以上者。独乐寺彩画，亦非例外，盖光绪重修时所作也。彩画之基本功用在保护木料而延其寿命，其装饰之方面，乃其附带之结果。善施彩画，不唯保护木材，且能借画以表现建筑物之构造精神。而每时代因其结构法之不同，故其彩画制度亦异。

观音阁及山门，皆以辽式构架施以清式彩画。内部油饰，犹简单稍具古风，尚属可用。外檐彩画，则恶劣不堪，"大点金"也，各种"苏画"或"龙锦枋心"也，橑檐槫、阑额及斗栱上，尚因古今相似，勉强可观。而各层柱头枋及罗汉枋，在清式所占地位极不重要，在平时几不见，故无彩画，但在辽式，则皆外露，拙匠遂不知所措，亦画以"旋子""枋心"等等纹样。有如白发老叟衣童子衣，又复以裤为衣，以冠为履，错置乱陈，喧哗嘈杂，滑稽莫甚焉（见外檐各图）！

（十九）塑像及须弥坛

十一面观音像，实为本阁——或本寺——之主人翁。像高约十六米，立须弥坛上，二菩萨侍立。相传像为檀香整木刻成，实则中空而泥塑者也。像弯眉楔鼻，长目圆颔，微带慈笑；腹部微突，身向前倾；衣褶圜和，两臂上飘带下垂，下端贴莲座上，皆为唐代特征。然历代重修，原形稍改，而近代彩画，尤为可厌（图五十九）。

坛上左右侍立菩萨，姿势手法，尤为精妙，疑亦唐代物也（图六十）。坛上尚有像数尊，率皆明清以后供养，兹不赘。

像所立之须弥坛及坛前供桌，制作亦颇精巧。坛下龟脚、束腰及上部之栏杆，皆极有趣。供桌叠涩太复杂，与坛似欠调谐（图六十一）。

图五十九
十一面观世音像

图六十
东面侍立菩萨像

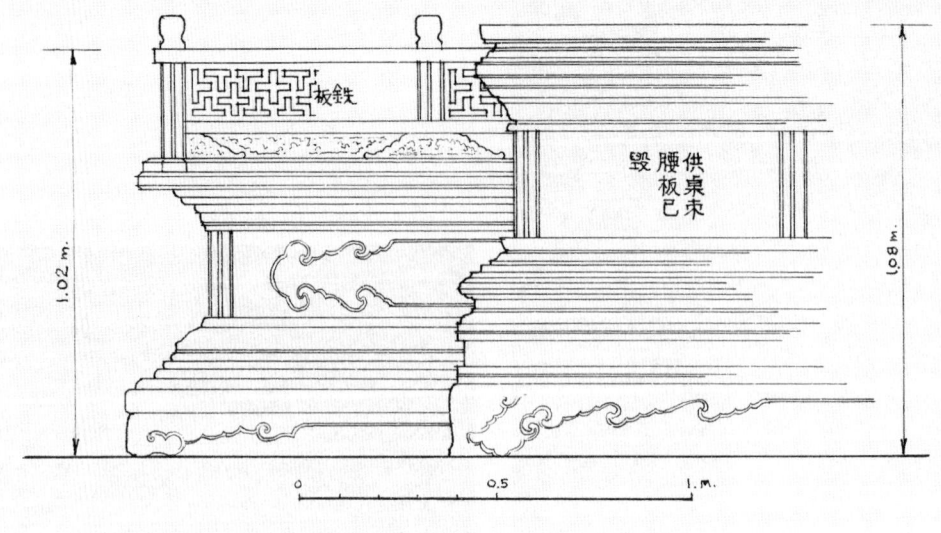

观音阁须弥座供桌详样

图六十一
观音阁须弥座供桌详样

(二十) 匾

阁尚有匾额三，下层外额曰"具足圆成"，内曰"普门香界"，乾隆御书。上层外额曰"观音之阁"，匾心宽一·六三公尺，高二·〇八公尺，每字径几一公尺，相传李太白书，笔法古劲而略拙，颇似唐人笔法。阁字之下署"太白"二字，其为后代所加无疑。朱桂辛先生则疑为李东阳书，而后人误为太白也（图六十二）。

六、今后之保护

观音阁及山门，既为我国现存建筑物中已发现之最古者，且保存较佳，实为无上国宝。如在他国，则政府及社会之珍维保护，唯恐不善。而在中国则无人知其价值，虽蓟人对之有一种宗教的及感情的爱护，然实际上，蓟人既无力，亦无专门智识，数十年来，不

图六十二
观音阁匾

唯任风雨之侵蚀，且不能阻止军队之毁坏。今门窗已无，顶盖已漏，若不及早修葺，则数十年乃至数年后，阁、门皆将倾圮，此千年国宝，行将与建章、阿房同其运命，而成史上陈迹。故对于阁、门之积极保护，实目前所亟不容缓也。

保护之法，首须引起社会注意，使知建筑在文化上之价值；使知阁、门在中国文化史上及中国建筑史上之价值，是为保护之治本办法。而此种之认识及觉悟，固非朝夕所能奏效，其根本乃在人民教育程度之提高，此是另一问题，非营造师一人所能为力。故目前最重要问题，乃在保持阁、门现状，不使再加毁坏，实一技术问题也。

木架建筑法劲敌有二，水火是也。水使木朽，其破坏率缓；火则无情，一炬即成焦土。今阁及山门顶瓦已多处破裂，浸漏殊甚，椽檩已有多处呈开始腐朽状态。不数年间，则椽檩将折，大厦将颓。故目前第一急务，即在屋瓦之翻盖。他部可以缓修，而瓦则刻不容缓，此保持现状最要之第一步也。

瓦漏问题既解决，始及其他问题；而此部问题，可分为二大类，即修（repair）及复原（restore）是也。破坏部分，须修补之，如瓦之翻盖及门窗之补制。有失原状者，须恢复之，如内檐斗栱间填塞之土取出，上檐清式外栏杆之恢复辽式，两际山花板之拆去等皆是。二者之中，复原问题较为复杂，必须主其事者对于原物形制有绝对根据，方可施行；否则仍非原形，不如保存现有部分，以志建筑所受每时代影响之为愈。古建筑复原问题，已成建筑考古学中一大争点，在意大利教育部中，至今尚为悬案；而愚见则以保存现状为保存古建筑之最良方法，复原部分，非有绝对把握，不宜轻易施行。

防火问题，亦极重要。水朽犹可补救，火焰不可向迩。日本奈良法隆寺由政府以三十万巨金，特构水道，偶尔失慎，则顷刻之间，全寺可罩于雨幕之内；其设备之周，管理之善，非我国今日所敢希冀。然犹可备太平桶、水枪等以备万一之需。同时脊上装置避雷针，以免落雷。在消极方面，则寺内吸烟及佛前香火，尤须永远禁绝。阁立寺中，周无毗连之建筑物，如是则庶几可免火灾矣。

在社会方面，则政府法律之保护，为绝不可少者。军队之大规模破坏，游人题壁窃砖，皆须同样禁止。而古建筑保护法，尤须从速制定、颁布、施行；每年由国库支出若干，以为古建筑修葺及保护之用，而所用主其事者，尤须有专门智识，在美术、历史、工程各方面皆精通博学，方可胜任。日本古建筑保护法颁布施行已三十余年，支出已五百万。回视我国之尚在大举破坏，能不赧然？唯望社会及学术团体对此速加注意，共同督促政府，从速对于建筑遗物予以保护，以免数千年文化之结晶，沦亡于大地之外。

一九二九年世界工程学会中，关野贞博士提出《日本古建筑物之保护》一文，实研究中国建筑保护问题之绝好参考资料。蒙北大教授吴鲁强先生盛暑中挥汗译就，赐载本期汇刊。藉资借鉴，实所至感。

附 录

独乐寺大悲阁记

王于陛

予入蓟州城西门,寺名独乐,当其中有杰阁焉,高毋虑十数丈,内供大士,阁仅周其身而覆。创寺之年,邈不可考,其载修则统和乙酉也。经今久圮,二三信士谋,所以为缮葺计。前饷部柯公实倡其事,感而兴起者殆不乏焉。柯公以迁秩行,予继其后,既经时涂暨之业斯竟。因瞻礼大士,下睹金碧辉映。其法身庄严巨丽,围抱不易,尽相传以为就刻一大树云。夫瞿昙氏之教主空,于诸所有而归之空。虽悬像设教,未尝执色相,亦未尝离色相。故牟尼悬珠,见而非见,千百亿化身,非见而见。上士超于见外,中人摄于见中,同斯诣耳。众生苦海,诸佛慈航,独大士从闻思修证三摩地,法力弘浩,号大慈悲,现相化身,不一而足。遍满东土,大要使智愚共仰,凡圣同皈。或大旃檀香,刻画宝身,烧香灯烛,如妙高聚。或白衣清净,冰月微茫。或千手千眼,或一枝净瓶,总一无二。兹寺之以环巨称,且以大树奇也,亦有异乎?夫予不知一茎草何以能化丈六金身,奚啻为树,予又不知兹树之为峄山之洞,仓野之桂,为梗为楠为梓。倘亦执身,则菩提是树,菩提是身,离身则身亦非身,树亦非树耶。予与大士相视一笑而已。如破悭贪障、福利影响之说,予识也时,何足以知之,姑为记其崖略若此。

修独乐寺记

王弘祚

岁辛巳，予自盘阴来牧渔阳。时羽书旁午，钲鼓之声震于天地。予缮城治械，飞刍储糒，日无暇晷焉。间公余时，不废登临之兴，思所以畅发其性情，而澄鲜其耳目。是州也，宫观梵刹之雄，以独乐寺称；寺之雄，以大士阁称；阁之雄，以菩萨像称。予徙倚其间，日迪夫民而教以兴仁勉义、遂生复性之事，阴骘神而祷以时和年丰、民安物阜之庥。予盖未尝一念置夫民，而州之民亦相率曰："子大夫以诚求如是也。"以故凡系夏秋正赋之索，民不敢私其财；学校仓廪之兴，民不惜其力。抚今思昔，已十数年于兹矣。越戊戌，予晋秩司农，奉使黄花山，路过是州，追随大学士宗伯菊潭胡公，来寺少憩焉。风景不殊，而人民非故；台砌倾圮，而庙貌徒存。相与徘徊悲悼，忆往事而去。乃寺僧春山游来，讯予曰："是召棠寇社之所凭也，忍以草莱委诸？"予唯唯，为之捐赀而倡首焉。一时贤士大夫，欣然乐输。而州牧胡君毅然劝助，共襄盛举。未几，其徒妙乘以成功告，且曰："宝阁、配殿及天王殿、山门皆焕然聿新矣。"予讶之曰："是何成功之速也？"僧曰："公恩德所被，士民思慕，一闻公言，欢趋恐后。"予曰："嘻，人之所靳者，财与力耳。"固或有惟正之供而不输，公家之役而不作，虽督责迫索，无足以悚其中者。此阁之修非有督责迫索之威也，而不日之成，如子趋父事，其故何哉？盖历千百劫而不灰者，菩萨度世之性；随念圆满触之而即动者，众生向善之诚也。寺之兴，不知创于何代，而统和重葺之巨，今六七百岁矣。菩萨以广大慈悲现种种法力，性不传也，而相传菩萨之教，无相而无不相也。相其寄也，阁则寄所寄也。今人于寄所寄者踊跃欢喜尚复如是，苟或因其外而求其内，由夫似而得其真，其鼓舞欢喜，又可量乎？虽然佛之理甚深，微妙不可思议，而予以显者示之。出作入息即六时课诵也，承颜聚顺即妙相庄严也，桔槔之声盈于野，弦歌之声哄于塾，即天龙八部殊音妙乐也。兴仁勉义，毋践尔生，毋伤尔性，则菩萨广大慈悲，必赐以和丰康阜之福。而五教实委司徒，则由蓟而达之三辅，由三辅而达之畿甸，采卫皆勉于向善之念，享夫乐利之庥，以成圣代无疆之治。彼菩萨化千万亿身、现种种愿力，亦当作如是观矣。

宝坻县广济寺三大士殿

* 本文原载1932年《中国营造学社汇刊》第三卷第四期。——陈明达注

目 录

一、行程 … 117

二、寺史 … 126

三、大殿 … 135

　　平面 – 立面 – 柱 – 梁枋及斗栱 – 举折 – 屋盖 – 墙壁 – 装修 – 塑像 – 匾 – 碑碣 – 佛具

四、结论 … 172

卷首图一
宝坻县广济寺三大士殿外景

卷首图二

宝坻县广济寺平面图

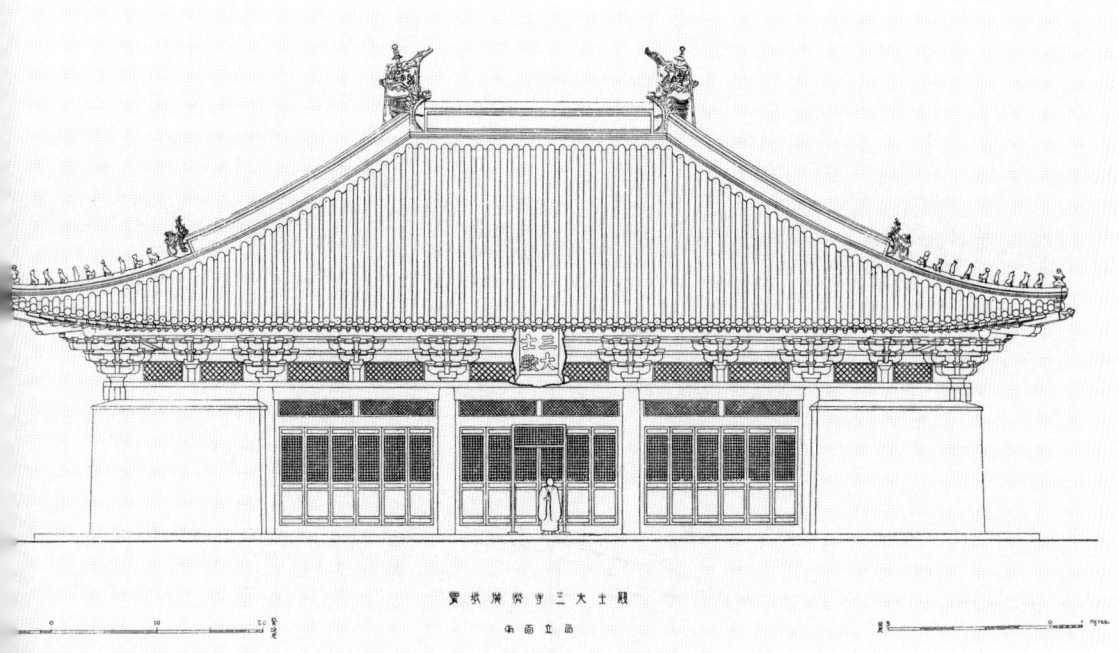

卷首图三
三大士殿南立面图

卷首图四
三大士殿山面立面图

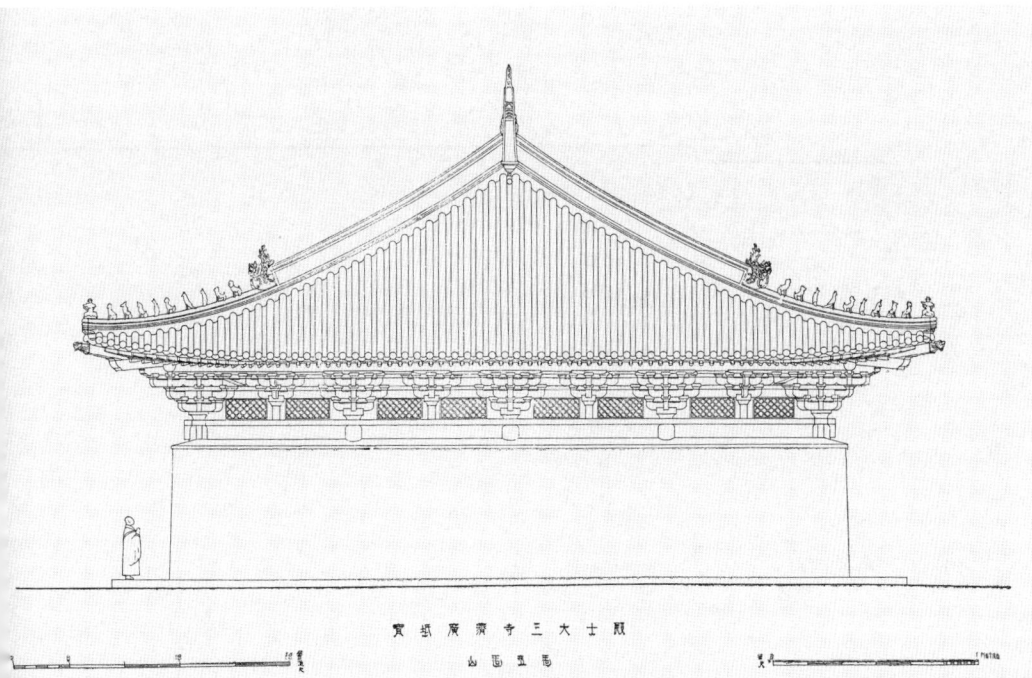

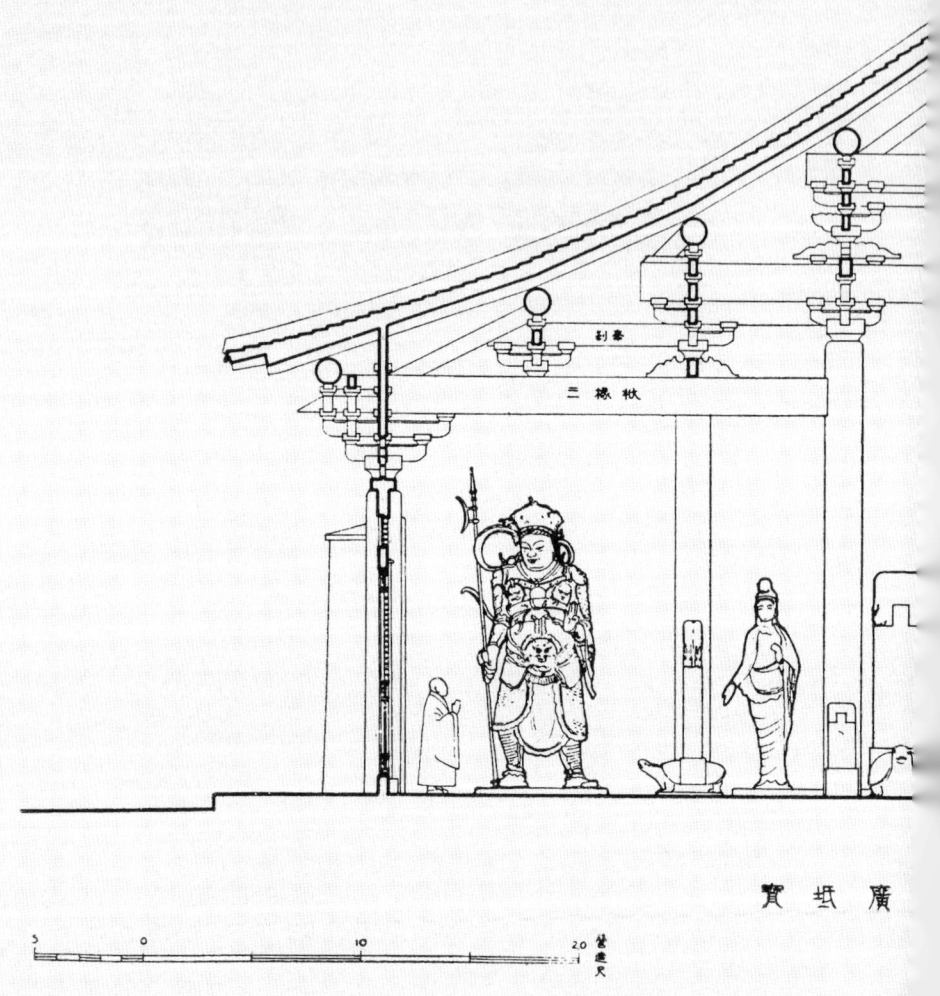

卷首图五
三大士殿当心间横断面图

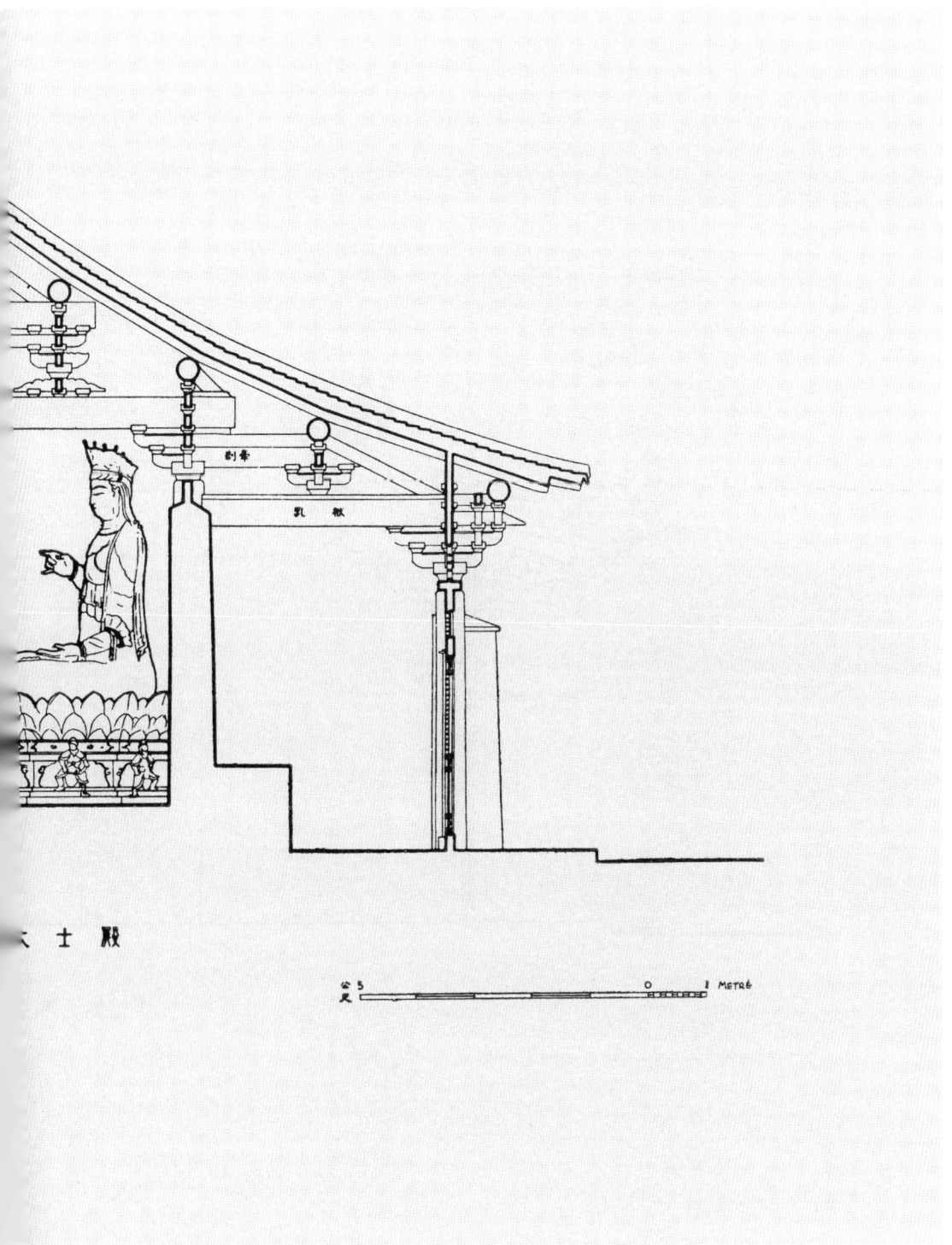

大士殿

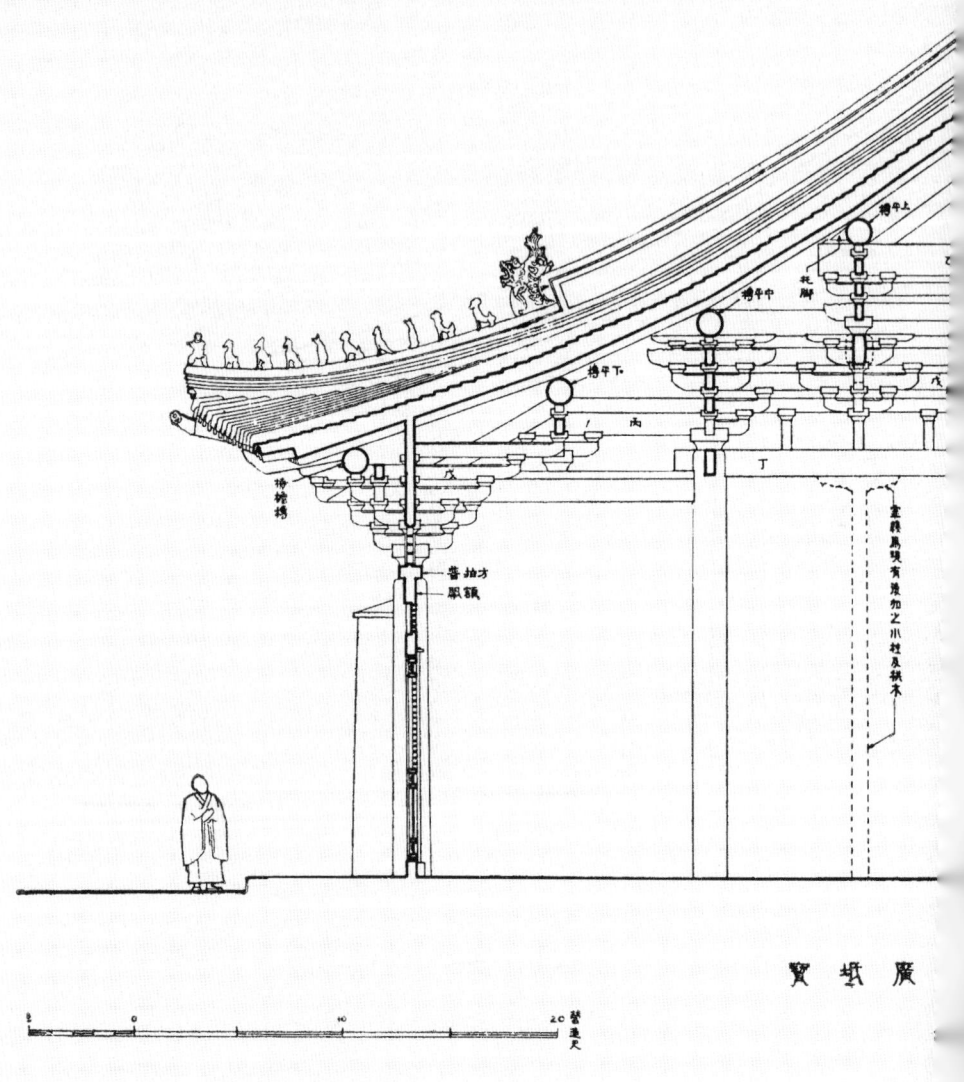

卷首图六
三大士殿次间横断面图

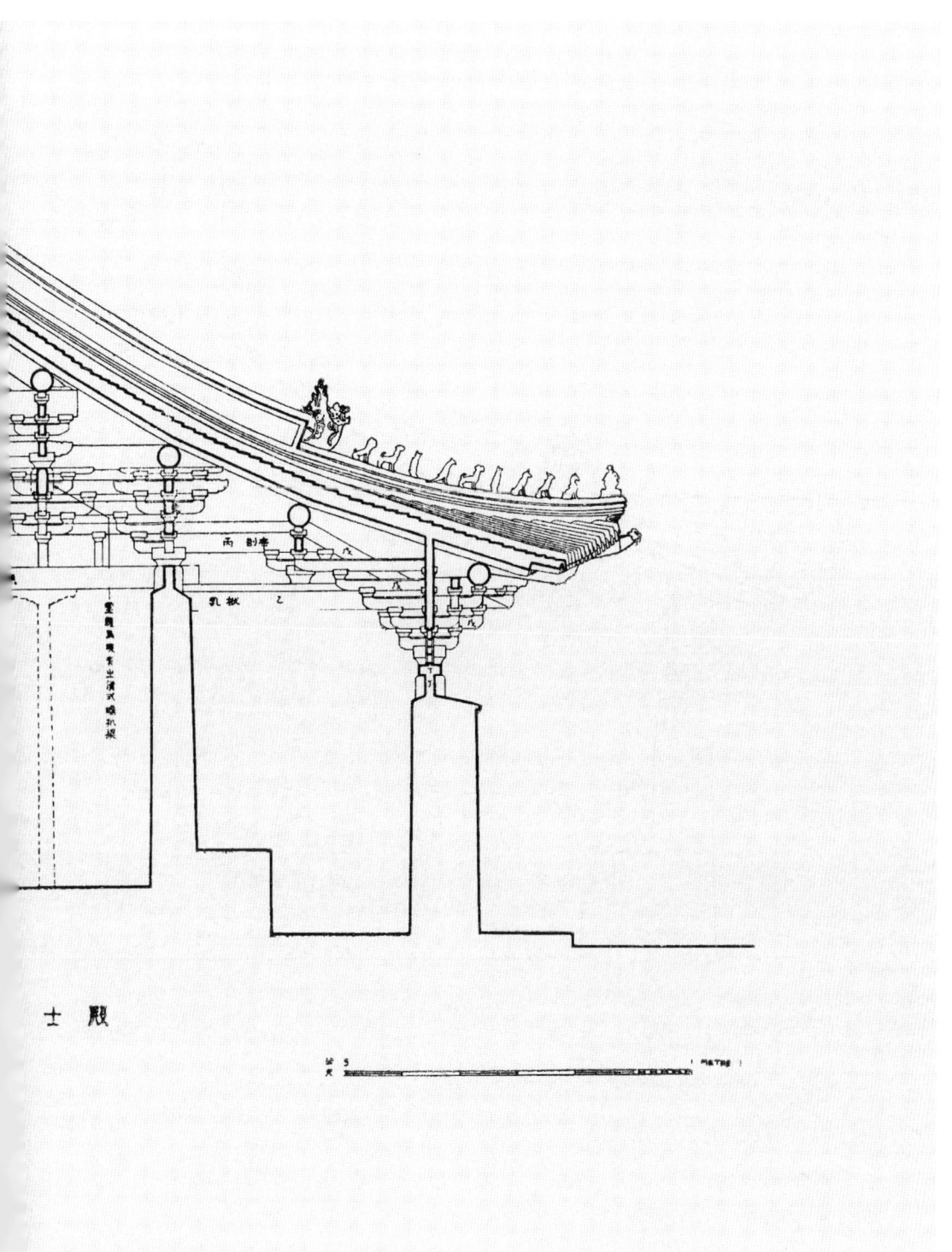

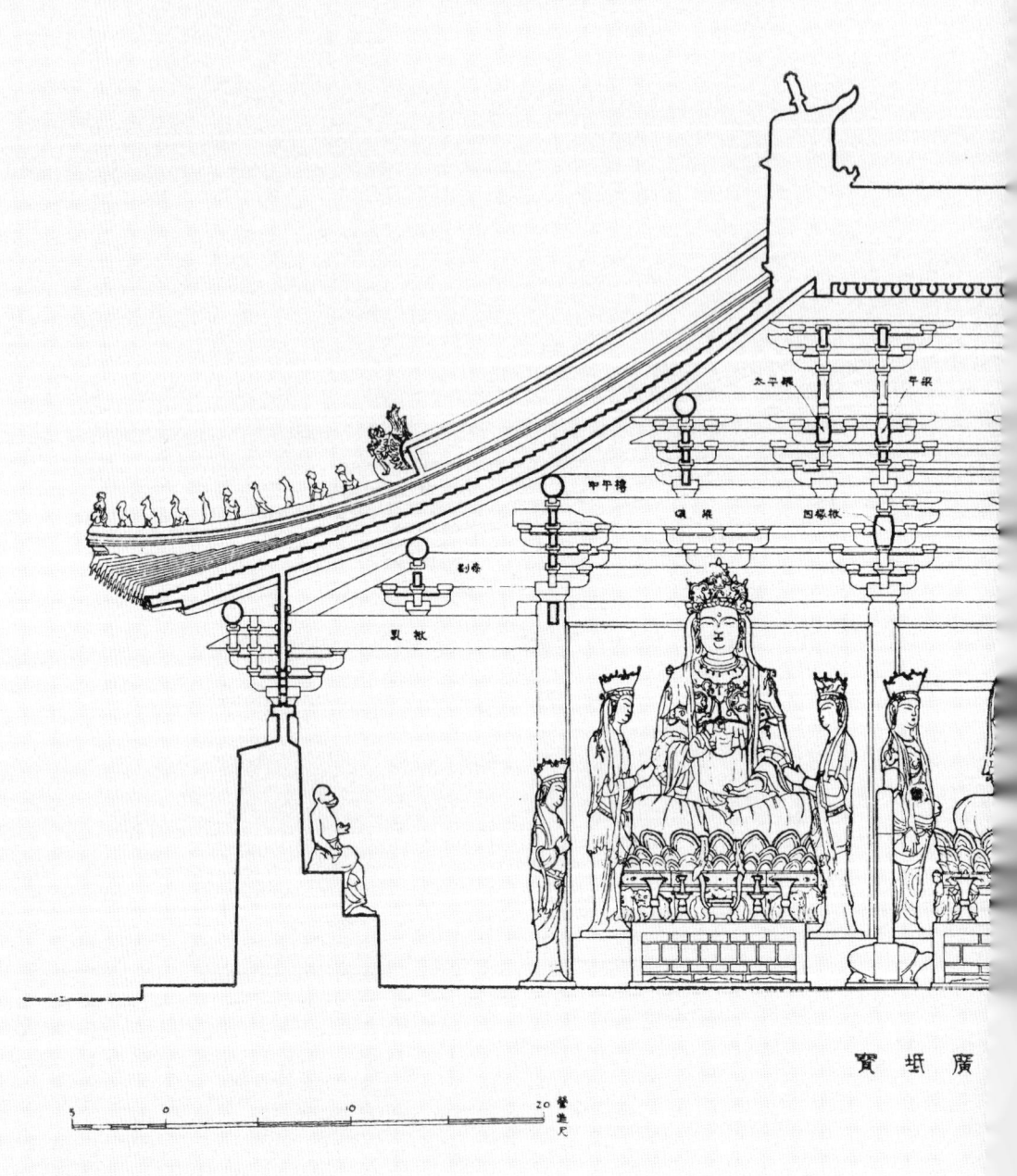

卷首图七
三大士殿纵断面图

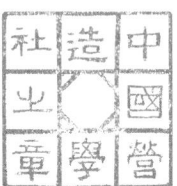

一、行程

今年四月，在蓟县调查独乐寺辽代建筑的时候，与蓟县乡村师范学校教员王慕如先生谈到中国各时代建筑特征，和独乐寺与后代建筑不同之点，他告诉我说，他家乡——河北宝坻县——有一个西大寺，结构与我所说独乐寺诸点约略相符，大概也是辽金遗物。于是在一处调查中，又得了另一处新发现的线索。我当时想到蓟县绕道宝坻回北平，但是蓟宝间长途汽车那时不凑巧刚刚停驶，未得去看。回来之后，设法得到西大寺的照片，预先鉴定一下，竟然是辽式原构，于是宝坻便列入我们旅行程序里来，又因其地点较近，置于最早实行之列。

我们预定六月初出发，那是雨季方才开始，长途汽车往往因雨停开，一直等到六月十一日，才得成行。同行者有社员东北大学学生王先泽和一个仆人。那天还不到五点——预定开车的时刻——太阳还没上来，我们就到了东四牌楼长途汽车站，一直等到七点，车才来到。那时微冷的六月阳光，已发出迫人的热焰。汽车站在猪市当中——北平全市每日所用的猪，都从那里分发出来——所以我们在两千多只猪的惨号声中，上车向东出朝阳门而去（图一）。

由朝阳门到通州间马路平坦，车行很快。到了通州桥，车折向北，由北门外过去，在这里可以看见通州塔，高高耸起，它那不足度的"收分"和重重过深过密的檐，使人得到不安定的印象。

通州以东的公路是土路，将就以前的大路所改成。过了通州约两三里到箭杆河，白河的一支流。河上有桥，那种特别国产工程，在木柱、木架之上，安扎高粱秆，铺放泥土，居然有力量载渡现代机械文明的产物，倒颇值得注意。虽然车到了桥头，乘客却要被请下车来，步行过桥，让空车开过去。过了桥是河心一沙洲，过

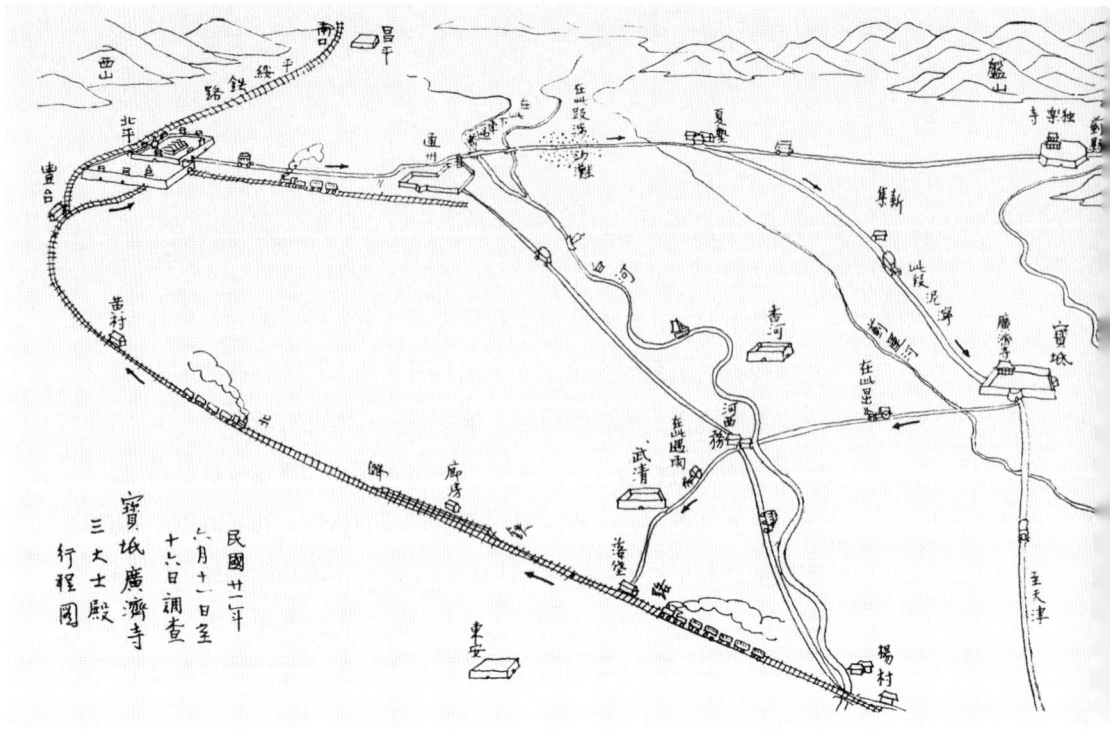

图一
宝坻县广济寺三大士殿行程图

了沙洲又有桥,如是者两次,才算过完了箭杆河。河迤东有两三段沙滩,长者三四里,短者二三十丈,满载的车,到了沙上,车轮飞转,而车不进,乘客又被请下来,让轻车过去,客人却在松软的沙里,弯腰伸颈,努力跋涉,过了沙滩。土路还算平坦,一直到夏垫。由夏垫折向东南沿着一道防水堤走,忽而在堤左,忽而过堤右,越走路越坏。过了新集之后,我们简直就在泥泞里开汽车,有许多地方泥浆一直浸没车的蹬脚板,又有些地方车身竟斜到与地面成四十五度角,路既高低不平,速度直同蜗牛一样。如此千辛万苦,与一群热臭的同胞们直挤到了宝坻。进城时已是下午三时半。我们还算侥幸,一路上机件轮带都未损坏,不然甚时才达到目的地,却要成重要的疑问。

我们这次期望或者过奢,因为上次的蓟县是一个山麓小城,净美可人的地方,使我联想到法国的村镇,宛如重游 Fugere, Arles [1] 一般。宝坻在蓟县正南仅七十里,相距如此之近,我满以为可以再

[1] 应为法国东南部城市阿尔勒的某处村镇。——编者注

找到另一个相似净雅的小城镇。岂料一进了城，只见一条尘土飞扬的街道，光溜溜没有半点树影，转了几弯小胡同，在一条雨潦未干的街上，汽车到达了终点。

下车之后，头一样打听住宿的客店，却都是苍蝇爬满，窗外是喂牲口的去处。好容易找到一家泉州旅馆，还勉强可住，那算是宝坻的"北京饭店"。泉州旅馆坐落在南大街，宝坻城最主要的街上。南大街每日最主要的商品是咸鱼——由天津经一百七十里路运来的咸鱼。每日一出了旅馆大门便入"咸鱼之肆"，我们在那里住了五天。

西大寺坐落在西门内西大街上，位置与独乐寺在蓟县城内约略相同（图二）。在旅馆卸下行装之后，我们立刻走到西大寺去观望一下。但未到西大寺以前，在城的中心，看见镇海的金代石幢（图三），既不美，又不古，乃是后代重刻的怪物。不凑巧，石幢的上段也没照上。

图二
宝坻县城图（摹自乾隆十年《宝坻县志》）

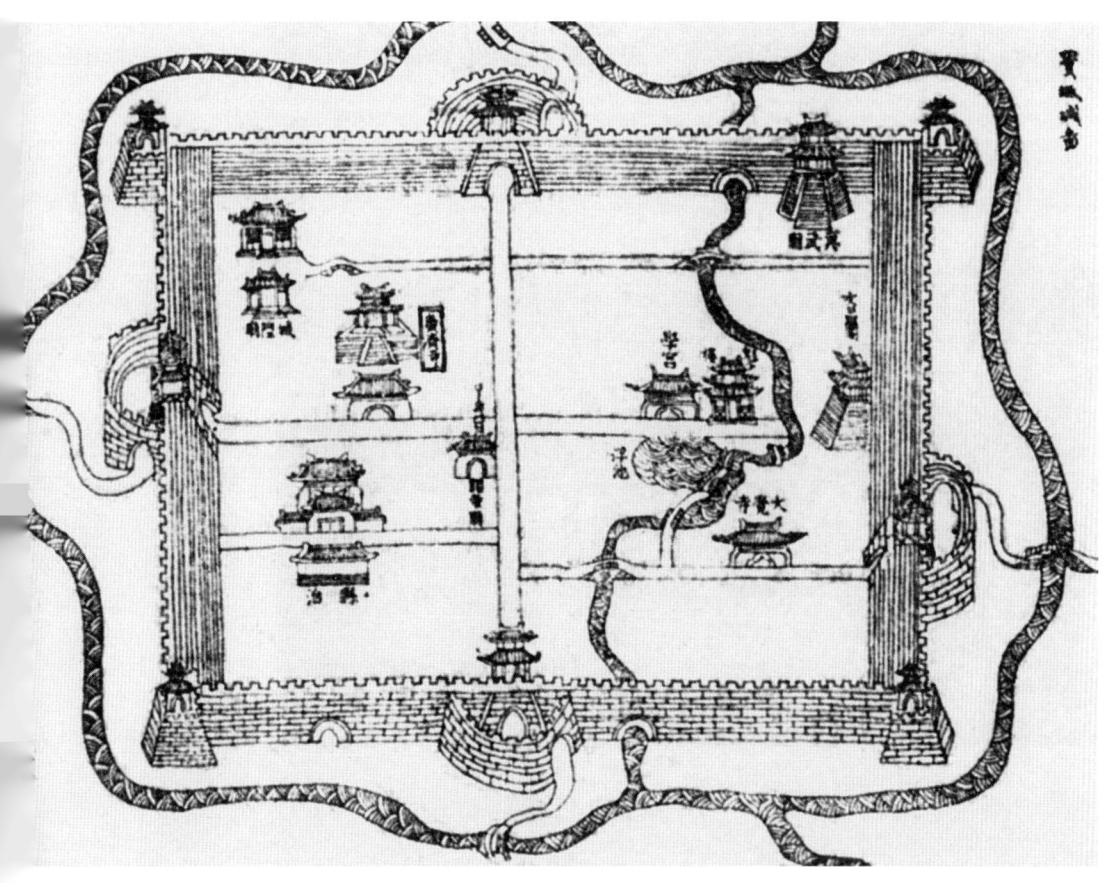

图三 石幢

图四 天王门

西大寺天王门（图四）已经"摩登化"了，门内原有的四天王已毁去，门口挂了"民众阅报处"的招牌，里面却坐了许多军人吸烟谈笑。天王门两边有门道，东边门上挂了"河北第一长途电话局宝坻分局"的牌子，这个方便倒是意外的，局即在东配殿，我便试打了一个电话回北平。

配殿和它南边的钟楼（图五）、鼓楼和天王门，都是明清以后的建筑物，与正中的三大士殿比起来真是矮小得可怜。大殿之前有许多稻草。原来城内驻有骑兵一团，这草是地方上供给的马草。暂时以三大士殿做贮草的仓库（卷首图一）。

这临时仓库额曰"三大士殿"，是一座东西五间、南北四间、

图五
钟楼

宝坻县广济寺三大士殿

单檐、四阿的建筑物。斗栱雄大，出檐深远，的确是辽代的形制。骤视颇平平，几使我失望。里边许多工人正在轧马草，草里的尘土飞扬满屋，三大士像及多位侍立的菩萨、韦驮、十八罗汉等等，全在尘雾迷蒙中罗列。像前还有供桌和棺材一口！在堆积的草里，露出多座石碑，其中最重要的一座是辽太平五年的，土人叫作"透灵碑"，是宝坻"八景"之一（图六）。

抬头一看，殿上部并没有天花板，《营造法式》里所称"彻上

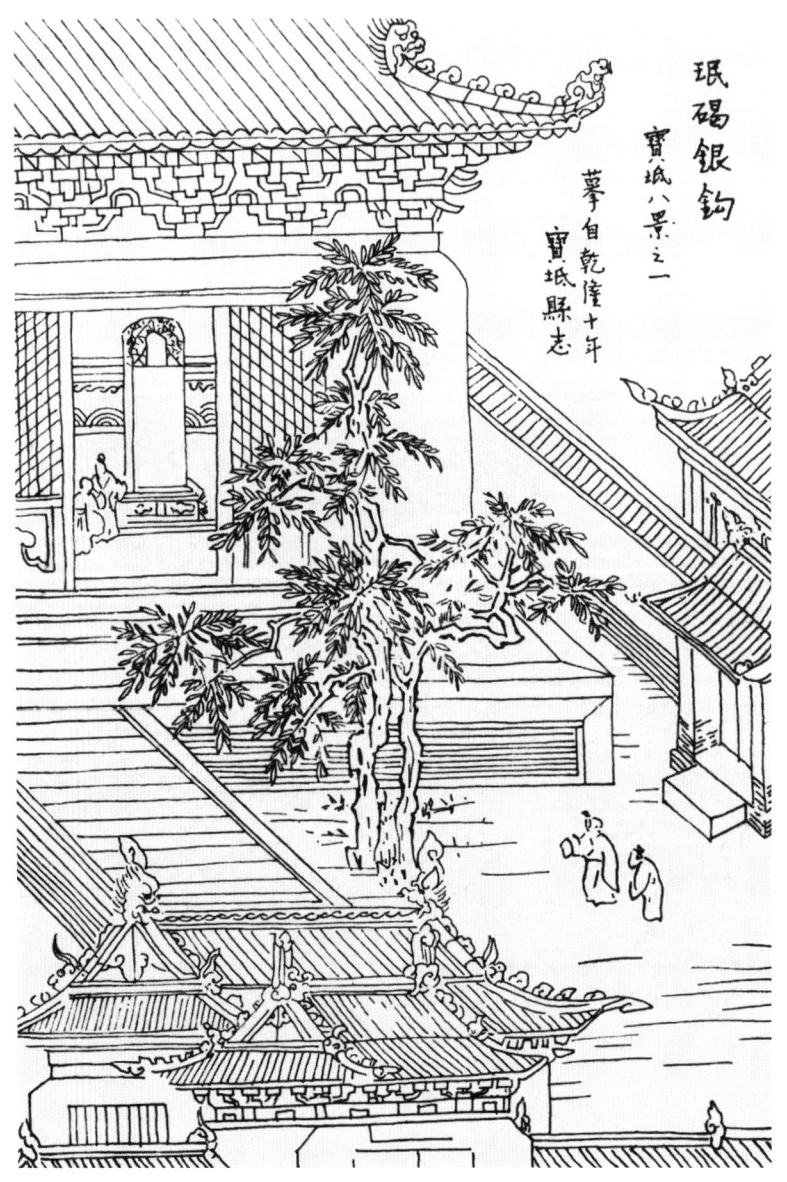

图六
珉碣银钩——宝坻八景之一（摹自乾隆十年《宝坻县志》）

露明造"的。梁枋结构的精巧,在后世建筑物里还没有看见过,当初的失望,到此立刻消失。这先抑后扬的高兴,趣味尤富。在发现蓟县独乐寺几个月后,又得见一个辽构,实是一个奢侈的幸福。

出大殿,绕到殿后,只见一片空场,几间破屋,洪肇楙《县志》里所说的殿后宝祥阁,[1]现在连地基的痕迹都没有了,问当地土人,白胡子老头儿也不曾赶上看到这座巍峨的高阁。我原先预定可以得到的两座建筑物之较大一座,已经全部羽化,只剩一座留待我们查记了。

如此将西大寺大略看了一遍,回到旅馆。时间还不算太晚,带了介绍信去见县长杨君,蒙他接见,并慨允保护协助,我们于是很满意地回到旅馆,预备明天早起工作。晚饭以后公安局长刘晓洲君派来一名警察,问我们工作的时间,预备照料。第二天刘君又到寺里来照料,使我们工作顺利,是我们所极感激的。

正殿的内外因稻草的堆积,平面的测量颇不容易。由东到西,由南到北,都没有一线直量的地方;乃至一段一段地分量,也有许多量不着或量不开之处。我们费了许多时间、许多力量,爬到稻草上面或里面,才勉强把平面尺寸拼凑起来,仍不能十分准确。

这些堆积的稻草,虽然阻碍我们工作,但是有一害必有一利,到高处的研究,这草堆却给了我们不少的方便。大殿的后部,稻草堆得同檐一样高,我们毫不费力地爬上去,对于斗栱、梁枋都得以尽量地仔细测量观摩,利害也算相抵了。

三大士殿上的瓦饰,尤其是正吻,形制颇特殊;四角上的"走兽"也与清式大大不同。但是屋檐离地面六公尺,不是普通梯子所上得去的;打听到城里有棚铺,我们于是出了重价,用搭架的方法,扎了一道临时梯子,上登殿顶。走到正脊旁边,看不见脊那一面;正吻整整有两个半人高,在下面真看不出来。这时候轰动了不少好事的闲人,却借此机会上到殿顶,看看四周的风光,顷刻之间,殿顶变成了一座瞭望台。

大殿除建筑而外,殿内的塑像和碑碣也很值得我们注意。塑像

---

[1]《宝坻县志》卷十五:"殿后为宝祥阁,高数十尺,凭阑远眺崆峒诸山,历历在目。"——作者注

图七
大觉寺正殿

共计四十五尊,主要的都经测量,并摄影;碑共计九座,除测量外,并拓得全份,但是拓工奇劣,深以为憾。

我们加紧工作三天,大致已经就绪,最后一天又到东大寺(图七)。按《县志》的记载,那东大寺——大觉寺——千真万确是辽代的结构;但是现在,除去一座碑外,原物一无所存,这种不幸本不是意外,所以我们也不太失望。此外,城东的东岳庙,《县志》所记的刘銮塑像,已变成比东安市场的泥花脸还不如。城北的洪福寺,更不见甚"高阁崚嶒,虬松远荫,渠水经其前"的美景,只有破漏的正殿,和丛生的荆棘。

我们绕城外走了一周,并没有新的发现。更到了城墙上,才看见立在旧城楼基上,一座丑陋不堪的小"洋房"。门上一片小木板,刻着民国十四年县知事某(?)的《重修城楼记》,据说是"以壮观瞻"等等；我们自然不能不佩服这么一位审美的县知事。

工作完了，想回北平，但因北平方面大雨，长途汽车没有开出，只得等了一天。第二天因车仍不来，想绕道天津走，那天又值开往天津的汽车全部让县政府包去。因为我们已没有再留住宝坻一天的忍耐，我们决由宝坻坐骡车到河西坞——北平、天津间汽车必停之点，然后换汽车回去。

十七日清晨三点，我们在黑暗中由宝坻出南门，向河西坞出发。一只老骡，拉着笨重的轿车，和车里充满了希望的我们，向"光明"的路上走。出城不久，天渐放明，到香河县时太阳已经很高了。十点到河西坞；听说北上车已经过去。于是等南下车，满拟到天津或杨村换北宁车北返，但是来了两辆，都已挤得人满为患，我们当天到平的计划，好像是已被那老骡破坏无遗了。

当时我们只有两个办法：一个是在河西坞过夜，等候第二天的汽车；一个是到最近的北宁路站等火车。打听到最近的车站是落垡，相距四十八里，我们下了决心，换一辆轿车，加一匹驴向落垡前进。

下午一点半，到武清县城，沿城外墙根过去。一阵大风，一片乌云，过了武清不远，我们便走进濛濛的小雨里。越走雨越大，终了是倾盆而下。在一片大平原里，隔几里才见一个村落，我们既是赶车，走过也不能暂避。三时半，居然赶到落垡车站。那时骑驴的仆人已经湿透，雨却也停了。在车站上我们冷得发抖，等到四时二十分，时刻表定作三时四十分的慢车才到。上车之后，竟像已经回到家里一样地舒服。七点过，车到北平前门，那更是超过希望的幸运。

旅行的详记因时代情况之变迁，在现代科学性的实地调查报告中，是个必要部分，因此我将此简单的一段旅程经过放在前边，也算作序。

二、寺史

所谓"寺史"并不是广济寺九百余年来在社会上、宗教上，乃至政治活动上的历史，也不是历代香火盛衰的记录，也不是世代住持传授的世系，我们所注重的是寺建筑方面的原始、经过、历代的修葺，和与这些有关的事项。

三大士殿内立着九座碑，在这方面可以供给一点简略的实录，此外尚未找着更详细、更有趣的资料，所以关于寺的历史，多半根据碑文。

宝坻在隋唐时代本不成市镇。后唐庄宗同光年间（公元923—926年），"因芦台卤地置盐场……相其地高阜平阔，因置榷盐院，谓之'新仓'以贮盐……清泰三年[1]晋祖起于并汾……以山前后燕蓟等一十六州遗辽，遂改燕京，因置新仓镇……皇朝[2]奄有天下，混一四海……大定十有一载[3]……銮舆巡幸于是邦，历览之余，顾谓侍臣：'此新仓镇，人烟繁庶，可改为县。'……明年，有司承命析香河东偏乡间等五千家为县……谓盐乃国之宝，取'如坻如京'之义，命之曰宝坻，列为上县"[4]。但是近世因铁路和海河运输之便，宝坻早已失去盐业中心的位置，在河北省中并非"上县"。出产品却是以粗布为大宗，除非粗布是"国之宝"，不然宝坻顾名思义，也许要重新改名了！

广济寺创立时，燕蓟之地归辽已六七十年了。当时佛教虽已不及唐代之盛，但新仓却正是个日新月盛的都市。宗教中心还未建立，可巧：

  ……粤有僧弘演，武清井邑出身，发蒙通远文殊阁院，落发离俗归真。幼尚忍草流芳，长唯戒珠护净。竭总持之力，振

[1] 后唐末帝清泰三年即后晋高祖天福元年，公元936年。——作者注

[2] "皇朝"指金朝。——作者注

[3] 金世宗大定十一年即宋孝宗乾道七年，公元1171年。——作者注

[4] 《宝坻县志》卷十八，金刘晞颜《宝坻县记》。——作者注

拔沉沦；弘方便之机，赞神调御。属以新仓重镇，旧邑多人，悉谓向风，咸云渴德，载勤三请，深契四弘。此则振锡爰来，宁辞越里；彼则布金有待，永奉开基。因适愿以经营，遂立诚而兴建……

他生身的武清井邑，离北平不远；发蒙落发的通远，在甘肃和陕西各有同名的地方二处，到底是哪一处，乃至甘陕以外，或者还有别的通远，尚待考。

当时新仓的繁荣，是：

……凤城西控，日迎碣馆之宾；鳌海东邻，时揖云槎之客。而复抗榷酤之剧务，面交易之通衢；云屯四境之行商，雾集百城之常货……

地方人士和弘演法师筹得相当款项之后，立刻开始兴建。最初都由便利来往人众的设备方面下手，于是：

……材呈而风举云摇，匠斫而雷奔电掣。乃以凿甘井，树华亭，济往来之疲羸也。建法堂，延讲座，度远近之苦恼也。或饰铸容图像，恭敬者利益而不穷也。或开精舍香厨，皈依者檐荷而无阙也……

在物质和精神方面，都设备很周到了。

但是到弘演法师年老的时候，全寺最重要的大殿，还没着落。法师：

……乃谓门人道广曰："吾以拔土匡持，踏荒成办。然稍增于缔构，奈罔备于规模。营西位之浴堂，已凭他化；砌中央之秘殿，未遇当仁……"

这是弘演法师未了之业，心里很惦记，所以把兴修之责，嘱咐给道广。

道广法师虽然受了其师嘱咐，但未能将计划实现。

……会头陀僧义弘，雅好游方，巡礼将周于四国；同谙化道，致斋频会于万僧。见善则迁，与物无竞。因率维那琅琊王文袭等数十人，异口同心而请，信心不逆而来；共结良缘，将崇胜㮤。繇是劳筋苦节，有广上人之率群材；贯骨穿肌，有弘长老之集众力……

大殿之建立，就靠道广、义弘两位法师的热心和领导，琅琊王文袭等数十人的捐助。

至于材料之选集，大匠之聘求，也是很郑重的事，所以：

……叠水浮陆行之迹，专家至户到之心。或采异于曹吴，或访奇于般尔。度功量费，价何啻于万缗；纠邑随缘，数须满于千室……

碑阴题名，除去各施主外，应有工匠之名；可惜碑文剥蚀，已不可辨。

各方面筹备终了，正殿开始兴修，头一年大半是大木的工作，将构架作成：

……霜挥斤斧，烟迸钩绳。栾栱叠施，棼橑复结。能推歆厥，五间之藻栋虹梁；巧极雕锼，八架之文楹绣桷……

现在的情形，与碑文所述可以算很相似。

第二年的工作是砖瓦墙壁、装修彩画、佛像壁画，所以说：

……及再期则可以鳞比鸳瓦，云矗花砖。粉布圬墁，霞舒丹䑃。奇标造立，三门之满月睟容；妙尽铺题，四壁之芳莲瑞相……

大殿完竣，第三年又修山门并塑像，所以说：

……次于南则殊兴峻宇，正辟通门。度高低掩映之差，示出入诚严之限。屹然左右，对护法之金神；肃尔纵横，扃安禅之宝地……盖非一行所致，是期三年有成……

由上文看来，由弘演法师开山立业，直到他圆寂，可算广济寺的创始期。这时期所建置的有甘井、华亭、法堂、香厨、浴堂等等。弘演之后，道广、义弘二师，将大殿山门修完，正是辽圣宗太平五年（公元1025年）。弘演的创始期间，若以二十年计算，则寺之创始，当在太平五年以前二十年，约当圣宗统和二十三年（公元1005年），这年代可假定是广济寺创始的时代。

以上创始的历史，皆按太平五年碑。碑右侧文"皇朝建囗太平十有二载仲夏五月五日立囗囗囗囗囗囗"。又有"重熙五年十二月二十囗日受　敕　前寺主囗照"。按此则寺之受敕，当在重熙五年，碑之立则在太平五年，右侧所记太平十二年，不知与寺之建造有甚关系，可惜已看不清了。

碑左侧列施主名氏，有"清宁六年四月囗囗"以记年月，大概是辽代修葺的记录，补加碑侧。时在太平五年后之三十五年，公元1060年。

金元两朝并没有给我们留下碑碣。但万历九年碑，追述旧事，说：

……殿后木塔，莫考其始，碣称高百八十尺，崔峙云端，为辽瞻表。辽灭金兴，完颜亮溃师于南宋，乌禄称号于辽阳。

兵燹连绵，半遭煨烬。虽重新于榷盐使边公，仅存十一于千百耳。……后塔成灰，遗址荒芜，寥寥数百载，无能复兴者……

照此则辽代建立，尚有木塔在殿后，大概是道广、义弘以后所加。碑文所称的碣，现在已无可考。而碣里所称高百八十尺的塔的寿命，也并不很长，大概与辽祀同尽；三大士殿乃是劫后余生耳。

现在山西应县佛宫寺尚有辽清宁二年（公元1056年）木塔（图八），为我们所知唯一孤本。塔高五层，《山西通志》称高三百六十尺，而伊东忠太博士说高不过二百五十日尺。三大士殿后的木塔，

图八
应县佛宫寺木塔

结构与形式一定与应县塔大略相同，乃至所用柱径、木材大小也相同，也有可能性；因为由我们所知道的几处辽代建筑看来，辽代木材大小之标准，不唯谨严，而且极普遍，所以我们若根据佛宫寺塔来构造广济寺木塔的幻形，大概差不了很远。但就高低看来（按《志》和碣所称），应县的塔高于宝坻的整整一倍，所以也许宝坻的高只三层，至于权衡和现象，一定与应县极相似的。

殿内第二座最古的碑，乃明嘉靖十三年（公元1534年）所立，去清宁六年已四百七十四年。碑文是《重修佛殿记》，说：

> ……三大士殿……世远岁逝，风雨侵凌，土木朽剥，以至日损月犯，颠沛倾侵，不多日也。感邑中吏部听选省祭官赵选，士人王康、艾琛、李钧，谋请工□抽腐梁、换新柱。及有同辈人杨守道，中贵相芮亢亮，出大梁二事，协力赞襄。群集议料："此殿崩亏，邑失古场。"各捐己资，为梁柱者用焉。绘漆容颜，光明者生焉。扶颠正斜，经营未竟。奇逢蓟郡盘山禅僧名圆成，号大舟和尚，年高行洁，瞻仰良久，慨叹俗辈尚修，矧我披剃空门，异域虽有古刹，不如是之雄峙。焚香矢曰："厥功不就，没齿不归山！"寂然遁居。募助领袖人袁得林、袁官、袁振、李琥，苦历寒暑五载，淡薄不动念。噫！倡率一启，众皆踊跃乐趋，赞助源来。工自始嘉靖八年孟冬月，渐次补修，殿宇复新，周壁塑绘五百阿罗汉、五大师菩萨、二金刚侍神，东西创置卫法二神堂。甃砌台阶，焕然完美。……其落成嘉靖十三年孟夏月吉日，竖碑题名，僧愿归山妥矣……

这次重修大殿，记录清清楚楚是抽梁换柱。邑人开始，而赖盘山圆成法师的募助，方得成功，前后共历五年之久。绘塑诸像也明明白白地列出。碑的后面，居然有下列诸名：

抽梁匠布经、徐伯川；木匠杨林、郭振、王世保；泥水李秀、袁官、李清、□□景、雷景玉、刘文清；妆屋匠徐文、程祥；镌字匠曹通、焦英；油漆匠王进；菜头高普成；水头乔龙。

图九
北平智化寺如来殿万佛阁

这次修葺的技术人才，都在这里留名了。

其后四十七年，在比丘真宁领导之下，在殿后木塔故址，建立宝祥阁，有万历九年（公元1581年）碑《广济寺佛阁双成记》。据说辽金之交，兵灾之后，寺毁去一大部分（见前文），虽得榷盐使边公之重修，然仅十一于千百。

> ……废久则思兴，山门凋敝，诰赠都御史芮琦修之。三大士殿修于山僧圆成，四天王殿修于监寺真儒，皆即旧为新耳。后塔成灰，遗址荒芜，寥寥数百载，无能复兴者。比丘真宁，垂手成功，平地突起峻阁若干楹。阁势崚嶒，文楹绣桷，藻栋虹梁。矗矗乎上摩层霄，俯窥八表，真平地之蓬莱也！阁成，无像何以告虔？儒师迥然发心，诣京铸造毗卢大佛一尊，下供千叶诸佛九百九十有九，共计千尊。费赀五百余缗。又塑罗汉尊者十八，圆觉菩萨十二，以周旋拱事之。圣像端严，祥云缭绕；金容昭永夜之光，莲萼逞长春之色……

这次兴修，完全是以阁代塔为目的，与三大士殿无关系。乾隆十年《宝坻县志》尚有："殿后为宝祥阁，高数十尺，凭栏远眺崆峒诸山，历历在目"之记载。而现在却是殿后一片平地，宝坻县人谁也不曾见过阁，乃至不知道阁之曾有。坍塌或烧毁，至少当在百年前了。宝祥阁的形状，也不难想象，最方便的例子，莫如刘敦桢先生所调查的北平智化寺如来殿万佛阁（图九），那是明清建筑中一个可作代表的好例。

乾隆三十一年及嘉庆二十年，各有碑一座，只记檀越施舍，与建筑无关。道光九年，同年中却立了两碑，一碑文为《重修佛殿记》，一碑为《张善士碑记》，大概是记同一事项的。《张善士碑记》里说：

> ……至明怀宗十三年，邑人涂其蕨茨，补其垣墉，无文可考，第于梁栋间大书信士捐资名姓……

这次是三大士殿明朝末次的修葺。入清以后，乾隆、嘉庆间大概免不了修补，但亦无文可考。道光九年重修，却记得清楚，张善士碑记接着记：

> ……迄今又百九十余年矣。金粉凋零，琉璃破碎，岌岌乎其势几危。而京师张公志义，字慎修者，于道光癸未岁，客寓僧居，瞻依三宝。睹殿宇之屹峙，势将倾圮，喟然曰："斯宝邑之大观也，余愿克遂，矢将此殿重修。"僧轩成曰："诸天佛祖，实监君言，僧人敢拜下风！"亦越五年，至道光戊午春，张公游宦津门，□□大遂，首捐白金二千两，以襄厥事。所□天津工匠，亦皆欢腾踊跃，日有兼功。庙峻观成，又复大出囊金，增修十八罗汉，布列森严，而诸佛之法像金身，亦遂庄严并著，璎珠焕然，金壁腾辉。呜乎盛哉……

这次修葺，多在装饰彩画和修补瓦漏。现在东西对坐的十八罗汉，大概是这次增加的。

这位张善士虽然捐了二千两银子，但工程未能做完，所以《重修佛殿记》又说：

> ……两次重修，固已涂其蕨茨；今兹从事，岂止赍逾万金。而庙僧轩成，毅然独任，甫修缘薄，随兴善工。……不逾年而其残基之湮没者，卓尔跋犖；旧址之倾危者，居然巍焕……

轩成和尚，为了要重修三大士殿，不唯出去化缘，并且出去借下了一大笔债。债主是邑绅杨超，垫了几千两银子，轩成还了十年，尚未还清，还差钱六千四百余吊。杨超后来不收了，道光十九年的碑，就是记这回事的。

有文可考的末次重修，有同治十一年（公元 1872 年）的《重修广济寺碑文》：

> ……瞻前殿而神惊，金刚努目；入正殿而首肯，菩萨低眉。法雨天花，于斯略见。当日良工心苦，功亦伟矣。然历时既久，物换星移，倾圮之形，日甚一日，……名峰上人者[1]，起而承之。……于道光九年间，经营伊始，告厥成功。……自时厥后，悠经四十余年，风雨摧残，丹青减色。设不预为之所，沧桑小变，朽蠹堪虞。……仗禅师之虔诚，整法门之清净。重番补救，光景长新……

[1] 名峰上人者即轩成和尚，《张善士碑记》已记着轩成和尚于道光九年重修，此地年岁既同，自是一人。——作者注

从同治十一年，到现在又是整整一周甲。还没有大规模的重修，也无文字可考。但由彩画方面看来，至少已经过一次潦草的修理，因为现在不唯"丹青减色"，而且简直根本没有丹青，所有的木材都用极下等的油油上一遍，以免朽蠹而已。就此一点看来，可以知道修葺之简陋。

最近几年间，广济寺的各部已逐渐归了外面各种势力之支配。现在大殿是军草库；天王门是阅报处；东配殿的南二楹是长途电话局，北一楹是和尚的禅房；配殿封闭未用。堂堂大刹，末路如此。千年古物，日就倾圮。三大士殿的命运，若社会和政府不速起保护，怕可指日而计了。

三、大殿

广济寺的建筑物，现在值得我们注意的，只剩这一座三大士殿。在将它做结构的分析以前，须先提出几点，求读者注意。

中国建筑的专门名词，虽然清式名称在今日比较普通，但因辽、宋结构比较相近，其中许多为清式所没有的部分，不得不用古名。为求划一计，名词多以《营造法式》为标准，有《营造法式》所没有的，则用清名。

关于专门名词的定义，在拙著《蓟县独乐寺观音阁山门考》一文内，已经过一番注解，其势不能再在此重述。所以读者若在此点有不明了处，唯有请参阅前文，恕不再在此解释了。

至于分析的方法，则以三大士殿与我们所知道的各时代、各地方的建筑比较，所以《营造法式》与《工部工程做法》还是我们主要的比较资料。此外，河北、山西已发现的辽代建筑，也可以互相佐证。

（一）平面

三大士殿的间架，如太平五年碑所述，的确是五间八架（卷首图二），按清代匠人的说法，就是九檩五间。按西方的说法，就是个长的一面六柱、短的一面五柱的 peristyle hall[1]。平面是个长方形，由柱中算，东西长约二四·五〇公尺，南北十八公尺。内围前面（南面）二柱不与左右（东西）柱成列，而向后（北）移一架（半间）之远，所以内围所包括的并非一个长方形。因这柱位之特殊，上部梁架也因而受极大的影响，成一奇特的结构。当在第四节详论之。

外围各柱之间除去前（南）面当心间及次间，与后（北）面当心间安装修外，全用砖墙垒砌。内围北面当心间次间，亦有扇面墙，做供奉佛像的背景。

内围柱之内，扇面墙之前，有砖坛，上供三大士像，及胁侍菩萨八，又朝服坐像一。台下左右各有胁侍菩萨三，卫法神一。扇面墙后有五大师像。东西梢间列十八罗汉。全部配置，左右完全均齐。内围前四柱之下，多有碑碣围立。

殿内用方砖墁地。但当心间最南一间，有类似槛垫石的白石一

[1] 列柱式大厅。——编者注

块，外皮与檐柱中线取齐，长一·四〇公尺，宽六公寸，稍北有大理石"拜石"一块，长二公尺，宽〇·九六公尺。

全建筑物立在只高于地面二公寸的极低台基上。台基前后出约二·四七公尺，自檐墙外皮计出一·六二公尺；两山台出二·五四公尺，自山墙外皮计出一·七〇公尺。

台基之前为月台，与地面平，长十六公尺半，宽七·六七公尺。西南角有方石一片，约〇·八四公尺见方，亦只浮放地面。月台正中有铁香炉座，香炉已不存。

（二）立面

三大士殿的外形（卷首图三，卷首图四，图十）是一座东西五间、南北四间、单层、单檐、四阿（即庑殿）的建筑物。斗栱雄大，出檐深远。屋顶举折缓和，与陡峻的清式大异。因进深甚大，正脊只比当心间略长不多。脊端有硕大的正吻。全部权衡与蓟县独乐寺山门

图十
三大士殿南面

略同而大过之。

前面梢间、后面次梢间和山面全部柱间阑额以下，都用雄厚的砖墙垒砌，墙面极完整，显然极近重修，也显然绝非本来面目。没墙的各间，都有整齐的装修，大概是与砖墙同时安上的。

前面正中檐下有两块匾，上一块是"三大士殿"，下一匾是"阿弥陀佛"。

外檐木料全用下等油料遍涂。柱、阑额、普拍枋（即平板枋）、装修，都是红色，现已转酱红色，多处已剥脱。斗栱以上枋桁油绿色，现已苍老。

侧面立画，尤为阔矮。山墙竟低小似小围墙。斗栱与前后完全一样。

台基低小，只二公寸，原状绝不应如此。寺庭地面，几百年来必已填高许多，台基湮没，见于碑记。我沿台基边发掘下去，竟连旧基未见。现在台基四周的砖，深只一层，原物竟无可考了。

（三）柱

三大士殿共有柱二十八，柱分内外两围，外檐柱十八，内围柱十。内围南面当心间二柱，已如上文所述，不与左右柱成列，而向北移一步架。这两柱因位置特殊，所以牵动到上层梁架。

外檐柱径〇·五一公尺，高四·三八公尺，为柱径之八·六倍。收分极少，不过千分之二五。檐柱侧脚，约合柱高千分之九·一五强，与《营造法式》所规定"每一尺侧脚一分"的百分之一率相差不远。外檐次梢间几柱中，侧脚斜度竟有达高之百分之三者，大概是倾斜所致。就尺寸和比例看来，外檐柱与蓟县独乐寺山门外檐柱是完全相同的。

内围诸柱，除当心间二特殊柱外，都高约六·三五公尺，径约〇·五四公尺，高为径之十一倍多；二特殊柱，高约六·七五公尺，而径则几六公寸，比例也是十一与一之比。

这许多柱，是否完全是辽代原物，尚待考。但后代抽换之可能性极小。柱头都卷杀成圆形。东面中柱的下段用石礅承接，大概是柱下端朽坏，所以用此法补救。石是不吸水的物体，可以将地下水分与柱隔离。这处用得极妥当。至于其他柱子下面都没有柱础，将柱完全放在砖地上，于力学与物料之保护，都极不合法。这种做法，大概不是原形，而是后世修葺或埋没的结果。

在内围诸柱之间，有许多补间的小柱（各图），径约〇·二五公尺，是柁梁已呈弯曲乃至破断情态时加上去的，实在年月尚待考。

（四）梁枋及斗栱

在三大士殿全部结构中，无论殿内殿外的斗栱和梁架，我们可以大胆地说，没有一块木头不含有结构的机能和意义的。在殿内抬头看上面的梁架，就像看一张 X 光线照片，内部的骨干，一目了然，这是三大士殿最善最美处。

在后世普通建筑中，尤其是明清建筑，斗栱与梁架间的关系，颇为粗疏，结构尤异。但在这一座辽代遗物中，尤其是内部，斗栱与梁枋构架，完全织成一体，不能分离。但若要勉强将它们拆开，则可分外檐和内檐两大部：外檐构架，最重要的是斗栱；内檐构架，最重要的乃是梁枋。

甲 外檐构架

柱头与阑额之上，有普拍枋（清称平板枋），所有外檐斗栱，都放在它上面。这阑额与普拍枋，是两块大小相同的木材，宽三十五公分，厚十八公分。阑额窄面向上下，普拍枋宽面向上下，放在阑额之上，二者之断面遂成丁字形。

普拍枋上的斗栱，可分为柱头、转角和补间三种铺作。

1. 柱头铺作（图十一）　按《营造法式》说法，是"双杪重栱出计心"，清式叫作"五踩重翘"。自栌斗口中，伸出华栱（翘）两跳，第一跳跳头横安瓜子栱（外拽瓜栱），瓜子栱上安慢栱（外拽万栱），慢栱上安罗汉枋（外拽枋）。第二跳跳头安令栱（厢栱），

图十一
三大士殿外檐斗栱

图十二
三大士殿转角铺作

令栱上安替木（挑檐枋之一段），上承橑檐槫（挑檐桁）。下层柱头枋上雕出假慢栱，次层又雕泥道栱，上层不雕。各栱头和枋间在栱头方位上，都有散斗（三才升）或交互斗（十八斗）。在第二跳华栱之上，与令栱相交的是耍头，将头削成与地平作三十度之锐角，与独乐寺耍头完全相同。

斗栱后尾有华栱两跳，而没有与之相交的横栱。第二跳紧托梁下，梁头伸出外面成耍头。在这点上又与独乐寺山门的做法完全相同。

2. 转角铺作（图十二）　除去正面和山面的各层栱枋"列栱"相交，而成九十度正角外，在屋角斜线上，有角栱三层伸出，与华栱及耍头平。与角栱成正角的又有抹角栱二跳，与华栱二跳平。所以转角铺作的平面，正是一个 ✳ 形。

在柱的中线上，正面的第一跳华栱，乃是山面泥道栱伸引而成。第二跳华栱乃是山面下层柱头枋伸出。山面中层柱头枋在正面却成为耍头。转过去在山面的华栱耍头也与此一样，是正面泥道栱和柱头枋伸引而成。

各角栱和抹角栱，在平面上与华栱成四十五度角，而各栱出跳远近，和与它们同层的各跳华栱齐。角栱三跳，与华栱二跳及耍头平。抹角栱却只二跳，上有抹角耍头，和与它们同名各件同层。但是抹角栱的两端，并不与栱的本身成正角，而作四十五度角，与建筑物的表面平行；耍头也是如此。是值得注意之点。

第一跳跳头之上，有瓜子栱一道，一端与同层的角栱相交切，一端伸过第一跳抹角栱。这瓜子栱之上，亦有慢栱一道，两端的构造与它相同。

第二跳跳头之上，每栱头上有一道令栱，成为三道相连的令栱，但因地方太狭小，所以正中一道与两旁的两道共用一个散斗，《营造法式》所称鸳鸯交手栱者是。这三道栱，实际上乃由一整块木材制成，而刻成假栱形。《法式》卷五造栱之制，慢栱与切几头相列，小注说"切几头微刻材下作面卷瓣"，所谓"面卷瓣"者，大概是这种假栱形的办法。

在第二跳角栱跳头上，两面的令栱相交，承住两面的替木和橑檐槫；斜角线上，又有第三跳角栱，以承上面的角梁。

转角铺作的后尾（图十三），除去正面、山面的各层栱枋外，在斜角线上有五跳的角栱，跳头都没有横栱，最上一跳承住正面、山面下平槫（下金桁）、下襻间（枋）的相交点。与独乐寺山门完全相同。

3. **补间铺作**（图十一）　在柱头与柱头或柱头与转角铺作之间都有一朵（攒）补间铺作。其结构与独乐寺山门的补间铺作大致相同，唯一不同之点就是外跳是计心造而非偷心造。

补间铺作最下一层是直斗，立在普拍枋上。直斗之上是大斗，大斗口中，沿建筑物正面平行的，是三层柱头枋和它们上面的承椽枋。下层柱头枋上刻假泥道栱，中层刻慢栱，上层不刻。与各枋成正角者为华栱两跳。第一跳跳头有令栱，栱上承住罗汉枋；第二跳跳头无栱，只有与令栱同长的替木，托住橑檐槫。

铺作的后尾（图十五）共计华栱四跳，与柱头枋及承椽枋相交。最上一跳托住下平槫、下襻间。各层跳头都没有横栱，与独乐寺山门及日本奈良东大寺南大门所见相同。这种无横栱铺作日本称为"插栱"，中国原名是什么，还未得知。

这些补间铺作的位置，都正在各间之正中，到了梢间上，后尾便发生了问题。下平槫的分位，正在檐柱与内围柱之正中，后尾最上一跳跳头应当正在下平槫相交点之下。但这点上已有转角铺作角栱后尾跳头承住，与补间铺作后尾跳头势不相容。在结构上转角铺作是重要的，所以荷载应放在它上面，而补间铺作不能不略让开，在旁边担任帮忙的工作。让开的办法，是将最上一跳的跳头，向建筑物中心方面移动，但因铺作不移，仍站在梢间之正中，所以华栱与柱头枋不成正角（图十三，图十四），与独乐寺山门将全攒铺作移偏的办法不同。

因华栱里跳跳头向内移，所以外跳跳头向外偏。结果则与转角

图十三
三大士殿转角铺作后尾

图十四
转角铺作并梢间补间铺作平面仰视图

转角铺作并梢间补间铺作平面仰视图

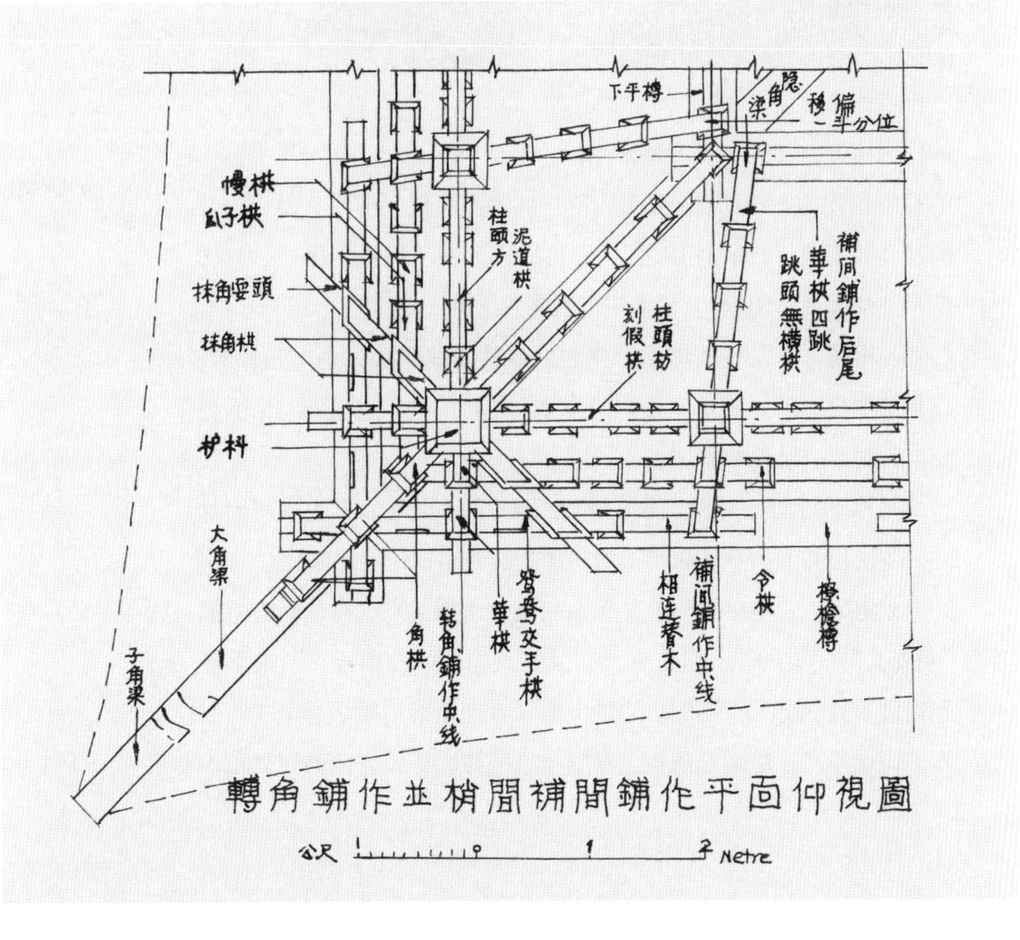

图十五
三大士殿补间铺作后尾

铺作更接近，其间容不下替木之长。于是梢间补间铺作与柱头铺作的替木相连为一。《营造法式》卷五造替木之制，小注所说"如补间铺作相近者，即相连用之"，即可以此为例。后世挑檐枋，其实就是"补间铺作相近"、替木相连的自然结果。

4. 槫枋 在柱头铺作令栱之上或补间铺作跳头之上是替木，以承橑檐槫。槫是圆木，径约四公寸。在转角处，正面槫与山面槫相交，由第三跳角栱承住。

与槫平行而在外跳慢栱上者为罗汉枋，其大小与造栱所用材同。罗汉枋并无荷载，它唯一的机能是在各朵铺作间之联络。

5. 角梁 角栱跳头上并无宝瓶或"角神"来支撑，而有略似"菊花头"一类的栱（？）伸出，又有点像角梁的模样，与独乐寺和后世所见的都大大不同。它的上面托着老角梁，梁端卷杀成三曲瓣，简单庄严，略似《法式》卷三十之三瓣头样。仔角梁较老角梁略小,梁端有套兽。

乙 内檐构架

内檐构架是三大士殿建筑最美最特殊之处。木材之运用,到了三大士殿,可谓已尽其所长;大匠对他所使用的材料,达到如此了解程度,也可算无负于材料了。

三大士殿内部梁枋的构架,骤看似很复杂,而实在极简单。那样大一座佛殿,只由六种梁架合成,其中主要梁架,都南北向,顺着殿的横断线安置。

1. **乳栿** 清称双步梁,是三大士殿内最简单而数目最多的一种梁架(卷首图五,卷首图六,卷首图七,图十六)。乳栿高约四十五公分,宽二十六公分,长两步架。一头放在外檐柱头斗栱上,一头插在内围柱上。除去南面当心间内围二柱位置特殊,不能用乳栿外,所有檐柱与内围柱间的一周圈,都用乳栿联住。它向外一端,斫造成耍头,成为铺作之一部分,使乳栿与铺作的结合特别地密切。

乳栿之上有小木条一块,宽十七公分,厚约十一公分。这块

图十六
三大士殿乳栿及劄牵

小木之上，安放着大斗，斗内泥道栱和华栱各一跳相交，成所谓十字栱者。华栱之上放着劄牵（清称单步梁），泥道栱之上是襻间（枋），其上有三个散斗，托着替木和它上面的下平槫（下金桁）。这华栱上的劄牵，向内一端放在内围柱上的斗栱上，外端放在十字栱上。劄牵的机能不在负荷上面的重量，只在劄牵住下平槫与内围柱，是名实相符的。下平槫之旁，有斜柱支撑；斜柱下端支在乳栿上承椽枋之旁，以防槫向外倾圮。在梢间转角处，除去正面和山面乳栿之外，自外檐角柱至内围角柱之间，多用递角梁一道将角部的结构加多一层的联络。独乐寺观音阁三层的构架都是如此办法，明清建筑也多如此。但是三大士殿却将递角梁省略了去，在结构上稍嫌松懈，是可批评的。

2. 三椽栿 清称三步梁，共有两架（卷首图五、图十六）外端在南面当心间两柱头铺作上，内端插入内围南面二柱上。梁高五十三公分，宽三十五公分，长三步架。在下平槫步位，有十字斗栱和斜柱支撑，与乳栿上的结构完全一样。十字斗栱上也有劄牵，长一步架，内端放在中平槫分位所在的一攒斗栱上，若不因柱位变动，这斗栱就正在内围当心间柱上。

这斗栱（图十七）的最下层是个驼峰，驼峰之上是个大斗，大斗口内有泥道栱与劄牵斫成的栱头相交。泥道栱上有枋子三层，下层刻成假慢栱，中层刻瓜子栱，上层刻翼形栱；翼形栱上是替木与槫。与下层枋相交的有劄牵（？）一道，内端直达内围柱上而成为栌斗口内的华栱；与中上两层相交的上一架的四椽栿，当在下节详论之。

3. 四椽栿 清称五架梁，共有两架（卷首图五）。高五十三公分，宽三十五公分，长四步架。它下面主要的支点在内围南北二柱；南面一柱因为向北移了一步架，所以四椽栿的悬空净长度（clear span）只是三步架；但它仍保持四步架之长度，而将南头放在三椽栿上中平槫（中金桁）下的铺作上，与上中两层枋子相交，而它的高度，刚是两枋加上一斗的高度。

四椽栿下的两支点，北头在内围柱上柱头铺作之上。这柱头铺

图十七
三大士殿三椽栿

作，计有栌斗，放在柱头上，斗上有泥道栱一道和枋子三层，假栱的分配与三椽栿上中平槫下的斗栱同。与泥道栱和下层枋相交的有华栱两跳，由乳栿上的劄牵伸出斫成。华栱跳头没有横栱，第二跳跳头紧托住四椽栿的下面。上中两层枋却与四椽栿相交。

中平槫旁边并没有斜柱支撑，到下层梁上只有类似而极短小的，支在四椽栿头上。按《法式》卷五，"侏儒柱"节内，有：

> 凡中下平槫缝，并于梁首向里斜安托脚，其广随材，厚三分之一，从上梁角过，抱槫出卯，以托向上槫缝。

大概就是说的这种东西。

四椽栿之上有两攒大同小异的斗栱，它们的机能和位置与后世的金瓜柱同，但是它们的结构特殊精巧，是后世所未见过的。就梁的本身说，这两攒斗栱是放在梁上各距两端同远之点；但若就悬空净长度当梁的长度算，则靠南一攒的荷载，直接由柱上转下去，与梁无关；而靠北一攒却正在悬空净长靠北三分之一的方位，而它的荷载却有三分之二在北面柱上，三分之一在南面柱上。所以就荷载说来，南面内围柱实比北面内围柱所负担的多得多了。

这两攒斗栱的最下层是三个散斗，放在四椽栿上；散斗之上是一个驼峰，托着大斗。大斗口中北面一攒有泥道栱一层、枋子二层；南面一攒就只是枋子三层。这三层栱枋虽配置略异，而它们每层的高低位置却与对面的相同。在大斗口中与四椽栿平行的有小栱一道，内端做成华栱，外端却是翼形；它们的上面又有一道枋子，与四椽栿平行，两外端做成栱形紧托在三架梁之下。这道枋子与泥道栱上的枋子同高相交。再上一层的枋的下皮，就与平梁（三架梁）的下皮平。更上就是替木和上平榑了。这种以斗栱来代金瓜柱的办法，在后世虽然也有，但是制作如此灵巧的，还没有看见过。

4. **平梁**（图十八）　　清称三架梁。大小与乳栿（双步梁）同，长也是两步架。平梁之正中有小驼峰，驼峰上有侏儒柱，柱上有斗，斗上有栱与翼形栱相交，再上就是襻间，替木和脊榑了。脊榑之旁，有斜柱支撑在平梁两头上。

5. **太平梁**（图十九）　　这是清式的名称，宋名尚待考。上部结构与平梁完全相同，而与之平行；两者相距仅〇·九七公尺。太平梁的中心，正在两山前后隐角梁（由戗）与脊榑相交点之下；它的任务就在承起这三者之相交点和上面沉重的鸱尾（正吻）。这太平梁全部的重量，是经过一攒斗栱而放在顺梁（见后文）上的。

太平梁与平梁大小结构既同，又相并列，所以侏儒柱上所承的枋子，都互相联制。斗内的栱穿贯两侏儒柱上，两端卷杀成栱，中段却相连。栱上的襻间也由平梁上一直穿过了太平梁上的栱头以外。再上的替木也是相连。这是"连栱交隐"的做法，在《法式》卷五里说得很清楚的。

6. **两山上平榑及枋**　　清称两山上金桁。由上平榑、替木和三层枋子合成。长两步架，也放在顺梁上。枋子三层，下层两端放在

图十八
三大士殿平梁

图十九
三大士殿平梁及太平梁

图二十
三大士殿顺梁

图二十一
三大士殿山面内柱斗栱及中平槫

大斗口内，两端伸出作翼形；中层作栱形，托住耍头形的上层枋。在枋的中段，下层与中层间，中层与上层间，都有一个散斗。上层枋刻假泥道栱形，上面三个散斗承着替木，替木又托着槫的中段（图十九，图二十）。

7. 两山中平槫及枋（图二十一） 清称两山中金桁。若讲位置，正在次间、梢间之间各柱之上。在中柱之上有柱头铺作，内围角柱之上有转角铺作，柱间阑额之上有补间铺作。柱头上有栌斗，斗口内放泥道栱，上又有柱头（？）枋三层；下层刻慢栱形，中层刻瓜子栱，上层刻翼形，再上就是替木及中平槫。与泥道栱及下层枋相交的是乳栿上劄牵的后尾，下半斫成翼形栱头，放在栌斗口内；上半做华栱，与下层枋相交。与中层枋相交的有华栱一道，向内一端长两跳，向外一端却只长一跳，上承略似耍头的木材。我们若要挑眼的话，可以说这块木材在结构和机能上是无用的，但此外再找一块也不容易了。

在转角铺作上，泥道栱和下层枋的结构与中柱上的略同，不同处唯在劄牵与它们是"相列"的。中上两层在向内一面刻成假栱，与柱头上的完全相同，向外一端却斫成真栱，伸出至劄牵之上。

在外檐和别处的补间铺作上，除去它上面槫所载下的荷重，差不多没有别的担负。但在中柱与内围角柱间的补间铺作上，却有极大的一个荷载，经过立斗，放在阑额之上。因为太平梁和两山上平槫都是放在顺梁上，而顺梁又是放在这补间铺作上的，所以它的负担特别地重，而阑额的安全便发生问题了。现在为解决这问题，在阑额之下，已加了一根小柱子，以匡救阑额之不逮；添置这柱子的人是根据他"立木顶千斤"的常识加上去的，但是为明了这阑额的实力，我们可以大略计算一下。

图二十二中虚线内有斜虚线的面积的重量，都由阑额负担，南北两阑额各担其半。计每阑额所负：

面积：九·四七平方公尺。

木料：椽、槫、枋、斗、替木、顺梁、隐角梁，共计三·七四

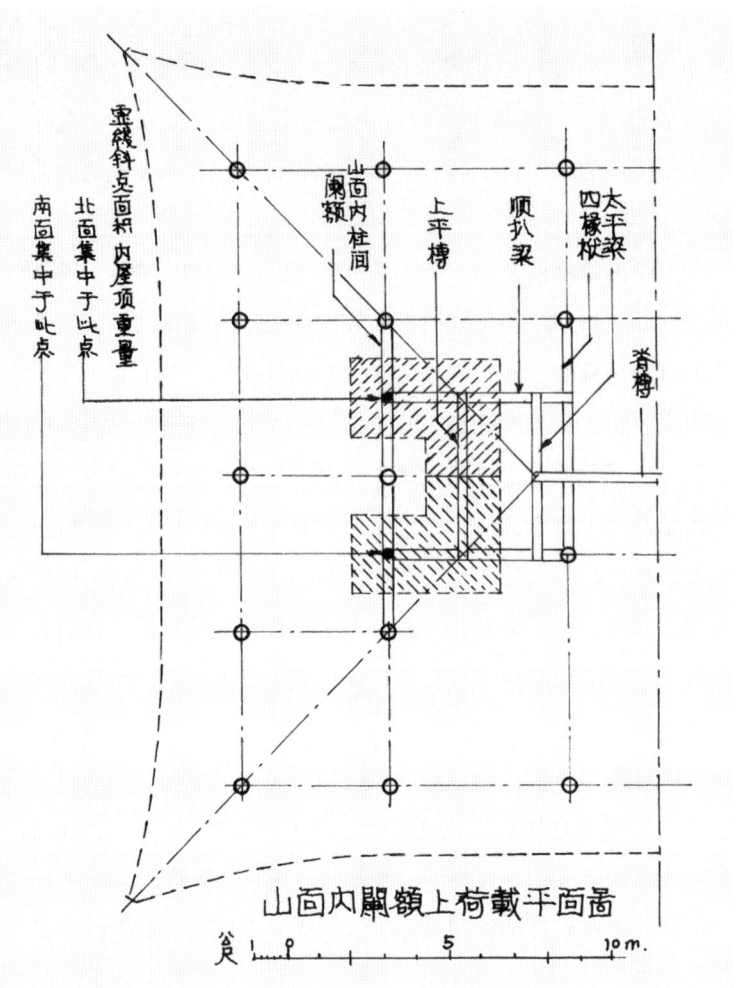

图二十二 山面内阑额上荷载平面图

立方公尺。

砖、泥、瓦：三·八五立方公尺。

木料重量以每立方公尺七二〇公斤计，砖泥瓦平均以每立方公尺一八〇〇公斤计，计

木料重：3.74×720=2700公斤。

砖泥重：3.85×1800＝6750公斤。

共重：9450公斤。

现在阑额的断面宽〇·一八公尺，高〇·三五公尺。若要求阑额上的安全荷载，按下列程式：

$$\text{安全荷载（磅）} = \frac{\text{梁高}^2 \times \text{梁宽} \times 67}{\text{梁长（英尺）}} \text{[1]}$$

得着的数目是二八二〇公斤，而阑额上实在的荷载竟达九四五〇公斤，超出安全荷载三·三五倍，当然不胜其任。在结构方面这阑额是三大士殿最不合理之点。以上单就静荷载计算，若加上风压、雪压，则所超出更大了。

8. 顺梁　　为宋式所未见的名称[2]，虽然用途是有的。在结构方面论，其结构之不合理，仅亚于前段所说的阑额。次间的荷载，有四分之三都在顺梁上。现在的梁是明清式，下面还加有枋子一条，显然是后来的结构（图二十）；原来的大概已换去，嘉靖间重修，明明说换了梁，大概就是这顺梁。

顺梁一端放在山面补间铺作上，一端放在四椽栿上。原物一定与现在当心间二内柱上的枋子一般大小，但上面的荷载，按上文的略计，至少超出安全荷载三倍左右，所以有换新之必要。新梁大小超过原物，所以两端不能与斗栱等部织成一起；而四椽栿上加上笨重的托木，尤为难看。

9. 前后上平槫及枋　　次间南北上平槫之下有枋子三道，与两山上平槫下的枋子相交，安在顺梁上的大斗口里。槫枋头上卷杀，与两山者完全一样。

当心间的上平槫，放在平梁梁头上。槫下枋子，北面两层，南面三层，与四椽栿上两攒斗栱各栱相交。南面内柱柱头间，还有阑额一道，上面有驼峰，托住上面三层枋和枋上所刻的假栱形（图十八）。北面两枋间有小斗，托住上层上刻的假栱。

10. 前后中平槫及枋　　除去南面当心间、次间之外，都在内围柱上，有柱头铺作和补间铺作支撑。柱头上有栌斗口内的泥道栱，和栱上三层枋。下层枋刻假泥道栱、中层慢栱、上层令栱，再上是替木承着中平槫。泥道栱下，原来有直斗或驼峰，现已失去，代以小柱（图二十三）。

11. 下平槫　　一周在乳栿中十字斗栱上。槫放在劄牵头上，

---

[1] Kidder: The Architects' and Builders' Pocket-book, p.629.
Beam Surported at Both Ends and Loaded at Middle:
Safe Load, in pounds= breadth × square of denth × A / span in feet,
上列方式中 A 是一个常数，是一种单位梁（unit-beam，一英寸见方一英尺长）上的安全荷载：这种黄松单位梁上的 A 是六十七磅，计算时即以此代入。——作者注

[2] 现已判明宋代称"丁栿"，《营造法式》卷五，"梁"条："若在两面，则安丁栿。"即指此。清代称顺梁或顺扒梁。——陈明达、傅熹年注

图二十三 三大士殿内檐补间铺作

下有一道襻间（图十六）。

综上所述，在大殿大木用材上，有一个主要的特征，就是木材之标准化。这里取材之单位，如蓟县独乐寺所见，及《营造法式》所述，就是"材"与"栔"。读者恕我再郑重录下《营造法式》卷四"大木作制度"：

> 凡构屋之制，皆以材为祖。材有八等，度屋之大小，因而用之。……各以其材之广，分为十五分，以十分为其厚。凡屋宇之高深，名物之短长，曲直举折之势，规矩绳墨之宜，皆以所用材之分，以为制度焉。

又说：

> 广六分，厚四分。材上加栔者谓之足材。

这材就是结构上所用的基本度量单位。全建筑的各木材皆以这"材"之倍数或其分数"栔"定大小[1]。《法式》所谓"皆以所用材之分以为制度焉",就是指此。

这里又有一个问题,未得解决的。宋式之栔与材之比例为六与十五之比;材之宽与高为二与三之比,记载得很明白。至于辽式,我们虽知道这几种比例之必有定法,但以何为比例,则未得知。我们虽已仔细测量过多数的材,但木质经千年的变化,气候风雨之侵蚀,没有两块同大小的材,而且相差极巨。幸而独乐寺的材,与广济寺的材,显然是同一等的。两处三建筑的材,最大的高〇·二五公尺,宽〇·一六五公尺,最小的〇·二〇五公尺×〇·一五五米;但平均计算,可以假定〇·二四公尺×〇·一六公尺为标准材,则其横断面也是二与三之比,是很明显的。然而辽栔的尺寸,其厚若按各层栱间的空当算,则大者〇·一四公尺,小者〇·一〇公尺,平均〇·一二四公尺;其广则与材之厚同。但若用《营造法式》的方法,将辽材尺寸计算,则栔之厚当是〇·〇六四公尺,与实在尺寸相差一半,所以材栔之比例,辽代与宋代显然不同,但在未得更多数实物来比较以前,不敢乱下定语,还待下次实测来佐证或反驳。

这里更有一个问题,也不妨提出讨论。按《法式》"材分八等……第一等广九寸,厚六寸;殿身九间至十一间则用之。第二等广八寸二分五厘,厚五寸五分;殿身五间至七间则用之。第三等广七寸五分,厚五寸……"辽材大小虽尚无考,但《朱子家礼》所载尺及宋三司布帛尺,约合〇·二八二五公尺,谅与辽尺无大出入。若按宋尺计,〇·二四公尺适合宋尺八寸五分,〇·一六公尺合宋尺五寸七分。在第一、第二等材之间,而较近于第二等。若是《法式》所定以第二等材用于殿身五间、七间之法是从唐、辽所传,则独乐寺、广济寺所用当属二等材,而它们的大略尺寸是广〇·二四公尺,厚〇·一六公尺,对于辽、宋尺之研究,在这里又是一条门径。

[1] 据后来研究,《法式》结构上所用的基本度量单位,实际是"分",即材高的十五分之一。——陈明达注

至于梁枋他部的尺寸，虽大小略有出入，但可分为下列六种标准材。

甲	0.53×0.35	两材四分
乙	0.45×0.26	两材弱（？）
丙	0.40×0.16	一材一栔三分弱
丁	0.35×0.18	一材一栔（足材）
戊	0.24×0.16	一材
己	0.16×0.12	一栔

这几种尺寸，虽不能与所定材栔十分符合，但相去却不远。在《法式》卷五造梁之制小注中有：

……凡枋木小须缴贴令大，如枋木大不得裁减……

这通融办法，可以省工，并不费料，而大梁木材尺寸之稍有不同，这也是一个原因。但在这几种材之中，如丁为甲之三分之一，己为戊之一半，也是极明显的[1]。

至于柱径，与甲略同。以三大士殿之大，结构之精，而用材（连柱）只有六种大小，于设计、估价及施工上，都能使工作大大地简单化。这是建筑工程方面宜注意之点。

（五）举折

除去斗栱、梁枋的本身以外，它们相互垒构出来的结果，举折的权衡——屋盖的轮廓，是这座建筑物外观上最有特征、最足注意之点。

三大士殿举折的角度，与独乐寺观音阁山门大致相同。按《营造法式》，殿阁楼台举高合进深三分之一；筒瓦厅堂则举四分之一，再加百分之八。清式举架所得角度，若用《法式》的方法计算，也

[1] 系按截面面积计。——陈明达注

约合三分之一强。而三大士殿前后橑檐槫间距离十八公尺半，举高约四·八五公尺，适为四与一之比；独乐寺的举折也是如此。我们虽只实测过这两三座的辽物，一时还没有更多实例来佐证，但是根据这三个完全相同的实例，在发现别的反证以前，暂时武断地假定辽式举屋之制，在殿阁上所用的角度，与《法式》所规定普通厅堂的角度减去特加之百分率的举度相同——就是四分之一的举度。

《法式》所规定殿阁三分举一的角度，与清式的角度大致很相近；而辽式殿阁的举度，竟较宋式厅堂还低，是我们极应注意的。

至于折屋之法，《法式》卷五说：

> 以举高尺丈，每尺折一寸，每架自上递减半为法。如举高二丈，即先从脊槫背取平下至橑檐枋背；其上第一缝折二尺。又从上第一缝槫背取平下至橑檐枋背；于第二缝折一尺。若槫数多，即逐缝取平，皆下至橑檐枋背，每缝并减上缝之半。

若以三大士殿举高及前后橑檐槫间尺寸，按上录方法取折，则所得断面的轮廓，与实物差不多符合（图二十四）。时间、风雨的侵蚀，施工时之不精确，都足以使建筑物略变原形。所以又暂时假定三大士殿折屋之法与《法式》所定是相同的。

图二十四
三大士殿举折实测与《营造法式》举折方法比较图

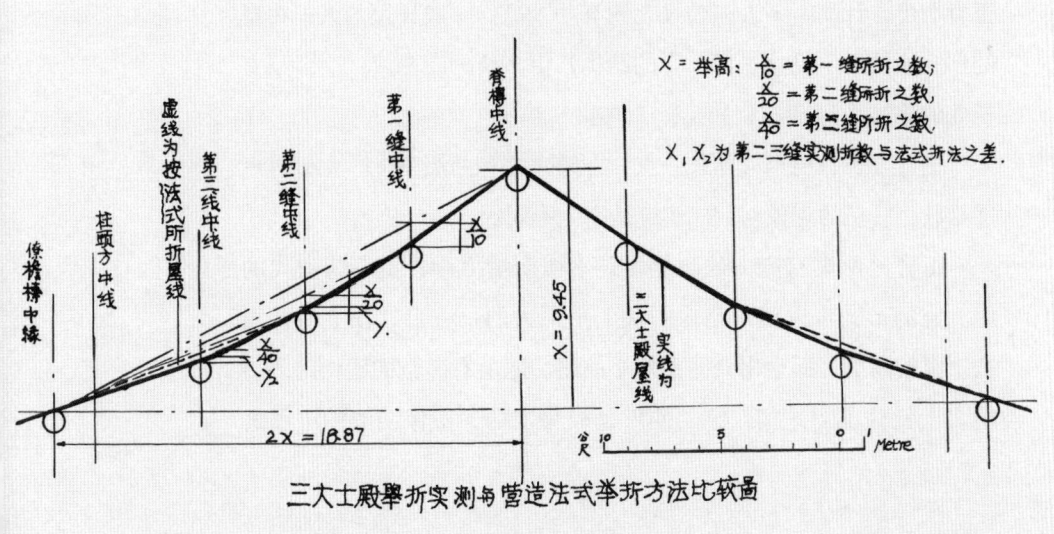

三大士殿举折实测与营造法式举折方法比较图

根据上述两假定，我们又可以说：举屋之法，辽、宋虽同是以举高之度为先决问题，但因所定高度不同，其结果宋式反与用另一个方法定举架的清式相似，而辽式较宋、清的举度都和缓。至于折屋之法，辽、宋是完全相同的。然则宋式在辽、清之间，与它们各有一个相同之点，其间蜕变的线索，仿佛又清楚一点了。

（六）屋盖

椽子以上遮承雨雪的部分，统包括在屋盖之内。

三大士殿的屋盖构造法，是在椽子上放砖，以代望板；换句话说，就是用砖做望板。但这种做法，只限于四周承椽枋以内，承椽枋以外，一直到檐边，还是用木质做望板。

望板以上，照例有苫背——垫瓦的草泥。我们虽未得揭瓦检查其内有无，但总不能有例外的。

苫背之上是板瓦，板瓦之上覆筒瓦。筒瓦东西九十陇，南北七十陇，都是整齐的数目。筒瓦长四十四公分，径二十一公分；清式琉璃瓦二样筒瓦长一尺三寸五分，径六寸五分，与这数目相差不远。各陇中至中约三十八公分。

瓦上的正脊、垂脊、鸱尾、垂兽、走兽，形制都极特殊，与清式大大地不同。

正脊的尺寸，由地上肉眼观看，是看不出实在大小的。由瓦沟至脊上皮，计高一·五三公尺，约有一人高。一般长短的人，在脊的那一面便看不见这一面。脊的结构乃由多块的砖垒成，两旁刻有行龙的雕饰（图二十五）。

正脊之长只比当心间长一点，在雄大缓和的屋顶上，尤显得短促雄壮，所呈的现象与后代建筑是完全不同的。

正脊之两端有庞大的鸱尾，既不似明清之吻，更不像唐代的尾。它的形式可以说约略像一块上小下大的长方形，顶上微有斜坡，由较高的一面生出微曲而短小的尾。尾上有多数的鳍伸出，鸱尾之上斜插宝剑一把，宝剑的形是极写实的，不像明清的"程式

图二十五
正脊

图二十六
鸱尾

图二十七
垂兽

图二十八
走兽全部

图二十九
鱼、凤

化"（conventionalized）。鸱尾的下端是龙头，张着大嘴衔住正脊。嘴的唇线、嘴里的舌头和腮上的须毛，都十分地苍老古劲。鸱尾上半段戏珠的双龙，也极古雅有力（图二十六）。

垂脊由素砖砌成，上下起几条圆线，并无雕饰。但是垂兽的图案，却特殊有趣。明清常见的垂兽，都以垂脊当龙身，而垂兽仿佛是龙头，面向外角。三大士殿所见，则向内一面，做法略似鸱尾，张着大嘴咬住垂脊，而同时向外一面，又有清式的另一个龙头向上仰起（图二十七），实是一种特殊的图案。

垂兽以下，计有走兽九件（图二十八），形制与后世的大大不同。其中有清秀的天马和凤，倒立的鱼（图二十九），都是罕有的古例。瓦角上的拂菻（仙人）是甲胄武士，举起右臂，坐在檐头，与独乐寺所见一样。《法式》所谓屋角的"嫔伽"，就是他的女性，不似清式的仙人之带有浓厚的道教色彩。

（七）墙壁

正面两梢间、背面次梢间和山面东西各四间，都用极厚的砖墙垒砌。墙厚约一·一六公尺，上部略有收分，大概是清末所修，现在墙砖还完整如新。墙之内面原来大概是有壁画的，至少我们知道嘉靖十三年"周壁塑绘五百罗汉"，现在却一点痕迹都没有了。

（八）装修

南面当心间、次间，都有完整的装修，计每间装槅扇六扇。扇心的棂子，是极简单的小方格。阑额之下，槅扇之上，有中槛一道；中槛之上安有横披，也是方格，但较小，斜角安置。各斗栱之间，安垫栱板的分位，也用斜格装修，但方格较大。这些装修大概都是后世重修所做，原物已无可稽了（图三十）。

（九）塑像

殿的主人翁就是殿名所称的"三大士"。在广大的砖坛上，当

心间及次间各供一位。坛上有朝服像一尊，胁侍八尊，坛下有侍立菩萨像六尊，卫法神（金刚、韦驮各一？）像二尊。梢间沿东西山墙下有十八罗汉像。扇面墙北面有五大师菩萨并胁侍共七尊。共计像四十五尊。

若按手法定时代，殿内诸像显然可分别出两种不同的手法来。三大士像及侍立诸菩萨像属于一种；朝服像、卫法神、十八罗汉、五大师菩萨是属于又一种。按《县志》卷十五："其中三大士暨诸天神像，貌一一奇古，不类近代装；或曰乃刘元所改塑也。"按刘元乃元代最有名的塑像师，通称"刘銮塑"，宝坻人。就地理上看来，刘元改塑之说是很有可能性的。史有刘銮其人，实即刘元，非两人也。至于按手法来定时代，则刘元之说，也像很合。现在我们若以几个唐、辽、宋、元、明、清的佛像比列相较，则其变化程序自易分晓，而广济寺塑像在时代上的位置，自然也很明了了。图三十一 a 乃作者藏唐代造像，眉弯鼻楔，细腰挺腹，是最足以代表唐代的作品。c、d 是独乐寺辽代重塑观音及胁侍像，尚具唐风。宋代佛像，如法国卢浮美术馆藏 b 像，衣褶不甚流丽，而生气不如唐像。e 是智化寺明代佛像，一方因密宗的传入，衣饰大异，而其笨拙尤为明清造像最大的劣点。

三大士像（图三十二，图三十三，图三十四）面部骤视，较之图三十一之 a、b、c、d 略嫌笨拙，尤其是下颔两腮，颇感太肥；但五官各部仔细分析，眉目鼻都极"唐式"，唯有口边没有唐式慈祥的微笑，致使精神大异，使我们感着他稍带尘俗之气。至于衣褶流丽，雕饰精巧，在明清雕塑难找可与比较的作品。而三大士的手，精美绝伦，可说是殿中雕塑最精彩处。

这三尊像大致相似，而姿态、衣饰略有不同；他们的手势，三位各异。所谓"三大士"者，说法很多，最普通的是观音、文殊、普贤。钢和泰先生的意思，认为正中者是观音，左（东）文殊，右（西）普贤。文殊手中原先拿着书卷之类，现虽失去，但是两手一上一下，还表示捧着东西的姿势。至于他们的衣饰虽各不同，而精

图三十
装修及匾

图三十一　a. 著者藏唐造像　　　　　　　　　　　　　　　b. 法国卢浮美术馆藏宋造像

图三十一
c. 独乐寺辽塑十一面观音像

d. 独乐寺辽塑胁侍菩萨像

e. 智化寺明代像

图三十二
当心间大士像

图三十三
东次间大士像

图三十四
西次间大士像

美则一，显然不是一个普通的匠人所能做的。

像座三个差不多完全相同，下面是八角须弥座，每面有伏狮承驮，在辽宁义县辽塔上有那种做法。须弥座之上是莲座，被后世彩色乱涂，丑怪得很。

每位大士像之前，都有两尊胁侍菩萨像，而中央像旁，更有两位侍立童子（？）和一尊朝服像（这像是后来添塑，这里暂不讨论）。坛下左右也有四菩萨二童子（？）（图三十五），菩萨像高约四·二〇公尺，童子像高约三·一〇公尺。这十尊侍立像，都是细腰挺腹，衣褶流丽，所保存的唐风，较中央像尤多。若不小心，几乎可以说大像与侍像是属于两个时代的。

在所有艺术发达的程序上，陪衬的部分差不多总要比主要的部分落后一点；主要部分已充分地表现某时代色彩，而陪衬部分尚保持前期特征，已成了一种必然的趋势。因为主要的部分，多由当代大师塑绘，而次要部分则由门徒们帮同动手。大师多为时代先驱，开风气之先;而徒弟们往往稍微落后。在欧洲各时代的作品,尤其在 gothic[1] 庙堂雕饰上,这种趋势最为明显。至于我国古艺术,单以独乐寺十一面观音像为例,这一点已极明显,胁侍两菩萨的确比中央大像"唐式"得多。三大士像及"侍立诸天神",也足以作这种趋势的代表。

[1] 即哥特式。——编者注

属于另一种手法的是左右卫法二神、正中朝服像、十八罗汉及五大师。他们的特征是一种显然笨拙而不自然的样子。其中较精的一尊是西面卫法神像(图三十六)。它是一位红脸的武士,右手执戟,面部的塑法颇为写实而稍带俗气,但全部不失为一件精美的塑像。东面一位白脸的(图三十七),合掌侍立,面部、手部都呆板无生气,大概都是近代所补塑。十八罗汉无一佳作。五大师像

图三十五
西次间胁侍菩萨像

图三十六
西面卫法神像

图三十七
东面卫法神像

及二侍者堆在草中，密宗影响尤重，不足以列于艺术。

（十）匾

殿正额曰"三大士殿"，是个华带牌，心高一·六〇公尺，宽〇·六四公尺。书法近颜体，与独乐寺"观音之阁"极相似，就说同出一手，也极有可能性。

正额下有横额一方，"阿弥陀佛"行书四字，康熙四十八年白某所献。

（十一）碑碣

三大士殿内共有碑九座，对于广济寺的沿革，记载颇详尽；我们所愿知道建筑修葺的经过尤多。普通的碑碣，向来只发哲学论，记而不"记"；而这里九座碑，竟不落俗套，将三大士殿的建筑沿革详细地告诉我们，是我们对于当时撰碑文的先生们所极感激的。

其中最重要、最古的一座，当推辽太平五年（公元1025年）碑（图三十八），俗称透灵碑，为宝坻八景之一，称"珉碣银钩"，亦称"文灿灵碑"。《县志》卷十四谓"其碑光莹澄澈，对面可鉴，叩之有声铿然"。这许多特殊之点，可惜我们俗眼凡胎，都看不出来。碑下赑屃古劲，碑额雕龙精美，式样与明清碑碣不同。朱先生说北平附近诸山产石如汉白玉、青白石、艾叶青、灰石、磨石、红沙石、豆渣石，皆不宜于镌刻。讲究碑碣摹刻勾画，不失黍粟，最好为泗州之灵璧，或卫辉之铜操石。此石坚贞，磨之莹彻，叩之声如钟磬，所谓珉碣银钩，文灿灵碑，其为泗滨之物欤。这碑叙述寺的原始和殿之建立。

次古的是明嘉靖十三年（公元1534年）碑，叙述圆成和尚发起募捐修葺，并抽梁换柱事，和周围侍神、罗汉之塑立。

万历九年（公元1581年）碑《佛阁双成记》述殿后宝祥阁之建立，以代辽代原有的木塔，可惜这阁已无踪迹可考。

图三十八
辽太平五年碑

　　此外清碑六座，或记殿宇之修葺，或记檀越之施舍，计乾隆三十一年（公元1766年）碑一；嘉庆二十年（公元1815年）碑记寺退还香火地与某施主；道光九年（公元1829年）及十九年（公元1839年）两碑记轩成之修理大殿。最后一碑乃同治十一年（公元1872年）住持礼吉建，述三大士殿之修葺，此后的历史就没有记载了。

（十二）佛具

殿内佛具只余供桌三张、铁磬一口，尚稍有古趣（图三十二，图三十三，图三十四）。供桌方整，前面用棂子分为方格，颇雅洁，有现代木器之风，不似普通所见的滥用曲线。

当心间左侧有铁磬一口，径六公寸，高五公寸，文曰：

> 宝坻县僧会司广济寺铸铁磬一口重二百五十斤
> 　募缘比丘德善十方施主梅旺　李全　张宇
> 　　王奉　梅得时　康文　刘通
> 　　蓝奉　韩康　贾山　惠石
> 　　　　　　　弘治十年四月吉日造

此外尚有一口在殿内，径五十三公分，高四十八公分，文不可考，大概也是明物。

四、结论

就上文所论，综合数点，聊代结论。

（一）寺建于辽圣宗朝，弘演是开山祖。在第二世道广及义弘领导之下，于太平五年（公元1025年）完成大殿。嘉靖八年至十三年（公元1529—1534年）间换去腐梁。除去蓟县独乐寺观音阁、山门外，是中国古木建筑已发现中之最古者。

（二）广济寺伽蓝配置中之诸部，其中重要的如天王门、木塔及明代的宝祥阁，已一无所存，现在所见的东西配殿及天王门，在历史上、艺术上都没有位置可言。

（三）在结构方面，斗栱雄大，计心重栱，与他处已发现的辽式相同。内部梁枋结构精巧，似繁实简，极用木之能事，为后世所罕见。而木材之标准化，和材栔之施用，与《营造法式》所述在原则上是相同的。

（四）瓦上雕饰奇特，庞大的鸱尾和奇异的垂兽、走兽，大概都是原物（？）。

（五）主要佛像是刘元所塑之说，在手法上、时代上、地理上，都有可能性；可惜未能得真确已定的刘元塑像来比较一下。

最后一句牢骚话，关于三大士殿的保护。木造建筑怕的是火和水，现在屋盖已漏，不立刻补葺，木材朽腐，大厦将颓。至于内部堆积的稻草，尤其危险万分，非立刻移开不可。若要讲保护三大士殿，首须从这两点下手。

钢和泰先生，社长朱先生，社友刘敦桢、林徽音二君，在分析研究上的指导；王先泽、莫宗江二君——尤其是王君，在眼病甚剧的时候——仔细制图，都是思成所极感谢的。

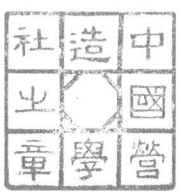

平郊建筑杂录 *

梁思成、林徽音 **

---

* 本文原载1932年《中国营造学社汇刊》第三卷第四期及1935年《中国营造学社汇刊》第五卷第四期,分(上)(下)两部刊发,(上)作者署名为梁思成、林徽音(后改名为徽因),(下)署名为林徽因、梁思成。本文为罗哲文校注。——编者注

** 林徽因(1904—1955),女,原名徽音,福建省闽侯人。1916年入北京培华女子中学,1920年随父林长民游历欧洲,并入伦敦圣玛利女校读书。1921年回国后复入培华女中读书。1924年留学美国宾夕法尼亚大学美术学院,选修建筑系课程。1927年获美术学士学位,同年入美国耶鲁大学戏剧学院学习舞台美术设计。1928年3月与梁思成在加拿大渥太华结婚。1929年出任东北大学建筑系副教授。1931—1946年在中国营造学社研究中国古建筑。1946年后任清华大学建筑系教授。——编者注

目 录

一、卧佛寺的平面 ··· 178

二、法海寺门与原先的居庸关 ··· 183

三、杏子口的三个石佛龛 ··· 185

四、天宁寺塔建筑年代之鉴别问题 ··· 190

北平四郊近二三百年间建筑遗物极多，偶尔郊游，触目都是饶有趣味的古建。其中辽、金、元古物虽然也有，但是大部分还是明清的遗构；有的是煊赫的"名胜"，有的是消沉的"痕迹"；有的按期受成群的世界游历团的赞扬，有的只偶尔受诗人的凭吊或画家的欣赏。

这些美的所在，在建筑审美者的眼里，都能引起特异的感觉，在"诗意"和"画意"之外，还使他感到一种"建筑意"的愉快。这也许是个狂妄的说法——但是，什么叫作"建筑意"？我们很可以找出一个比较近理的含义或解释来。

顽石会不会点头，我们不敢有所争辩，那问题怕要牵涉到物理学家，但经过大匠之手艺，年代之磋磨，有一些石头的确是会蕴含生气的。天然的材料经人的聪明建造，再受时间的洗礼，成美术与历史地理之和，使它不能不引起赏鉴者一种特殊的性灵的融会、神志的感触，这话或者可以算是说得通。

无论那一个巍峨的古城楼，或一角倾颓的殿基的灵观里，无形中都在诉说——乃至于歌唱——时间上漫不可信的变迁；由温雅的儿女佳话，到流血成渠的杀戮。它们所给的"意"的确是"诗"与"画"的。但是建筑师要郑重郑重地声明，那里面还有超出这"诗""画"以外的"意"存在。眼睛在接触人的智力和生活所产生的一个结构，在光影恰恰可人中，和谐的轮廓，披着风露所赐予的层层生动的色彩；潜意识里更有"眼看他起朱楼……眼看他楼塌了"凭吊与兴衰的感慨；偶然更发现一片，只要一片，极精致的雕纹，一位不知名匠师的手笔，请问那时锐感，即不叫它作"建筑意"，我们也得要临时给它制造个同样狂妄的名词，是不？

建筑审美可不能势利的。大名煊赫,尤其是有乾隆御笔碑石来赞扬的,并不一定便是宝贝;不见经传,湮没在人迹罕到的乱草中间的,更不一定不是一位无名英雄。以貌取人或者不可,"以貌取建"却是个好态度。北平近郊可经人以貌取舍的古建筑实不在少数。摄影图录之后,或考证它的来历,或由村老传说中推测它的过往——可以成一个建筑师为古物打抱不平的事业,和比较有意思的夏假消遣。而他的报酬便是那无穷的建筑意的收获。

一、卧佛寺的平面

说起受帝国主义的压迫,再没有比卧佛寺委曲的了。卧佛寺的住持智宽和尚,前年偶同我们谈天,用"叹息痛恨于桓灵"的口气告诉我,他的先师老和尚,如何如何地与青年会订了合同,以每年一百元的租金,把寺的大部分租借了二十年,如同胶州湾、辽东半岛的条约一样。

其实这都怪那佛一觉睡几百年不醒,到了这危难的关点,还不起来给老和尚当头棒喝,使他早早觉悟,组织个佛教青年会西山消夏团。虽未必可使佛法感化了摩登青年,至少可借以繁荣了寿安山……不错,那山叫寿安山……又何至等到今年五台山些少的补助,才能修葺开始残破的庙宇呢?

我们也不必怪老和尚,也不必怪青年会……其实还应该感谢青年会。要是没有青年会,今天有几个人会知道卧佛寺那样一个山窝子里的去处。在北方——尤其是北平——上学的人,大半都到过卧佛寺。一到夏天,各地学生们,男的,女的,谁不愿意来消消夏?爬山,游水,骑驴,多么优哉游哉。据说每年夏令会总成全了许多爱人儿们的心愿,想不到睡觉的释迦牟尼,还能在梦中代行月下老人的职务,也真是佛法无边了。

从玉泉山到香山的马路，快近北辛村的地方，有条岔路忽然转北上坡的，正是引导你到卧佛寺的大道。寺是向南，一带山屏障似的围住寺的北面，所以寺后有一部分渐高，一直上了山脚。在最前面，迎着来人的，是寺的第一道牌楼，那还在一条柏荫夹道的前头。当初这牌楼是什么模样，我们大概还能想象，前人做的事虽不一定都比我们强，却是关于这牌楼大概无论如何他们要比我们大方得多。现有的这座只说它不顺眼已算十分客气，不知哪一位和尚化来的酸缘，在破碎的基上，竖了四根小柱子，上面横钉了几块板，就叫它作牌楼。这算是经济萎衰的直接表现，还是宗教力渐弱的间接表现？一时我还不能答复。

顺着两行古柏的马道上去，骤然间到了上边，才看见另外的鲜明的一座琉璃牌楼在眼前。汉白玉的须弥座，三个汉白玉的圆门洞，黄绿琉璃的柱子，横额，斗栱，檐瓦。如果你相信一个建筑师的自言自语，"那是乾嘉间的做法"。至于《日下旧闻考》所记寺前为门的如来宝塔，却已不知去向了。

琉璃牌楼之内，有一道白石桥，由半月形的小池上过去（图一）。池的北面和桥的旁边，都有精致的石栏杆，现在只余北面一半，南面的已改成洋灰抹砖栏杆。这池据说是"放生池"，里面的鱼，都是"放"的。佛寺前的池，本是佛寺的一部分，用不着我们小题大做地讲。但是池上有桥，现在虽处处可见，但它的来由却不见得十分古远。在许多寺池上，没有桥的却较占多数。至于池的半月形，也是个较近的做法，古代的池大半都是方的。池的用途多是放生，养鱼。但是刘士能先生[1]告诉我们说南京附近有一处律宗的寺，利用山中溪水为月牙池，和尚们每斋都跪在池边吃，风雪无阻，吃完在池中洗碗。幸而卧佛寺的和尚们并不如律宗的苦行，不然放生池不唯不能放生，怕还要变成脏水坑了。

与桥正相对的是山门。山门之外，左右两旁，是钟鼓楼，从前已很破烂，今年忽然大大地修整起来。连角梁下失去的铜铎，也用二十一号的白铅铁焊上，油上红绿颜色，如同东安市场的国货玩具

[1] 即刘敦桢。——编者注

图一
卧佛寺桥图录

一样地鲜明。

山门平时是不开的,走路的人都从山门旁边的门道出入。入门之后,迎面是一座天王殿,里面供的是四天王——就是四大金刚,东西梢间各两位对面侍立,明间面南的是光肚笑嘻嘻的阿弥陀佛,面北合十站着的是韦驮。

再进去是正殿,前面是月台,月台上(在秋收的时候)铺着金黄色的老玉米,像是专替旧殿着色。正殿五间,供三位喇嘛式的佛像。据说正殿本来也有卧佛一躯,雍正还看见过,是旃檀佛像,唐太宗贞观年间的东西。却是到了乾隆年间,这位佛大概睡醒了,不知何时上哪儿去了。只剩了后殿那一位,一直睡到如今,还没有醒。

从前面牌楼一直到后殿,都是建立在一条中线上的。这个在寺的平面上并不算稀奇,罕异的却是由山门之左右,有游廊向东西,再折而向北,其间虽有方丈客室和正殿的东西配殿,但是一气连接,直到最后面又折而东西,回到后殿左右。这一周的廊,东西(连山门和后殿算上)十九间,南北(连方丈配殿算上)四十间,成一个大长方形。中间虽立着天王殿和正殿,却不像普通的庙殿,将全寺用"四合头"式前后分成几进。这是少有的。在这点上,刘士能先生在智化寺调查记中说:"唐宋以来有伽蓝七堂之称。唯各宗略有异同,而同在一宗,复因地域环境,互相增省……"现在卧佛寺中院,除去最后的后殿外,前面各堂为数适七,虽不敢说这是七堂之例,但可藉此略窥制度耳(图二)。

这种平面布置,在唐宋时代很是平常,敦煌画壁里的伽蓝都是如此布置,在日本各地也有飞鸟、平安时代这种的遗例。在北平一带(别处如何未得详究),却只剩这一处唐式平面了。所以人人熟识的卧佛寺,经过许多人用帆布床"卧"过的卧佛寺游廊,是还有一点新的理由,值得游人将来重加注意的。

卧佛寺各部殿宇的立面(外观)和断面(内部结构)却都是清式中极规矩的结构,用不着细讲。至于殿前伟丽的娑罗宝树和树下消夏的青年们所给予你的是什么复杂的感觉,那是各人的人生观问题,建筑师可以不必参加意见。事实极明显的,如东院几进宜于消夏乘凉;西院的观音堂总有人租住;堂前的方池——旧籍中无数记录的方池——现在已成了游泳池,更不必赘述或加任何的注解。

"凝神映性"的池水,用来锻炼身体之用,在青年会道德观之下,自成道理——没有康健的身体,焉能有康健的精神?或许!或许!但怕池中的微生物杂菌不甚懂事。

池的四周原有精美的白石栏杆,已拆下叠成台阶,做游人下池的路。不知趣的、容易伤感的建筑师,看了又一阵心酸。其实这不算稀奇,中世纪的教皇们不是把古罗马时代的庙宇当石矿用,采取那石头去修"上帝的房子"吗?这台阶——栏杆——或也不过是将原来离经叛道"崇拜偶像者"的迷信废物,拿去为上帝人道尽义务。"保存古物",在许多人听去当是一句迂腐的废话。"这年头!这年头!"每个时代都有些人在没奈何时,喊着这句话出出气。

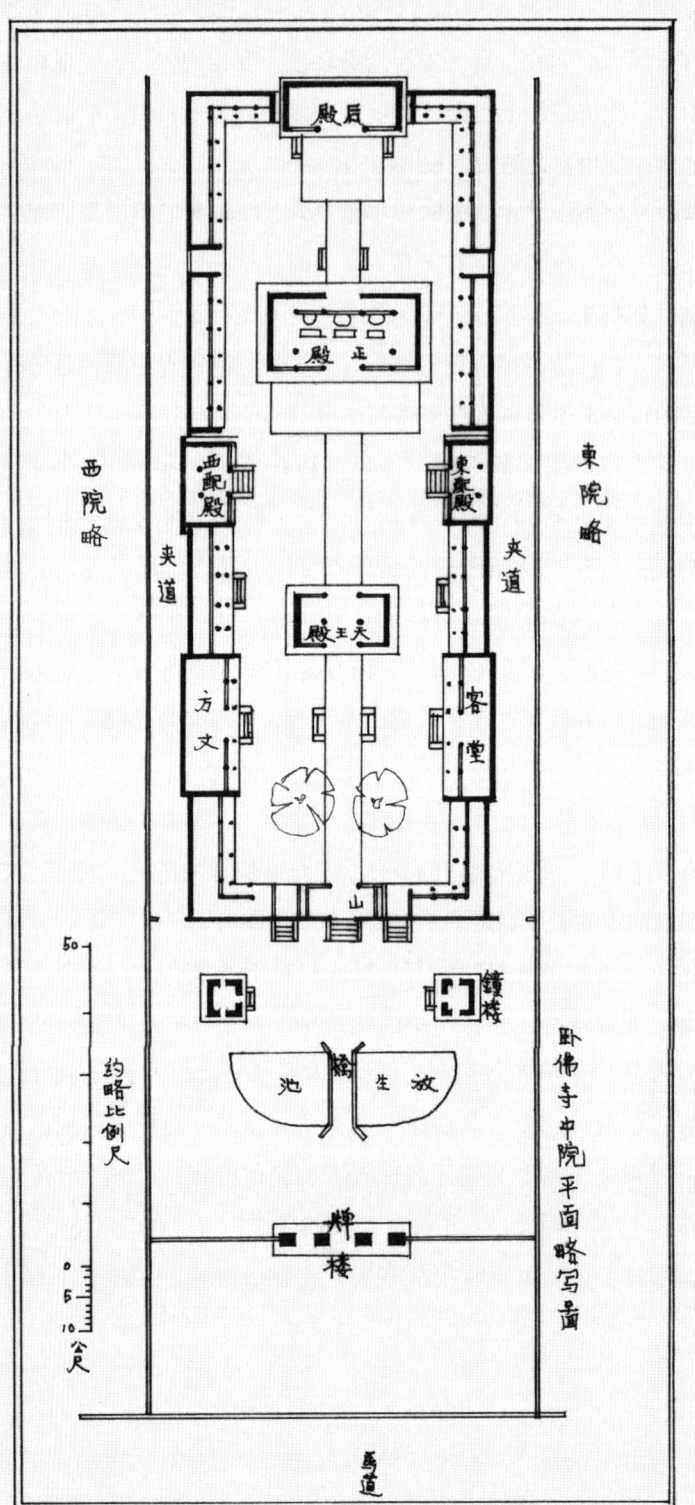

图二
卧佛寺平面略图

二、法海寺门与原先的居庸关[1]

[1] 文中所指居庸关，为居庸关云台，此台系元代一座过街塔的塔座。——罗哲文注

法海寺在香山之南，香山通八大处马路的西边不远。一个很小的山寺，谁也不会上那里去游览的。寺的本身在山坡上，寺门却在寺前一里多远山坡底下。坐汽车走过那一带的人，怕绝对不会看见法海寺门一类无系轻重的东西的。骑驴或走路的人，也很难得注意到在山谷碎石堆里那一点小建筑物。尤其是由远处看，它的颜色和背景非常相似。因此见看过法海寺门的人我敢相信一定不多。

特别留意到这寺门的人，却必定有。因为这寺门的形式是与寻常的极不相同；有圆拱门洞的城楼模样，上边却顶着一座喇嘛式的塔——一个缩小的北海白塔（图三，图四）。这奇特的形式，不是中国建筑里所常见。

这圆拱门洞是石砌的。东面门额上题着"敕赐法海禅寺"，旁边陪着一行"顺治十七年夏月吉日"的小字。西面额上题着三种文字，其中看得懂的中文是"唵巴得摩乌室尼渴毕麻列吽登吒"，其他两种或是满、蒙各占其一。走路到这门下，疲乏之余，读完这一行题字也就觉得轻松许多！

门洞里还有隐约的画壁，顶上一部分居然还勉强剩出一点颜色来。由门洞西望，不远便是一座石桥，微拱地架过一道山沟，接着一条山道直通到山坡上寺的本身。

门上那座塔的平面略似十字形而较复杂。立面分多层，中间束腰石色较白，刻着生猛的浮雕狮子。在束腰上枋以上，各层重叠像阶级，每级每面有三尊佛像。每尊佛像带着背光，成一浮雕薄片，周围有极精致的琉璃边框。像脸不带色釉，眉目口鼻均伶俐秀美，全脸大不及寸余。座上便是塔的圆肚，塔肚四面四个浅龛，中间坐着浮雕造像，刻工甚俊。龛边亦有细刻。更上是相轮（或称刹），

图三
法海寺塔门

图四
法海寺门上塔

刹座刻作莲瓣，外廓微作盆形，底下还有小方十字座。最顶尖上有仰月的教徽。仰月徽去夏还完好，今秋已掉下。据乡人说是八月间大风雨吹掉的，这塔的破坏于是又进了一步。

这座小小带塔的寺门，除门洞上面一围砖栏杆外，完全是石造的。这在中国又是个少有的例。现在塔座上斜长着一棵古劲的柏树，为塔门增了不少的苍姿，更像是作它的年代的保证。为塔门保存计，这种古树似要移去的。怜惜古建的人到了这里真是彷徨不知所措；好在在古物保存如许不周到的中国，这忧虑未免神经过敏！

法海寺门特点却并不在上述诸点，石造及其年代等等，主要的却是它的式样与原先的居庸关相类似。从前居庸关上本有一座塔的[1]，但因倾颓已久，无从考其形状。不想在平郊竟有这样一个发现。虽然在《日下旧闻考》里法海寺只占了两行不重要的位置，一句轻淡的"门上有小塔"，在研究居庸关原状的立脚点看来，却要算个重要的材料了。

[1] 居庸关云台上原有三座喇嘛塔，元末明初时被毁。——孙大章注

三、杏子口的三个石佛龛

由八大处向香山走，出来不过三四里，马路便由一处山口里开过。在山口路转第一个大弯，向下直趋的地方，马路旁边，微偻的山坡上，有两座小小的石亭。其实也无所谓石亭，简直就是两座小石佛龛。两座石龛的大小稍稍不同，而它们的背面却同是不客气地向着马路。因为他们的前面全是向南，朝着另一个山口——那原来的杏子口。

在没有马路的时代，这地方才不愧称作山口。在深入三四十尺的山沟中，一道唯一的蜿蜒险狭的出路；两旁对峙着两堆山，一出口则豁然开朗一片平原田壤，海似的平铺着，远处浮出同孤岛一般

的玉泉山，托住山塔。这杏子口的确有小规模的"一夫当关，万夫莫敌"的特异形势。两石佛龛既据住北坡的顶上，对面南坡上也立着一座北向的相似的石龛，朝着这山口。由石峡底下的杏子口往上看，这三座石龛分峙两崖，虽然很小，却顶着一种超然的庄严，镶在碧澄澄的天空里，给辛苦的行人一种神异的快感和美感。

现时的马路是在北坡两龛背后绕着过去，直趋下山。因其逼近两龛，所以驰车过此地的人，绝对要看到这两个特别的石亭子的。但是同时因为这山路危趋的形势，无论是由香山西行，还是从八大处东去，谁都不愿冒险停住快驶的汽车去细看这么几个石佛龛子。于是多数过路车客，全都遏制住好奇爱古的心，冲过去便算了。

假若作者是个细看过这石龛的人，那是因为他是例外，遏止不住他的好奇爱古的心，在冲过便算了不知多少次以后发誓要停下来看一次的。那一次也就不算过路，却是带着照相机去专程拜谒；且将车驶过那危险的山路停下，又步行到龛前后去瞻仰丰采的。

在龛前，高高地往下望着那刻着几百年车辙的杏子口石路，看一个小泥人大小的农人挑着担过去，又一个带朵鬓花的老婆子，夹着黄色包袱，弯着背慢慢地踱过来，才能明白这三座石龛本来的使命。如果这石龛能够说话，他们或不能告诉得完他们所看过经过杏子口底下的图画——那时一串骆驼正在一个跟着一个地，穿出杏子口转下一个斜坡。

北坡上这两座佛龛是并立在一个小台基上，它们的结构都是由几片青石片合成——（每面墙是一整片，南面有门洞，屋顶每层檐一片）。西边那座龛较大，平面约一公尺余见方，高约二公尺。重檐，上层檐四角微微翘起，值得注意。东面墙上有历代的刻字、跑着的马、人脸的正面等等（图五，图七，图八）。其中有几个年月人名，较古的有"承安五年四月廿三日到此"，和"至元九年六月十五日□□□贾智记"。承安是金章宗年号，五年是公元 1200 年。至元九年是元世祖的年号，元顺帝的至元到六年就改元了，所以是公元

图五
杏子口北崖石佛龛，画面中人物为林徽因

[1]
即图腾柱。——编者注

1272年。这小小的佛龛，至迟也是金代遗物，居然在杏子口受了七百多年以上的风雨，依然存在。当时巍然顶在杏子口北崖上的神气，现在被煞风景的马路贬到盘坐路旁的谦抑；但它们的老资格却并不因此减损，那种倚老卖老的倔强，差不多是傲慢冥顽了。西面墙上有古拙的画——佛像和马——那佛像的样子，骤看竟像美洲土人的 totam-pole [1]（图七）。

龛内有一尊无头趺坐的佛像，虽像身已裂，但是流丽的衣褶纹，还有"南宋期"的遗风。

台基上东边的一座较小，只有单檐，墙上也没字画。龛内有小小无头像一躯，大概是清代补作的。这两座都有苍绿的颜色。

台基前面有宽二公尺长四公尺余的月台，上面的面积勉强可以叩拜佛像。

南崖上只有一座佛龛，大小与北崖上小的那座一样。三面做墙的石片，已成纯厚的深黄色，像纯美的烟叶。西面刻着双钩的"南"字，南面"无"字，东面"佛"字，都是径约八公寸。北面开门，里面的佛像已经失了（图六）。

这三座小龛，虽不能说是真正的建筑遗物，也可以说是与建筑有关的小品。不只诗意、画意都很充足，"建筑意"更是丰富，实

图六
杏子口南崖石佛龛

图七
西龛东面刻字

图八
西龛西面刻画

在值得停车一览。至于走下山坡到原来的杏子口里往上真真瞻仰这三龛本来庄严竣立的形势,更是值得。

关于北平掌故的书里,还未曾发现有关于这三座石佛龛的记载。好在对于它们年代的审定,因有墙上的刻字,已没有什么难题。所可惜的是它们渺茫的历史无从参考出来,为我们的研究增些趣味。

四、天宁寺塔建筑年代之鉴别问题[1]

（本文曾在二十四年二月二十三日《大公报·艺术周刊》发表，兹得编者同意，略加删改，转载本刊）

一年来，我们在内地各处跑了些路，反倒和北平生疏了许多，近郊虽近，在我们心里却像远了一些，北平广安门外天宁寺塔的研究的初稿竟然原封未动。许多地方竟未再去图影实测，一年半前所关怀的平郊胜迹，那许多美丽的塔影、城角、小楼、残碣于是全都淡淡地、委屈地在角落里初稿中尽睡着下去。

我们想国内爱好美术古迹的人日渐增加，爱慕北平名胜者更是不知凡几，或许对于如何鉴别一个建筑物的年代也常有人感到兴趣，我们这篇讨论天宁寺塔的文字或可供研究者参考。

关于天宁寺塔建造的年代，据一般人的传说及康熙、乾隆的碑记，多不负责地指为隋建，但依塔的式样来做实物的比较，将全塔上下各部逐件指点出来，与各时代其他砖塔对比，再由多面引证反证所有关于这塔的文献，谁也可以明白这塔之绝对不能是隋代原物。

国内隋唐遗建，纯木者尚未得见，砖石者亦大罕贵，但因其为佛教全盛时代，常留大规模的图画雕刻教迹于各处，如敦煌、云冈、龙门等等，其艺术作风、建筑规模或花纹手法，则又为研究美术者所熟审。宋辽以后遗物虽有不载朝代年月的，可考者终是较多，且同时代、同式样、同一作风的遗物亦较繁夥，互相印证比较容易。故前人泥于可疑的文献，相传某物为某代原物的，今日均不难以实物比较方法，用科学考据态度，重新探讨，辩证其确实时代。这本为今日治史及考古者最重要亦最有趣的工作。

[1] 以下作为《平郊建筑杂录》（下），原载1935年《中国营造学社汇刊》第五卷第四期，由林徽因、梁思成合著。图号按上文续编下来（原文为图版号）。——罗哲文注

我们的《平郊建筑杂录》，本预定不录无自己图影或测绘的古迹，且均附游记，但是这次不得不例外。原因是《艺术周刊》已预告我们的文章一篇，一时因图片关系交不了卷，近日这天宁寺又尽在我们心里欠伸活动，再也不肯在稿件中间继续睡眠，所以决意不待细测全塔，先将对天宁寺简略的考证及鉴定提早写出，聊作我们对于鉴别建筑年代方法程序的意见，以供同好者的参考。希望各处专家读者给以指正。

广安门外天宁寺塔，是属于那种特殊形式，研究塔者竟有常直称其为"天宁式"的，因为此类塔散见于北方各地，自成一派，天宁则又是其中最著者（图九）。此塔不仅是北平近郊古建遗迹之一，且是历来传说中，颇多被误认为隋朝建造的实物。但其塔型显然为辽金最普通的式样，细部手法亦均未出宋辽规制范围，关于塔之文献方面材料又全属于可疑一类，直至清代碑记及《顺天府志》等，始以坚确口气直称其为隋建。传说塔最上一层南面有碑[1]，关于其建造年代，将来或可在这碑上找到最确实的明证，今姑分文献材料及实物作风两方面讨论之。讨论之前，先略述今塔的形状如下。

简略地说，塔的平面为八角形，立面显著地分三部：一、繁复之塔座；二、较塔座略细之第一层塔身；三、以上十三层支出的密檐。全塔砖造，高五七·八〇公分，合国尺十七丈有奇。

塔建于一方形大平台之上，平台之上始立八角形塔座。座甚高，最下一部为须弥座，其"束腰"[2]有壸门花饰，转角有浮雕像。此上又有镂刻着壸门浮雕之束腰一道。最上一部为勾栏、斗栱俱全之平座一围，栏上承三层仰翻莲瓣（图十）。

纤细的第一层塔身立于仰莲座之上，其高度几等于整个塔座，四面有拱门及浮雕像，其他四面又各有直棂窗及浮雕像。此段塔身与其上十三层密檐是划然成塔座以上的两个不同部分，十三层密檐中，最下一层是属于这第一层塔身的，出檐稍远，檐下斗栱亦与上层稍稍不同。

上部十二层，每层仅有出檐及斗栱，各层重叠不露塔身。宽度

[1]《日下旧闻考》引《冷然志》。——作者注

[2] 须弥座中段板称"束腰"，其上有拱形池子称壸门。——作者注

图九
北平天宁寺塔

图十
天宁寺塔详部（右页）

则每层向上递减，递减率且向上增加，使塔外廓作缓和之卷杀。

塔各层出檐不远，檐下均施双杪斗栱。塔的转角为立柱，故其主要的柱头铺作，亦即为其转角铺作。在上十二层两转角间均用补间铺作两朵。唯有第一层只用补间铺作一朵。第一层斗栱与上各层做法不同之处，在转角及补间均加用斜栱一道。

塔顶无刹，用两层八角仰莲，上托小须弥座，座承宝珠。塔纯为砖造，内心并无梯级可登。

历来关于天宁寺的文献，《日下旧闻考》中殆已搜集无遗，计有《神州塔传》《续高僧传》《广宏明集》《帝京景物略》《长安客话》《析津日记》《隩志》《艮斋笔记》《明典汇》《冷然志》及其他关于这塔的记载，以及乾隆重修天宁寺碑文及各处许多的诗（康熙天宁寺《礼塔碑记》并未在内）。所收材料虽多，但关于现存砖塔建造的年代，则除却年代最后的那个乾隆碑之外，综前代的文献中，无一句有确实性的明文记载。

不过《顺天府志》将《日下旧闻考》所集的各种记述，竟然自由草率地综合起来，以确定的语气说："寺为元魏所造，隋为宏业，唐为天王，金为大万安，寺当元末兵火荡尽，明初重修，宣德改曰天宁，正统更名广善戒坛，后复今名，……寺内隋塔高二十七丈五尺五寸……"

按《日下旧闻考》中文多重复抄袭及迷信传述，有朝代年月及实物之记载的，有下列重要的几段。

（一）《神州塔传》："隋仁寿间幽州宏业寺建塔藏舍利。"此书在文献中年代大概最早，但传中并未有丝毫关于塔身形状材料位置之记述，故此段建塔的记载，与现存砖塔的关系完全是疑问的。仁寿间宏业寺建塔，藏舍利，并不见得就是今天立着的天宁寺塔，这是很明显的。

（二）《续高僧传》："仁寿下敕召送舍利于幽州宏业寺，即元魏孝文之所造，旧号光林……自开皇末，舍利到前，山恒倾摇……及安塔竟，山动自息……"《续高僧传》，唐时书，亦为集中早代文献之一。按此则隋开皇中"安塔",但其关系与今塔如何则仍然如《神州塔传》一样,只是疑问的。

(三)《广宏明集》:"仁寿二年分布舍利五十一州,建立灵塔。幽州表云,三月二十六日,于宏业寺安置舍利……"这段仅记安置舍利的年月,也是与上两项一样的与今塔(即现存的建筑物)并无确实关系。

(四)《帝京景物略》:"隋文帝遇阿罗汉授舍利一囊……乃以七宝函致雍、岐等十三州建一塔,天宁寺其一也,塔高十三寻,四周缀铎万计,……塔前一幢,书体遒美,开皇中立。"这是一部明末的书,距隋已隔许多朝代。在这里我们第一次见到隋文帝建塔藏舍利的历史与天宁寺塔串在一起的记载。据文中所述,高十三寻缀铎的塔,颇似今存之塔,但这高十三寻缀铎的塔,是否即隋文帝所建,则仍无根据。

此书行世在明末,由隋至明这千年之间,除唐以外,辽、金、元对此塔既无记载,隋文帝之塔,本可几经建造而不为此明末作者所识。且六朝及早唐之塔,据我们所知道的,如《洛阳伽蓝记》所述之"胡太后塔"及日本现存之京都法隆寺塔,均是木构。[1]且我们所见的邓州大兴国寺仁寿二年的舍利宝塔下铭,铭石圆形,亦像是埋在木塔之"塔心柱"下那块圆础下层石,这使我们疑心仁寿分布诸州之舍利塔均为隋时最普遍之木塔,这明末作者并不及见那木构原物,所谓十三寻缀铎的塔倒是今日的砖塔。至于开皇石幢,据《析津日记》(亦明人书)所载,则早已失所在。

(五)《析津日记》:"寺在元魏为光林,在隋为宏业,在唐为天王,在金为大万安,宣德修之曰天宁,正统中修之曰万寿戒坛,名凡数易。访其碑记,开皇石幢已失所在,即金元旧碣亦无片石矣。盖此寺本名宏业,而王元美谓幽州无宏业,刘同人谓天宁之先不为宏业,皆考之不审也。"

《析津日记》与《帝京景物略》同为明人书,但其所载"天宁之先不为宏业"及"考之不审也"这种疑问态度与《帝京景物略》

[1] 日本京都法隆寺五重塔,乃"飞鸟"时代物,适当隋代,其建造者乃由高丽东渡的匠师,其结构与《洛阳伽蓝记》中所述木塔及云冈石刻中的塔多符合。——作者注

之武断恰恰相反，且作者"访其碑记"要寻"金元旧碣"对于考据之慎重亦与《景物略》不同，这个记载实在值得注意。

（六）《燕志》：不知明代何时书，似乎较以上两书稍早。文中："天王寺之更名天宁也，宣德十年事也；今塔下有碑勒更名敕，碑阴则正统十年刊行藏经敕也。碑后有尊胜陀罗尼石幢，辽重熙十七年五月立。"

此段记载，性质确实之外，还有个可注意之点，即辽重熙年号及刻有此年号之实物，在此轻轻提到，至少可以证明两桩事：（一）辽代对于此塔亦有过建设或增益；（二）此段历史完全不见记载，乃至于完全失传。

（七）《长安客话》："寺当元末兵火荡尽；文皇在潜邸，命所司重修。姚广孝曾居焉。宣德间敕更今名。"这段所记"寺当元末兵火荡尽"，因下文重修及"姚广孝曾居焉"等语气，似乎所述仅限于寺院，不及于塔。如果塔亦荡尽，文皇（成祖）重修时岂不还要重建塔？如果真的文皇曾重建这个大塔则作者对于此事当不止用"命所司重修"一句。且《长安客话》距元末至少已两百年，兵火之后到底什么光景，那作者并不甚了了，他的注重处在夸扬文皇在潜邸重修的事耳。

（八）《冷然志》：书的时代既晚，长篇的描写对于塔的神话式来源又已取坚信态度，更不足凭信。不过这里认塔前有开皇幢，或为辽重熙幢之误。

关于天宁寺的文献，完全限于此种疑问式的短段记载。至于康熙、乾隆长篇的碑文，虽然说得天花乱坠，对于天宁寺过去的历史，似乎非常明白，毫无疑问之处，但其所根据，也只是限于我们今日所知道的一把疑云般的不完全的文献材料，其确实性根本不能成立。且综以上文献看来，唐以后关于塔只有明末清初的记载，中间要紧的各朝代经过，除辽重熙立过石幢，金大定易名大万安禅寺外，并无一点记述，今塔的真实历史在文献上可以说并无把握。

＊　＊　＊

文献资料既如上述的不完全、不可靠，我们唯有在形式上鉴定其年代。这种鉴别法，完全赖观察及比较工作所得的经验，如同鉴定字画、金石、陶瓷的年代及真伪一样，虽有许多为绝对的，且可以用文字笔墨形容之点，也有一些是较难乃至不能言传的，只好等观者由经验去意会。

其可以言传之点，我们可以分作两大类去观察：（一）整个建筑物之形式（也可以说是图案之概念）；（二）建筑各部之手法或作风。

关于图案概念一点，我们可以分作平面（plan）及立面（elevation）讨论。唐以前的塔，我们所知道的，平面差不多全作正方形。实物如西安大雁塔〔图十一（甲）〕、小雁塔、玄奘塔〔图十一（乙）〕、香积寺塔、嵩山永泰寺塔及房山云居寺四个小石塔……河南、山东无数唐代或以前高僧墓塔，如山东神通寺四门塔、灵岩寺法定塔、嵩山少林寺法玩塔……刻绘如云冈、龙门石刻、敦煌壁画等等，平面都是作正方形的。我们所知的唯一的例外，在唐以前的，唯有嵩山嵩岳寺塔，平面作十二角形，这十二角形平面，不唯在唐以前是例外，就是在唐以后，也没有第二个，所以它是个例外之最特殊者，是中国建筑史中之独例〔图十二（甲）〕。除此以外，则直到中唐或晚唐，方有非正方形平面的八角形塔出现，这个罕贵的遗物即嵩山会善寺净藏禅师塔〔图十二（乙）〕。按禅师于天宝五年圆寂，这塔的兴建，绝不会在这年以前，这塔短稳古拙，亦是孤例。而比这塔还古的八角形平面塔，除去天宁寺——假设它是隋建的话——别处还未得见过。在我们今日，觉得塔的平面或作方形，或作多角形，没甚奇特。但是一个时代的作者，大多数跳不出他本时代盛行的作风或规律以外的——建筑物尤甚，所以生在塔平面作方形的时代，能做出一个平面不作方形的塔来，是极罕有的事。

至于立面方面，我们请先看塔全个的轮廓及这个轮廓之所以形成。天宁寺的塔，是在一个基坛之上立须弥座，须弥座上立极高的

图十一（甲）
陕西西安大雁塔

图十一（乙）
陕西西安玄奘塔

第一层，第一层以上有多层密而扁的檐。这种第一层高，以上多层扁矮的塔，最古的例当然是那十二角形嵩山嵩岳寺塔，但除它而外，是须到唐开元以后才见有那类似的做法，如房山云居寺四小石塔。在初唐期间，砖塔的做法，多如大雁塔一类各层均等递减的〔见图十一（甲）〕。但是我们须注意，唐以前的这类上段多层密檐塔，不唯是平面全作方形而且第一层之下无须弥座等等雕饰，且上层各檐是用砖层层叠出，不施斗栱，其所呈的外表，完全是两样的。

所以由平面及轮廓看来，竟可证明天宁寺塔为隋代所建之绝不可能，因为唐以前的建筑师就根本没有这种塔的观念。

至于建筑各部的手法作风，则更可以辅助着图案概念方面不足的证据，而且往往更可靠，更易于鉴别。我们不妨详细将这塔的每个部分提出审查。

建筑各部构材，在中国建筑中占位置最重要的，莫过于斗栱。斗栱演变的沿革，差不多就可以说是中国建筑结构法演变史。在看多了的人，差不多只需一看斗栱，对一座建筑物的年代，便有七八分把握。建筑物之用斗栱，据我们所知道的，是由简而繁。砖塔、石塔最古的例如北周神通寺四门塔及东魏嵩岳寺十二角十五层

图十二（甲）
河南嵩山嵩岳寺塔

塔,都没有斗栱。次古的如西安大雁塔及香积寺砖塔,皆属初唐物,只用斗而无栱。与之略同时或略后者如西安兴教寺玄奘塔〔图十一(乙)〕,则用简单的一斗三升交蚂蚱头在柱头上。直至会善寺净藏塔〔图十二(乙)〕,我们始得见简单人字栱的补间铺作。神通寺龙虎塔建于唐末,只用双杪偷心华栱。真正用砖石来完全模仿成朵复杂的斗栱的,至五代宋初始见,其中便是如我们所见的许多"天宁式"塔。此中年代确实的有辽天庆七年的房山云居寺南塔、金大定二十五年的正定临济寺青塔〔图十三(甲)(乙)〕、辽道宗太康六年(公元1080年)的涿县普寿寺塔,还有蓟县白塔等等。在那时候还有许多砖塔的斗栱是木质的,如杭州雷峰塔、保俶塔、六和塔等等。

天宁寺塔的斗栱,最下层平坐,用华栱两跳偷心,补间铺作多至三朵。主要的第一层,斗栱出两跳华栱,角柱上的转角铺作在大斗之旁,用附角斗,补间铺作一朵,用四十五度斜栱。这两个特点,都与大同善化寺金代的三圣殿相同。第二层以上,则每面用补间铺作两朵;补间铺作之繁重,亦与转角铺作相埒,都是出华栱两跳,第二跳偷心的。就我们所知,唐以前的建筑,不唯没有用补间铺作两朵的,而且虽用一朵,亦只极简单,纯处于辅材的地位的直斗或人字栱等而已。就斗栱看来,这塔是绝对不能早过辽宋时代的。

承托斗栱的柱额,亦极清楚地表示它的年代。我们只需一看年代确定的唐塔或六朝塔,凡是用倚柱(engaged column)的,如嵩岳寺塔、玄奘塔、净藏塔,都用八角形(或六角?)柱,虽然有一

图十二(乙)
河南嵩山净藏禅师塔

图十三（甲）
河北正定临济寺青塔

两个用扁柱（pilaster）的，如大雁塔，却是显然不模仿圆或角柱形。圆形倚柱之用在砖塔，唐以前虽然不能定其必没有，而唐以后始盛行。天宁寺塔的柱，是圆的。这圆柱之上，有额枋，额枋在角柱上出头处，斫齐如辽建中所常见，蓟县独乐寺、大同下华岩寺都有如此的做法。额枋上的普拍枋，更令人疑它年代之不能很古，因为唐以前的建筑，十之八九不用普拍枋，上文所举之许多例，率皆如此。但自宋辽以后，普拍枋已占了重要位置。这额枋与普拍枋，虽非绝对证据，但亦表示结构是辽金以后而又早于元时的极高可能性。

在天宁寺塔的四正面有圆拱门，四隅面有直棂窗。这诚然都是古制，尤其直棂窗，那是宋以后所少用。但是圆门券上，不用火焰形券饰，与大多数唐代及以前佛教遗物异其趣旨。虽然，其上浮雕璎珞宝盖略作火焰形，疑原物或照古制，为重修时所改。至于门扇上的菱花格棂，则尤非宋以前所曾见，唐五代砖石各塔的门及敦煌画壁中我们所见的都是钉门钉的板门。

栏杆的做法，又予我们以一个更狭的年代范围。现在常见的明清栏杆，都是每两栏版之间立一望柱的。宋元以前，只在每面转角处立望柱而"寻杖"特长。[1]天宁寺塔便是如此，这可以证明它是明代以前的形制。这种的栏杆，均用斗子蜀柱[2]分隔各栏版，不用明清式的荷叶墩。我们所知道的辽金塔，斗子蜀柱都做得非常清楚，但这塔已将原形失去，斗子与柱之间，只马马虎虎地用两道线

[1][2]
每段栏杆之两端小柱，高出栏杆者称望柱，栏杆最上一条横木称寻杖。在寻杖以下部分名栏版，栏版之小柱称蜀柱。隔于栏版及寻杖之间的斗称斗子，明清以后无此制。——作者注

图十三（乙）
北平房山县云居寺南塔

条表示，想是后世重修时所改。至于栏版上的几何形花纹，已不用六朝、隋唐所必用的特种卍字纹，而代以较复杂者。与蓟县独乐寺观音阁内栏版及大同华岩寺壁藏上栏版相同。凡此种种，莫不倾向着辽金原形而又经明清重修的表示。

平坐斗栱之下，更有间柱及壸门。间柱的位置，与斗栱不相对，其上力神像当在下文讨论。壸门的形式及其起线，软弱柔圆，不必说没有丝毫六朝刚强的劲儿，就是与我们所习见的宋代扁桃式壸门也还比不上其健稳。我们的推论，也以为是明清重修的结果。

至于承托这整个塔的须弥座，则上枋之下用枭混（cyma recta），而我们所见过的须弥座，自云冈、龙门以至辽宋遗物，无一不是层层方角叠出，间或用四十五度斜角线者。枭混之用，最早也过不了五代末期，若说到隋，那更是绝不可能的事。

关于雕刻，在第一主层上，夹门立天王，夹窗立菩萨，窗上有飞天，只要将中国历代雕刻遗物略看一遍，便可定其大略的年代。由北魏到隋唐的佛像飞天，到宋辽塑像画壁，到元明清塑刻，刀法笔意及布局姿势，莫不清清楚楚地可以顺着源流鉴别的。若与隋唐的比较，则山东青州云门山、山西天龙山、河南龙门，都有不少的石刻。这些相距千里的约略同时的遗作，都有几个或许多共同之点，而绝非天宁寺塔像所有。近来有人竟说塔中造像含有犍陀罗风，其实隋代石刻，虽在中国佛教美术中算是较早期的作品，但已将南北朝时所含的犍陀罗风味摆脱得一干二净，而自成一种淳朴古拙的气息。而天宁寺塔上更是绝没有犍陀罗风味的。

至于平坐以下的力神、狮子和垫栱板上的卷草、西番莲一类的花纹，我想勉强说它是辽金的作品，还不甚够资格，恐怕仍是经过明清照原样修补的，虽然各像衣褶仍较清全盛时单纯静美，无后代繁缛云朵及俗气逼人的飘带。但窗楞上部之飞仙已类似后来常见之童子，与隋唐那些脱尽人间烟火气的飞天，不能混作一谈。

综上所述，我们可以断定天宁寺塔绝对绝对不是隋宏业寺的原塔。而在年代确定的砖塔中，有房山云居寺辽代南塔〔图十三（乙）〕

图十四（甲）
通州塔

与之最相似，此外涿县普寿寺辽塔及确为辽金而年代未经记明的塔如云居寺北塔、通州塔〔图十四（甲）〕及辽宁境内许多的砖塔，式样手法都与之相仿佛。正定临济寺金大定二十五年的青塔也与之相似，但较之稍清秀。

与之采同式而年代较后者有安阳天宁寺八角五层砖塔，虽无正确的文献纪其年代，但是各部作风纯是元明以后法式。北平八里庄

图十四（乙）
北平慈寿寺塔

慈寿寺塔〔图十四（乙）〕，建于明万历四年，据说是仿照天宁寺塔建筑的，但是细查其各部，则斗栱、檐椽、格榥、如意头、莲瓣、栏杆（望柱极密）、平坐、枭混、圭脚——由顶至踵，无一不是明清官式则例。

所以天宁寺塔之年代，在这许多类似砖塔中比较起来，我们可暂时假定它与云居寺南塔时代约略相同，是辽末（12世纪初期）

的作品，较之细瘦之通州塔及正定临济寺青塔稍早，而其细部则有极晚之重修。在得到文献方面更确实证据之前，我们仅能如此鉴定了。

我们希望"从事美术"的同志们，对于史料之选择及鉴别，须十分慎重，对于实物制度作风之认识尤绝不可少，单凭一座乾隆碑，追述往事，便认为确实史料，则未免太不认真。以前的皇帝考古家尽可以自由浪漫地记述，在民国二十四年以后一个老百姓美术家说句话都得负得起责任的。

最后我们要向天宁寺塔赔罪，因为急于辩证它的建造年代，我们竟不及提到塔之现状，其美丽处，如其隆重的权衡、淳和的色斑，及其他细部上许多意外的美点，不过无论如何天宁寺塔也绝不会因其建造时代之被证实，而减损其本身任何的价值。喜欢写生者只要不以隋代古建、唐人作风目之，误会宣传此塔之古，则当仍是写生的极好题材。

正定古建筑调查纪略[*]

[*] 本文原载1933年《中国营造学社汇刊》第四卷第二期。——祁英涛注

原题目为《正定调查纪略》。——编者注

目 录

绪　言 ⋯ 209

纪　游 ⋯ 209

纪古建筑 ⋯ 217

一、隆兴寺 ⋯ 217
　　甲　摩尼殿　　乙　转轮藏殿
　　丙　慈氏阁　　丁　其他

二、阳和楼及关帝庙 ⋯ 255

三、天宁寺木塔 ⋯ 262

四、广惠寺华塔 ⋯ 265

五、临济寺青塔 ⋯ 266

六、开元寺砖塔及钟楼 ⋯ 268

七、府文庙 ⋯ 270

八、县文庙大成殿 ⋯ 271

附　识 ⋯ 275

绪　言

今春四月正定之游，虽在兵荒马乱之中，时间匆匆，但收获却意外地圆满。除隆兴寺及四塔之外，更有阳和楼及县文庙两处重要的发现，计摄影或测量的建筑物十八处，详细测量者六处，略测者五处，其余则只摄影而已。归来整理，觉得材料太多，非时半载不办，而且篇幅过大，非汇刊所能容，所以先作《纪略》，作为初步报告，所以称"纪略"者，因记而不考故曰"纪"，纪而不详故曰"略"。至于详细报告，则将俟诸日后，作《中国营造学社专刊》第五、六两集出版。

二十二年八月　思成 志

纪　游

"榆关变后还不见有什么动静，滦东形势还不算紧张，要走还是趁这时候走。"朋友们总这样说，所以我带着绘图生莫宗江和一个仆人，于四月十六日由前门西站出发，向正定去。平汉车本来就糟，七时十五分的平石通车更糟，加之以"战时"情形之下，其糟更不可言。沿途接触的都是些武装同志，全车上买票的只有我们，其余都是用免票"因公"乘车的健儿们。

车快到涿州，已经缓行，在铁路的西边五六十公尺，忽见一堆惹人注目的小建筑物。围墙之内在主要中线上，前面有耸起的塔，后面有高起的台基，上有出檐深远歇山的正殿；两山没有清式通用的山花板，而有悬鱼；塔之前有发券的三座门。我正在看得高兴，车已开过了这一堆可爱的小建筑，而在远处突然显出涿州的城墙，不到一分钟，车已进站停住，窗前只是停在那里的货车和车上的军需品。回程未得在此停留，回来后在《畿辅通志》卷一七九翻得"普寿寺在州东三里，浮图高十丈，石台高二丈……"又曰："一名清凉寺，在城东北三里，地名北台，浮图、石台俱存……中有万历时碑记，传为宋太祖毓灵之所云。"

车过保定，下去了许多军人，同时又上来了不少，其中有一位八十八师的下级军官，我们自然免不了谈些去年"一·二八"的战事。

下午五时到正定，我和那位同座的军官告别下车。为工作便利计，我们雇了车直接向东门内的大佛寺去。离开了车站两三里，穿过站前的村落，又走过田野，我们已来到小北门外，洋车拉下了干枯的护城河，又复拉上，然后入门。进城之后，依然是一样的田野，并没有丝毫都市模样。车在不平的路上，穿过青绿的菜田，渐渐地走近人烟比较稠密的部分。过些时左边已渐繁华，右边仍是菜圃。在东（左）边我们能看见远处高大的绿色琉璃庑殿顶；东南极远处有似瞭望台的高建筑物。顺着地平由左向右看（由东而南而西），更有教堂的塔尖、八角形的塔（那是在照片里已瞻仰过的天宁寺木塔）、绿色琉璃屋顶和四方形的开元寺砖塔，由其他较低的屋顶上耸出。这是我所要研究的正定，及其主要建筑物的全景。我因在进城后几分钟内所得到的印象，才恍然大悟正定城之大出乎意料。但是当时我却不知在我眼前这一大片连接栉比的屋舍之中，还蕴藏着许多宝贝。

在正定的街市上穿过时最惹我注目的有三样东西：一、每个大门内照壁上的小神龛。白灰的照壁，青砖的小龛，左右还有不到一尺长的红纸对联；壁前一株夹竹桃或杨柳，将清凉的疏影斜晒到壁上。家家如此，好似在表明家家照壁后都有无限清幽的境界。二、鼓镜特高的柱础。沿街两旁都有走廊，廊柱下石础上有八九寸高的鼓镜，高略如柱径；沿街铺廊的柱础都是如此，显然是当地的特征。三、在铺廊或住宅大门檐下，檐檩与檐枋之间，都不用北平所常见的垫板，而用三朵荷叶或荷花垫托，非常可爱。此外在东西大街两旁的屋顶上，用砖砌成小墩，上面有遮过全街宽的凉棚架，令我想到他们夏天街上的清凉。

在一架又一架凉棚架下穿行了许久，我左右顾看高起的鼓镜和檩枋间的小垫块，忽然已到了敕建隆兴寺山门之前。车未停留，匆匆过去，一瞥间，我只看见山门檐下斗栱结构非常不顺眼。车绕过了山门，向北顺着一道很长的墙根走，墙上免不了是"党权高于一切""三民主义"一类的标语。我们终于被拉到一个门前放下，把门的兵用山西口音问我来做什么。门上有陆军某师某旅某团机关枪连的标识。我对他们说明我们的任务，候了片刻，得了连长允许，被引到方丈去。

一位六十岁左右的老和尚出来招待我们，我告诉他我们是来研究隆兴寺建筑的，并且表示愿在此借住，他因方丈不在家，不能做主，请我们在客堂等候。到方丈纯三回来，安排停当之后，我们就以方丈的东厢房作工作的根据地。但因正定府城之大，使我们住在城东的，要到西门发封电信都感到极不方便。

在黄昏中，莫君与我开始我们初步的游览。由方丈穿过关帝庙，来到慈氏阁的北面，我们已在正院的边上；在这里我才知道刚才进小北门时所见类似瞭望台式的高建筑物，原来是纯三方丈所重修的大悲阁。在须弥座上，砌起十丈多高的半圆栱龛，类似罗马教皇宫苑中的大松球龛（niche of the pine cone），龛上更有三楹小殿，这时木匠正忙着在钉殿顶上的望板。

在大悲阁前，有转轮藏与慈氏阁两座显然相同的建筑相对而立。我们先进慈氏阁看看内部的构架，下层向南的下檐已经全部毁坏，映入惨淡的暮色。殿内有弥勒（？）立像，两旁有罗汉。我们上楼，楼梯的最下几级已没有了，但好在还爬得上去。上层大部没有地板，我们战兢地看了一会儿，在几不可见的苍茫中，看出慈氏阁上檐斗栱没有挑起的后尾，于是大失所望地下楼。我们越过院子，看了转轮藏殿的下部，与显然由别处搬来寄居的袒腹阿弥陀佛，不禁相对失笑。此后又凭吊了他背后破烂的转轮藏，却没有上楼。

慈氏阁、转轮藏殿之间，略南有戒坛，显是盛清的形制。戒坛前面有一道小小的牌楼，形制甚为古劲。穿过牌楼门，庞大的摩尼殿整个横在前面。天已墨黑，殿里阴深，对面几不见人，只听到上面蝙蝠唧唧叫唤。在殿前我们向南望了六师殿的遗址和山门的背面，然后回到方丈去晚斋。豆芽、菠菜、粉丝、豆腐、面、大饼、馒头、窝窝头，我们竟然为研究古建筑而茹素，虽然一星期的斋戒曾被荤浊的罐头宣威火腿破了几次。

晚上纯三方丈来谈，说起前几天燕京大学许地山、容希伯、顾颉刚诸先生的来游。我将由故宫摹得乾隆年间重修正定隆兴寺图与和尚看，感叹了行宫之变成天主教堂，并且得悉可贵的《隆兴寺志》已于民国十八年寺产被没收为国民党党部时失却，现在已无法寻找[1]。

第二天早六时，被寺里钟声唤醒，昨日的疲乏顿然消失。这一天主要工作仍是将全寺详游一遍，以定工作的方针。大悲阁的宋构已毁去什九，正由纯三重修栱形龛，龛顶上工作纷纭，在下面测画颇不便，所以我们盘桓一会儿，向转轮藏殿去。大悲阁与藏殿之间，及大悲阁与慈氏阁之间，都有一座碑亭，完全是清式。转轮藏前的阿弥陀佛依然是笑脸相迎，于是绕到轮藏之后，初次登楼。越过没有地板的梯台（landing），再上大半没有地板的楼上，发现藏殿上部的结构，有精巧的构架，与《营造法式》完全相同的斗栱，和许多许多精美奇特的构造，使我们高兴到发狂。

摩尼殿是隆兴寺现存诸建筑中最大最重要者。十字形的平面，每面有歇山向前，略似北平紫禁城角楼，这式样是我们在宋画里所常见，而在遗建中尚未曾得到者。斗栱奇特：柱头铺作小而简单；补间铺作大而复杂，而且在正角内有四十五度的如意栱，都是后世所少见。殿内供释迦及二菩萨，有阿难、迦叶二尊者，并天王侍立。

摩尼殿前有甬道，达大觉六师殿遗址，殿已坍塌，只剩一堆土

[1]《隆兴寺志》为清乾隆十三年手抄本，解放后已找到，现存隆兴寺保管所。——祁英涛注

丘，约高丈许。据说燕大诸先生将土丘发掘，曾得了些琉璃，惜未得见。土丘东偏有高约七尺武装石坐像，雕刻粗劣，无美术价值，且时代也很晚，大概是清代遗物。这像本来已半身埋在土中，亦经他们掘出。

由土丘南望，正见山门之背。山门已很破，一部分屋顶已见天。东西间内供有四天王，并不高明。山门宋式斗栱之间，还夹有清式平身科（补间铺作），想为清代匠人重修时蛇足的增加，可谓极端愚蠢的表现。山门之北，左右有钟楼、鼓楼遗址，钟楼的四根角柱石还矗立在土堆中，铁钟卧倒在地上。但在乾隆重修图上，原来的钟鼓楼并不在此。也许是后来移此，也许是乾隆时并没有依图修理，都有可疑。

寺的主要部分，如此看了一遍。次步工作便须将全城各处先游一周，依遗物之多少，分配工作的时间。稍息之后，我们带了摄影机和速写本出去"巡城"。我所知道的古建只有"四塔"和名胜一处——数百年来修葺多次的阳和楼。天宁寺木塔离大佛寺最近，所以我们就将它作第一个目标，然后再去看临济寺的青塔、广惠寺的华塔、开元寺的砖塔。

初夏天气，炎热已经迫人，我们顺着东大街西走，约有两里来地，到寺前空地。空地比街低洼许多。塔的周围便是这空地和水塘，天宁寺全部仅存塔前小屋一院。塔前有明碑，一立一卧，字迹已不甚可辨。我勉强认读碑文，但此文于塔的已往并未有所记述。我们只将塔基平面测绘而已。

回到大街，过街南行，不到几步，又看见田野。正定城大人稀，城市部分只沿着主要的十字街。临济寺的青塔，就在城东南部田野与住宅区相接处。青塔是四塔中之最小者，不似其他三塔之耸起，由形制上看来，也是其中之最新者。我们对青塔的工作只是平面图的测量和几张照片，不幸照片大部分走了光，只剩一张全影。

我们走了许多路，天气又热，不禁觉渴。看路旁农人工作正忙，由井中提起一桶一桶的甘泉，决计过去就饮，但是因水里满是浮沉的微体，只是忍渴前行。

青塔南约里许，也在田野住宅边上，立着奇特的华塔。原来的广惠寺也是只余小殿三楹，且塔基部分破坏已甚。塔门已经堵塞，致我们不能入内参看。

我们看完这三座塔后，便向南大街走。沿南大街北行，不久便被一座高大的建筑物拦住去路。很高的砖台，上有七楹殿，额曰阳和楼，下有两门洞，将街分左右，由台下穿过。全部的结构就像一座缩小的天安门。这就是《县志》里有多少篇重修记的名胜——阳和楼；砖台之前有小小的关帝庙，庙前有台基和牌楼。阳和楼的斗栱，自下仰视，虽不如隆兴寺的伟大，却比明清式样雄壮得多。虽然多少次重修，但仍得幸存原构，这是何等侥幸。我私下里自语："它是金元间的作品，殆无可疑。"但是这样重要的作品，东、西学者到过正定的全未提到，我又觉得奇怪。门是锁着的，不得而入，看楼人也寻不到，徘徊瞻仰了些时，已近日中时分，我们只得向北回大佛寺去。在南大街上有好几道石牌楼，都是纪念明太子太保梁梦龙的。中途在一个石牌楼下的茶馆里，竟打听到看楼人的住处。

开元寺俗称砖塔寺。下午再到阳和楼时，顺路先到此寺，才知现在是警察教练所。砖塔的平面是四方形，各层的高度也较平均，其形制显然是四塔中最古者，但是砖石新整，为后世重修，实际上又是四塔中最新的一个。

开元寺除塔而外，尚存一殿一钟楼，而后者却是我们意外的收获。钟楼的上层外檐已非原形，但是下檐的斗栱和内部的构架，赫然是宋初（或更古！）遗物。楼上的大钟和地板上许多无头造像，都是有趣的东西。这钟楼现在显然是警察的食堂。开元寺正殿却是毫无趣味的清代作品，里面站在大船上的佛像，更是俗不可耐。

离开开元寺，我们还向阳和楼去。在楼下路东一个民家里，寻到管理人。沿砖台东边拾级而登，台上可以瞭望全城。台上有殿七楹，东西碑亭各一。殿身的梁枋、斗栱，使我们心花怒放，知道这木构是宋式与明清式间紧要的过渡作品。这一下午的工作，就完全在平面和斗栱之测绘。

回到寺里，得到滦东紧急的新闻，似乎有第二天即刻回平之必要。虽然后来又得到缓和的消息，但是工作已不能十分地镇定。原定两星期工作的日程，赶紧缩短，同时等候更坏的消息，预备随时回平。

第三天游城北部，北门里的崇因寺和北门外的真武庙。崇因寺是万历年间创建，我们对它并没有多大的奢望。真武庙《县志》称始于宋元，但是现存者乃是当地的现代建筑。正脊、垂脊和博风头上却有点有趣的雕饰。

回途到府文庙，现在的第七中学。在号房久候之后，蒙教务主任吴冶民先生领导参观。我们初次由小北门内远见的绿琉璃庑殿顶，原来就是大成殿，现在的"中山堂"；正脊虽短促，但柱高，斗栱小，出檐短，显然是明末作品。前殿——图书馆——的斗栱却惹人注意，可惜殿内斗栱的后尾，被俗恶的白灰顶棚所遮藏，不得见其底细；记得进门时，在墙上仿佛见有"教育要艺术化"的标语，不知是否就如此解法。殿前泮水池上的石桥，雕工虽不精细而古雅，大概也是明以前物。

由府文庙出来，我们来到县政府，从前的正定府衙门。府衙门的大堂是一座庞大而无斗栱的古构，由规模上看来，或许也是明构。府衙门和文庙前的牌楼，都用一种类似"偷心"华栱的板块代替斗栱，这个结构还是初次见到。府衙门之外，还有一座楼，现在改为民众图书馆，形式颇为丑怪。在回寺途中，路过镇台衙门，现在的七师附小，在门内得见一对精美绝伦的铁狮，座上有元至正二十八年年号和铸铁匠人的名姓。

第三天的工作如此完结，我觉得我对正定的主要建筑物已大略看过一次，预备翌晨从隆兴寺起，做详测工作。

第四天，棚匠已将转轮藏殿所需用的架子搭妥。以后两天半——由早七时到晚八时——完全在转轮藏殿、慈氏阁、摩尼殿三建筑物上细测和摄影。其中虽有一天的大雷雨雹，晚上骤冷，用报纸辅助薄被之不足，工作却还顺利。这几天之中，一面拼命赶着测量，在转轮藏平梁、叉手之间，或摩尼殿替木、襻间之下，手按着两三寸厚几十年的积尘，量着材梁栱斗，一面心里惦记着滦东危局，揣想北平被残暴的邻军炸成焦土，结果是详细之中仍多遗漏，不禁感叹"东亚和平之保护者"的厚赐。

第六天的下午在隆兴寺测量总平面，便匆匆将大佛寺做完。最后一天，重到阳和楼将梁架细量，以补前两次所遗漏。余半日，我忽想到还有县文庙不曾参看，不妨去碰碰运气。

县文庙前牌楼上高悬着正定女子乡村师范学校的匾额。我因记起前次在省立七中的久候，不敢再惹动号房，所以一直向里走，以防时间上不必需的耗失，预备如果建筑上没有可注意的，便立刻回头。走进大门，迎面的前殿便大令人失望，我差不多回头不再前进了，忽想"既来之则看完之"比较是好态度，于是信步绕越前殿东边进去。果然！好一座大成殿，雄壮古劲的五间，赫然现在眼前。正在雀跃高兴的时候，觉得后面有人在我背上一拍，不禁失惊回首。一位须发斑白的老者，严重地向着我问我来意，并且说这是女子学校，其意若曰："你们青年男子，不宜越礼擅入。"经过解释之后，他自通姓名，说是乃校校长，半信半疑地引导着我们"参观"；我又解释我们只要看大成殿，并不愿参观其他；因为时间短促，我们匆匆便开始测绘大成殿——现在的食堂——平面。校长起始耐性陪着，不久或许是感着枯燥，或许是看我们并无不轨行动，竟放心地回校长室去。可惜时间过短，断面及梁架均不暇细测。完了之后，校长又引导我们看了几座古碑，除一座元碑外，多是明物。我告诉他，这大成殿也许是正定全城最古的一座建筑，请他保护，不要擅改，以存原形。他当初的怀疑至是仿佛完全消失，还殷勤地送别我们。

下午八时由大佛寺向车站出发，等夜半的平汉特别快。因为九点闭城的缘故，我们不得不早出城，到站等候。站上有整列的敞车，上面满载着没有炮的炮车，据说军队已开始向南撤退。全站的黑暗忽被惨白的水月电灯突破，几分钟后，我们便与正定告别北返。翌晨醒来，车已过长辛店了。

纪古建筑

一、隆兴寺[1]

[1] 隆兴寺于1961年经国务院公布为"第一批全国重点文物保护单位"（编号89）。——祁英涛注

隆兴寺在正定县城东部，旧名龙兴寺，俗称大佛寺，是河北重要大伽蓝之一（图一）。寺之创建，可以追溯到隋开皇六年（公元586年），著名的龙藏寺碑到如今还在大悲阁前直立着，为这寺史作证据。但是现存的建筑，最古者不过宋初。宋太祖因城西大悲寺大铜像被毁于契丹，所以在城内另铸大铜观音像于龙兴寺，建大悲阁。元、明、清间历代修葺，康熙、乾隆朝，更建僧舍、佛庵于两旁，而在寺西建行宫。自康乾至今不过二百余年，后加的各部除现在的方丈外，差不多已全部毁坏，行宫也已变成天主教堂。唯有寺正中原来古构，尚得勉强保存。现在颓败的隆兴寺，只余山门、摩尼殿、戒坛、转轮藏、慈氏阁、两座碑亭、大悲阁及其左右联建的集庆阁和御书楼、两旁的僧舍、回廊和后面的药师殿。山门与摩尼殿之间，原有大觉六师殿，现在只有一土丘；六师殿两侧的钟鼓楼亦仅存遗址。戒坛是清建，其四周走廊已被拆毁。大悲阁是全寺最重要的建筑物，现在已破坏到不可收拾，而纯三方丈已在须弥座上另建砖龛了。阁之原构，尚有少数的梁柱及斗栱可见，而东西两壁的塑壁尤为可贵，罕有的古雕塑。

甲　摩尼殿

寺中现存古构中，以摩尼殿为最大，最完整，最重要（图二、图三）。在戒坛之前，六师殿之后，它在寺中所占的位置——尤其是在六师殿已经坍塌之后，极为重要。

平面　阔七间，深七间；但侧面当心间旁的两次间，阔只及其他间之半；所以摩尼殿的平面是个近于正方的长方形。四面的正

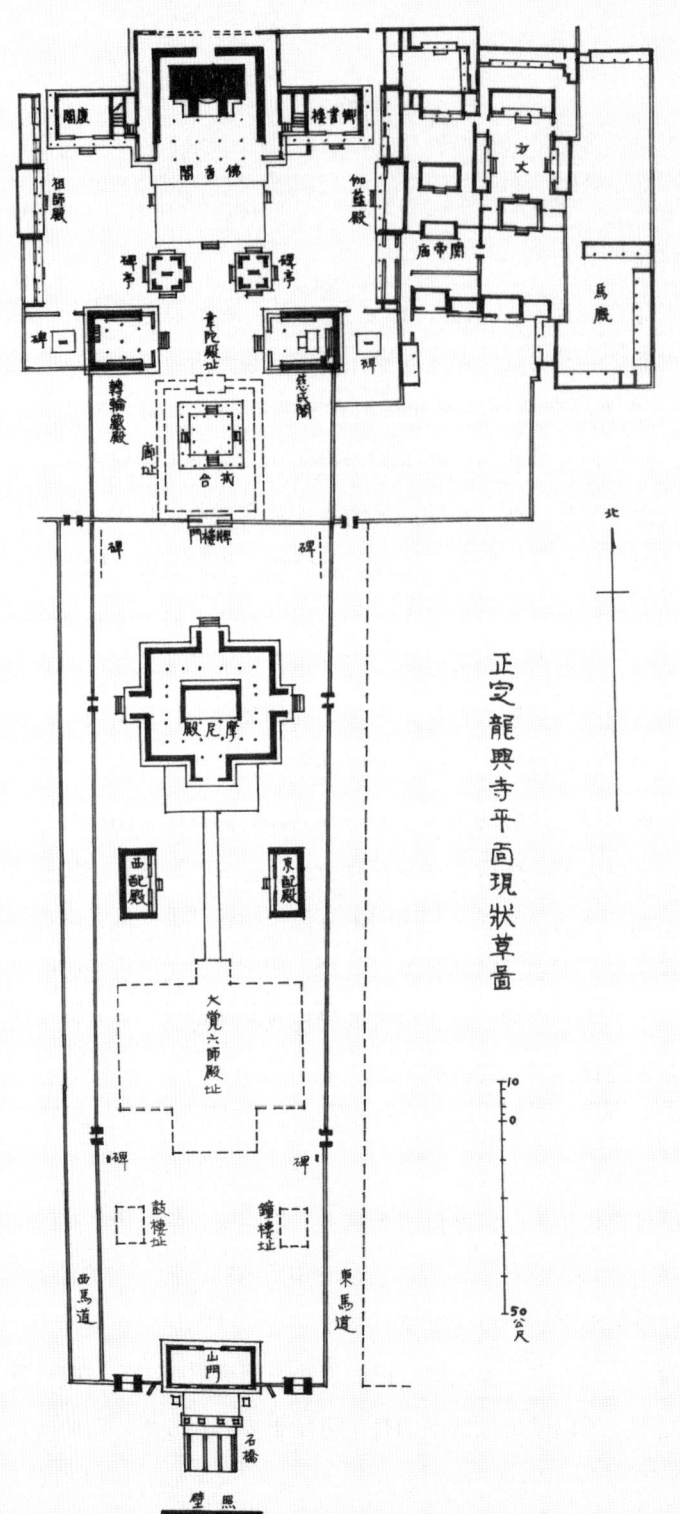

图一 正定隆兴寺（龙兴寺）平面现状草图

图二
隆兴寺摩尼殿南面全景

中都有抱厦。殿全部立在一个大台基上；台基之前更有月台。四面的抱厦是殿四面出入的孔道，除此以外，四面都是砖墙，并没有窗牖，殿内所得些少的光线，都由上下两檐下栱眼间放进。殿内有金柱内外两围，外围之上承托上层檐，内围之内所包括的内槽九间是个大基坛，上供佛像；在坛之东、西、北三面，都有到顶的砖墙（图三）。

断面 正中殿身五间，进深亦五间；但因其中两间进深较浅，所以实际进深只及面阔之四间。内外金柱上都有斗栱，内金柱斗栱上承有五架梁（宋称四椽栿，图四），长如正中三间的进深。梁架的结构较清式的轻巧，而各架交叠处的结构（图五），叉手、驼峰、襻间等等的分配，多与《营造法式》符合。内外金柱斗栱之上有双步梁（宋称乳栿，图六）。外金柱与檐柱间有下檐一周，即《法

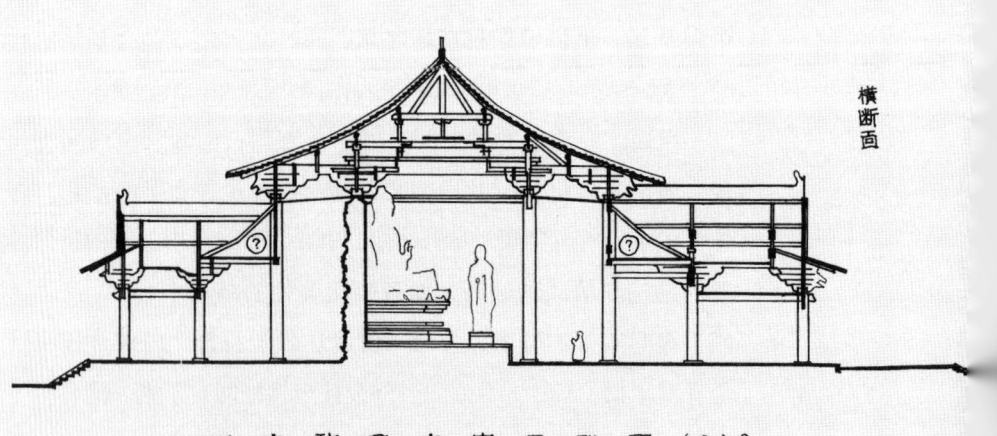

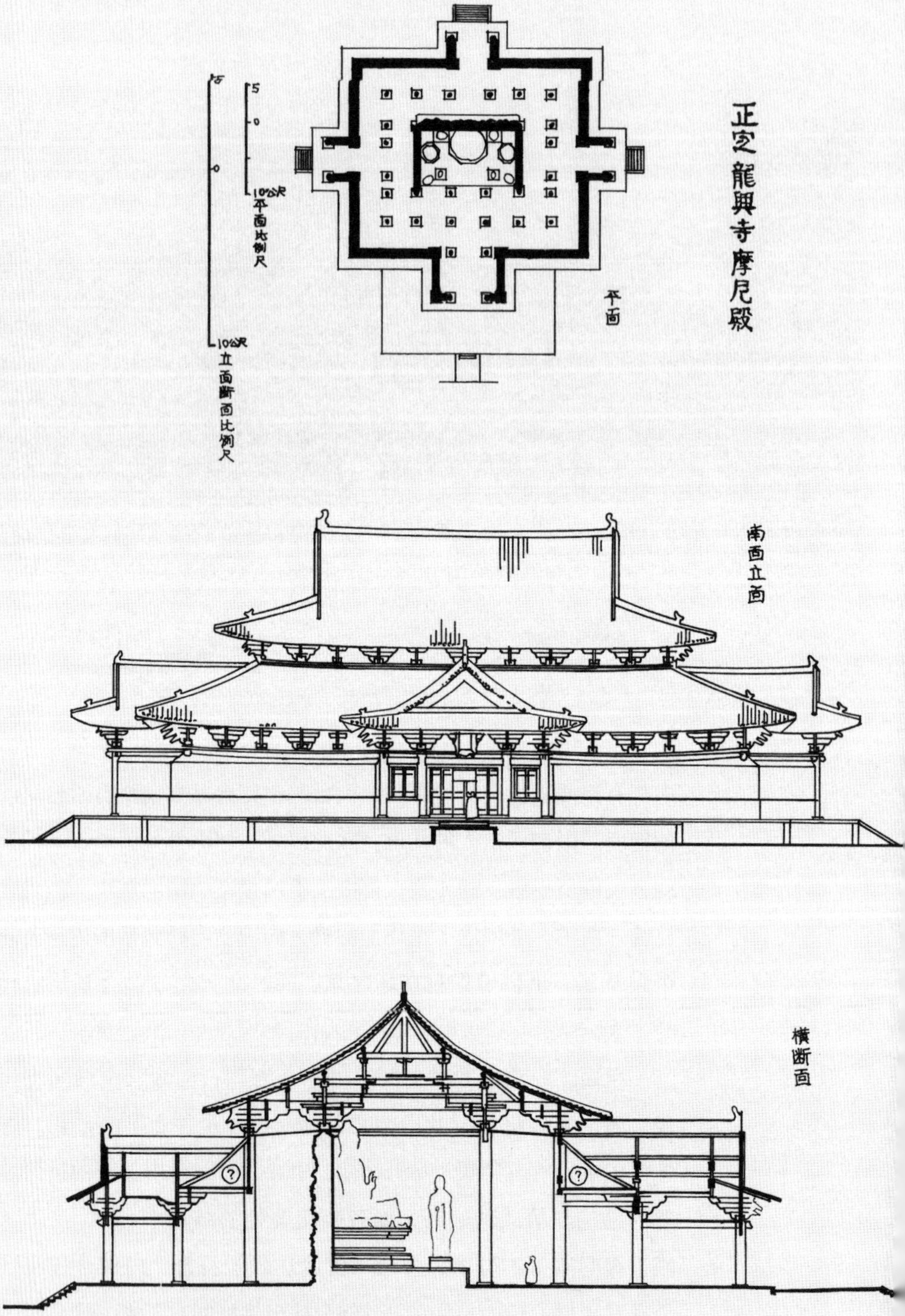

正定龍興寺摩尼殿圖（金）？

图三
隆兴寺摩尼殿平面、
南立面及横断面图
（左页）

图四
隆兴寺摩尼殿四椽
栿上构架

图五
隆兴寺摩尼殿平梁
上构架

图六 隆兴寺摩尼殿乳栿构梁并斗栱

式》所称副阶。在四面正中都有歇山抱厦，为后世少见的结构法（图三）。

立面 重檐歇山的殿身，四面加歇山抱厦，而抱厦却以山面向着四面，这种的布局，我们平时除去北平故宫紫禁城角楼外，只在宋画里见过；那种画意的潇洒、古劲的庄严，的确令人起一种不可言喻的感觉，尤其是在立体布局的观点上，这摩尼殿重叠雄伟，可以算是艺臻极品，而在中国建筑物里也是别开生面。

在无论哪面，摩尼殿都有雄厚的墙，墙上并没有窗子，唯一的出入口就是抱厦，光线之大部分，也由抱厦放入，上下两层檐下，都有雄大的斗栱（图六，图七，图八，图九，图十）。我们若再细看，则见各面的檐柱，四角的都较居中的高，檐角的翘起线，在柱头上的阑额，也很和谐地响应一下，《营造法式》所谓"角柱生起"，此是一实证（图七）。在蓟县独乐寺及宝坻广济寺也有同样的做法。惜去年研究时竟疏忽未特别加以注意，至今心中仍耿耿。

斗栱 摩尼殿斗栱雄大，分部疏朗（图六，图七，图八，图九，图十）。上下两檐都是单杪单昂偷心造——第一跳跳头无横栱。其最引

图七
隆兴寺摩尼殿角柱
之生起

图八
隆兴寺摩尼殿南面
抱厦下檐转角铺作

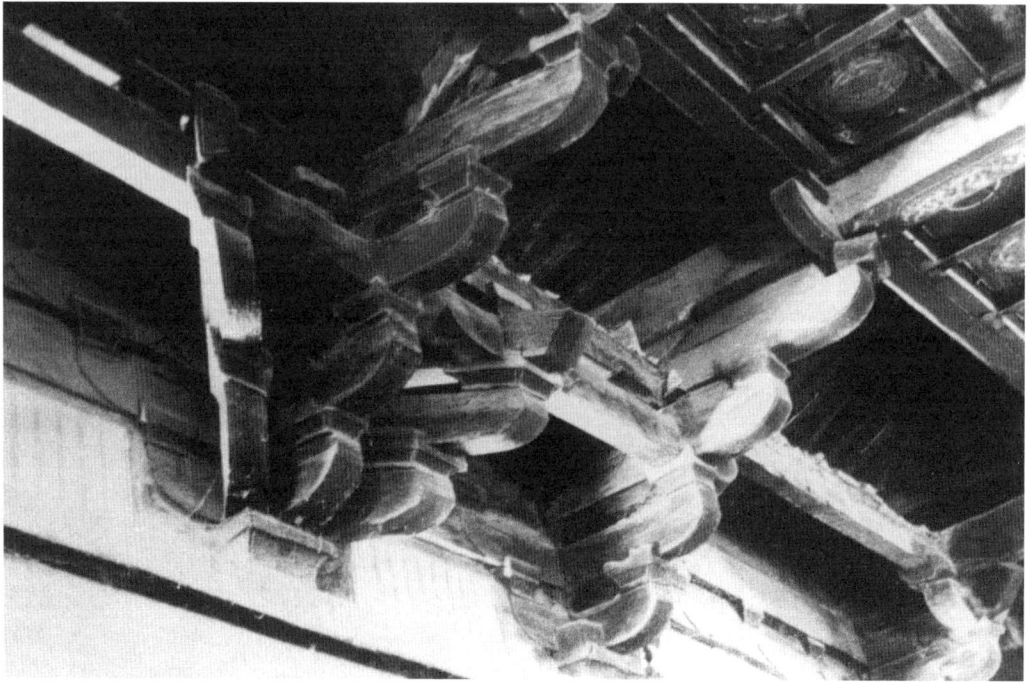

图九
隆兴寺摩尼殿南面抱厦下檐柱头铺作（左页上）

图十
隆兴寺摩尼殿殿身下檐柱头铺作及补间铺作后尾（左页下）

[1]
二天王像，解放前已毁。——祁英涛注

图十一
隆兴寺摩尼殿内槽北壁北面塑像

人注意之点在补间铺作之特别雄大——柱头铺作只有华栱与下昂伸出，而补间铺作则有四十五度的斜栱，如辽宋砖塔上所常见，清代所称"如意斗栱"的做法（图六）。至于斗栱的高度，则约合柱高之半；而材高二十一公分，宽十五至十六公分不等，都是明清所不见的权衡。柱头铺作上及转角铺作上耍头，亦斫成昂嘴形（图八），呈重昂之状，大小亦相等。我们若以此与独乐寺下檐的耍头比较，或许可以假定摩尼殿比观音阁更古，因为以两者相较，观音阁的弱小的耍头，的确像是由这种大耍头退化而成的。

塑像壁画 内槽九间全是佛坛，高一公尺，上供释迦及二菩萨，有阿叶、迦难及二天王侍立，塑工并不见如何高妙[1]。在内槽背壁之北面有山中的观音，四周有龙虎狮象等猛兽，而观音一足下垂，一足踞起的姿势和身段的结构，显然是宋代原塑，虽然被后世涂改了不少，倒还保存一些本来面目（图十一）。殿内每一面壁上，都有壁画，虽然也是经后世累次涂改重修，但有许多地方，较新的

图十二
隆兴寺摩尼殿东壁壁画

图十三
隆兴寺摩尼殿东抱厦南壁壁画

壁面剥脱后，原来的壁画竟又隐约呈见（图十二，图十三）。

年代　关于摩尼殿的记录，在《县志》中竟无只字提到，颇令人诧异。寺内旧碑数十座，均未得细读，一时不能说其确实年代。寺历代经过修葺，尤其是在清康熙、乾隆二朝，工程浩大。现在脊桁上有"大清道光二十四年三月二十四日卯时上梁重修"的三寸大字，大概是最后一次大规模修葺的记录；现在梁架最上部的木材，比别部分也新得许多，大概就是这次所换。据《县志》卷十五载绍圣四年葛繁《真定府龙兴寺大悲阁记》有"……太祖皇帝开宝二年……诏遣中使相地于龙兴寺佛殿之北，将复建阁……"之句；这佛殿若是指现在的摩尼殿言，则摩尼殿在开宝二年以前一定已经存在了。从形制上看来，摩尼殿至少也是北宋原构，当再搜寻较可靠的文献作考证。[1]

乙　转轮藏殿[2]

在大悲阁之前，配置于东、西两侧者为慈氏阁及转轮藏殿（图十四），阁在东，藏殿在西。两者外形颇相类似，但大小各有小差，而结构法，在平面的布置、梁架之结构、斗栱之配用，则完全不同。二者之中，转轮藏殿之结构，尤为精巧，是木构建筑之杰作。

平面　是个三间正方形，前面加有雨搭（图十六）。正方形之中略偏后，有径约七公尺的转轮藏（图二十七）；藏旁两中柱，因容不下安轮藏的地位，各向左右让出，所以成一种特殊的平面配置。沿左右两壁下，列罗汉十六尊。在轮藏之后，有梯沿西墙由北向南，可达上层。

上层没有雨搭，只是九间；四周有平坐；正中一间供佛像，像前地板上有孔，轮藏转轴的顶由地板上伸出。

断面　转轮藏殿梁架的结构，可以说是建筑中罕有的珍品。下层因前面两金柱之向左右移动，迫出由下檐斗栱弯曲向上与承重梁衔接的弯梁（图十七）。上层梁架因前后做法之不同，有大斜柱之应用（图十六，图十七，图十八），而大斜柱与下平榑、下襻

[1]
1978年摩尼殿大修时，于内槽阑额及斗栱构件上，多处发现墨书题记，证明摩尼殿建于北宋皇祐四年（公元1052年）。——祁英涛注

[2]
转轮藏殿及慈氏阁二建筑物，清代所加腰檐，于1954—1958年修理时，已被取消，外观恢复宋代面貌。——祁英涛注

图十四
隆兴寺转轮藏殿东面（前面）

图十五
隆兴寺转轮藏殿南面（侧面）

图十六
隆兴寺转轮藏殿平面及横断面图（右页）

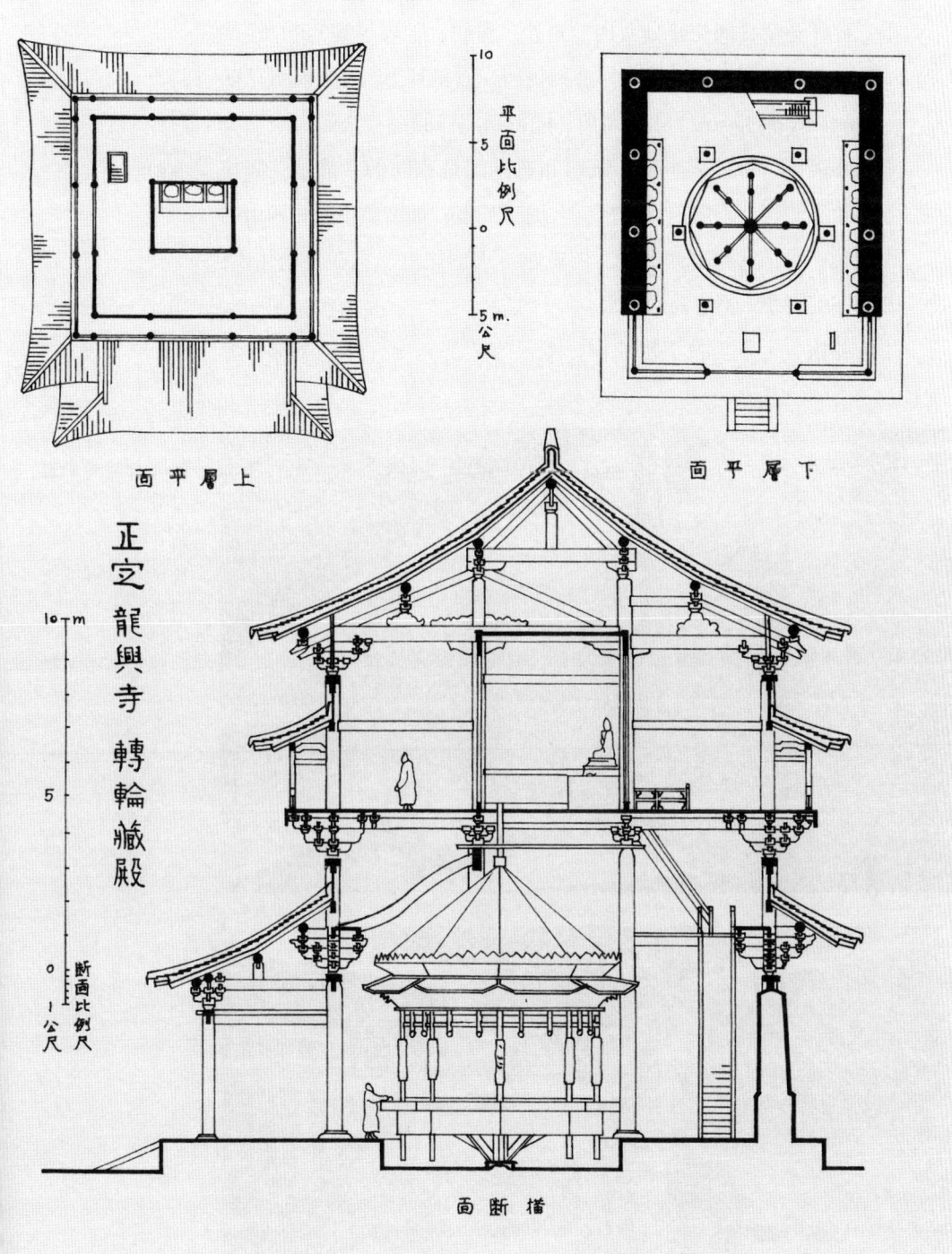

间相交接点，交代得清清楚楚，毫不勉强，在梁架用法中是最上乘。此外各梁柱间交接处所用的角替、襻间、驼峰等等（图十九，图二十），条理不紊，穿插紧凑，抑扬顿挫，适得其当，唯有听大乐队（symphony orchestra）之奏名曲，能得到同样的锐[1]感。

[1] 疑为"悦"字。——编者注

立面 由外表上看，藏殿和慈氏阁是相同的，都是三间正方、两层的楼。下层前有雨搭，上层有平坐，重檐歇山造。两山的山花板，是清代修葺时所加。二者唯一不同之点，只在上檐斗栱，若不仔细观摩，不容易看出来。

斗栱 平坐及下层斗栱，藏殿与阁都完全一样。全部布置

图十七
隆兴寺转轮藏殿弯梁

图十八
隆兴寺转轮藏殿大斜柱

图十九
隆兴寺转轮藏殿两际弯扒梁

图二十
隆兴寺转轮藏殿平梁构架

极为疏朗：当心间用补间铺作两朵，梢间及山面皆只用一朵。下层为五铺作计心单栱造（图二十三），向外出两跳，第一跳跳头只有瓜子栱（清式称外拽瓜栱）而无慢栱（清式称万栱），第二跳令栱（清式称厢栱）之上有替木，而不用明清常用的挑檐枋。雨搭斗栱（图二十一）为四铺作单栱造，现在的令栱是清代修葺时所改造。平坐铺作（图二十二）出三跳，单栱计心造，其特异之点在最外一跳跳头无令栱，而代以长枋，与齐头的耍头相交。上层斗栱则与阁大大不同。头一样容易看出的，就在梢间补间铺作之偏置（图十四，图十五），因为昂尾须让出角昂后尾的位置来。在本身的结构上说，藏殿上檐的斗栱是个罕见的做法；五铺作，单栱，出单杪，双下昂[1]（图二十四，图二十五）——清式所谓五踩单翘重昂。其特点在第二昂并不比第一昂长出一跳，只与令栱相交，其上便是耍头；两重昂同长的例，还以此处为初见。下层昂下有华头子承托，如《营造法式》之制（图二十四）。昂尾方正无雕饰，简朴古劲得很（图二十六）。

[1] 此处的第二昂，实为昂式耍头。——祁英涛注

转轮藏 藏殿的主人翁（图二十七）。"转轮藏"这三个字虽然是佛寺里一切八角形藏经的书架的通用名称，但是实际会"转"的轮藏，实例甚少。隆兴寺的转轮藏占去藏殿下层中央之全部。在殿下层地板上，有径约七公尺的圆池，池中有生铁的轴托（图二十八），

图二十一
隆兴寺转轮藏殿雨搭斗栱

图二十二 隆兴寺转轮藏殿平坐斗栱

图二十三 隆兴寺转轮藏殿下层斗栱

图二十四
隆兴寺转轮藏殿上
檐柱头铺作

图二十五
隆兴寺转轮藏殿上
檐转角铺作

图二十六
隆兴寺转轮藏殿上檐斗栱后尾

图二十七
隆兴寺转轮藏殿转轮藏

上有极大的中心柱做藏的转轴。藏是八角形，由八根内柱、八根外檐柱和多数的横枋及斜木构成。外观是重檐的亭子形，下檐八角形，上檐则是圆形的。八面每面做成三间形，但当心间二平柱下不及地，只是垂莲柱。经屉及下部装饰都已毁坏无遗，只余斗栱及骨架。其斗栱之分配，当心间用补间铺作两朵，梢间用一朵。斗栱上下层都是八铺作，重栱，出双杪三下昂，计心造。最下层昂下有华头子承托。昂是古式真的斜昂，而不是清式之平置的翘而加以昂嘴者。各斗之㰉（清式称斗底）皆略有凹杀，非如清式斗底之板直。最外跳头上用橑檐枋，其断面作长方形，非圆径的挑檐桁。此外角梁头的蝉肚（与清式霸王拳不同）、椽子的卷杀、扁阔的普拍枋（清式称平板枋）和卷杀的柱头，无一不与《营造法式》符合（图二十九）。不知关野先生何所根据而说它是清代所造？（见《支那建筑》上卷解说第六十一页）[1]

[1] 1954年修理时，于转轮藏大悬柱上发现元至正二十五年的游人题记，证明现存转轮藏应早于此。——祁英涛注

佛像　一进藏殿，迎面便是笑脸的阿弥陀佛，塑工甚佳（图三十），被贬坐在砖地上；原先也许是六师殿里的东西。藏之两旁有

图二十八
隆兴寺转轮藏殿
转轮藏转轴轴托

图二十九
隆兴寺转轮藏殿转
轮藏斗栱

图三十
隆兴寺转轮藏殿内
阿弥陀佛

十六罗汉，塑工并不高明。南墙边在楼梯之下，有三尊弃置的无头漆像，却都是极精的作品。上层正中间的一尊释迦、两尊菩萨，保存得很好，由衣纹及面貌看来，至少也是宋初遗物（图三十三）。[1]

[1] 殿内佛像，只余楼上三尊，其余于解放前毁掉。——祁英涛注

丙　慈氏阁

在佛香阁之前，与转轮藏殿对立，而形式与之极相似者，为慈氏阁（图三十二）。

平面　也是个每面三间的正方形，前有雨搭（图三十三）。但殿身内前面二金柱，则完全省却。殿内供大弥勒（？）立像，通上下二层，两侧有罗汉像。大像座后有梯达上层。上层九间，周有回廊、平坐，与藏殿同。正中一间则无地板，大佛像的头，由井中伸至二层楼板之上。

断面　梁架结构颇为简单。阁进深三间，每间椽分两步。其最可注意之点乃在前列内柱，如前所说，在下层完全省却，而在檐

图三十一
隆兴寺转轮藏殿上层佛像

柱与后内柱间大梁上，在前内柱分位，安置大平盘斗，上立内柱，如侏儒柱（清式称童柱）之制（图三十四）。以上就是简单的横梁直柱，极其整洁（图三十五，图三十六）。

立面 外表与转轮藏殿极相似，唯一不同处只在上檐的斗栱。

斗栱 下两层与藏殿完全相同。上层外观亦似藏殿，但结构法却完全两样。慈氏阁上檐斗栱，虽然也是单栱单杪双下昂，但是多一跳，所以多一层罗汉枋，多一跳栱。在正中线上的泥道栱（清式称正心瓜栱）却是重栱造（图三十七，图三十八），不似藏殿之用泥道单栱。下昂的做法，乃如明清式的昂，并不将后尾挑起，而是平置的华栱（清式称翘），在外斫成昂嘴形。这种做法，我一向以为是明清以后才有的，但由慈氏阁所见看来，其权衡雄大，布置疏朗似宋代物，难道这就是明清式假昂的始祖？

佛像 阁的主人翁是弥勒立像（图三十九），像后有轮廓奇特精美的背光。全部塑工颇似佛香阁的铜像，也许也是宋代原物。像

图三十二
隆兴寺慈氏阁西面全景

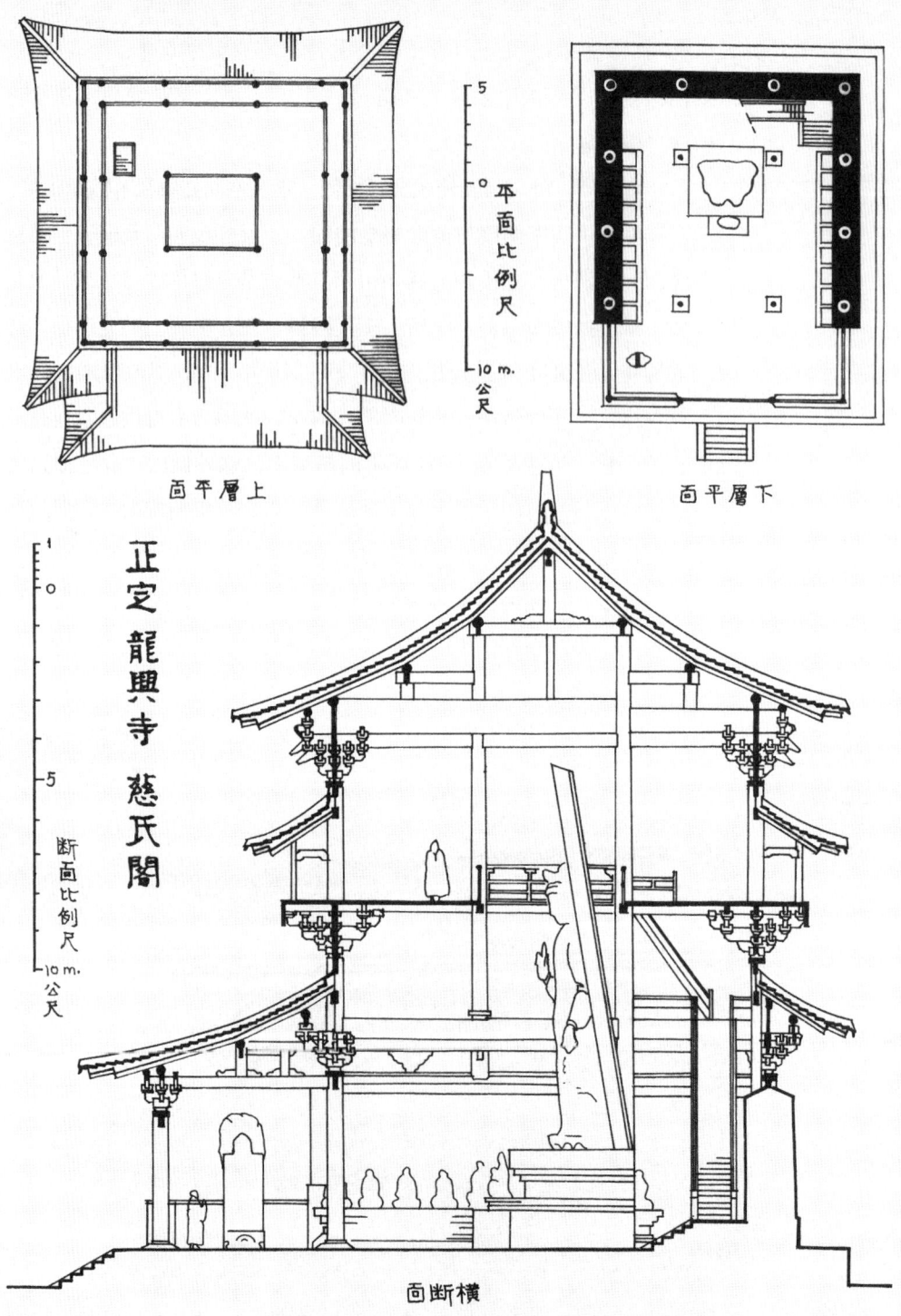

图三十三
隆兴寺慈氏阁平面及横断面图

图三十四
隆兴寺慈氏阁梁架
下部

图三十五
隆兴寺慈氏阁两际
梁架

图三十六
隆兴寺慈氏阁平梁
构架

图三十七
隆兴寺慈氏阁上檐
柱头铺作后尾

图三十八
隆兴寺慈氏阁上檐
转角铺作后尾

颈上挂了一大串真的大念珠，既大且笨，权衡完全不合，不知是后世何人恶作剧。大像左右有八尺来高的小菩萨像侍立，饶有宋风。大像座前更有送子观音，正抱着小娃娃不知送与谁家！俗劣殊甚。南北两壁下的罗汉像，平平无可述。[1]

丁　其他

佛香阁　　及其中的四十二臂千手千眼观音菩萨大铜像，其实是寺内最重要的建筑及佛像。宋太祖开宝四年（公元971年）七月始建阁铸像。像立在极大石须弥座上，《县志》称高七十三尺。阁面阔七间，深五间，前面另有雨搭。景祐元年（公元1034年）惠

图三十九
隆兴寺慈氏阁弥勒立像（左）

图四十
隆兴寺佛香阁观音菩萨大铜像上段（右）

[1] 阁内佛像，只余弥勒（慈氏）立像，其余于解放前毁坏。——祁英涛注

演碑说是"拆卸九间讲堂"盖的。现在的阁已破坏到不可收拾的地步,屋顶已完全坍塌,观音像露天已数十年。但就现存的部分,还可以看见内部宋代原来的梁柱和斗栱,外部却完全是清式。现住持纯三和尚在须弥座上砌建砖龛,行将竣工（图四十二）,他保存古艺术的热忱,是很可佩服的。

佛像高度与志所载大概少有不符,看来高不过六十英尺左右。像身衣褶,尤其是腰部,甚为流畅,饶有当时作风,面目四肢（图四十,图四十一）则稍嫌呆板。脚部的铜壳厚约一公寸;而右侧飘带下部的铜壳已经失去,只余木骨露出。这像大概是中国最大的铜佛像。像下须弥座上枋上和壶门内,每格都有精美的刻像,而隔间版柱上的盘龙,也极生动有力（图四十三,图四十四）。

阁内槽东西北三面壁上,都有精美的塑壁,为文殊、普贤及多

图四十一
隆兴寺佛香阁观音
菩萨大铜像下段
（左）

图四十二
隆兴寺佛香阁新龛
（构筑中）（右）

图四十三
隆兴寺佛香阁铜像
须弥座上枋雕饰

图四十四
隆兴寺佛香阁铜像
须弥座盘龙柱

数的小像（图四十五，图四十六）。这部分大概都是宋代原物。许地山先生说燕大诸君在北壁上还发现了元祐四年（公元1089年）的题字。在塑壁上，有浮塑的建筑物雏形。其中有重层的阁（图四十七），简直可以说是慈氏阁或藏殿的模型；有重层的八角阁（图四十八），是后世所少见。在这两个小模型里下层墙壁都是在柱间用抹灰墙，而不用砖砌，是研究宋代建筑者所应特别注意的。更有三层多宝塔（图四十九），不单是很有趣味，并且是饶有历史价值的。现在阁的本身已毁，这塑壁的前途，的确是我们所不宜忽略的一件要事。至于

图四十五
隆兴寺佛香阁东塑壁

图四十六 隆兴寺佛香阁西塑壁

图四十七
隆兴寺佛香阁东塑
壁重层阁

图四十八
隆兴寺佛香阁东塑
壁重层八角阁

图四十九
隆兴寺佛香阁西塑
壁三层多宝塔

图五十
隆兴寺佛香阁宝装莲花柱础

图五十一
隆兴寺佛香阁柱础石榓

阁的建筑，宋构已余无多，但是原来的柱础，有作宝装覆莲瓣的（图五十），有作上小下大的圆板如《营造法式》所谓榓者（图五十一），都是罕见的建筑遗物。

佛香阁两侧两耳殿、御书楼及集庆阁，外部都是清代重修。在佛香阁坍塌以前，全部的布局，气魄的确是宏壮至极。现在大阁已毁，耳殿已失去它们的主人，但还比较完整没有多少损坏。[1]

山门　是寺南门，门外有石桥，牌楼只剩下夹杆，隔街尚有大影壁，皆清代所建。山门面阔五间，进深两间；两梢间有天王

[1]
1933年修建的佛香阁砖龛，于1944年被改建成现存式样，即面阔七间、五檐三层的大阁。与此同时，阁内壁画、浮雕大部分被毁掉。阁两侧的御书楼、集庆阁被拆除。——祁英涛注

像。山门已极破烂，西北角屋顶已通天（图五十二）。最令人注目的是檐下斗栱，纤弱的清式平身科夹在雄大的宋式柱头铺作之间，滑稽得令人发噱（图五十三）；因为清代匠人既不知仿古，则凡不是清代的结构，也许都不是清代的东西，在我们鉴别古物时，可以免却许多怀疑。

牌楼门[1]　在摩尼殿后、戒坛之前有个小珍品——牌楼门。门口阔一间，两旁有肥大的柱。斗栱是六铺作出三杪，有华栱三跳。柱头铺作须有三面向外，是环着灯笼榫构造的。补间铺作两朵，每层每跳都有四十五度的斜栱，如后世所称如意斗栱之制。橡子头有卷杀。由各方面看来，这小建筑物无疑是一座很古的结构（图五十四，图五十五）。

戒坛　紧在牌楼门之北有戒坛。坛高二层，正方形，是重叠的石砌须弥座。戒坛的房子是一座五间正方三层檐的建筑物，是清代所创建（图五十六）。戒坛的四周本有回廊，现已拆毁，旧址尚可辨。

[1] 牌楼门于解放前毁掉。——祁英涛注

图五十二　隆兴寺山门北面

图五十三
隆兴寺山门斗栱

图五十四
隆兴寺牌楼门

图五十五
隆兴寺牌楼门斗栱

图五十六
隆兴寺戒坛，画面中人物为莫宗江

图五十七
阳和楼南面

图五十八
阳和楼北面

二、阳和楼及关帝庙[1]

[1] 阳和楼于解放前被拆毁,关帝庙于1966年冬被拆毁。——祁英涛注

阳和楼横跨正定城南门内南大街上。楼七楹,建立在高敞的砖台上;台下有圆拱洞门,左右各一,行人车马可以通行,其布局略似北平天安门端门,但南面正中还有关帝庙一所倚台建立（图五十七、图五十八）。

平面 极为简单,只是七楹长方形,檐柱之内,后半有内柱一列。此七楹外东、西各有碑亭一间,并列地立在台上,台之东侧,有阶级为上下之道（图五十九）。砖台下穿两洞门,左右各一。

图五十九 正定阳和楼次间横断面图

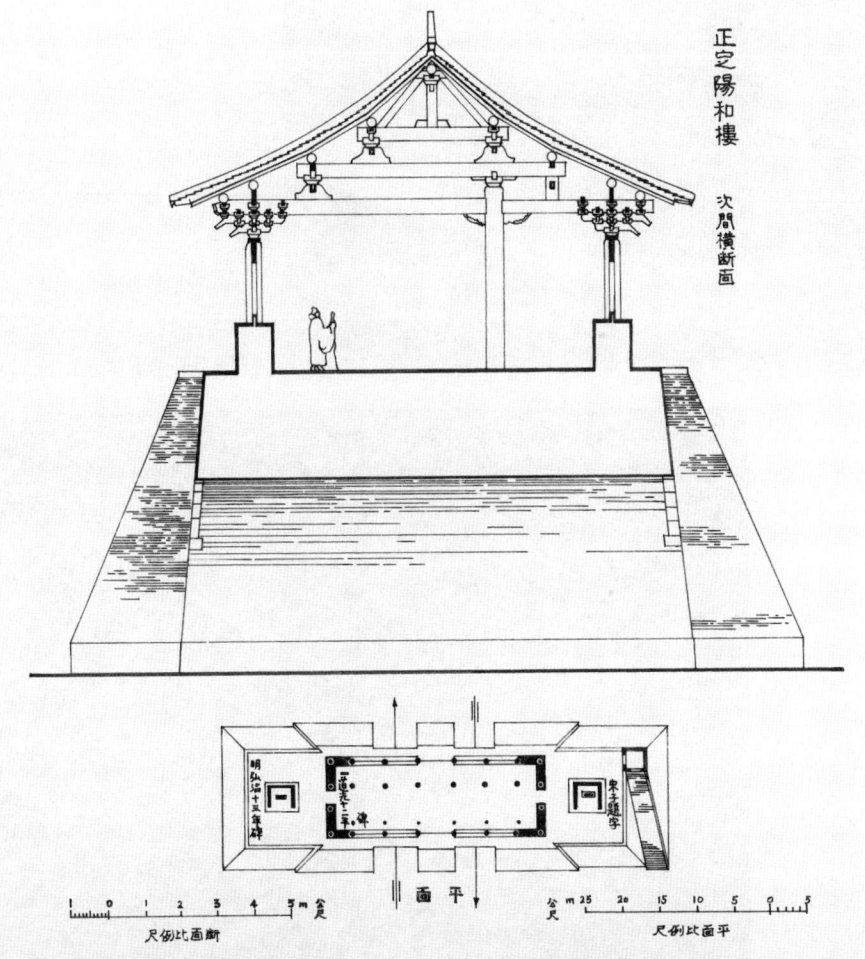

两洞之间，在台之南，有关帝庙。庙前有牌楼及旗杆、狮子，牌楼之内为大门，门内则为平面作丁字形的殿。

结构　　砖台是砖砌，但门券乃石砌，石券之上，又有砖券三层。砖台砌法如城墙，四面都有收分，但有门洞处则垂直。

阳和楼的梁架结构最为精巧，襻间、替木皆运用自如。当心间及次梢间梁柱间之接合，各个不同（图六十，图六十一，图六十二）；而两山的构成，更交代得清清楚楚（图六十三），诚然是健康合理的结构。

图六十
阳和楼当心间梁架

图六十一
阳和楼次间梁架

图六十二
阳和楼梢间梁架

图六十三
阳和楼两山构架

外观　　七间大殿立在大砖台上，予人的印象，与天安门端门极相类似。在大街上横跨着拦住去路，庄严尤过于罗马君士坦丁的凯旋门。在作风上着眼，值得注意的第一点是四角角柱之生起，非常显著（图六十四）——角柱头比平柱头高出约二十三公分。第二点是阑额上之刻作假月梁形（图六十五）；月梁的做法在北方极不多见，这一点的雏形，也算是我们的一种收获。屋脊两端微微的翘起也是《营造法式》里的一种做法。此外最有特征的便是斗栱。

图六十四
阳和楼角柱之生起

图六十五
阳和楼斗栱及阑额
上之假月梁

斗栱 阳和楼的斗栱（图六十五）在分部上、本身各件的权衡上、与楼身之比例上及与梁架之交接上，都有许多罕见的特征。它虽没有宋式的古劲，但比清式斗栱却老成得多多。五铺作，单栱，出双下昂，计心造——单是单栱一项就非明清所有。下层昂实是假昂嘴，但是上层昂及耍头都挑起后尾。据我所知，宋以前的昂多挑起后尾，明清溜金斗则假昂在下，而将耍头及撑头木加长挑起。此处所见则一昂是假，一昂是真挑起，同时耍头后尾也挑起（图六十六）。这个或许可以说是晚宋初明前后两种过渡的式样，且可作昂的嬗递演变最实在的证例。补间铺作第二昂下用华头子承托，本是宋制，但在柱头铺作，则用平置的假昂，而在昂下刻作假华头子（图六十七），如北平智化寺斗栱之制。当刘敦桢先生研究智化寺时，对此特殊的做法，尚未得其解，现在在阳和楼上得见真假华头子并列，其来源于是显然。直到清初作品中，我们还可以见到这做法。

年代 由上列诸点看来，这阳和楼之建造，当在《法式》刊

图六十六
阳和楼斗栱后尾（左页上）

图六十七
阳和楼斗栱详影（左页下）

行后至少数十年，但远在明之前。《县志》杨俊民《重修阳和楼记》称楼在元至正十七年（公元1357年）重修，猜想当时至少已离初次建造数十年，才到了需要重修的时候。所以我们假定阳和楼是金末（南宋）元初所建，或不致有大错误。

关帝庙　　阳和楼前的关帝庙，规模虽不甚大，设置却甚完备（图六十八）。最前有低低的月台多层，第一层的后半上有一对狮子、一对旗杆；第二层上又一对石狮；第三层上有牌楼三间；牌楼之后，更有二层平台，两旁围着精美的石栏杆（图六十九），前有阶级引上，然后达到庙的前门。庙的本身虽未得进去，但平面是个丁字形，檐下斗栱的形制也呈示其年代的久远，就说与阳和楼本身同时建造，也属可能。

牌楼前的石狮和它下面的须弥座，都显然是明以前物。牌楼更可爱，小小的三间，顶着出檐深远的楼。边楼却只是一整个攒尖顶，放在一攒四方斗栱上，比北平常见"小头"的牌楼显得庄严得多。庙门之前立有铁狮子一对，塑工虽不见佳，却也是明代遗物。

图六十八
阳和楼前关帝庙正面

图六十九
阳和楼前关帝庙石栏

三、天宁寺木塔

天宁寺，《县志》称建于唐咸通初年（公元860年前后），位于隆兴寺之西，本是正定重要伽蓝之一，但现在只余木塔及小殿数楹而已。

塔高九级，平面作八角形（图七十，图七十一）。塔身下四层为砖造，下三层斗栱及第二、三、四层平坐亦砖造。第四层以上斗栱及各层檐均为木造。实际上是座砖木混合造的塔。第二、三、四层塔身虽属砖造，但在角上则用砖砌成八角木柱形，门窗槏板，亦用砖砌出。

塔上的斗栱，由下至顶都是四铺作出单杪，即清式所谓品字斗科；下三层砖砌部分每面有补间铺作三朵，上六层每面两朵；下三层大概是因材料的关系，斗栱的权衡颇嫌紧促，上六层则甚豪放。

塔身向上每层高度递减，而每层收分亦递加。塔顶金属刹，中大上下小；已歪斜，有毁拆下坠的危险。

图七十
正定天宁寺木塔

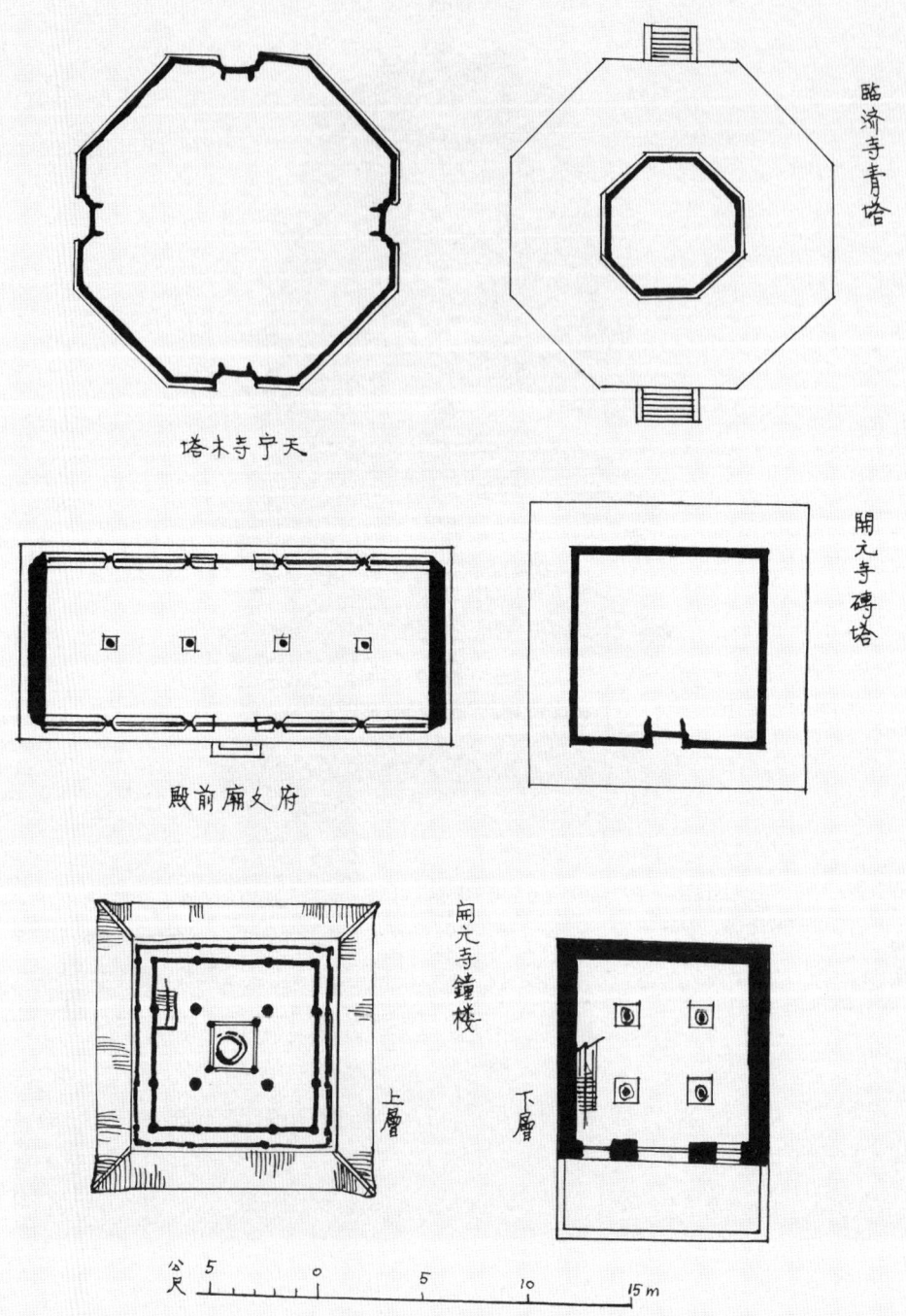

图七十一
正定速写平面数种

四、广惠寺华塔[1]

广惠寺在南门内南大街之东,俗呼华塔寺。《志》称唐贞元中建。现在的寺,除塔外,只余小殿三楹,实在是颓坏得可怜。

若由形制上看来,这华塔也许是海内孤例(图七十二)。其平面及外表都是一样的奇特。平面第一层作八角形,但在其各隅面又另加扁六角形亭状的单层套室。在塔身的各正面及套室之外面,都有圆拱洞门;在套室之各斜面尚有假做的直棂窗子。各面转角处都有假柱,柱上有两层相去极远的阑额。斗栱配置奇特,每面有一朵主

[1] 广惠寺华塔,于1961年经国务院公布为"第一批全国重点文物保护单位"(编号73)。——祁英涛注

图七十二 正定广惠寺华塔

要的补间铺作在正中，两旁另加两朵次要的补间铺作，都是很少见的做法。第二层可算是华塔中最老实的一层；平正的八角形，每面三间；下有平坐，上有斗栱檐瓦。每面当心间是门，梢间是假方格棂窗。斗栱是出两跳偷心造，当心间用补间铺作一朵。其最奇特处在两相接面阑额之安置，不是同高，而上下相错，也是极少见的做法。第三层平坐甚大，但塔身则骤小；仍是八角形，四面是门，四面是假窗。斗栱皆用如意式。第三层以上，便是一段圆锥形，其上依八面八角的垂线上有浮起的壁塑，狮像和单层塔相间错杂地排列着，其座之八角有力士承托保卫，八面有张嘴的狮头；圆锥之上是有斗栱的八角形檐顶，再上还有尖盖。塔号称唐建，金大定，明景泰、弘治、嘉靖、万历，清乾隆，屡次重修，其确实年代甚为可疑。

五、临济寺青塔

临济寺的发祥地，原在城东南，唐咸通间移建城内。金大定二十五年（公元1185年），元至正三年，明正德十六年，清雍正四年、十二年，道光十年均曾重修。现存的青塔（图七十三），也许是大定间物。砖塔平面作八角形，立在四方的石坛上。八角形的塔基也是石砌。石基以上始是砖造；须最下层为须弥座，其上为平坐及栏杆；再上为莲座。莲座之上便是塔之初层；初层甚高，四面开门，四面有窗，角上有圆柱。第二层以上的八级都极低，如北平天宁寺塔。平坐及初层檐的斗栱都出双杪，第二层以上则只出单杪；在第二、四、六、八层上，补间铺作用有斜栱的如意斗栱，而三、五、七、九诸层，则只用单纯的华栱，表示虽在至微的斗栱布置上，也是经过一番匠心的，只可惜这番苦心，七百余年来有几人注意过？刹下有莲座，很残破，上有金属刹。这青塔在正定四塔中为

图七十三
正定临济寺青塔

最小一个，但清晰秀丽，可算塔中上品。

六、开元寺砖塔及钟楼

开元寺砖塔（图七十四）平面作正方形，高九级，砖砌，无斗栱，只有叠涩的檐，最下层有圆洞门，上八层有小窗。就形制讲来，是正定四塔中之最古者，而实在的年纪，则明嘉靖四十一年修，怕是四塔中之最稚者。

开元寺的钟楼（图七十五），才是我们意外的收获。钟《志》称

图七十四
正定开元寺砖塔

图七十五 开元寺钟楼

图七十六 开元寺钟楼外檐斗栱

图七十七 开元寺钟楼内上层斗栱

唐物，但是钟上的字已完全磨去，无以为证。钟楼三间正方形，上层外部为后世重修，但内部及下层的雄大斗栱，若说它是唐构，我也不能否认。虽然在结构上与我所见过的辽宋形制无甚差别，唯更简单，尤其是在角栱上，且有修长替木。而补间铺作只是浮雕刻栱，其风格与我已见到诸建筑迥然不同，古简粗壮无过于是。内部四柱上有短而大的月梁，梁上又立柱，柱上再放梁，为悬钟之用。辽宋或更早？这个建筑物乃是金元以前钟楼的独一遗例。因其上半为后来集旧料改建，下层飞檐因陈腐被削一节，所呈现状已成畸形，故其历史上价值远过于美术方面。楼上东南角罗列多尊无头石佛像，大概都是宋物。

七、府文庙[1]

[1] 府文庙大成殿及前殿于1966年冬被拆毁。——祁英涛注

府文庙大成殿的庑殿琉璃顶，的确很有点宋元风味，但是梁架斗栱则系明末做法。前殿——现在的省立七中图书馆——却是真正元代原构，小小的五间，深两间，悬山顶，真的单下昂和别致的梁

图七十八
府文庙前殿斗栱

图七十九
府文庙泮水桥

头，都足令人注意（图七十八）。可惜内部白灰顶棚，遮蔽了原来的构架，令人闷损。庙内有元至正十七年碑，前殿或与碑为同时代物亦未可知。殿前石桥上雕刻雅有古致（图七十九）。

八、县文庙大成殿

在正定的最后一天，临行时无意中又发现了县文庙的大成殿，由外表看来，一望即令人惊喜。五间大殿都那样翼翼的出檐，雄伟的斗栱，别处还未曾见过（图八十）。

殿平面（图八十一）五楹，深三间，但内柱前后各向外移一步，使内槽加大，前后成围廊一样的宽度。内柱之上用四椽栿（五架梁），梁架用简单的驼峰及斜柱构成（图八十二）。四椽栿之下还有内额一道。内柱与檐柱之间，则用双重枋联络，自斗栱上搭过。

斗栱五铺作，单栱，偷心造（图八十三）。在柱头上只有两跳庞

图八十
县文庙大成殿

图八十一
正定县文庙大成殿平面及当心间横断面图

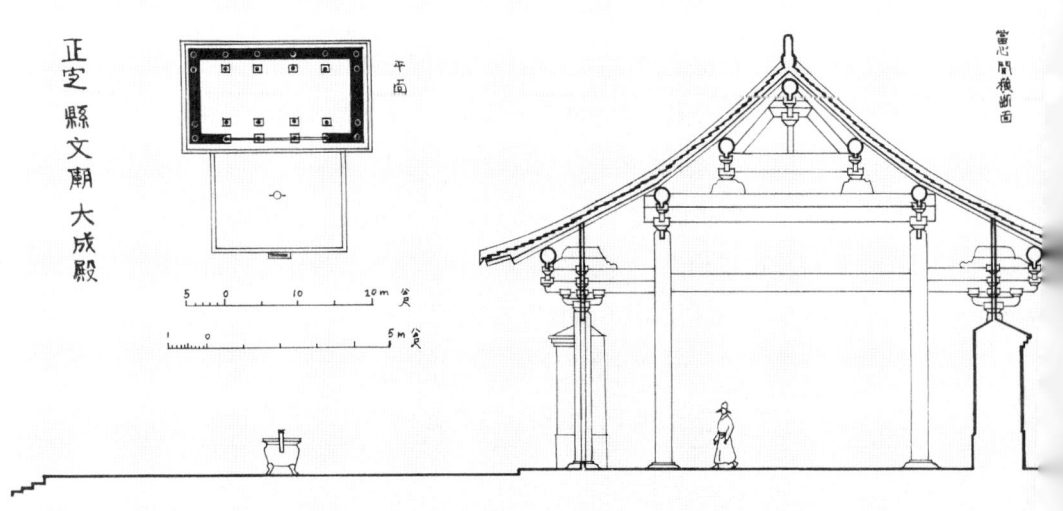

图八十二
县文庙大成殿梁架

大的华栱,向外支出,第二跳上有令栱与耍头相交。补间铺作并无华栱;只有柱头枋上浮雕刻栱,其下安侏儒柱;角栱及角梁后尾(图八十四)则搭在单根的抹角梁上。建筑构架如此地简洁了当,如此地合理化,真是少见。

《县志》称县文庙为明洪武间建,但是这大成殿则绝非洪武间物,难道是将就原有古寺改建,而将佛殿改为大成殿的?庙后有元大德二年(公元1298年)残碑,文虽不可读,岁月尚可考。详细考据工作,将来当更有材料和机会。以此殿外表与敦煌壁画中建筑物相比较,我很疑心它是唐末五代遗物。如果幸而得到确实佐证,则在正定所有古代建筑中,除亦甚可疑的开元寺钟楼外,当推此殿为最古。

图八十三
县文庙大成殿斗栱

图八十四
县文庙大成殿斗栱后尾

附 识

　　《正定调查纪略》因其关系建筑物多处，制图记载费时竟在意外，所以直至今秋始迟迟脱稿。又因当时被滦东战事所影响，缩短在正定实测期间，以致工作过于草率。归社绘图时，又常常发生疑难，疏漏过甚，令人怅惘。

　　近我又得重访正定的机会：匆匆出发，计留定旬日，得详细检正旧时图稿，并重新测绘当日所割爱而未细量的诸建筑物。虽然成图盈箧，但已不及对这份初步纪略有所增助了。如果这初稿中有特别疏漏或竟错误之处，我希望能在最近的将来里，由详纪图说来纠正增补它。

二十二年十一月　思成补记

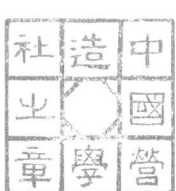

大同古建筑调查报告

梁思成、刘敦桢**

* 本文原载1933年《中国营造学社汇刊》第四卷第三、四期。——孙大章注

** 刘敦桢（1897—1968），湖南省新宁人。1913年留学日本，1921年毕业于东京高等工业学校建筑科。1925—1931年先后任教于苏州工业专科学校及中央大学。1931—1943年任中国营造学社校理及文献部主任。1943—1968年先后任中央大学、南京工学院教授、建筑系主任、工学院院长。1955年当选为中国科学院技术科学部学部委员。其著作主要有：《苏州古典园林》《刘敦桢文集》（四卷）等。——编者注

目 录

一、纪行 ··· 325

二、华严寺 ··· 328
  略史 – 薄伽教藏殿 – 海会殿 – 大雄宝殿

三、善化寺 ··· 413
  略史 – 大雄宝殿 – 普贤阁 – 三圣殿 – 山门 –
  东西朵殿 – 东西配殿

四、结论 ··· 487

五、附录 ··· 509
  大同东、南、西三门城楼 – 钟楼

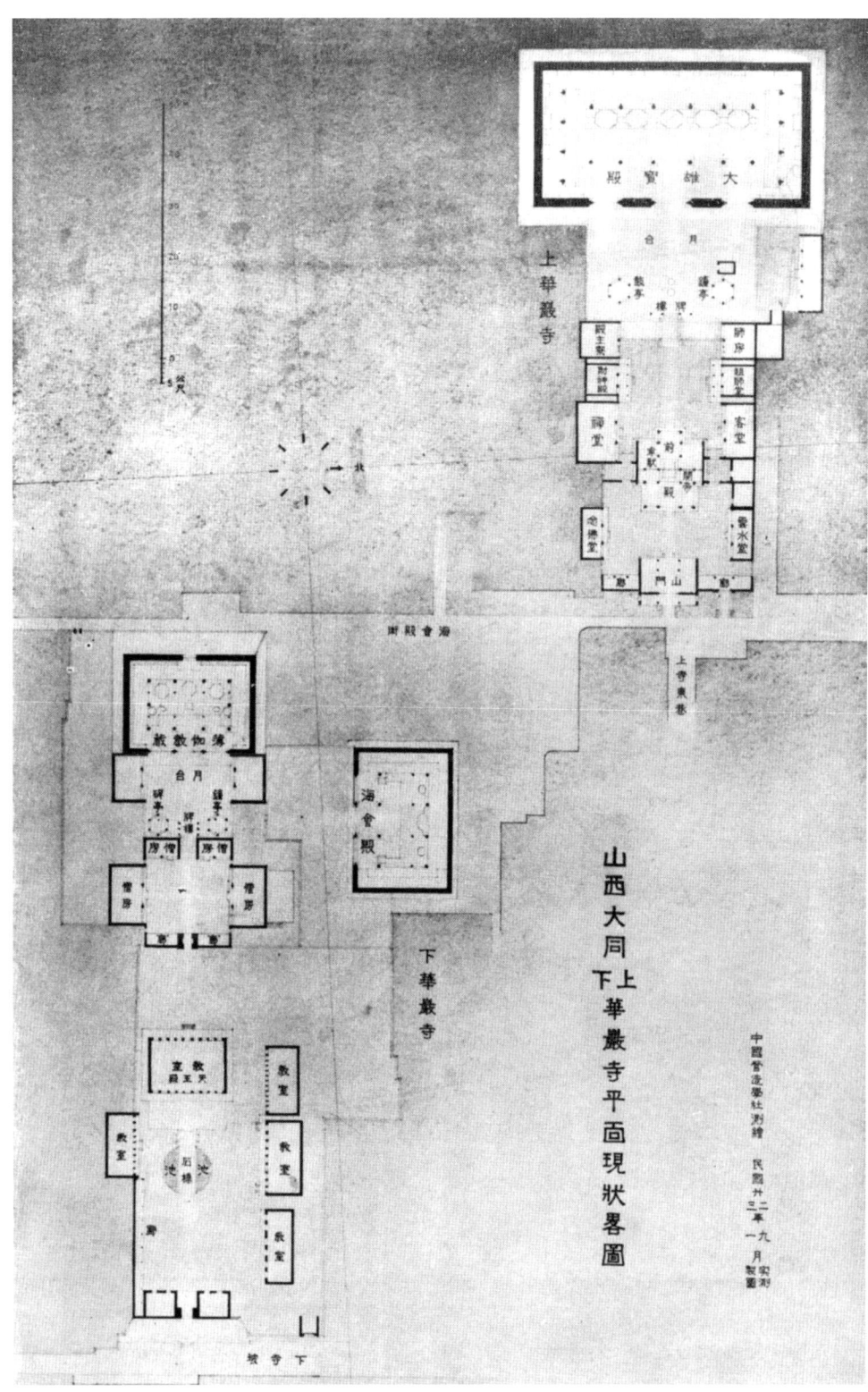

卷首图一
山西大同上下华严寺平面总图

卷首图二
华严寺薄伽教藏殿平面图

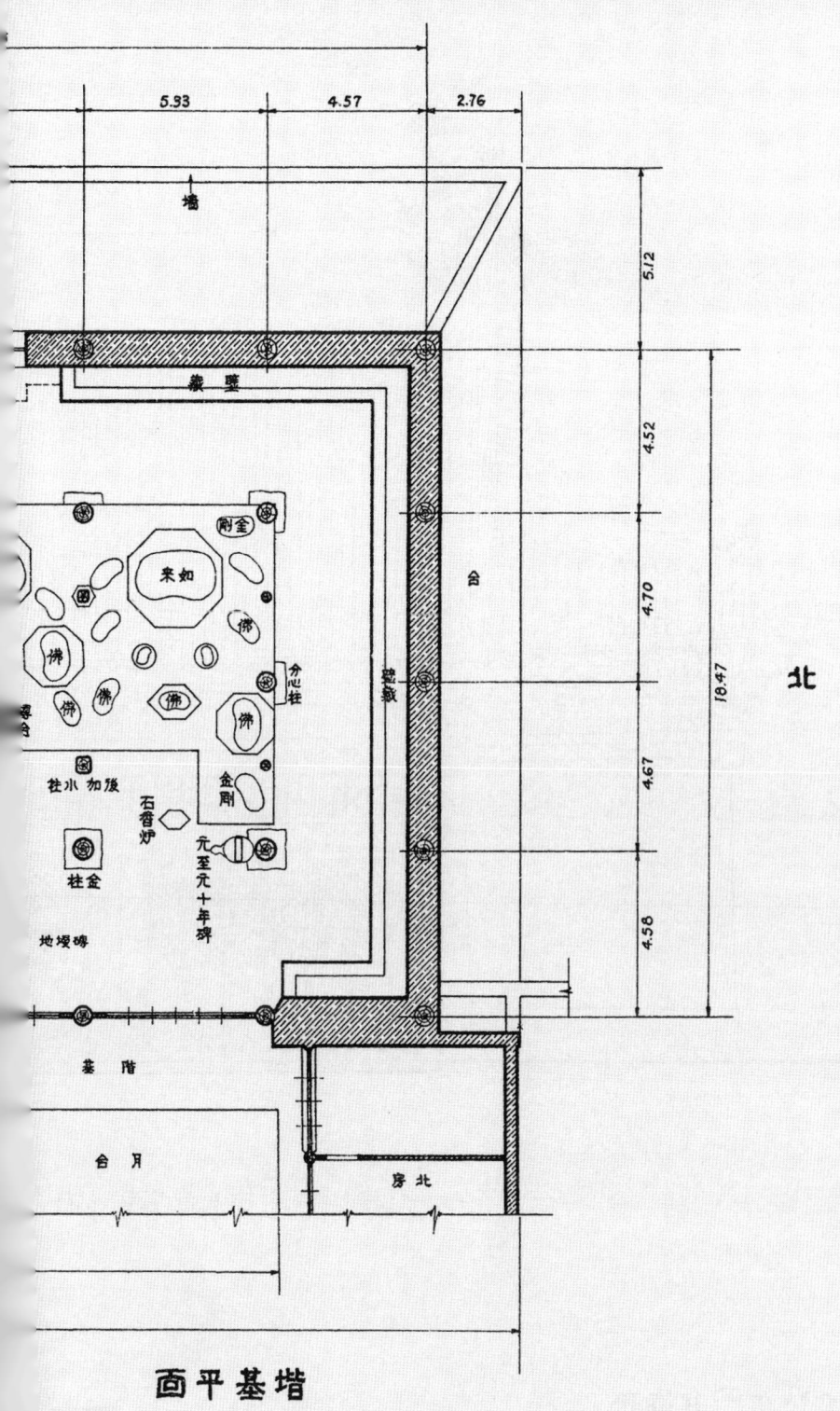

山西大同華嚴

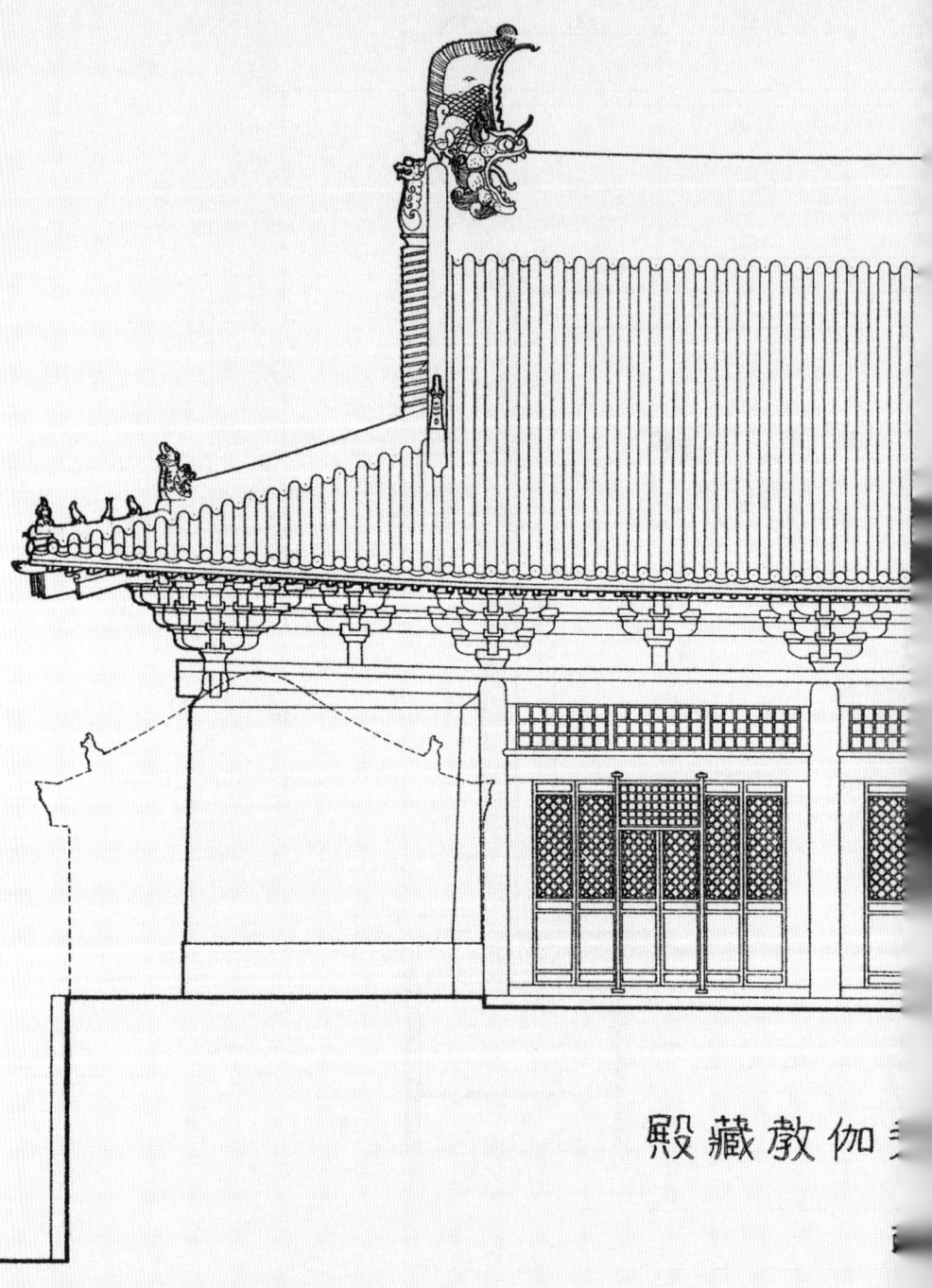

殿藏教伽

民國二十三年四月九日寶製測圖

卷首图三
华严寺薄伽教藏殿正面立图

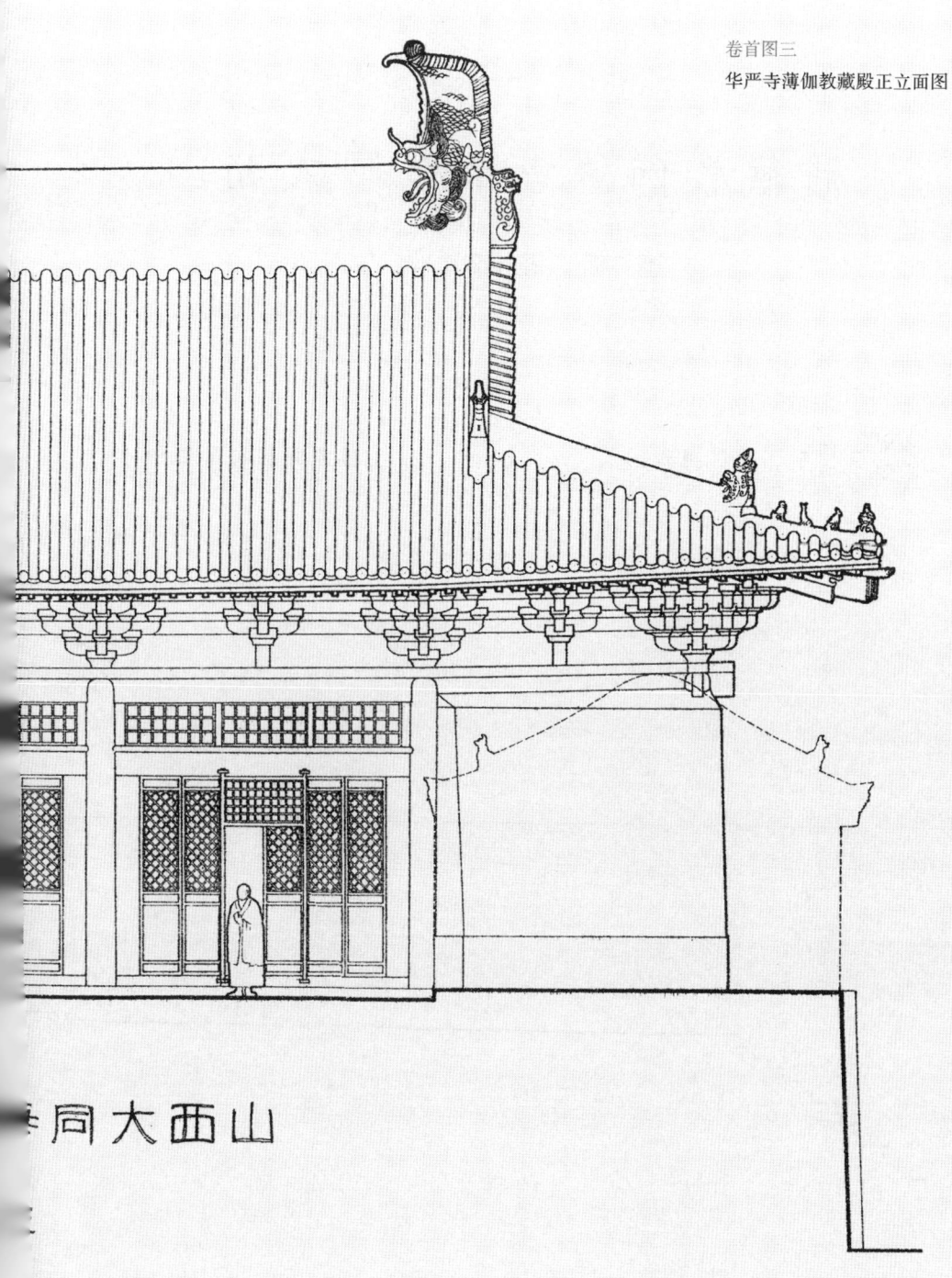

山西大同华严寺

中國營造學社測繪

山西大同華嚴寺薄伽教藏殿

當心間橫斷面

中國營造學社測繪

民國二十三年九月實測
四月製圖

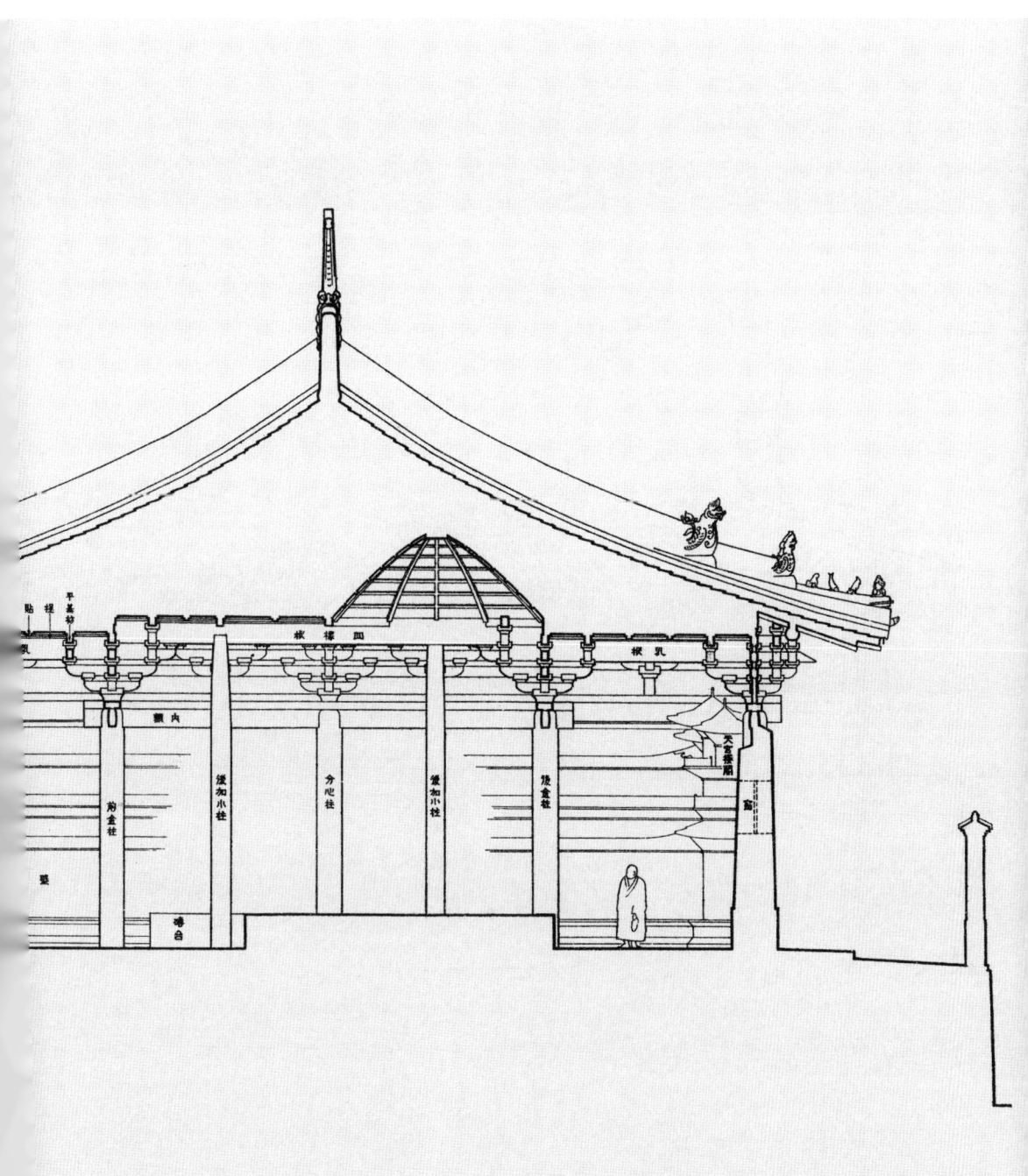

卷首图四
华严寺薄伽教藏殿当心间横断面图

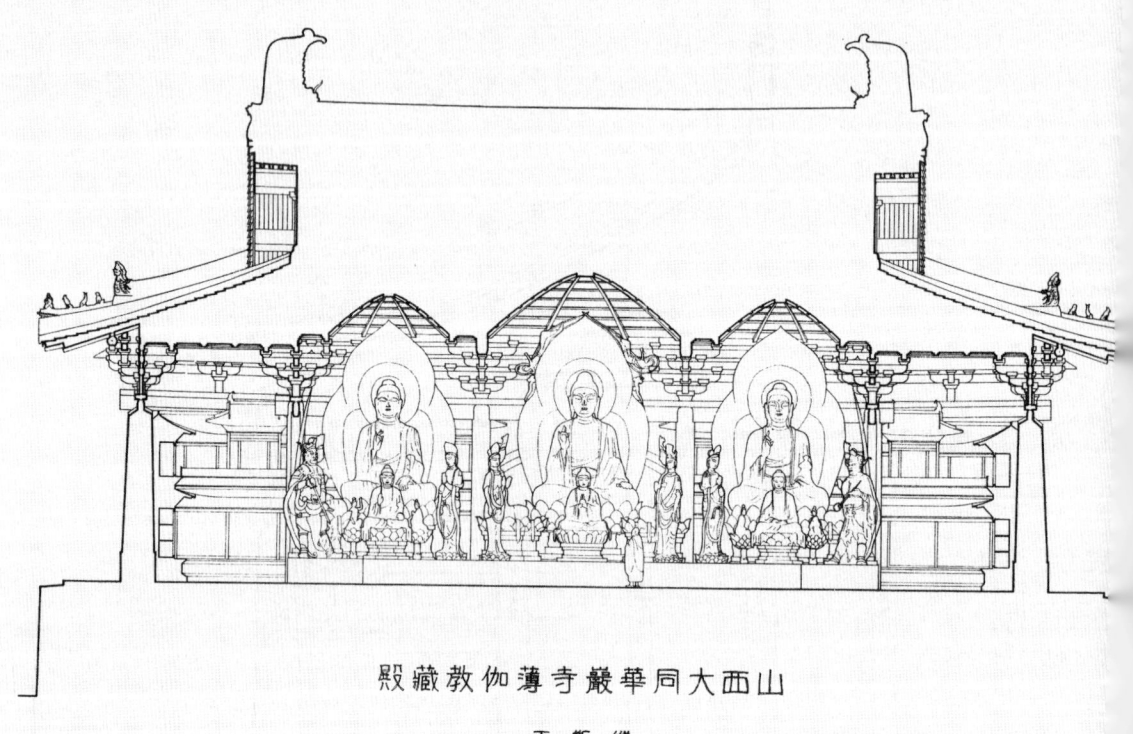

卷首图五
华严寺薄伽教藏殿纵断面图

山西大同華嚴寺薄伽教藏殿壁藏

南立面

卷首图六
华严寺薄伽教藏殿壁藏北立面图

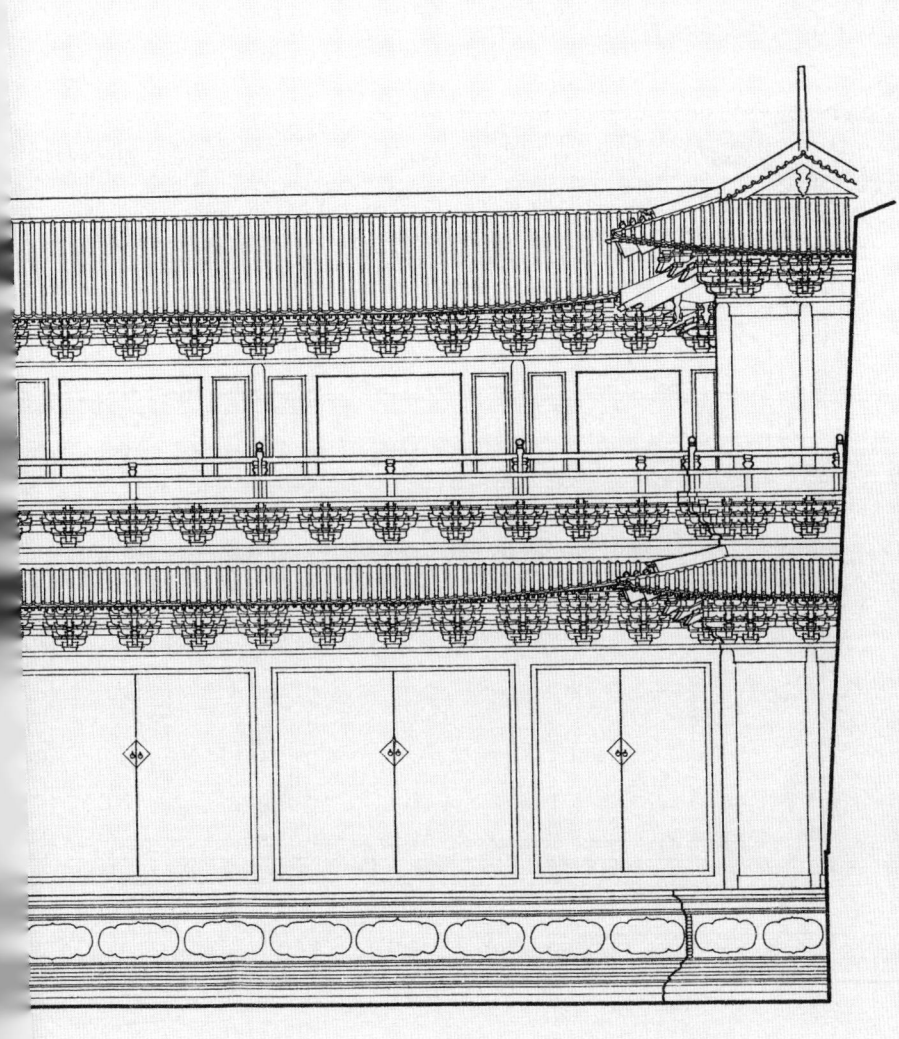

卷首图七
华严寺薄伽教藏殿壁藏南立面图

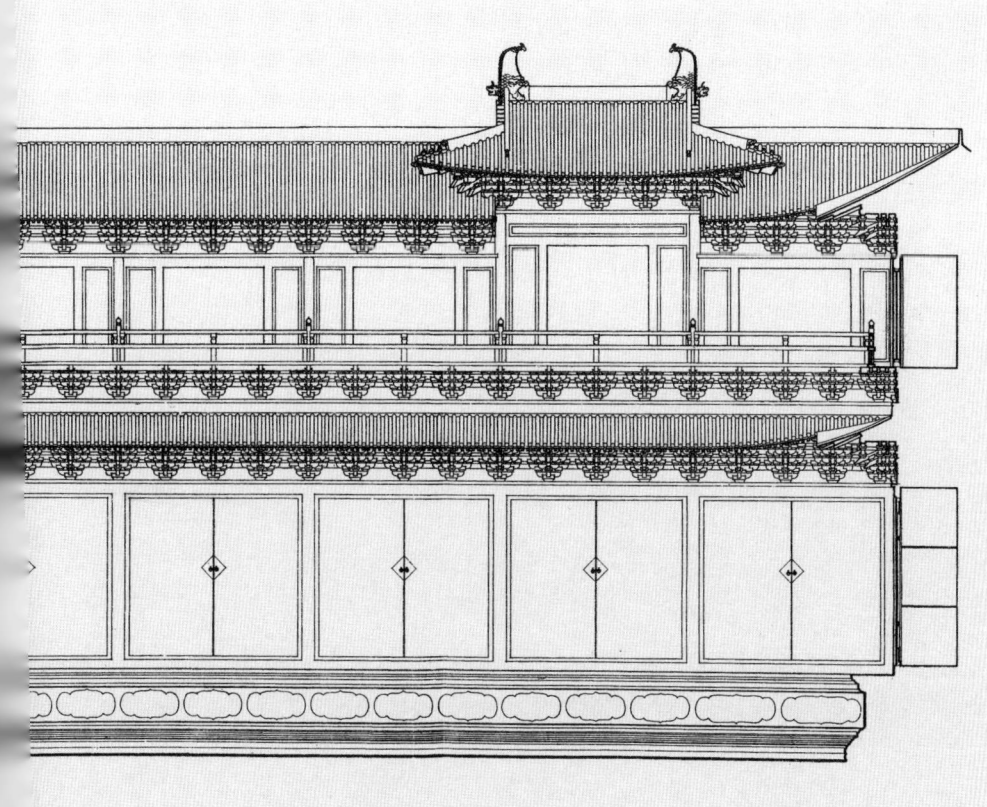

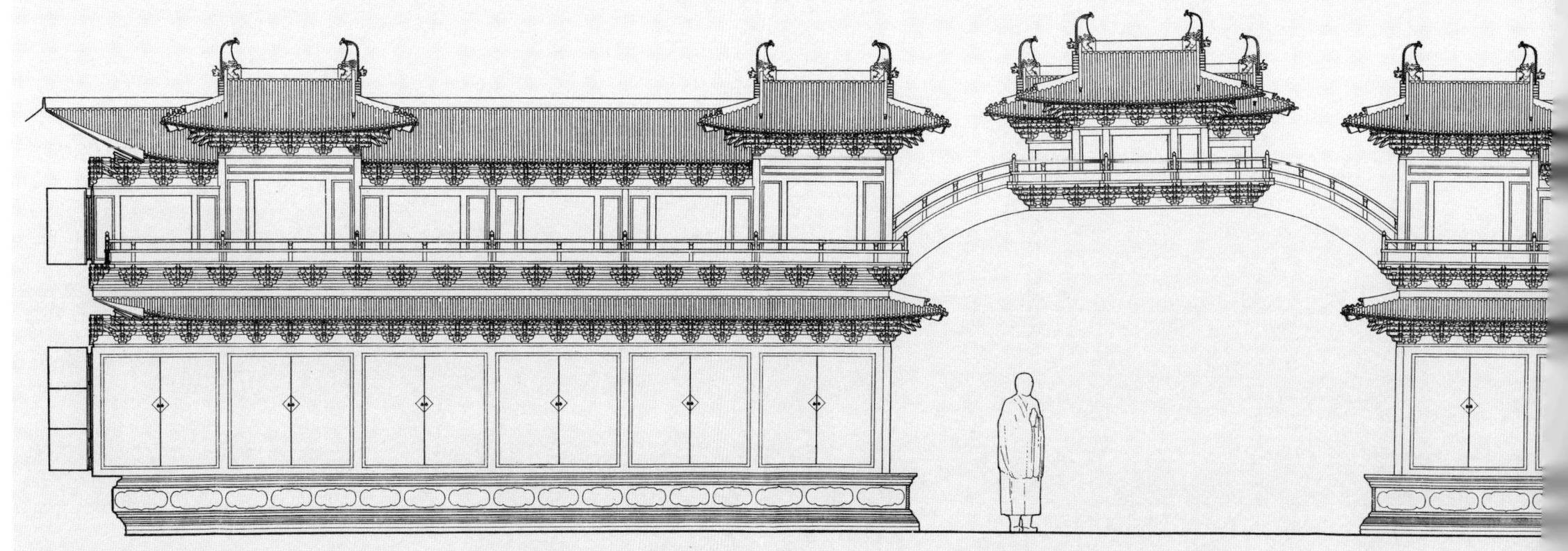

卷首图八
华严寺薄伽教藏殿壁藏西立面图

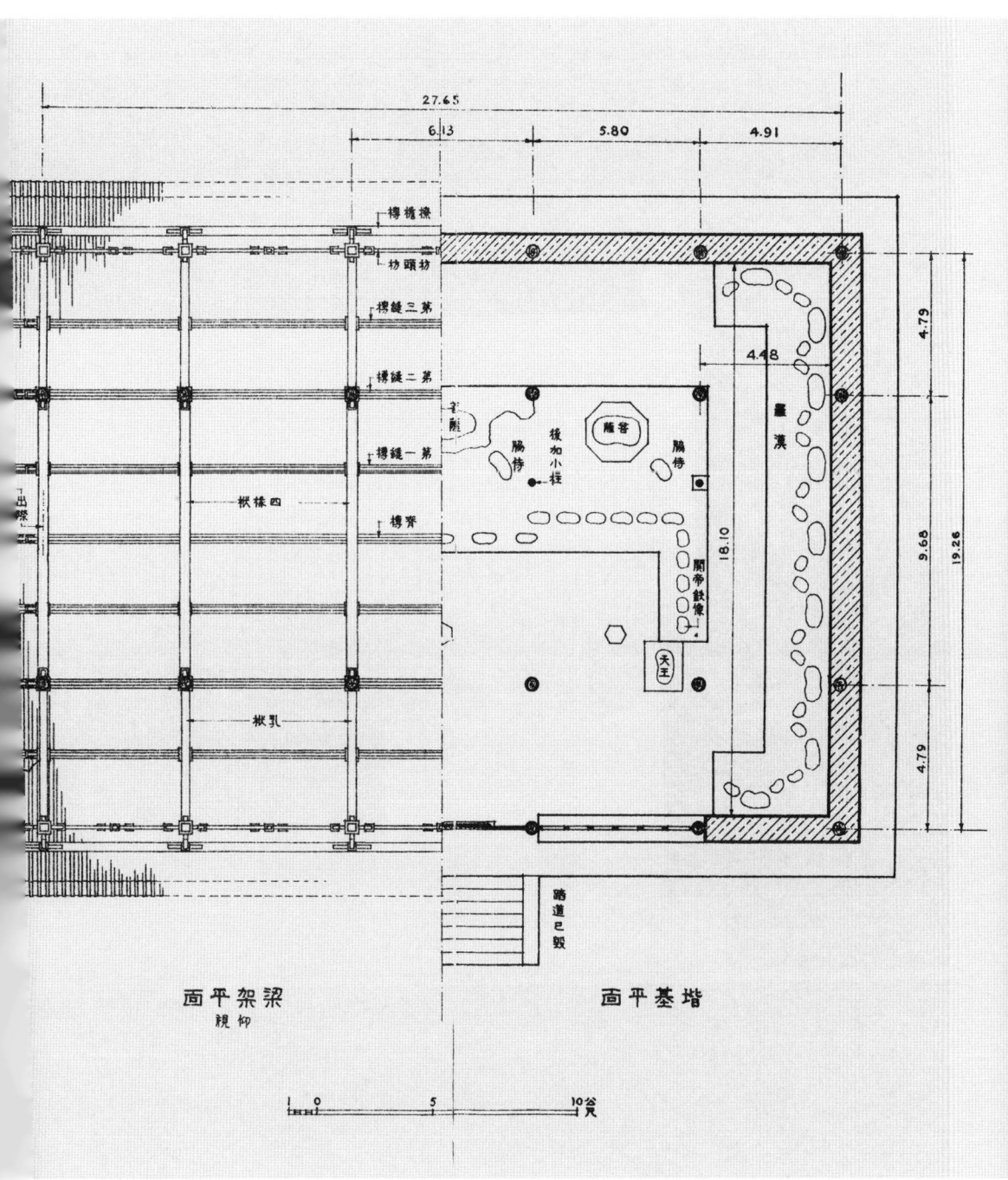

卷首图九
下华严寺海会殿平面图

卷首图十
下华严寺海会殿西立面

屠海寺會殿

面

民國二十二年五月九月 實測製圖

卷首图十一
下华严寺海会殿山面立面图

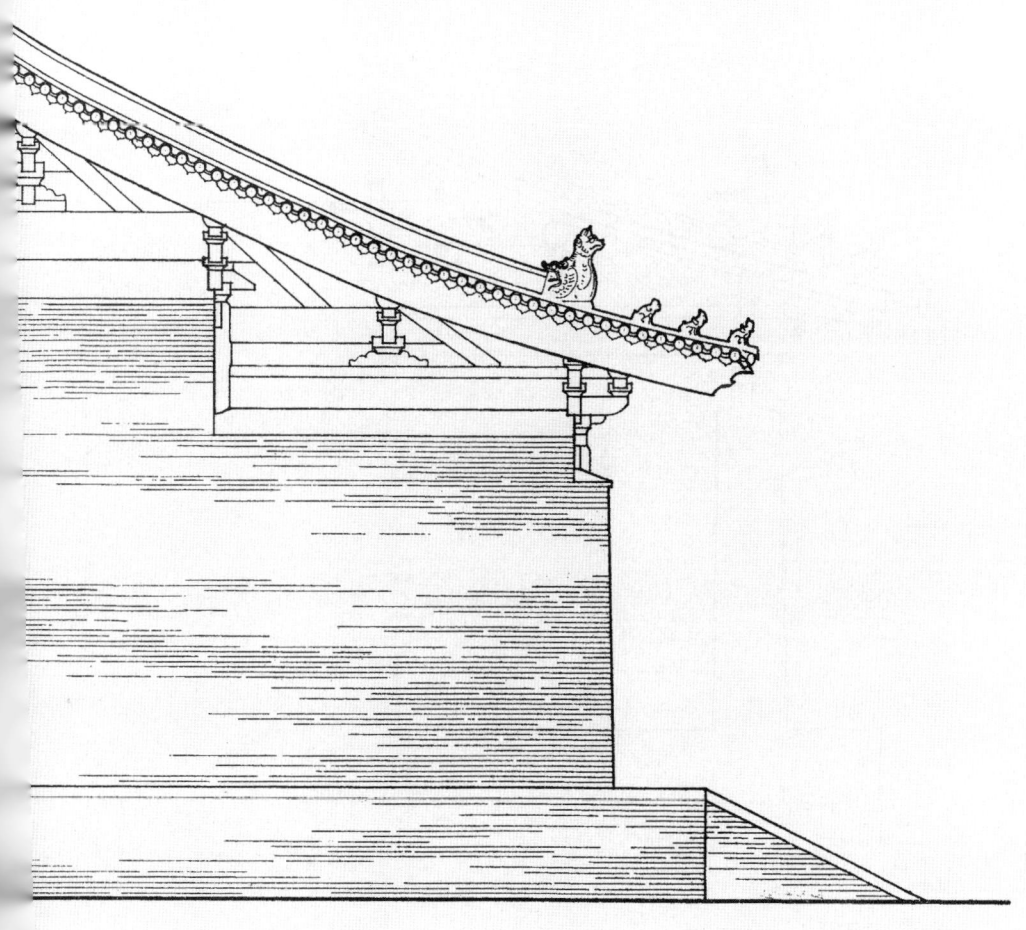

山西大同

中國營造學社測繪

5 metre

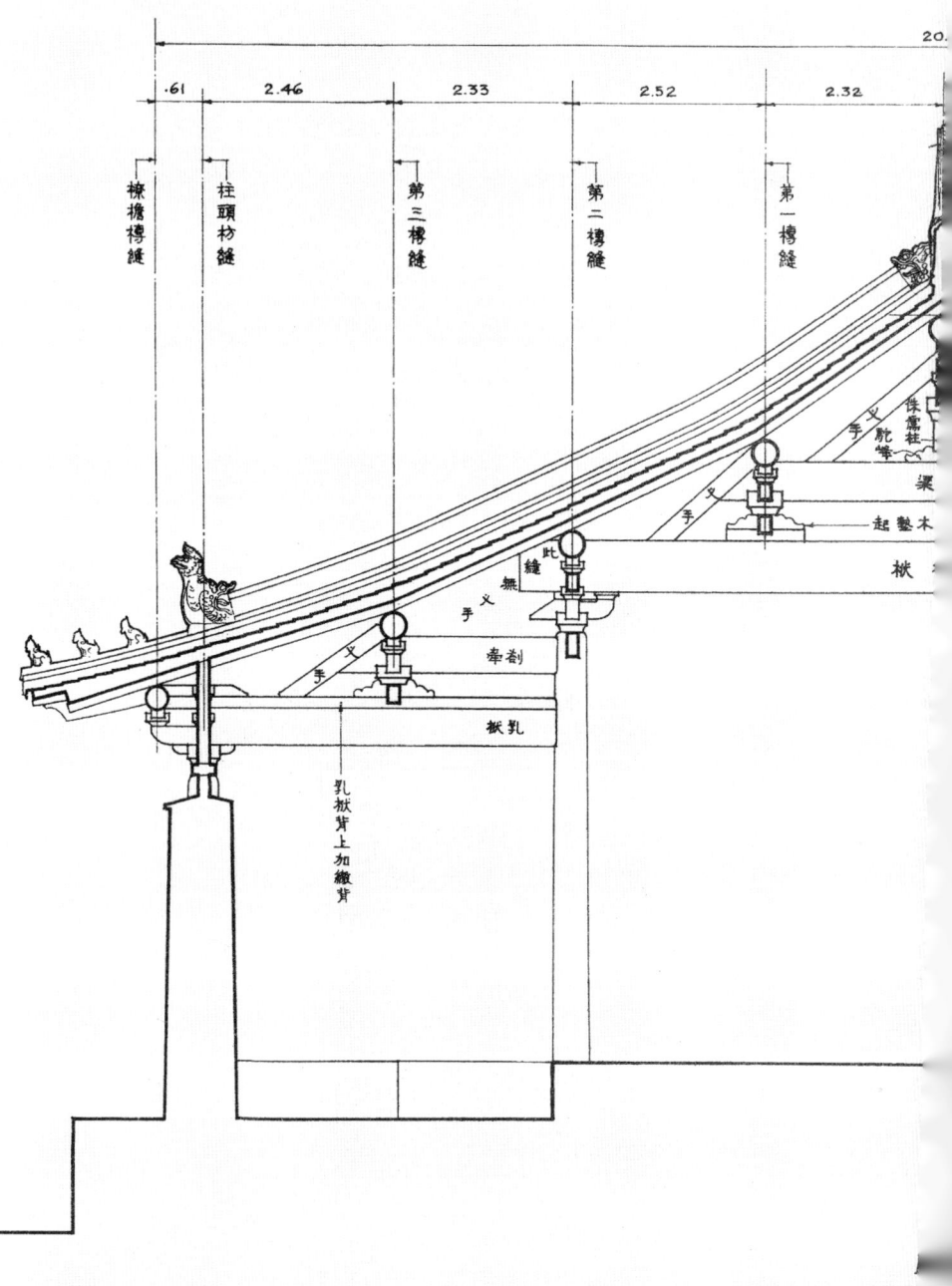

寺海會殿

卷首图十二
下华严寺海会殿横断面图

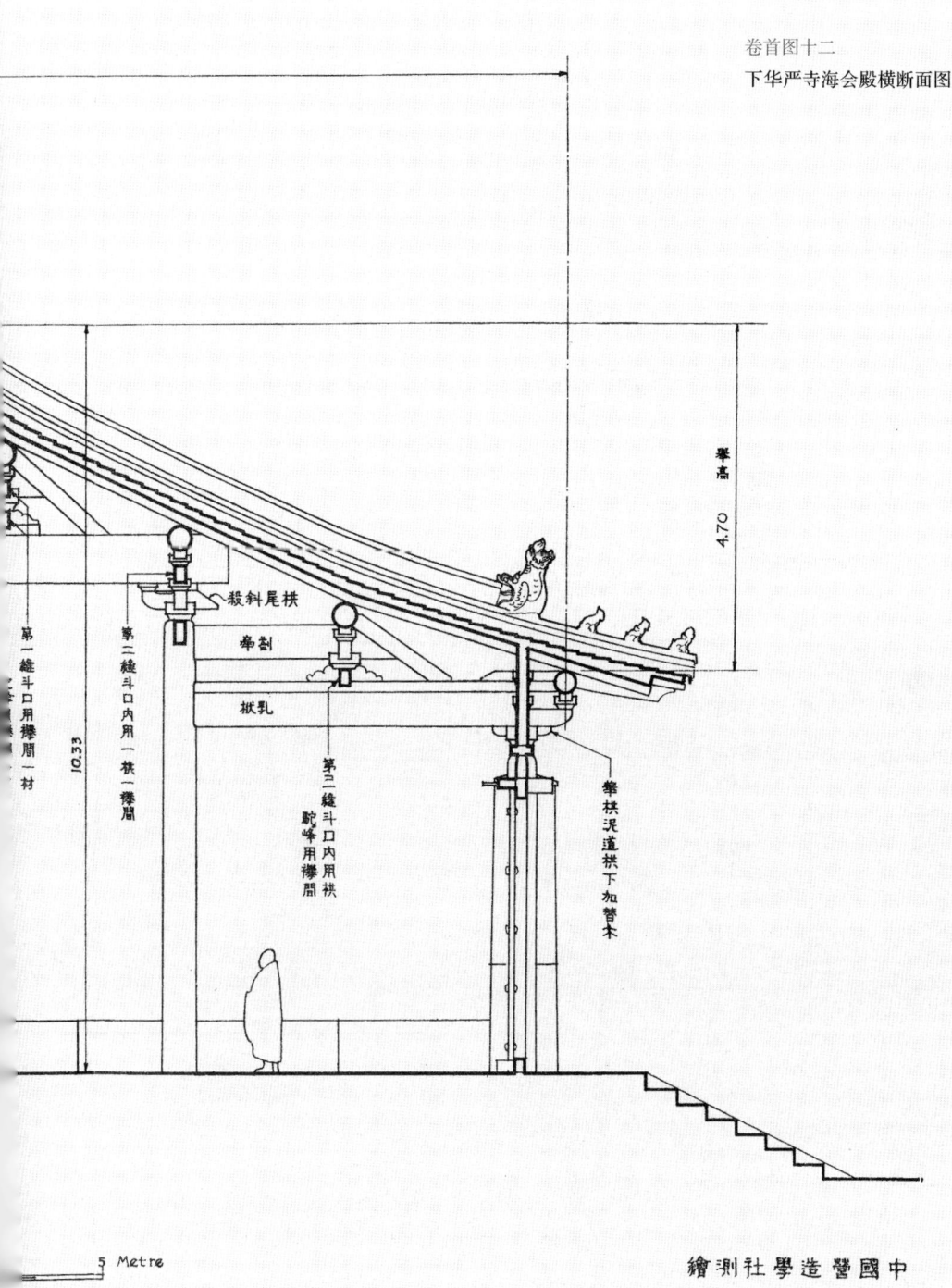

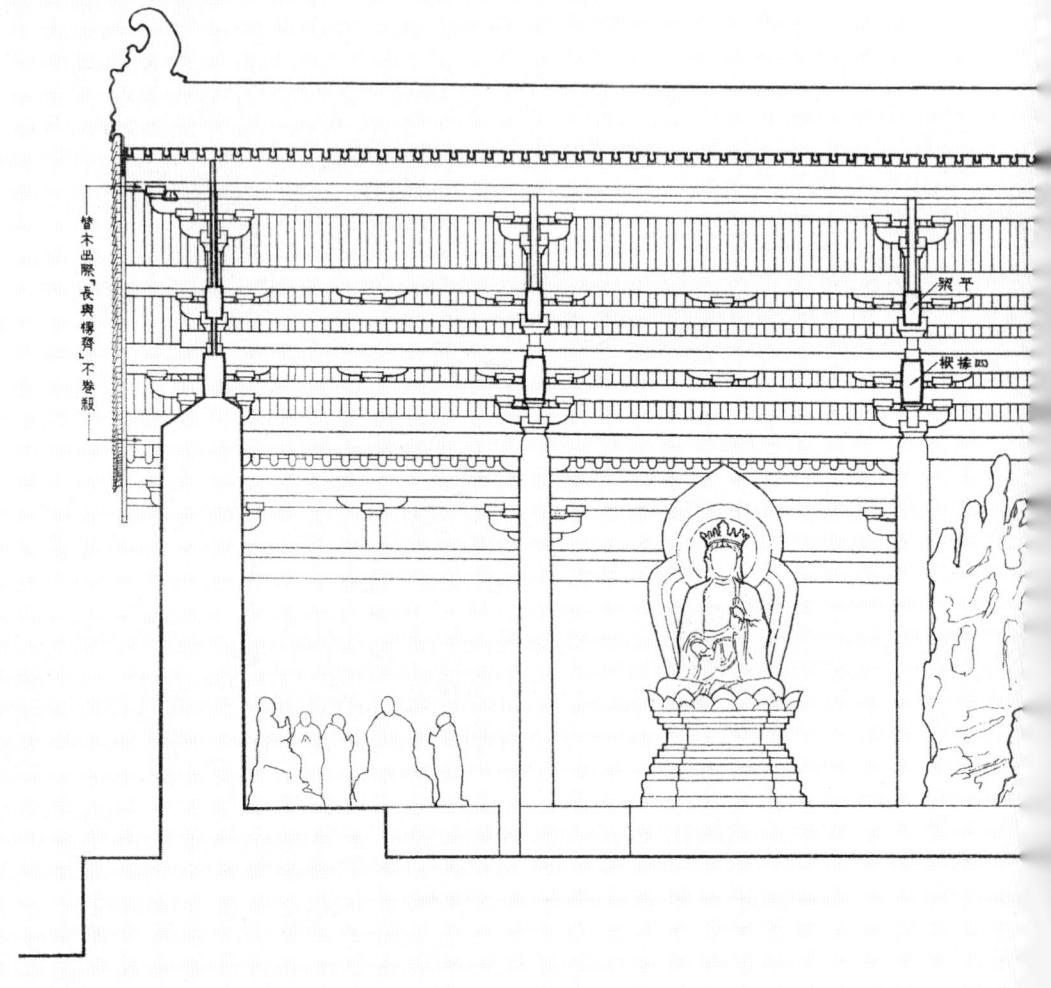

卷首图十三
下华严寺海会殿纵断面图

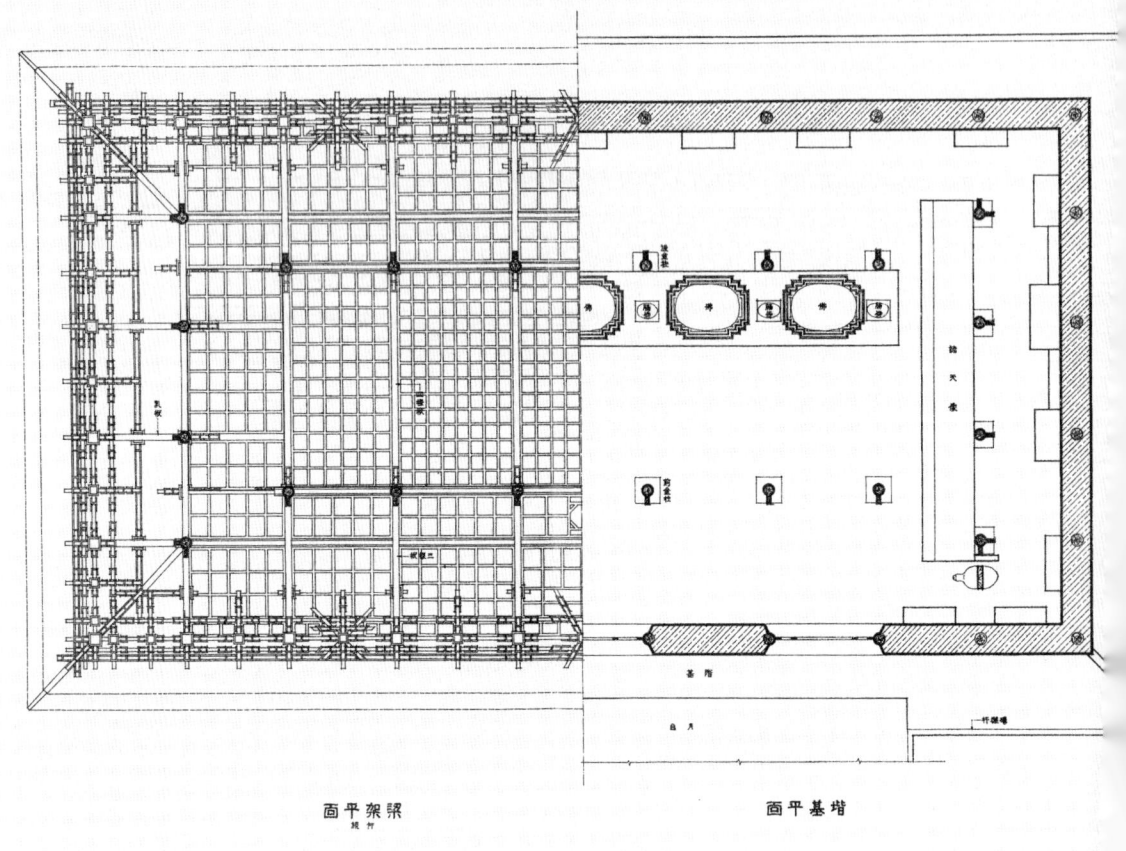

卷首图十四
华严寺大雄宝殿平面图

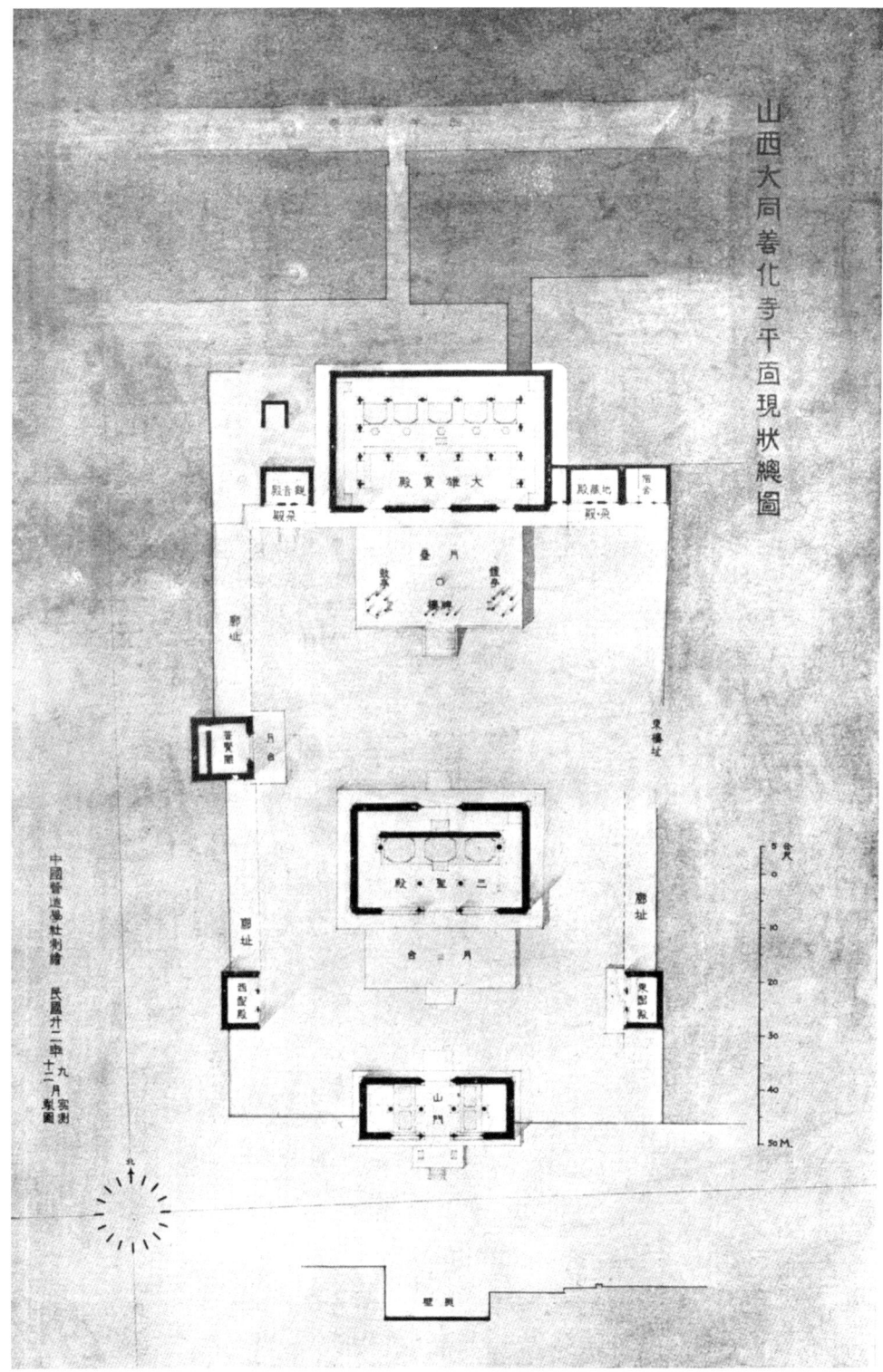

卷首图十五
善化寺平面总图

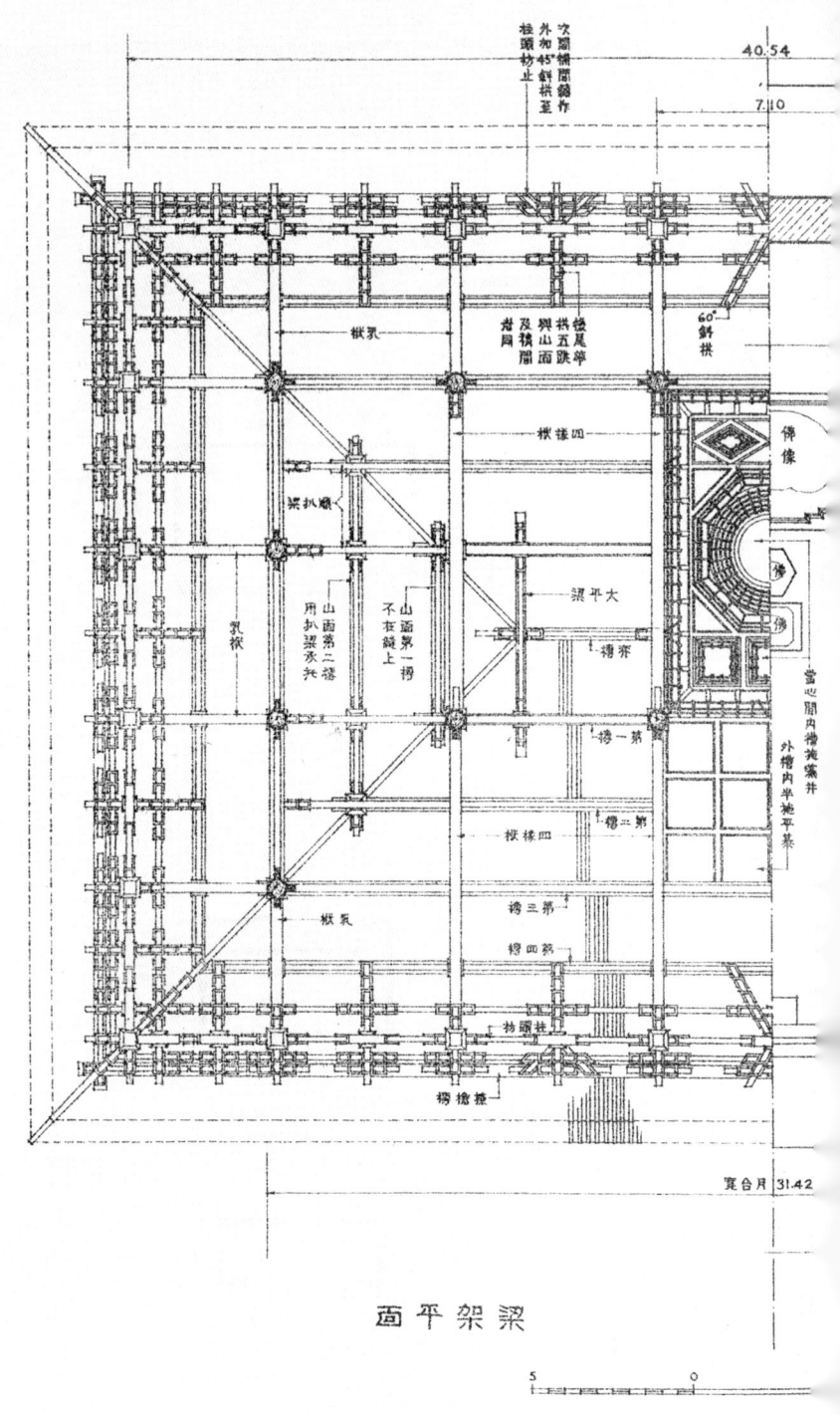

梁架平面

化大寺雄寶殿
朵殿

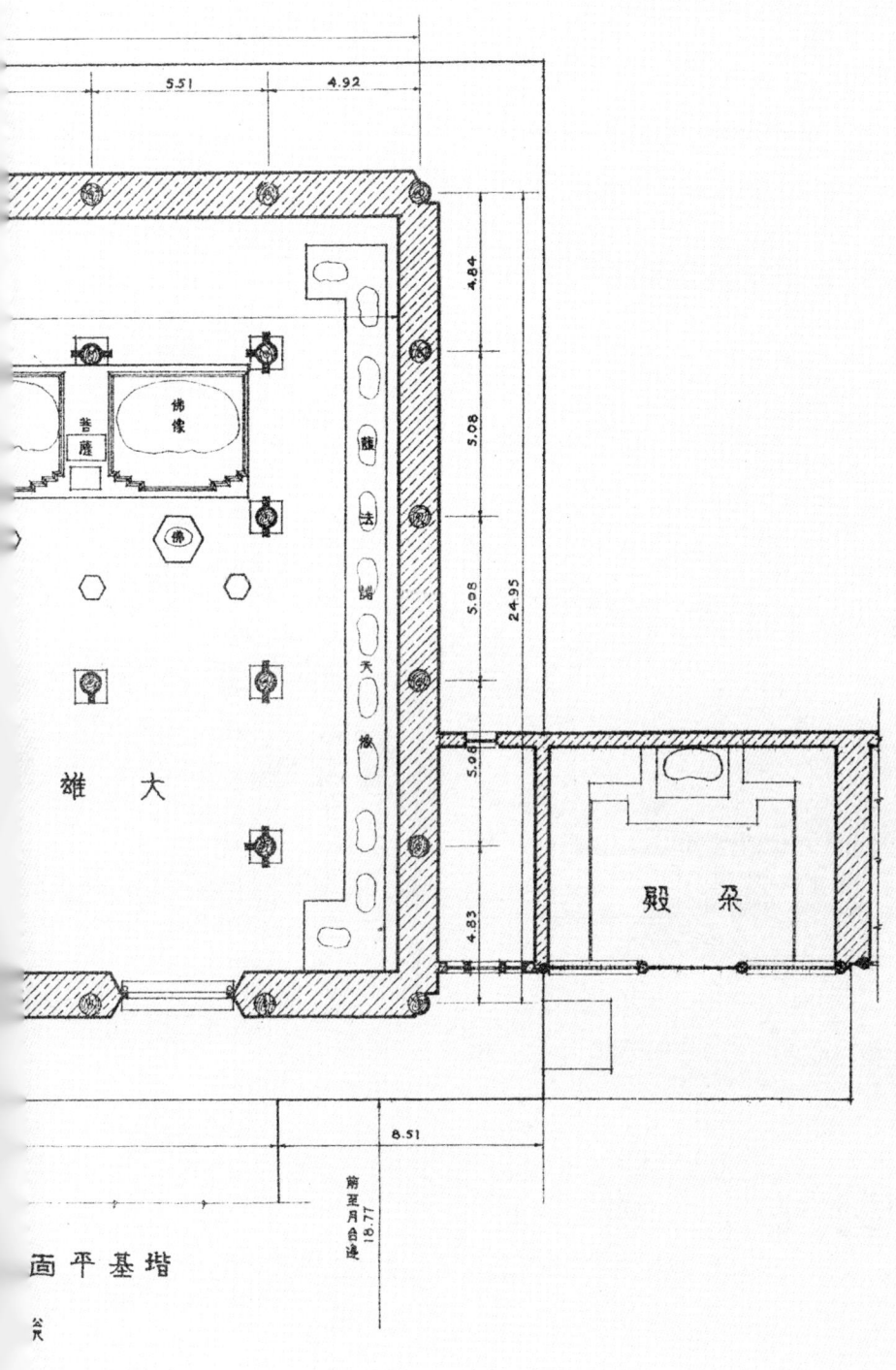

卷首图十六
善化寺大雄宝殿平面图

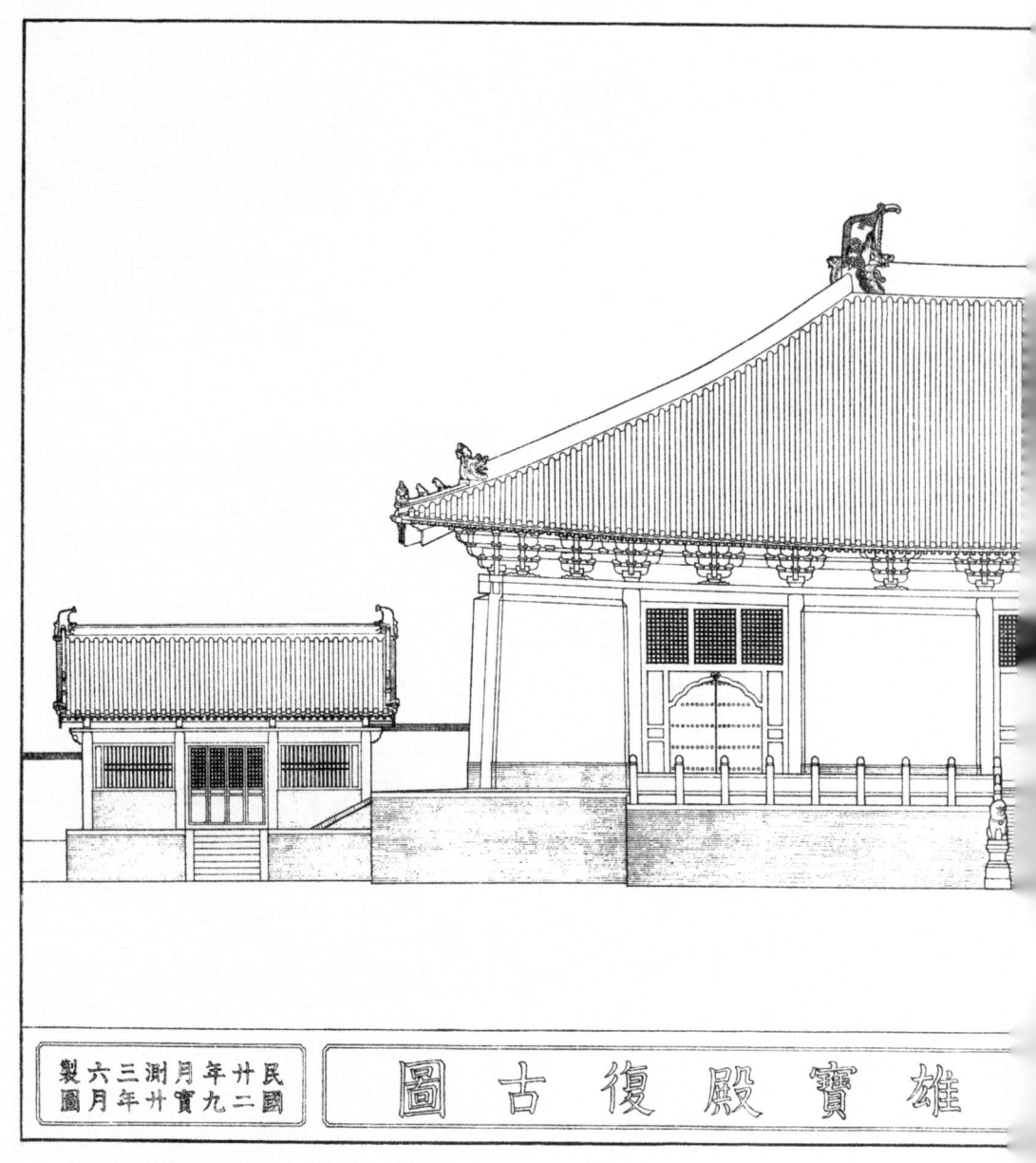

卷首图十七
善化寺大雄宝殿复古图

山西大同善化寺大雄寶殿

山面立面圖

善化寺大雄宝殿山面立面图

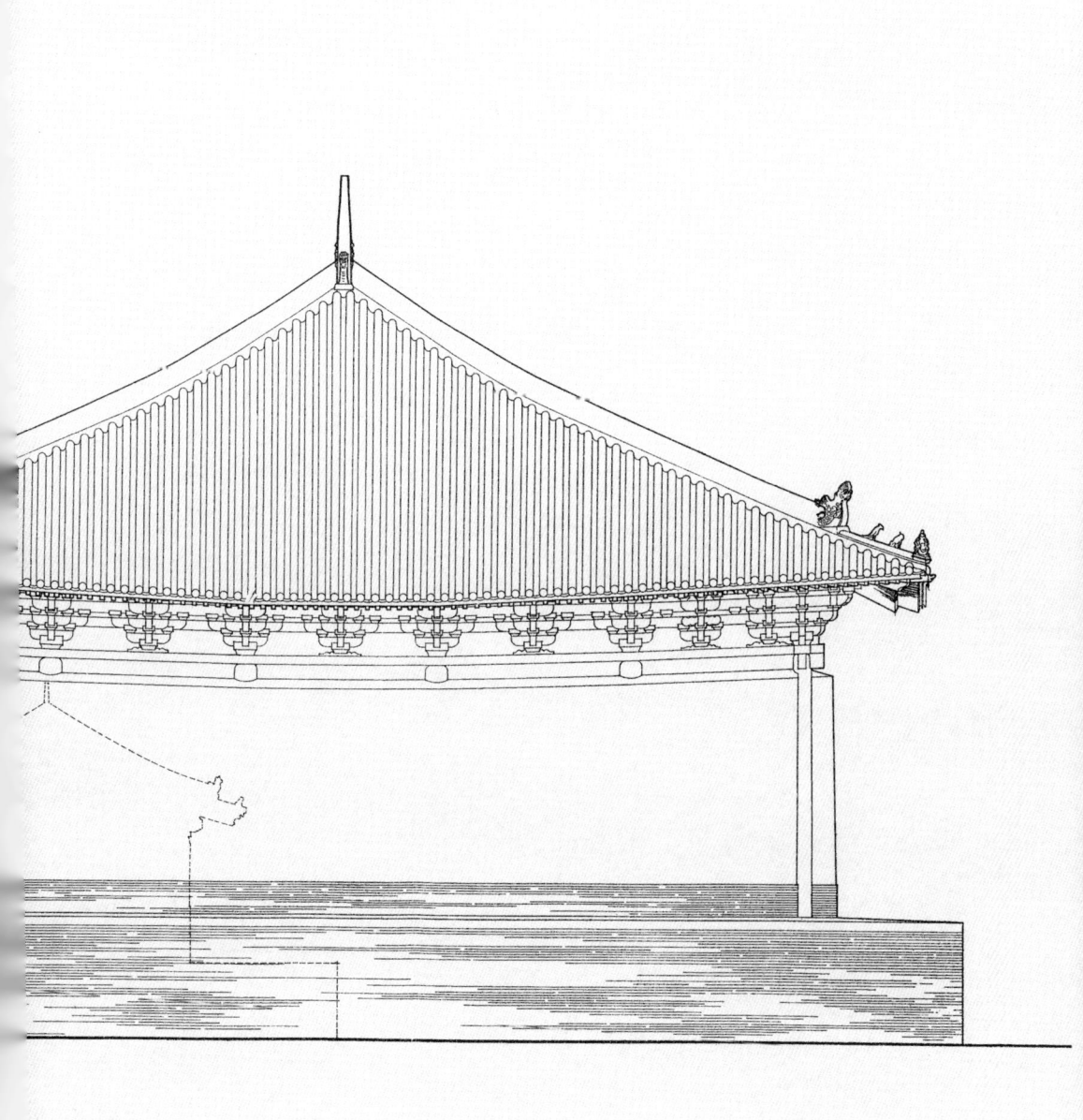

山西大同善化寺大雄寶殿

次間橫斷面

測實 民國廿二年九月
圖製　　　　　　　　　　　　　　　　　中國營造學社測繪

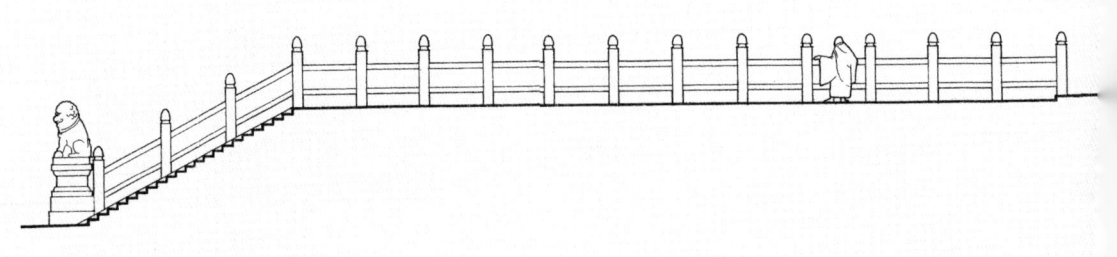

卷首图十九
善化寺大雄宝殿次间横断面图

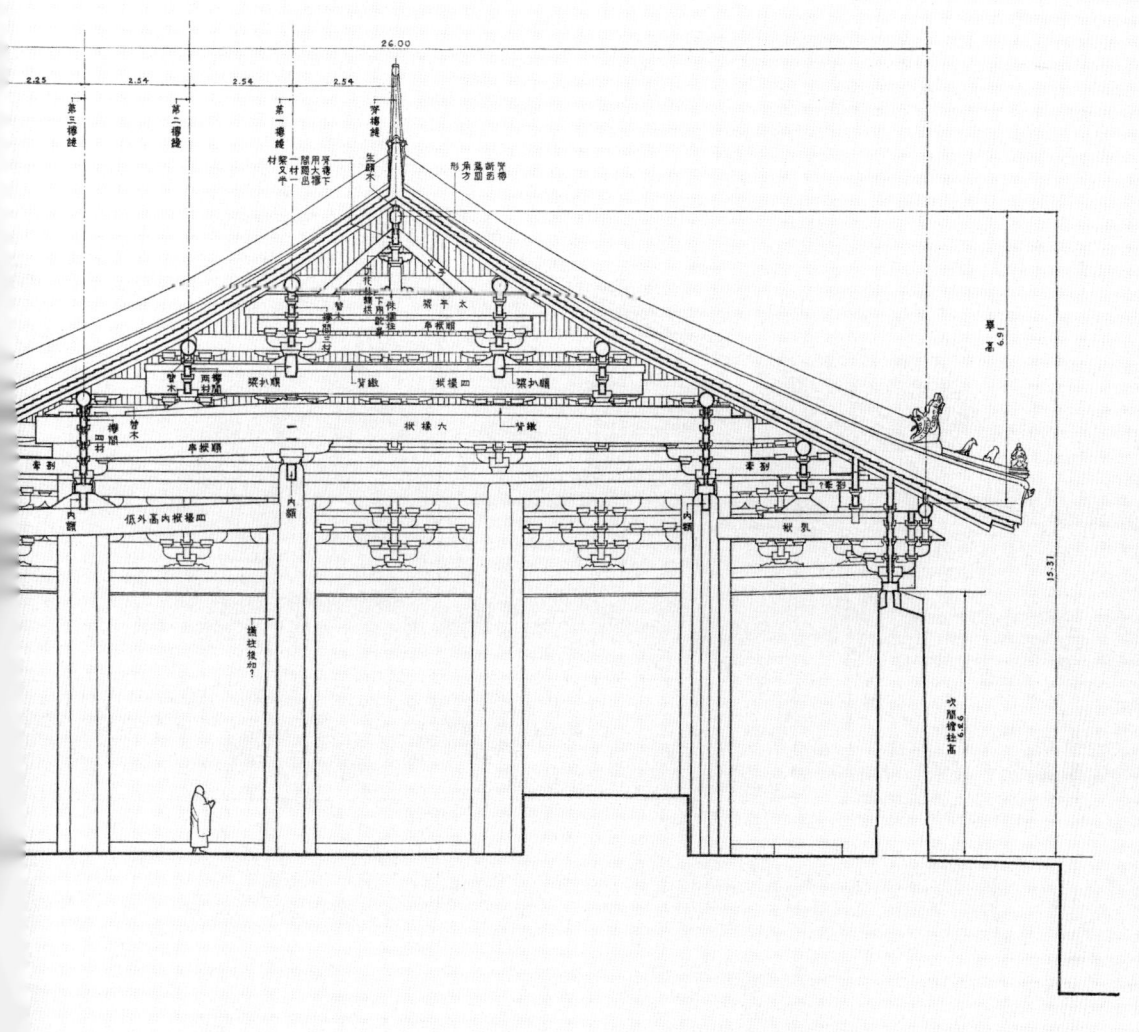

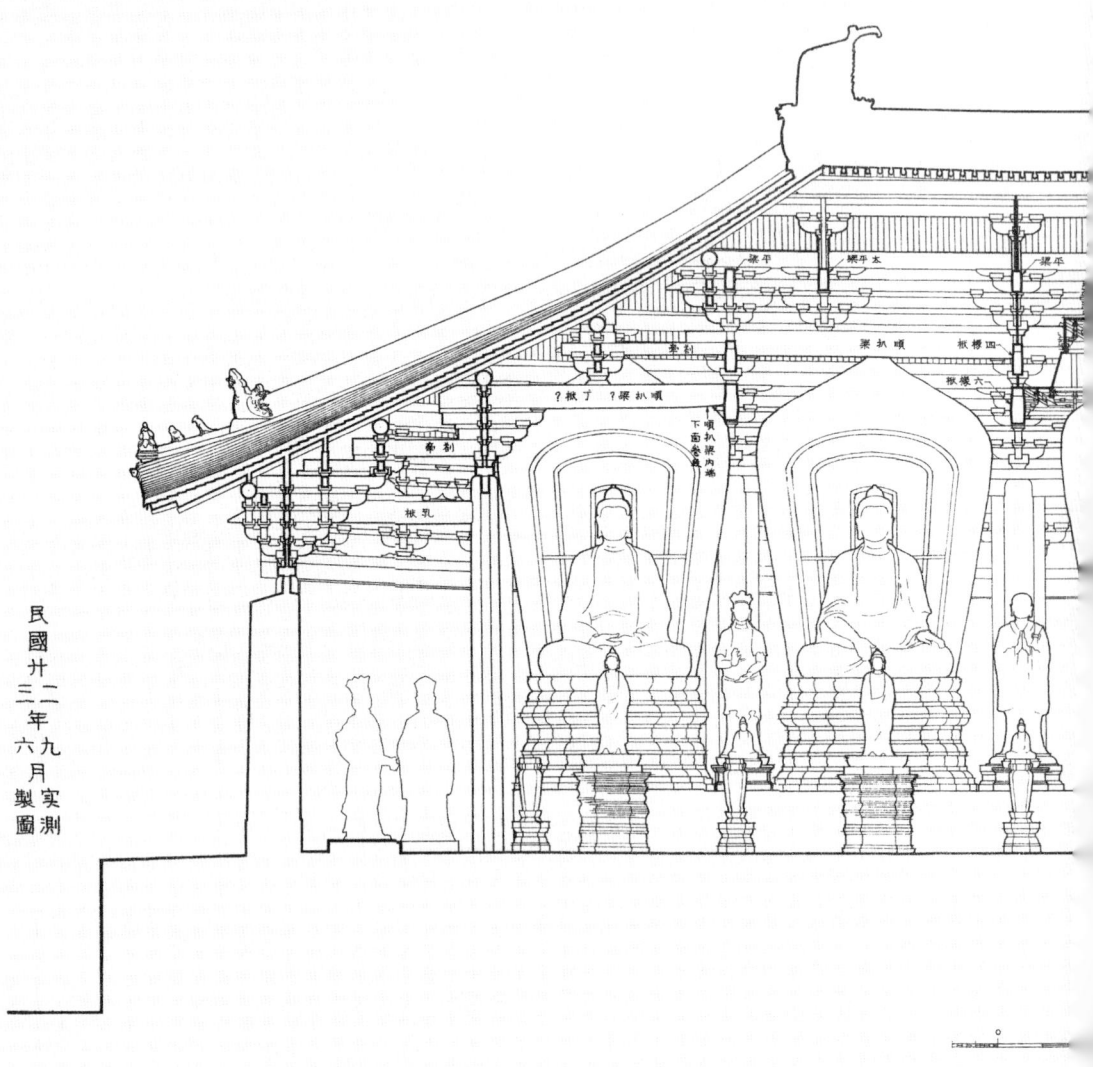

卷首图二十
善化寺大雄宝殿纵断面图

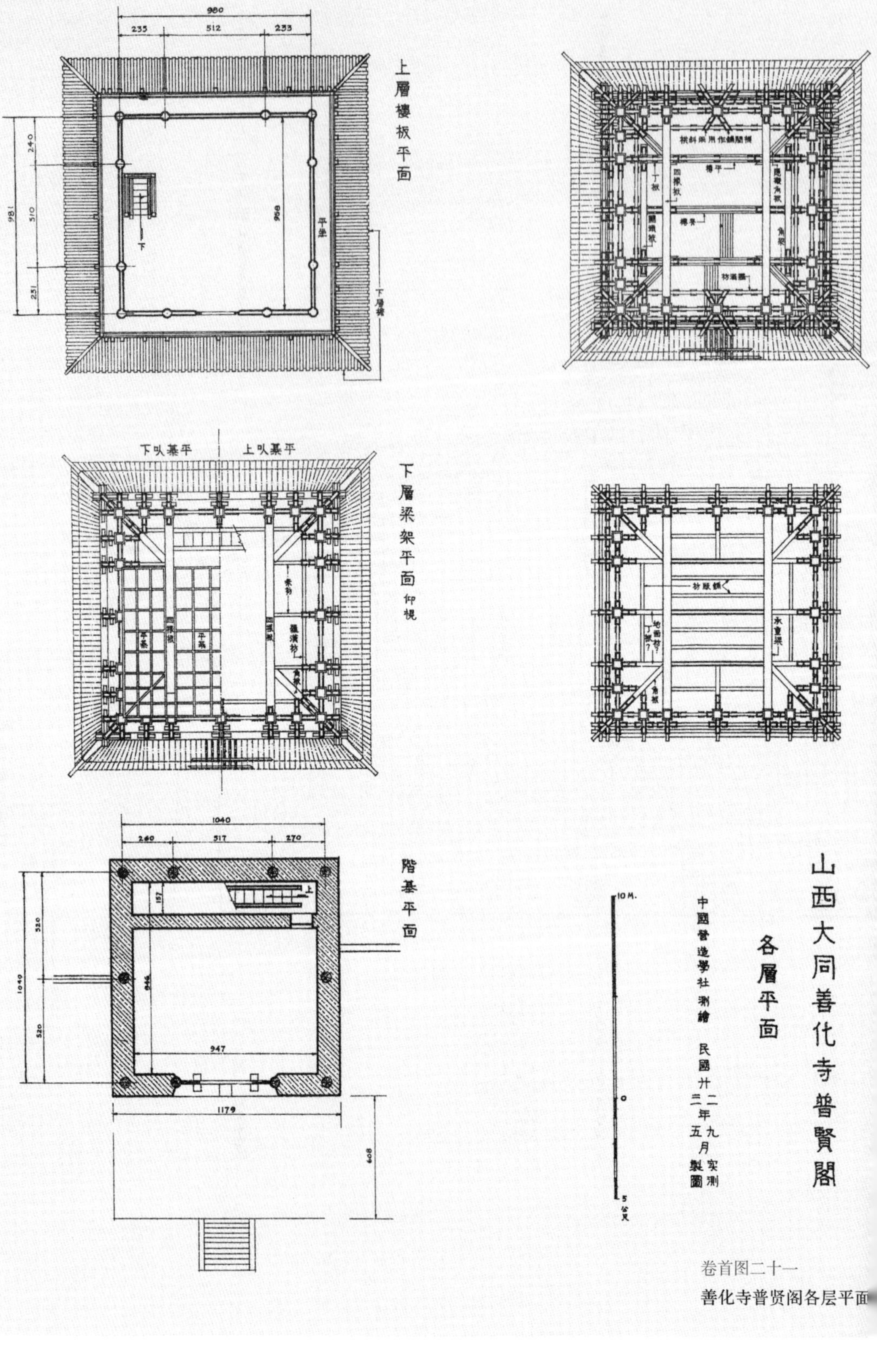

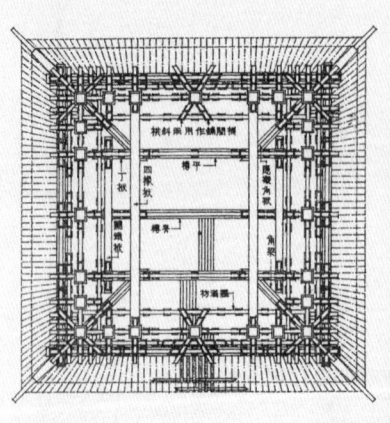

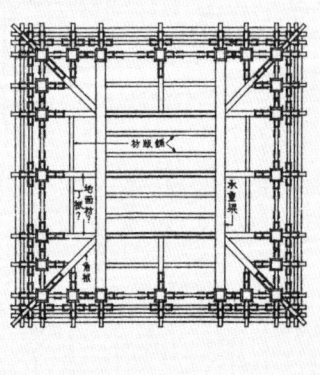

上層樓板平面
下層梁架平面 仰視
階基平面
山西大同善化寺普賢閣
各層平面
中國營造學社測繪
民國廿二年九月實測
三年五月製圖
下昂基平
上昂基平
980
235
512
233
1040
260
517
270
947
1179
608
10 M.
5 公尺

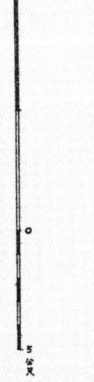

卷首图二十一

善化寺普贤阁各层平面

卷首图二十二
善化寺普贤阁正立面图

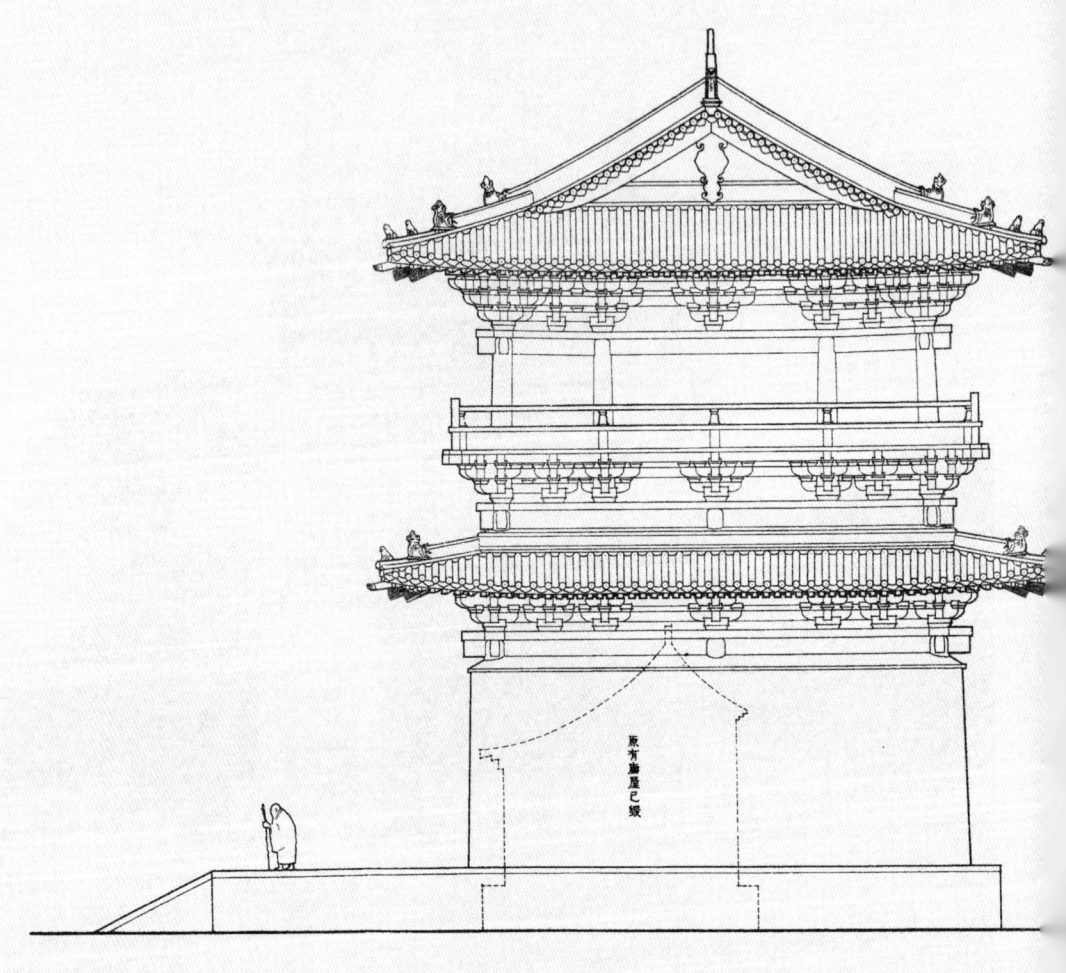

卷首图二十三
善化寺普贤阁山面立面图

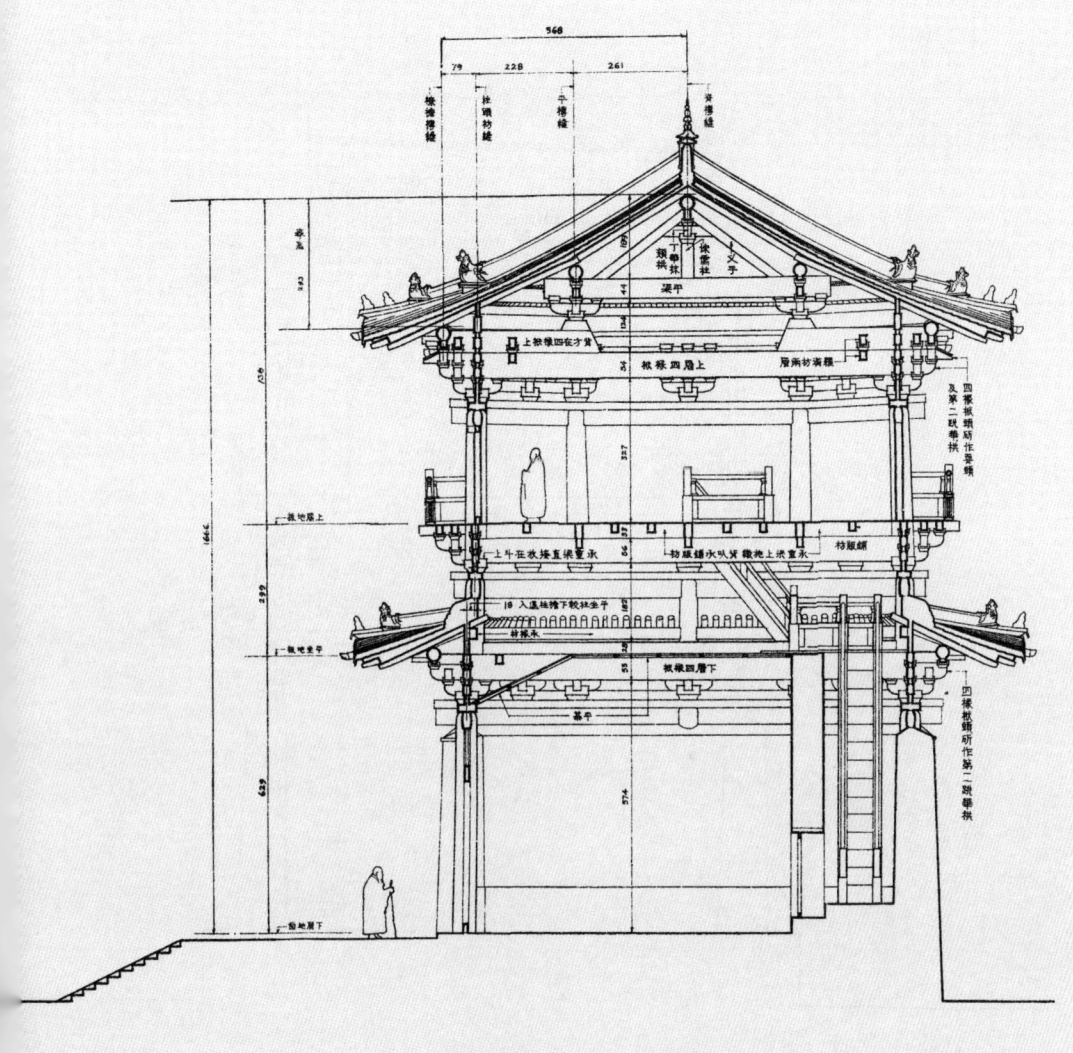

卷首图二十四
善化寺普贤阁横断面图

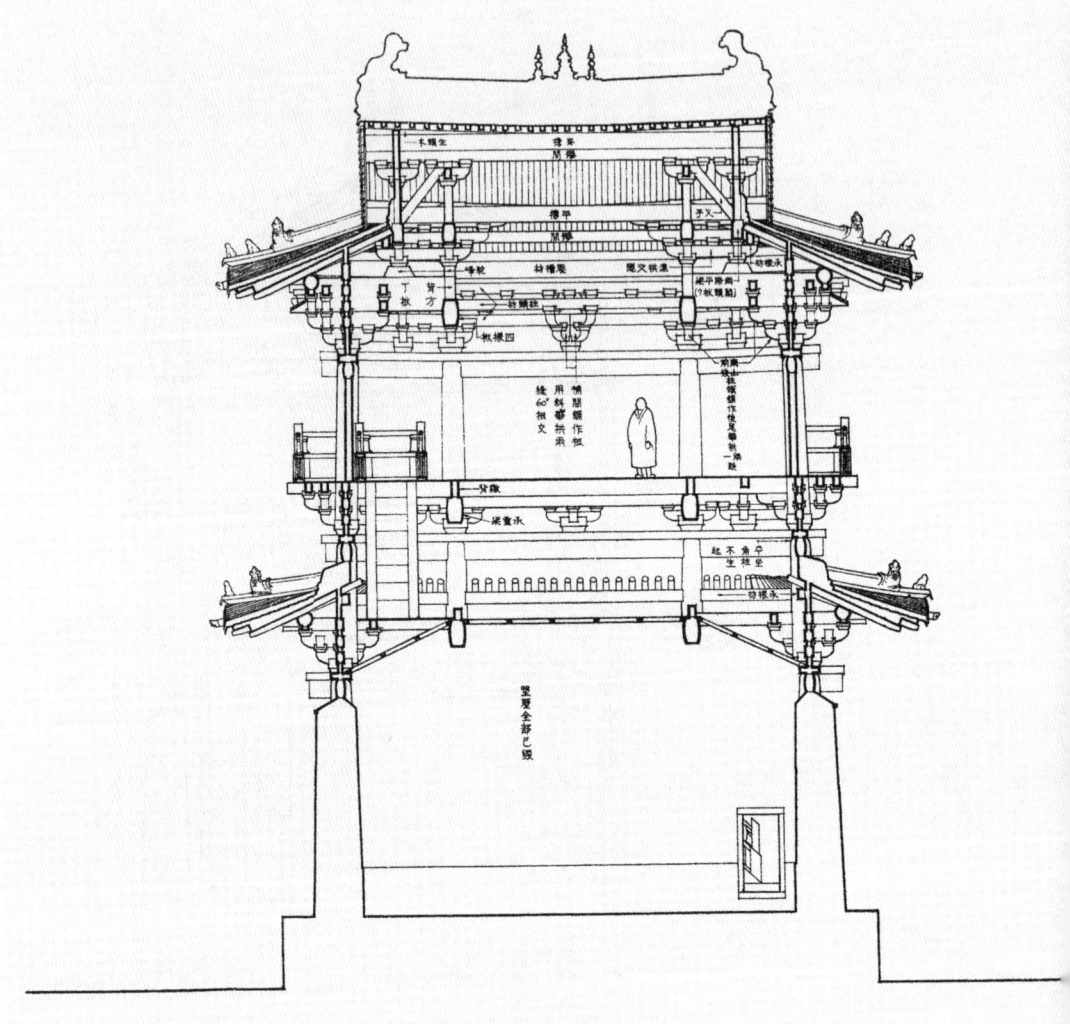

卷首图二十五
善化寺普贤阁纵断面图

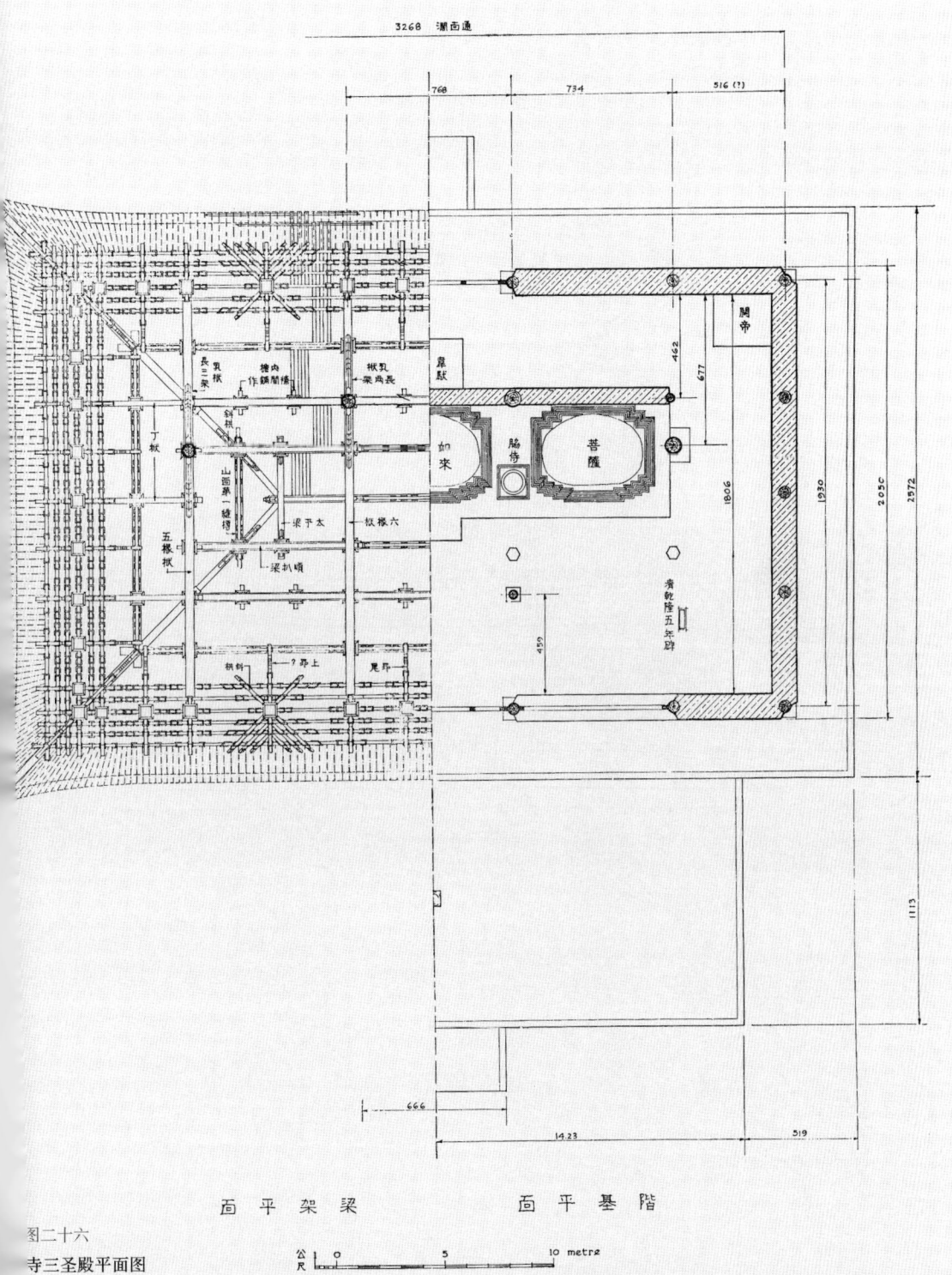

图二十六
寺三圣殿平面图

卷首图二十七
善化寺三圣殿正立面图

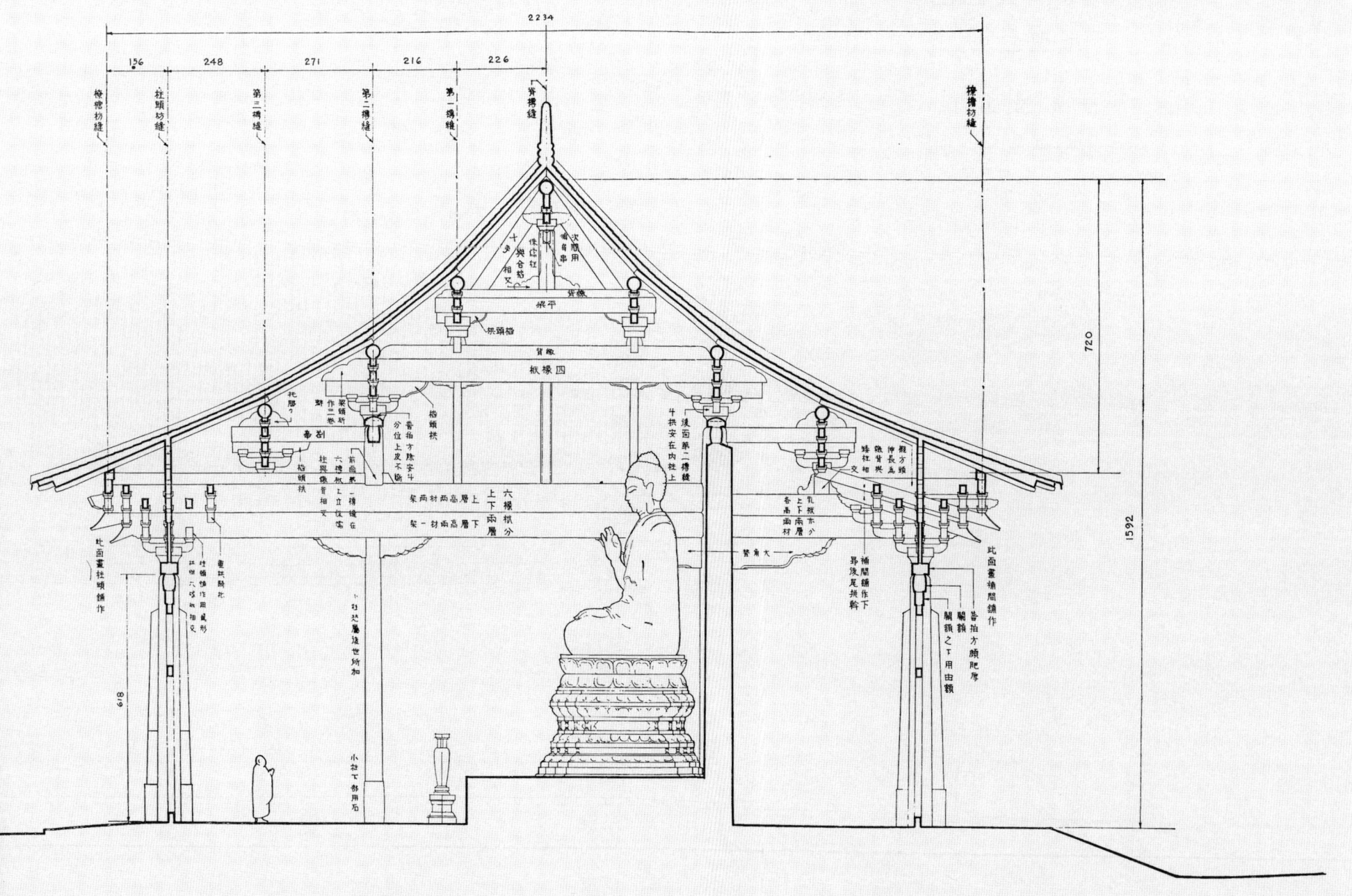

卷首图二十九
善化寺三圣殿当心间横断面图

山西大同善化寺
三聖殿

山面立面

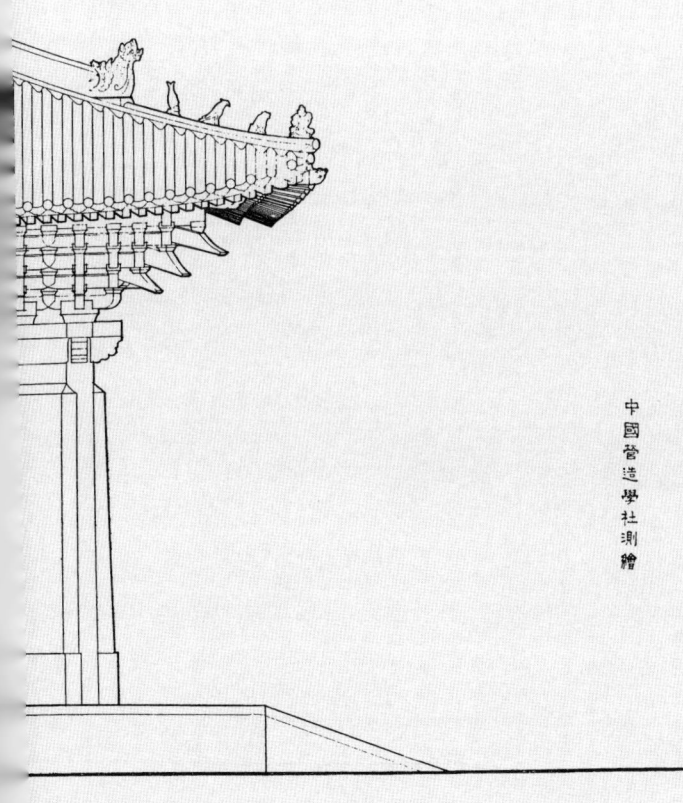

卷首图二十八
善化寺三圣殿山面立面图

山西大同善化寺
三聖殿

當心間橫斷面

中國營造學社測繪

民國廿二年九月實測
廿三年五月製圖

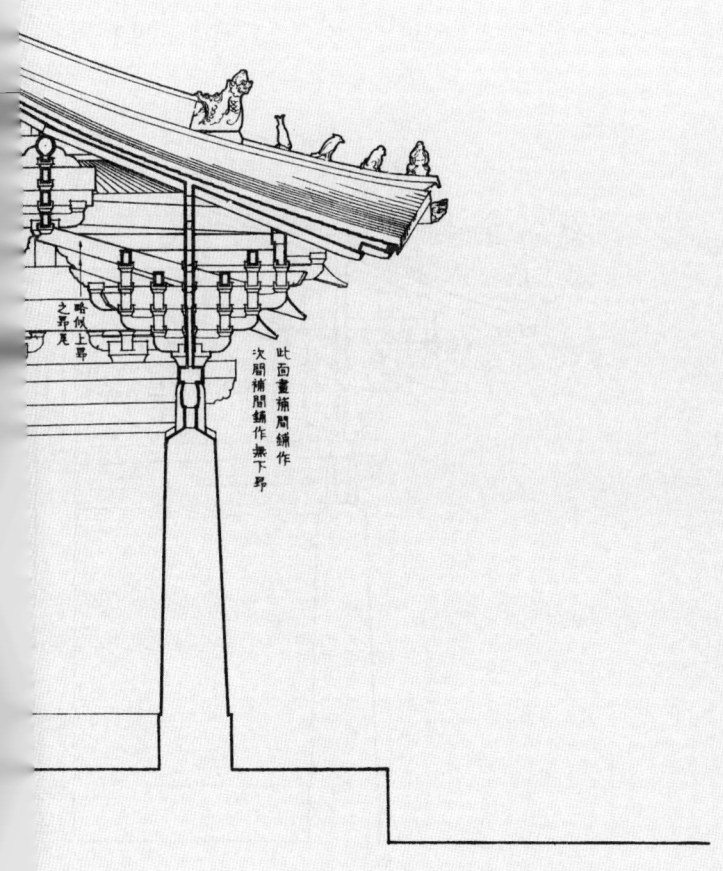

卷首图三十
善化寺三圣殿次间横断面图

山西大同善化寺
三聖殿

次間橫斷面

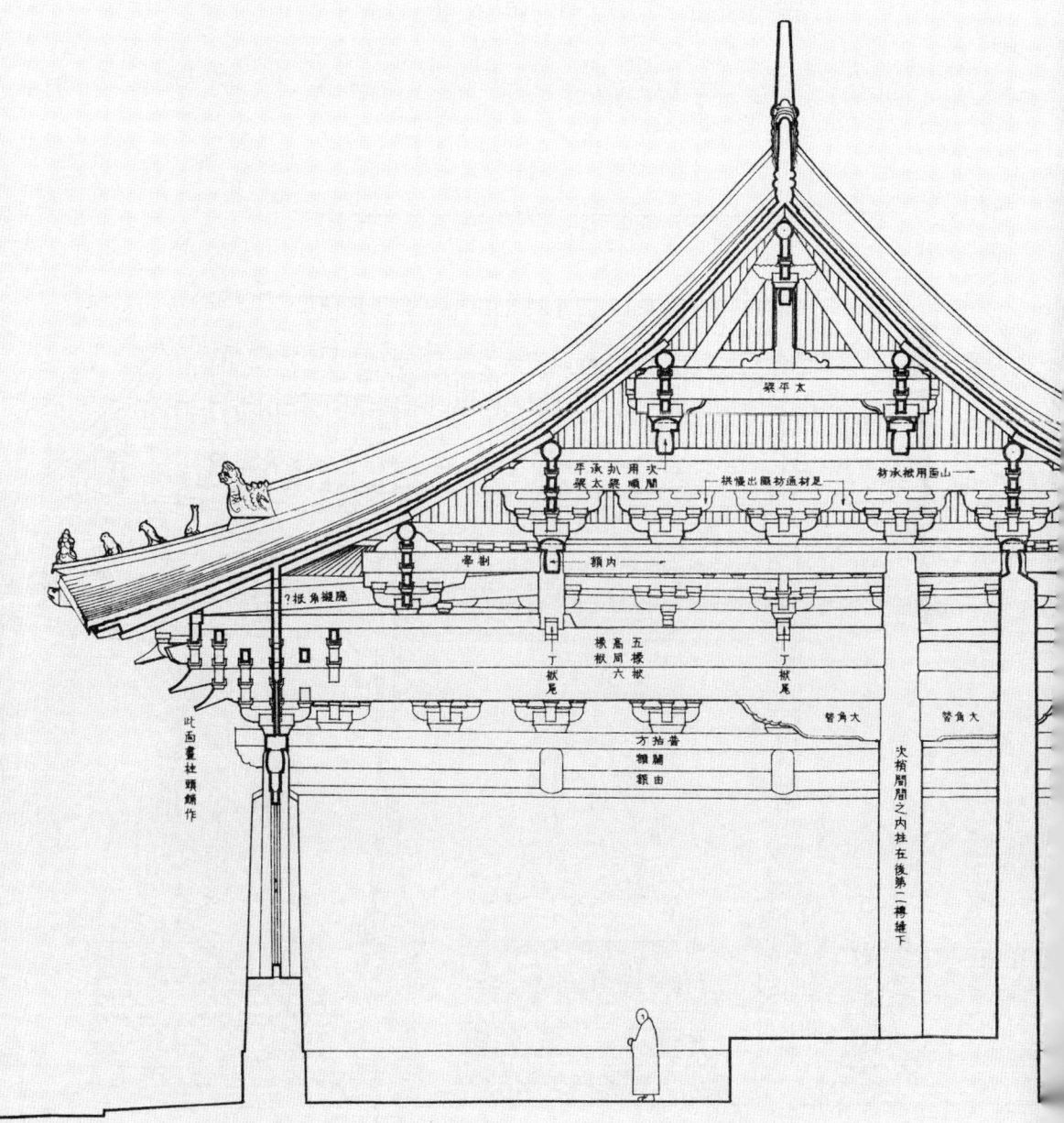

卷首图三十一
善化寺三圣殿纵断面图

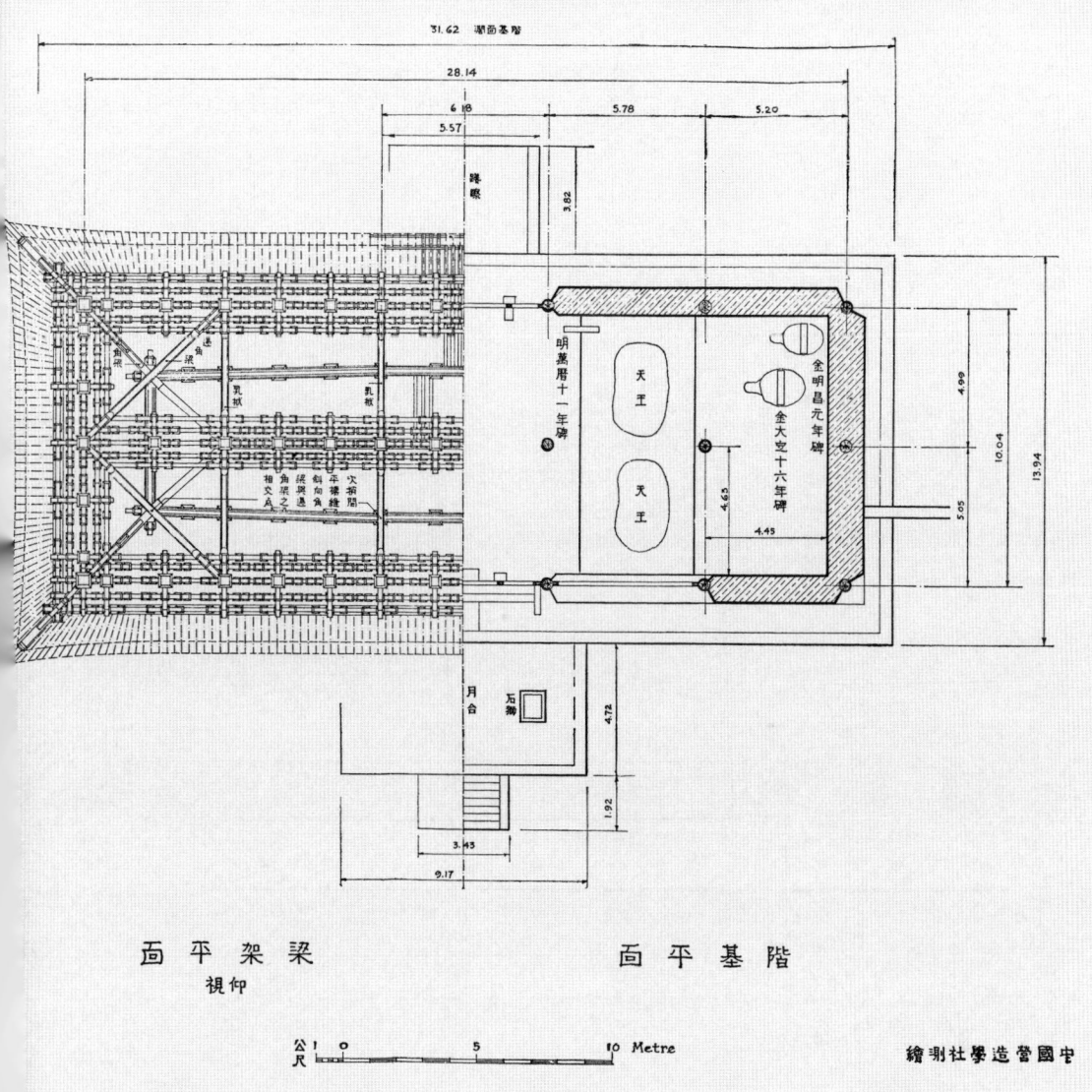

卷首图三十二
善化寺山门平面图

卷首图三十三
善化寺山门正立面图

山

中國營造學社測繪

山西大同善化寺山門

實測 民國廿二年九月
製圖 　　　　　四月

卷首图三十四
善化寺山门东立面图

卷首图三十五
善化寺山门横断面图

山西大同善化寺

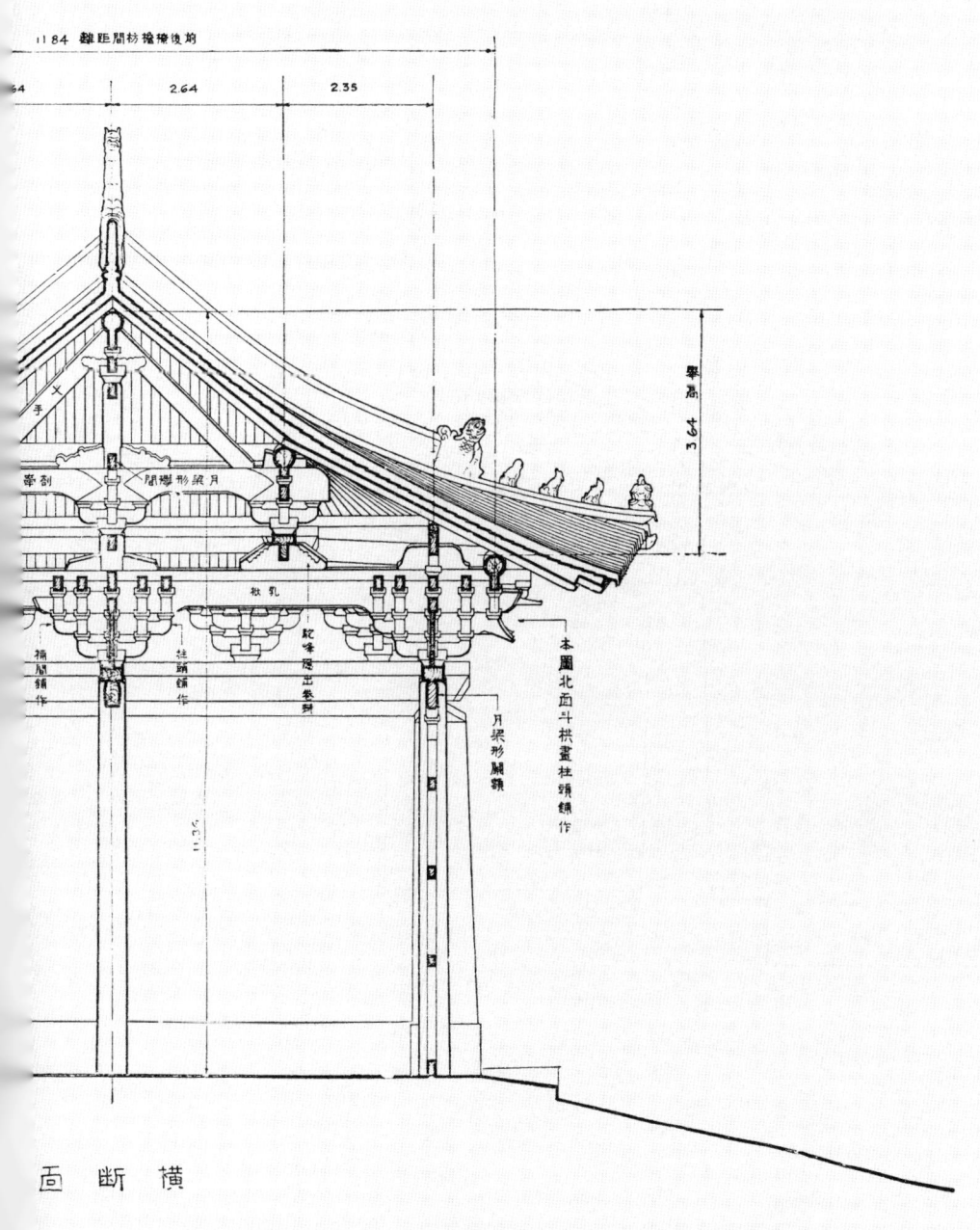

橫斷面

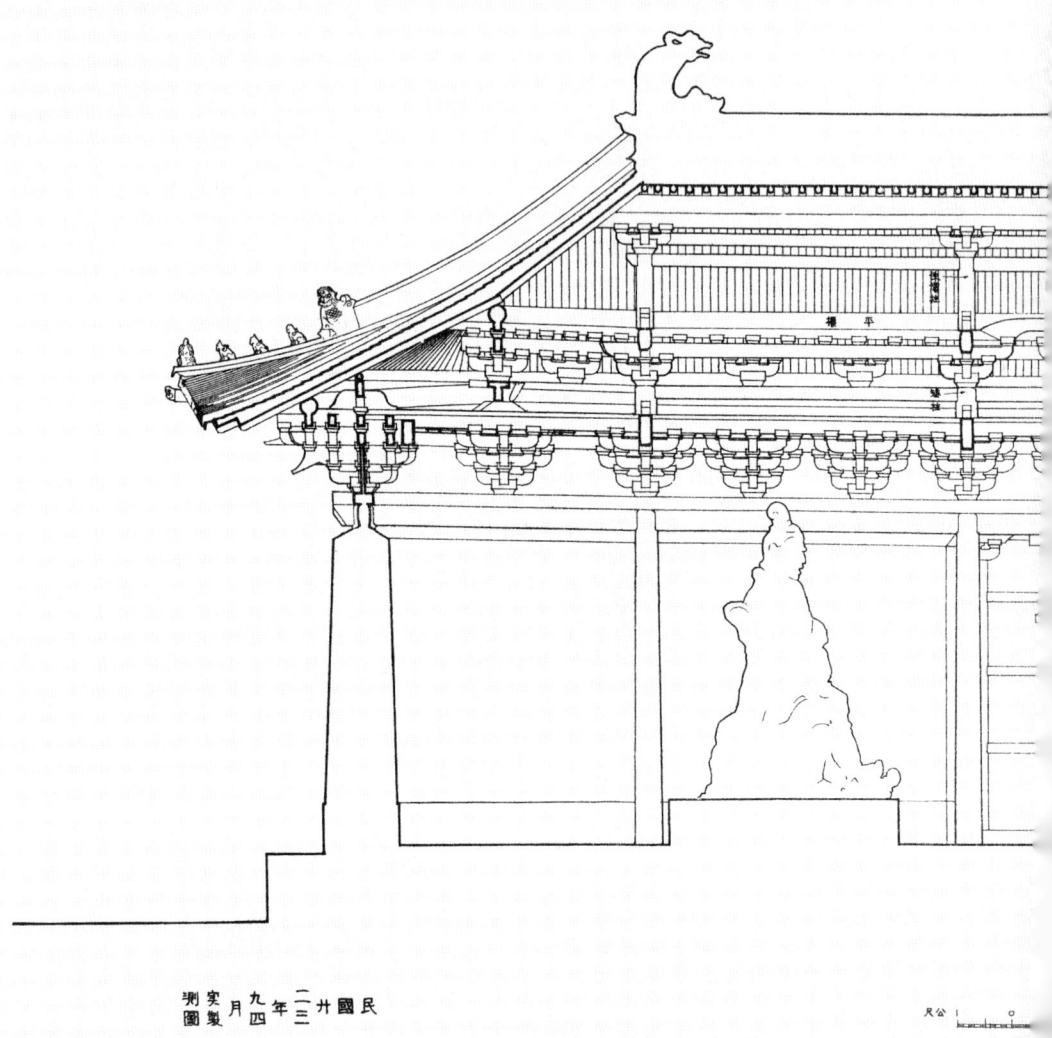

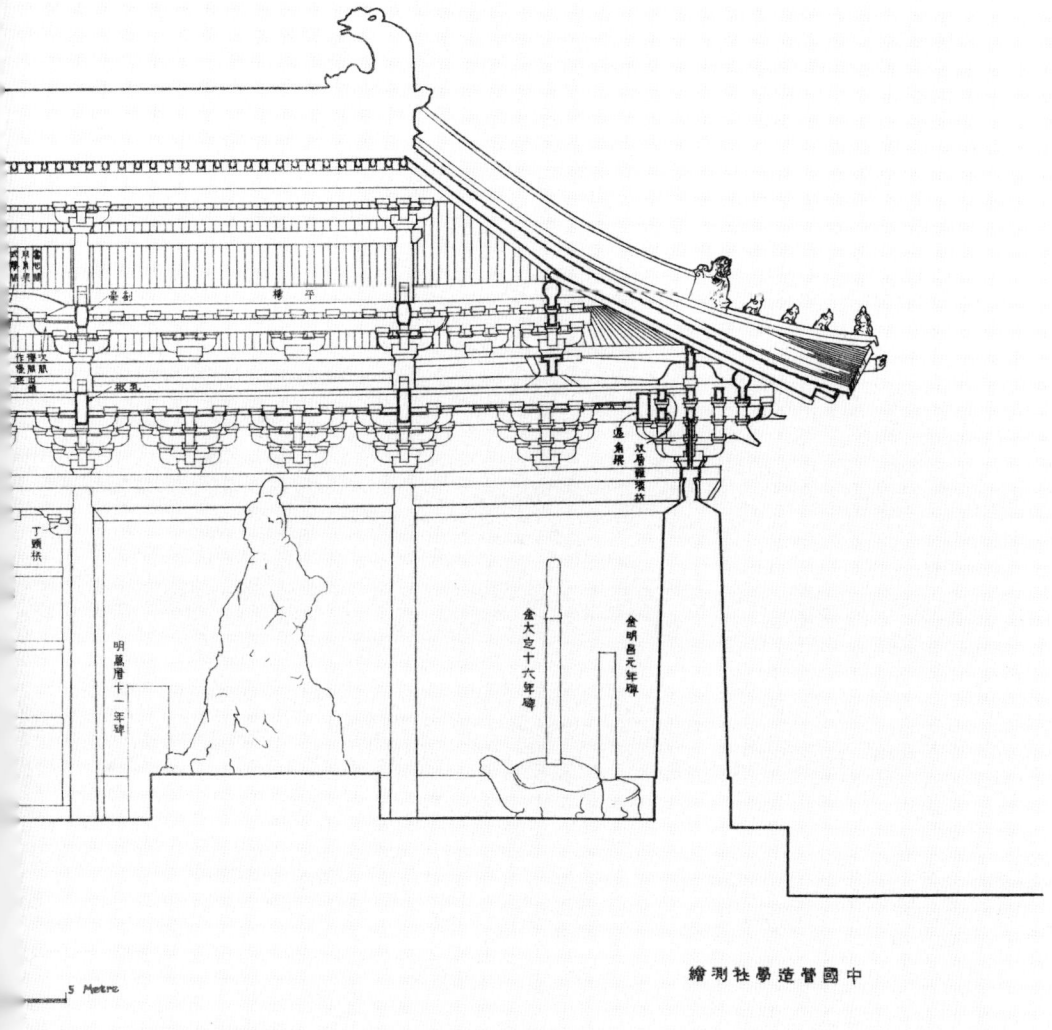

卷首图三十六
善化寺山门纵断面图

一、纪行

大同古雁门地，北魏时号平城，自道武帝宅都于此，迄孝文帝南迁洛阳，凡九十余载，为南北朝佛教艺术中心之一。隋唐间稍中落。石晋天福初，地入契丹，遂为辽、金二代陪都，称西京者前后二百余年。梵刹名蓝，遗留至今，有华严、善化二寺，驰名遐迩。社中久拟调查，以事冗未果。本岁秋九月四日，决计西行，余二人外，同行有社员林徽音与绘图生莫宗江，及仆役一人。是日下午四时，自西直门车站，乘平绥通车离平。傍晚过南口，地势渐高，车沿旧驿道，驶重山叠嶂中，经居庸关、青龙桥，午夜抵张家口。翌晨，天微雨，所经皆平冈连属，旷寂荒寥，宛然高原气象。少顷过玉河桥，睹浊流潺潺，知日前降雨，颇以测绘不便为虑。八时至大同车站，雨渐密。下车访车务处李景熙、王沛然二先生，求代觅旅舍，荷厚意，留居宅中。卸装后，为预备工作计，急雇车入城，赴华严、善化二寺，做初度之考察。

大同内城方形，明洪武五年徐达所筑，景泰、天顺间，复增南北二城，为明代北边之重镇。余辈自车站入外北门，左右皆营房操地，极目所及，民居绝少。入内北门，始有商廛。街两侧旧式商店前有雨搭，下承以柱，略如短廊。屋上烟囱覆铁制之顶，若小亭，方圆不一，颇别致。时雨益剧，道泞泥不便于行，至四牌楼，为城内交通中点。折西为清远街，经钟楼，再西南，至华严寺。

华严寺在内城西南隅，东向，自辽金来号为巨刹，至明始析为上下二寺。一行初至上寺，经山门前殿，登高台，至大雄宝殿（卷首图一）。殿面阔九间，巍然压台上，自来外籍所载相片，仅收一部，未传真象，余辈遽窥全豹，不期同声惊讶，叹为巨构。殿之结构，依斗栱观之，尚保存金源旧状，仅内部彩画天花，与中央佛像五躯，为后代所制。巡视一周，即赴下寺。

寺在上寺东南，其前部自天王殿以东，现充实验小学。自殿后经内院，登石级，为薄伽教藏殿（卷首图一）。殿系辽华严寺之经藏，面阔五间，单檐歇山极稳健洗练之至。其内外檐斗栱、梁柱之比例，权衡甚美，犹存唐建筑遗风。殿内又有庋藏经典之壁藏与天宫楼阁，系海内孤品，为治《营造法式》小木作最重要之证物。殿东北有海会殿五间，亦系辽构。外观无繁缛装饰，简洁异常，令人如对高僧逸士，超然尘表。惜寺僧外出，不能入观，约次日再往。

出下寺东行，赴善化寺，时已亭午，余等自晨至此未进食，饥肠辘辘不可耐，延颈四顾，觅餐馆不得，久之，获小店，入购饼饵数事，相与踞车上大嚼，事后思之，良堪发噱。善化寺在内城南门内，稍西，俗称南寺。山门北，有东西配殿及三圣殿，其后大雄宝殿七间，雄峙台上（卷首图十五）。殿内诸像，雕塑甚精美，姿态神情，各尽其妙，惜柱架北倾，非急与修治，恐颓毁期不远矣。左右朵殿各三间，与大殿俱南向。其东侧稍前，旧有楼，数载前不戒于火，唯西楼——普贤阁——尚存。纵观此寺建筑，除配殿、朵殿外，其大殿、普贤阁、三圣殿、山门四处，均为辽、金二代遗构。不意一寺之内，获若许珍贵古物，非始料所及。唯寺自民国来，曾一度充女校，嗣虽迁出，荒败不堪寓目。现唯顽童奔逐诸殿中，援柱攀梁、探鸽巢、获卵为乐；及附近驻军，假为操地，叱咤喑恶其间耳。住持妙道，川人，居此廿余载，已垂垂老矣。絮絮话寺兴废，为之憯然者久之。

此行原拟先赴云冈石窟，调查北魏石刻中所表现之建筑式样，然后返大同，正式测绘诸寺，讵天雨道泞，云冈之行只能暂缓。乃变更工作顺序，下午调查华严寺大殿，思成摄影，徽音与敦桢、莫宗江三人，共量殿之平面尺寸，并抄录碑文，记载结构上特异诸点。翌晨雨霁，仍赴华严寺摄影，并量薄伽教藏殿与海会殿平面。午后赴云冈，往返尽三日，至九日午，返抵大同。下午至善化寺工作。是夜送徽音归北平。

次日雇匠赴善化寺搭架，自山门起，依次量各殿架构斗栱，次及华严寺诸殿，最后以经纬仪测寺之全体平面及各殿之高度。自晨至暮，凡七日，大体告竣。又以城内钟楼与东门、南门、西门三城楼，均明代所建，由思成前往摄影。十七日赴应县，调查辽佛宫寺塔。敦桢自应先期回平。廿四日思成与莫宗江由应返大同，加摄诸寺相片，及量壁藏尺寸者一日。其后复派莫宗江、陈明达二人，赴大同补量善化寺普贤阁及华严寺壁藏，并摄影多幅。计前后二次，详测之建筑，有华严寺薄伽教藏殿、海会殿，及善化寺大雄宝殿、普贤阁、三圣殿、山门六处。略测者，华严寺大雄宝殿，善化寺东西朵殿、东西配殿，及东门、南门、西门城楼，钟楼，九处。依时代分之，辽四，金三，明四，时代不明者四。

辽建筑：

华严寺——薄伽教藏殿，海会殿

善化寺——大雄宝殿，普贤阁

金建筑：

华严寺——大雄宝殿

善化寺——三圣殿，山门

明建筑：

东门、南门、西门城楼，钟楼

时代不明之建筑：

善化寺——东西朵殿，东西配殿

我国建筑之结构原则，就今日已知者，自史后迄于最近，皆以大木架构为主体。大木手法之变迁，即为构成各时代特征之主要成分。故建筑物之时代判断，应以大木为标准，次辅以文献记录，及装修、雕刻、彩画、瓦饰等项，互相参证，然后结论庶不易失其正鹄。本文以阐明各建筑之结构为唯一目的，于梁架斗栱之叙述，不厌其繁复详尽，职是故也。唯执笔时最感困难者，即辽、金二代文献残缺，向无专记建筑之书，其分件名称，无由探悉。兹以辽金同期之北宋官式术语，即李明仲《营造法式》所载者代之。间有李书所无，则以清式术语，承乏其间；如下文说明殿堂平面配置，混用宋式"当心间"，及清式"次间""梢间""尽间"等称是已。其明初遗物，如东门、南门、西门三城楼与钟楼等，在式样及结构上，均与辽金建筑接近，故亦以宋式术语说明之。

此行承居停主人李景熙、王沛然二先生多方照拂，隆谊可感，谨此鸣谢。

二、华严寺[1]

[1] 该寺建筑于1961年列入"第一批全国重点文物保护单位"（编号91）。——孙大章注

略　史

位置及方向　华严寺在今大同内城西南隅，下寺坡之西，东向，其地旧名舍利坊。据《县志》卷五"古迹"项："辽金之西京城，广袤各二十里，今西门有二土台，即旧宫阙门故址。"其说果确，则华严寺与舍利坊，应俱在辽金宫城之东南。唯自来佛寺，大都南向居多，此寺东向，其故莫辨。以现状言，薄伽教藏殿建于辽重熙间；上寺大殿于保大乱后，依旧址重建于金天眷间；是辽金以来，寺之重要建筑物，已为东向，且大殿面阔九间，为国内佛殿中不易多睹之巨构，依记录与实例所示，佛殿面阔大抵以九间为度，无用十一间者，故此殿当为金天眷以来大华严寺之正殿无疑，足为寺取东向之又一证明。

创建年代　《辽史》卷四十一《地理志》称："清宁八年（公元1062年）建华严寺，奉安诸帝石像、铜像"，《通志》《县志》《图书集成》及日人关野、常盘二氏合著之《支那佛教史迹评解》均承其说。唯明成化元年碑，谓"寺肇自李唐"。万历九年碑，称"唐尉迟敬德增修"。清初茅世膺《重修上华严寺碑记》，则云唐贞观重修碑犹存，疑肇自拓跋氏。前二碑现存寺内，后者见《县志》卷十九"艺文"项，俱言之凿凿，自谓无疑。按茅氏至今，几三百载

矣，所云唐碑久佚，其文未著录诸书；北魏之说，固属臆测，李唐云云，以信物沦灭，无由征实，亦止有悬以待证。同时《辽史》所记，又不无语弊；盖寺之薄伽教藏殿，建于辽兴宗重熙七年（公元1038年），殿内梁下题记，与《通志》《县志》所载，胥皆一致。以年代言，先于清宁八年者，二十有四载。是清宁前，此寺已有教藏，其规模决非狭陋可知。《辽史》所述，应释为"增建"而非"创建"甚明。诸书未辨先后，遽敷衍其说，殊为失检。

寺之变迁 此寺初始之期，无可穷究，略如前述。若其极盛之期，据文献所示，似在辽中叶以后，至辽亡为止。盖辽圣宗统和初，宋将潘美等，入云、应、寰、朔诸州，徙吏民南迁，其时大同附近，犹为辽宋交争之区域。其后宋败请和，岁纳银绢，于是侈心渐启，圣宗以降，皆重浮屠法，营宫寺，刊经藏，不遗余力。兴宗时，以民户赐寺僧，僧有拜三公、三师兼政事令者，二十人。道宗末岁，一岁饭僧至三十六万人，一日祝发至三千人，具见宋、辽、金三史及《契丹国志》《辽史拾遗》诸书。此寺之有教藏，始于兴宗重熙间，逮道宗清宁初，复以奉安诸帝后铜石像，大事扩增，则其致盛之由，与诸帝恢弘佛法不无关系。兹摘录各种记载，涉及此寺者如次：

（一）寺之东南薄伽教藏……辽重熙七年（公元1038年）建（《县志》卷五）。

（二）此大华严寺从昔以来，亦是有教典矣（金大定二年碑）。

（三）清宁八年（公元1062年）十二月癸未，幸西京（《辽史》卷二十二《道宗本纪》）。

（四）清宁八年建华严寺，奉安诸帝石像、铜像（《辽史》卷四十一《地理志》）。

（五）辽清宁八年建寺，奉安诸帝铜石像，旧有南北阁、东西廊，像在北阁下（《县志》卷五）。

（六）华严寺……有南北阁、东西廊。北阁下铜石像数尊。中石像五，男三女二。铜像六，男四女二。内一铜人，衮冕帝王之像，余皆巾帻常服危坐，相传辽帝后像（《通志》卷百六十九）。

（七）辽道宗太康二年（公元1076年）建陀罗尼幢（大雄宝殿前经幢铭文）

据（一）（二）两项，知兴宗重熙间，寺已有经典与教藏。迨清宁八年，道宗幸西京，奉安诸帝像，复建南北阁、东西廊，其后又造陀罗尼幢。其余建筑，据下述金大定二年碑，有宝塔、斋堂、厨库、影堂等，皆为辽亡国前所有者。此外金天眷间，依旧址重建九间、五间殿，慈氏阁，会经（会经二字疑有误）钟楼，三门，朵殿等；而左右洞房，四面廊庑，犹未复旧。由是推测，辽保大被焚以前，此寺规模较金以后更为宏阔。又卷首图一所示现状平面略图，大殿居西北隅，薄伽教藏殿与海会殿居东南隅，其位置分配，极不规则，疑海会殿迤北之民房，旧日应属于寺内，而上寺东巷正对今之上寺大雄宝殿，尤疑其东端与下寺坡交会处系山门所在地点。附记于此，待异日之考证。

其后辽末天祚帝保大二年（公元1122年）金兵陷西京，降而复叛，重罹锋镝，此寺受池鱼之殃，殿阁楼观，多数化为灰烬，见金世宗大定二年（公元1162年）僧省学所撰《重修薄伽教藏记》一碑。碑现存下寺薄伽教藏殿内，为此寺最重要之文献，兹择其与建筑有关者，列举如后：

（一）至保大末年，伏遇本朝大开正统。天兵一鼓，都城四陷。殿阁楼观，俄而灰之。唯斋堂、厨库、宝塔、经藏洎守司徒大师影堂存焉。

（二）至天眷三年闰六月间，则有众中之尊者，僧录通悟大师、慈济广达大师、通利大德通义大师、辩慧大德妙行大师,洎首座义普、二座德祚……乃仍其旧址,而时建九间、五间之殿。又构成慈氏观音降魔之阁,及会经钟楼、三门、朵殿。不设期日,巍乎有成。其左右洞房,四面廊庑,尚阙如也。其费十千余万。

(三)故僧录大师门人省学者……聚徒兴役,刘楚剪茨。基之有缺者完其缺;地之不平者治以平。四植花木,中置栏槛。其费五百余万焉。

(四)而后因礼于药师佛坛,乃睹其薄伽教藏,金碧严丽,焕乎如新。唯其教本错杂而不完,考其编目,遗失者过半。……言于当寺沙门惠志、省涓、德严三人……反复咨询,未知所可。众乃同声而唱言曰:有兴严寺前临坛传戒慈慧大师可。……师乃答其众望,俯而从之。则于正月元日,七月望辰,升座传演,鸠集邑众。所获施赠,以给其签经之直。

然后遍历乎州城、郡邑、乡村、岩谷之间,验其阙目,从而采之。或成帙者,或成卷者,有听赎者,有奉施者。朝寻暮阅,曾不惮其劳。日就月将,益渐盈其数。岁历三周,迄今方就。其卷轴式样,新旧不殊;字号诠题,后先如一。

据前碑所载,知天保乱后,寺仅存斋堂、厨库、宝塔、经藏、影堂五建筑而已。洎金熙宗天眷间,经僧通悟等六人,募修大部。徒省学继之,又事修葺。僧慈慧复竭三年之力,补完教藏。故天眷三年至大定二年(公元1140—1162年)间,为此寺之复兴时期。但其时左右洞房、四面廊庑,犹未复旧。视清宁盛时,不无逊色。其后金世宗大定六年(公元1166年),即省学撰碑后四年,世宗如西京,幸寺观辽诸帝铜像,诏主僧谨视之,见《金史·世宗本纪》。又元世祖时,诸像犹存,见《元史》卷百五十三《石天麟传》。是此寺自通悟修复后,至元初尚为云中巨刹。嗣后寺稍中落,驯至军民杂居其间,武宗至大间,经僧慧明重修,载顺帝至正十年(1350年)西京大华严寺佛日圆照明公和尚碑铭。碑存薄伽教藏殿内,其节略如下:

师讳慧明，蔚州灵丘人……庚戌中，西京忽兰大官人，府尹总管刘公、华严本主法师英公，具疏敬请海云老师住持本府华严寺。海云邀师偕行，既至云中，海云抑师住持。……先是德公长老摄持，院门牢落，庭宇荒凉，官物人匠，车甲绣女，充牣寺中。至是并令起之，移局（疑作居）他处。大殿、方丈、厨库、堂寮，朽者新之，废者兴之，残者成之，有同创建。

本寺教藏，零落甚多，或写或补，并令周足。金铺佛焰，丹漆门楹。供设俨然，粹容赫焕。香灯灿列，钟鼓一新……又于市面创建浴室、药局、塌房及赁住房廊近百余间，以赡僧费。

有元一代，享祚甚暂，碑中之庚戌，稽诸史籍，仅武宗至大三年（公元1310年）一度，则慧明当以是年来主此寺，重修工程，必在此后数年内举行。其工程范围，据碑文所称，除大殿、方丈、厨库、堂寮因旧建筑修补外，复新筑浴室、药局与赁住廊房百余间。是辽金以来，此为第二次大规模之修治，亦可谓为此寺第二次之复兴。

寺自至大间慧明修葺后，仅历五十余载，元社遂屋。元明之际，屡经兵燹，倾圮特甚。旋析为上、下二寺。迄于最近，寺况日趋式微。故明、清二代，可谓为此寺之衰落时期。兹先举明以来关于下寺之记载如下：

（一）洪武三年，改大殿为大有仓。二十四年，即教藏置僧纲司，复立寺（《县志》卷五，《通志》卷百六十九）。

（二）明崇祯四年辛未（公元1631年）殿脊朽颓。五年，督饷户部周维新、巡抚张廷栱、总兵杨茂春重修（崇祯五年碑及《县志》卷五）。

（三）清康熙二十七年（公元1688年）僧清锈重修（下寺薄伽教藏殿匾）。

（四）清雍正六年（公元1728年）应州知州章宏捐修

(《县志》卷五)。

(五)清乾隆八年(公元1743年)重修(同前)。

(六)清嘉庆重修[嘉庆二十二年(公元1817年)碑]。

(七)清道光重修[见前碑阴道光十五年(公元1835年)捐修名录]。

如前所述,此寺于明初曾一度没为官产,废置二十余载,至洪武末年,始以教藏复立为寺。按教藏即薄伽教藏殿之简称。今下寺之起源,殆权舆于是。又下寺前部,具月牙池与天王殿(图一),独立自成一廓,亦当为洪武立寺以后所增建者。其上寺大殿,即大雄宝殿,明初用为大有仓,洪武立寺时未列入,殆其时犹未发还。其后记录可稽者如次:

(一)元末屡经兵燹,倾圮特甚,唯正殿巍然独存。迨我圣朝宣德间,高僧洽南洲弟子了然禅师,来就说法于兹,延纳

图一
华严寺天王殿

僧众，遂成丛林。而题额则因其旧而名之。……毅然以增修为己任，飞锡云游，募缘四方。历二年，遂造金像三尊于京师，遥请至此。……于宣德二年孟夏之月，迎佛入城。……严大殿，安毗卢三像，旁翼两廊，僧众丈室。栖禅有居，常住有库，庖湢有序。……至宣德四年前后落成。……荐首僧资宝任为住持，化缘塑像二尊，共辏为五如来。及构天花栱枰、彩绘檐栱，灿然大备。至景泰五年，宝示寂灭（明成化元年《重修大华严禅寺感应碑记》）。

（二）富者输财，贫者输力，匠者输工，不数月而污者鲜，倾者起，坏者全，垢者圮者，悉庄严辉烁。……旧制无甬道，今以砖砌之，称周行也。台无栏，今以石补之，称扞卫也。阶之上，立小坊，题曰梵宫，并置槛门，严扃鐍也。前无坊，今以木竖之，表其题于寺巷之东，令观者知敬仰也。坊之下无桥，今以石硼之，令行者知坦途也。复相甬道之左，筑隙地，固其基，建禅堂三间、厨室一间，岁时祈祷，便讽诵也。大铸洪钟，悬设室罩，宣法令、隔尘喧也（明万历九年《上华严寺重修碑记》）。

（三）明崇祯间重修（《县志》卷五）。

（四）戊子（按即清顺治五年）陡遭窃踞之变，遂罹屠城之惨。市井丘墟，宅舍瓦砾，绀宇琳宫，鞠为茂草。寺之正殿，若鲁灵光，巍然独存。越三年，当事者请复旧观……衲僧化愚……卓锡于殿之左偏，捡拾白骨，移埋残骸。……遂兴土木之工，缺露者补葺完固，剥落者垩饰庄严，匾额牌联、门窗墙壁，咸焕其彩。殿台之前，新建小坊三楹。台之下，伽蓝配殿之侧，南北各添造禅堂斋室五间。东西隙地，另盖香积库司之所。自山门天王殿以至雄殿，朱碧焜煌（《县志》卷十九，清茅世膺《重修上华严寺碑记》）。

（五）康熙十二年（公元1673年）总兵何傅、知府孙鲁重修（《县志》卷五）。

据前述成化元年碑，仅言明宣德间（公元1426—1435年）僧洽南洲与徒了然，来就说法，修殿造像，遂成丛林，而未言大雄宝殿究于何时发还。又南洲时，寺名仍称大华严寺，与洪武廿六年以教藏所立之寺，为一为二，俱无可考。迨万历九年（公元1581年）《上华严寺重修碑记》，始显然标明上寺，其间百余年之经过，因文献残缺，无从追索，只有存而不论。至上寺自宣德景泰间，构天花，造像五尊。万历初，复建甬道、石栏、坊楔、禅室等。虽非昔日规模，已能独立自成一寺。迨清顺治五年（公元1648年）姜瓖之变，除大雄宝殿外，其附属建筑重罹浩劫。赖僧化愚及弟成禄募修，致有今日。其间起伏波澜，似较下寺为甚。

寺之沿革可稽者，略如前述。今上、下二寺之现状，如卷首图一所示，范围皆极狭小。辽、金二代之重要建筑，若宝塔、南北阁、慈氏阁、三门、朵殿、钟楼等，固不审毁于何时；即元慧明所建浴室、药局及赁住廊房百余间，俱无遗迹可认。而明以来文献亦无只字涉及，疑其一部必毁于元末明初之间。又上寺迤东之上寺东巷附近，夷为民居，殆亦自明始也。现寺中建筑，经余辈调查，知薄伽教藏殿与海会殿为辽建，大雄宝殿金建，其余均系近代所构，无特殊价值，从略。以下就此三者，分别论之。

薄伽教藏殿

薄伽教藏殿简称"教藏"。"教藏"犹"经藏"。"薄伽"乃薄伽梵（Bhagavat）之略，为世尊梵名；以意译之，即世尊教藏。殿自辽中叶以来，为华严寺藏经之所，历时八百九十余载于兹。今经典虽亡，而殿与庋经之壁藏，若鲁殿灵光，屡经变乱，巍然犹存。在今日已知范围，自敦煌第一二〇A窟与第一三〇窟之外廊，及蓟县独乐寺、义县奉国寺、宝坻县广济寺五者外，此殿建造年代，当居海内木构建筑物之第六位。[1] 兹据调查所得，逐项分析如次。

台

殿建于砖台上，其平面作长方形。台前复有月台突出，故全

[1] 建国以来，较薄伽教藏殿建造年代更古老的建筑除文中所述五项以外，尚发现有唐代木构佛光寺等四处，五代镇国寺等二处，及宋辽建筑华林寺、阁院寺、崇明寺、虎丘云岩寺二山门、莆田玄妙观、开善寺大殿等多处。——孙大章注

图二
华严寺薄伽教藏殿远景

图三
华严寺薄伽教藏殿近景

体平面若凸字形（卷首图一），为大同辽金诸寺最普通之配列法。月台正面中央，设石级十五步。级尽，有坊楔一间，建于台上外缘。其后稍左为钟亭，右碑亭，皆单檐六角攒尖顶（图二）。再次有南北房各三间，分峙两侧，似系后代增建。居中东向者，即薄伽教藏殿（图三）。

平面

殿面阔五间，进深八架椽（卷首图二）。正面中央三间各施长槅六扇；背面当心间中央辟小窗一，余悉甃以砖墙。殿内中央设砖台，供佛像（图四）。台高七十公分，面阔尽中央三间。进深自后金

图四
华严寺薄伽教藏殿内部

柱起，约为三椽架之长。其前两翼突出，达前金柱附近，故平面如凹字形。四壁除门窗外，沿壁列壁藏，上、下二层，各具檐椽斗栱，与实际建筑物无殊。至后窗处，壁藏中断，而作天宫楼阁，飞越窗上。壁藏与天宫楼阁之分析，另详下文。

殿内柱之配列，当心间与左右次间取不同方式，颇奇特。即当心间二缝，仅有前后二金柱；左右次间二缝，则于金柱外，复加分心柱一（卷首图二）。盖殿顶系九脊式，即清之歇山（卷首图三），次间梁架适位于歇山下，其四椽栿所受重量颇巨，故于中点增分心柱，缩短 span[1] 之半，以期稳固。此外每缝另有小柱二，位于补间铺作下。平面或方或圆，大小不等。其高度则左右次间者，仅至内额底；当心间者，或至四椽栿之底，或上端为凹形之榫，嵌四椽栿于内（卷首图四）。手法参差不一，决为后世修理时所置。

[1] 即跨度。——编者注

材栔

宋式建筑之大木比例，以"材"为祖，见李明仲《营造法式》卷四"大木作制度"一章。与北宋同期之辽建筑，亦以"材"为标准单位，见思成所著《蓟县独乐寺观音阁山门考》及《宝坻县广济寺三大士殿》二文。今按此殿"材"之大小，据实测所得，广（即材高）二十三至二十四公分不等，平均数为二三·五公分；厚十七公分，合材高十五分之一〇·九分，虽较《法式》三与二之比稍大，大体比例，可云相同。又独乐寺观音阁虽系重层，而面阔亦为五间，其"材"高平均二十四公分，与此殿之"材"相差甚微，颇疑此数为辽中叶面阔五间殿阁最通行之尺寸。至于二者之间有半公分之差，则因匠工所用尺度，长短未必一律，而斧凿之不正确，及木材收缩率之不同，胥足诱致此结果，不足为异。

《营造法式》"栔"之比例，广六分，厚四分。所云广，乃材高十五分之六。今按此殿之"栔"，高十公分至十一公分，平均数为一〇·五公分，合"材"高十五分之六·七。同时独乐寺观音阁之"栔"高，为"材"高十五分之六·三，俱较《法式》所云比例略大。尤足异者，《法式》谓"材"厚十分，"栔"厚四分，即

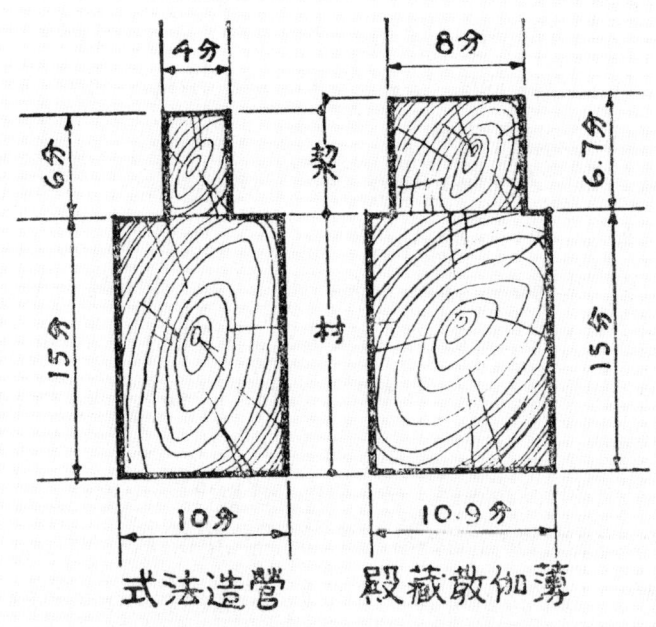

图五
华严寺薄伽教藏殿与《营造法式》"材""栔"之比较图

"栔"每面较"材"收进三分。其断面高六分，厚四分，为长方形（图五）。仍与"材"之比例，同隶于三比二标准原则之下。今此殿用途最广之足材栱上部之"栔"，厚一二·五公分，合材高十五分之七·九八，可认为十五分之八。较《法式》之"栔"厚，超出一倍。故其"栔"之高厚，约为三与四之比，与《法式》三二之比异（图五）。其余独乐、广济二寺，亦大体类似。足征辽宋间"栔"之比例，不无异同，后者用材之标准化，无《法式》之彻底也。

斗栱

此殿材栔，如前所论，与《法式》有合有不合。其斗栱比例，据实测结果，亦不乏异同。其最显著者：（一）华栱出跳之长，《法式》谓不过三十分，但七铺作以上，第二里外跳，得各减四分，六铺作以下者不减。今此殿斗栱仅五铺作，第二跳之长，视第一跳竟缩短约三分之一。（二）《法式》泥道栱之长与瓜子栱相等，此则瓜子栱与令栱等，适得其反。（三）正心慢栱之长，较《法式》规定，增三分之一强。（四）外内拽慢栱之长，增四分之一弱。（五）耍头增长。（六）补间铺作仅用一朵。凡此数者，非特此殿如是，其余辽代诸例，大都取同样之方式，足征此殿确为辽构，当于末章结论内做更详细之讨论。

殿之斗栱，可别为内外檐二类。外檐有柱头铺作、补间铺作、转角铺作各一种，前者与独乐寺山门，后二者与广济寺三大士殿，大体类似。内檐有柱头铺作、补间铺作各二种，转角铺作一种。以上二类八种所示之结构式样，简单洗练，无支离之弊。所用尺度比例，亦与殿身大小高低，权衡适当，为国内不易多睹之佳构。其结构详状如次：

（甲）外檐柱头铺作，系五铺作双杪重栱出计心（图六），即清式五踩重翘。自栌斗向外出跳者，第一跳华栱计心，栱端施瓜子栱与慢栱，上置罗汉枋二层。但华栱之后尾在栌斗后侧者偷心（图七）。第二跳华栱之端，施令栱，与批竹昂式之耍头相交，上置替木，承受圆径之橑风槫，非狭而高之橑檐枋。华栱后尾，施交互斗，贴于乳栿下，两侧出令栱，支撑殿内平棊枋。

栌斗左右两侧，与第一跳华栱相交者，为泥道栱，其上施柱头枋三层。下层隐出慢栱——即枋之表面，剜刻慢栱形状，故外观虽为重栱，实际上仍为单栱造，与独乐、奉国、广济三寺一致，殆为当时通行之方法。

各栱头之卷杀，令栱与华栱、瓜子栱、慢栱、泥道栱等，均为四瓣，与《法式》异。刻栱隐出者，栱头作圆线，无瓣。

（乙）此殿内外檐补间铺作，每间只用一朵，无当心间与次梢诸间之别（卷首图三，卷首图四）。其外檐补间铺作之结构层次，以较柱头铺作，仅省去第二跳华栱上之令栱与耍头，故全体提高一材一栔，其下以蜀柱承之（图八）。蜀柱正面宽二十七公分，高三十三公分，约为一材一栔之高。其上施栌斗，高与柱头铺作同，但宽度约小六分之一。外侧第一跳华栱计心，施瓜子栱，栱上列罗汉枋二层，下层隐出慢栱。第二跳华栱之端，直接安替木，受橑风槫，省

图六
华严寺薄伽教藏殿
外檐斗栱

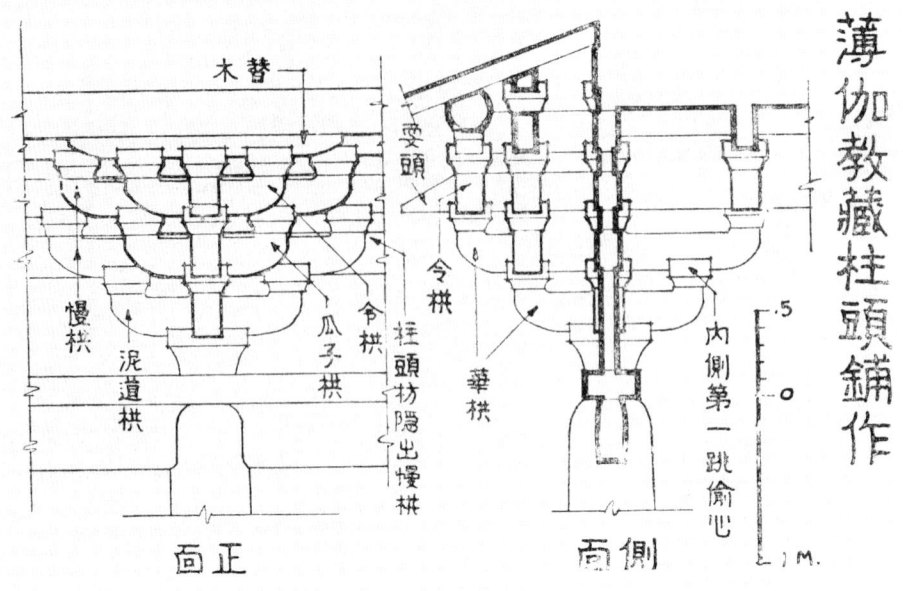

图七
华严寺薄伽教藏殿柱
头铺作正面、侧面图

图八
华严寺薄伽教藏殿补
间铺作正面、侧面图

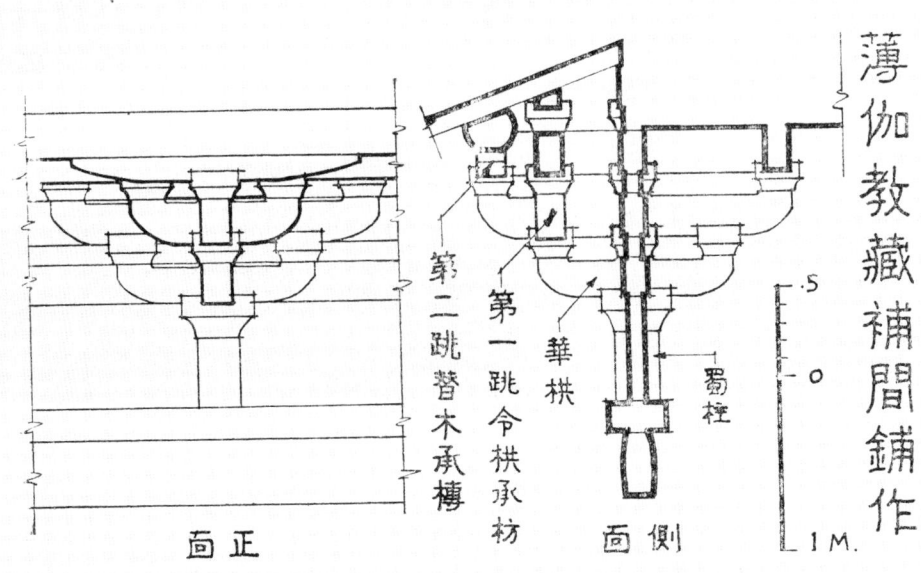

去令栱与耍头，故其后尾亦直接托于平棊枋下，无令栱。栌斗左右两侧，因全体铺作升高之故，无泥道栱，仅于柱头枋之表面，隐出泥道栱与慢栱（图八）。

（丙）外檐转角铺作（图九），正侧二面，各于转角栌斗上列华栱二层。其排列层次，正面第一跳华栱，系侧面泥道栱所延长，栱端施瓜子栱、慢栱，与罗汉枋二层。第二跳华栱，为侧面第一层柱头枋延长，其端施长令栱，与耍头相交。栱上置长替木于橑风槫之下。耍头则为第二层柱头枋之延长，上部斜杀若批竹昂形状。反之，侧面华栱二层及耍头，即正面泥道栱与柱头枋之延长。

平面与华栱成四十五度者，为角栱三层。第一层角栱上，置平盘斗，承受第二层角栱，与正侧二面瓜子栱之延长，相交于平盘斗上。瓜子栱之长，与第一跳华栱齐，上置耍头，为广济寺三大士殿所无。第二层角栱，承受第三层角栱，与正、侧二面令栱延长之栱。第三层角栱上，施宝瓶，承受大角梁与子角梁。

平面与角栱成九十度者，为抹角栱二层（图九），每层出跳，与正、侧二面华栱平。第一层抹角栱前端之截割法，与栱本身成四十五度，故自正面视之，栱端宽度较华栱稍大。其上施平盘斗，受第二层抹角栱与平盘斗上正面挑出之单栱。此栱出跳与第二跳华栱平，上置耍头，未见于三大士殿，而与独乐寺观音阁上层转角铺作类似；所异者，观音阁为重栱，此为单栱。第二层抹角栱前端之截割方法，与第一层同。其上施交互斗，受耍头与令栱。此项抹角栱之目的，系支撑转角铺作与梢间、补间铺作间之檐端荷重，减少正、侧二面华栱所受重量，而间接补救屋角下垂之弊，故其出发点纯为结构，而非装饰。但此类斗栱，未见于唐代遗物，亦未著录《营造法式》，仅与辽接壤之北宋正定诸寺，应用于柱头铺作，自金以后，元、明、清诸代，用者渐稀，颇疑为辽代特有之方法。以上系就外部言，其在殿内部分，则于转角栌斗内侧，延长角栱后尾为斜华栱二层，承托梢间四十五度之角栱（图十）。其第一跳斜华栱之平盘斗上，与第二跳斜华栱相交者，有外部抹角栱之端，所出正侧

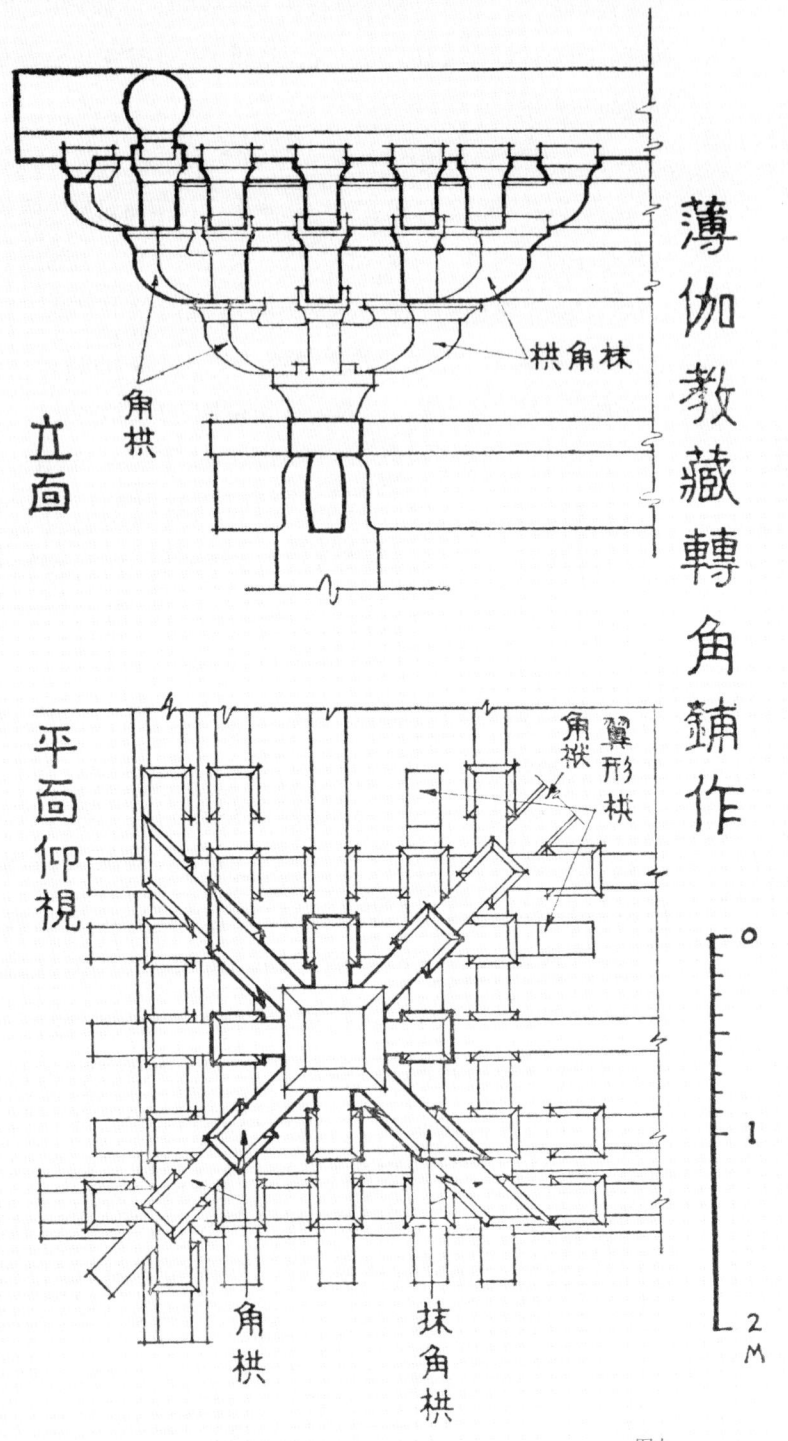

图九 华严寺薄伽教藏殿转角铺作立面、平面仰视图

图十
华严寺薄伽教藏殿外檐转角及补间铺作之后尾

二面之单栱后尾，延长于内，作华栱形状。其上载翼形栱，即前述外部单栱上耍头之延长。此项翼形栱，形若花版，曾见独乐寺观音阁，殆为清式三福云之前身。次于第二跳斜华栱平盘斗上，置平面四十五度之角栱。栱身颇宽，原难容纳，乃于近平盘斗处，两侧卷杀如梭状。此外与角栱相交于平盘斗上者，又有外部第二层抹角栱上之耍头，延长于后，截割如华栱。栱端施散斗，受平棊枋。

（丁）内檐当心间金柱上之柱头铺作（图十一），华栱出跳之数，内外侧不等。在柱外侧者二跳：第一跳偷心；第二跳紧贴乳栿之底，左右出令栱，承受平棊枋。内侧者三跳：第一跳偷心；第二跳施瓜子栱与慢栱，托受平棊枋；第三跳贴于四椽栿下（卷首图四）。盖柱内外侧之平棊高度不同，故出跳之数亦异。又因平棊大小不等，致内侧出跳之长，较外侧者稍短。

栌斗左右侧之泥道栱、柱头枋，与外檐一致（图十一）。

（戊）内檐次间分心柱上之柱头铺作（图十二，图十三），其内侧华栱之出跳，增为四跳。第一、第三两跳俱偷心。第二跳施瓜子栱与慢栱，第四跳托受平棊枋。余如（丁）项所述。

图十一
华严寺薄伽教藏殿内檐柱头及补间铺作之一

图十二
华严寺薄伽教藏殿内檐斗栱柱头铺作内面、侧面图

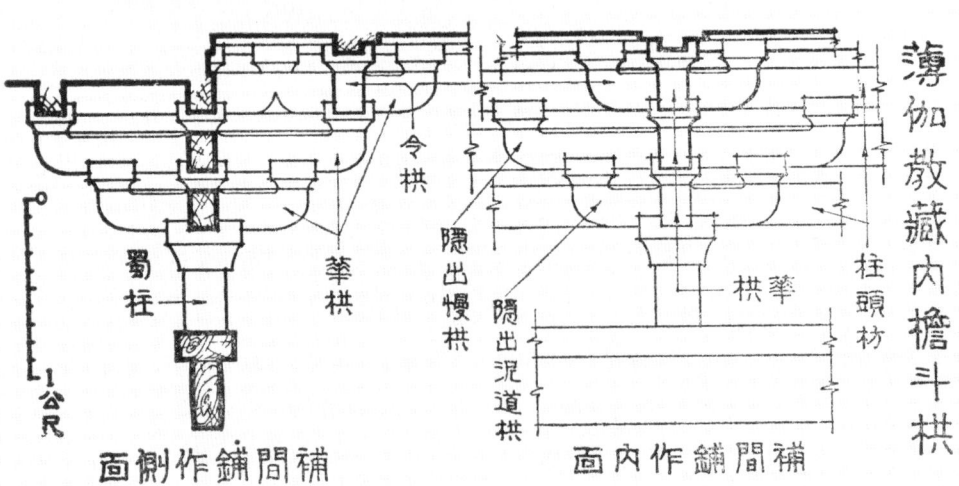

图十三
华严寺薄伽教藏殿内檐柱头及补间铺作之二

（己）内檐中央三间（即当心间与左右次间），自分心柱以前之补间铺作（图十四），系于内额与普拍枋上，施蜀柱及栌斗。其华栱出跳，外侧二跳皆偷心（图十二）。内侧三跳。第一跳偷心。第二跳施瓜子栱：此项瓜子栱除当心间外，其余因与次间转角铺作距离太近之故，均系罗汉枋延长之刻栱，其上置平棊枋。第三跳之端，置散斗，受平棊之桯（图十四）。栌斗左右侧，无泥道栱及正心慢栱，仅施柱头枋三层，下二层之表面，隐出栱状（图十四）。

（庚）内檐补间铺作在分心柱以后者（图十三），因中央三间之后半部，各有八角形藻井，所占面积颇大，致内侧华栱之出跳，自三跳减为二跳。第一跳偷心。第二跳施令栱，系罗汉枋延长之刻栱，上托平棊枋。余如（己）项。

（辛）内檐次间金柱上之转角铺作（图十五），正侧二面出华栱各二跳。正面第一跳华栱，系侧面泥道栱延长，偷心。第二跳华栱，系侧面第一层柱头枋延长，前端贴于外槽乳栿之底，左右出令栱，与（丁）种柱头铺作同。此令栱一端托受平棊枋，另一端延长，隐

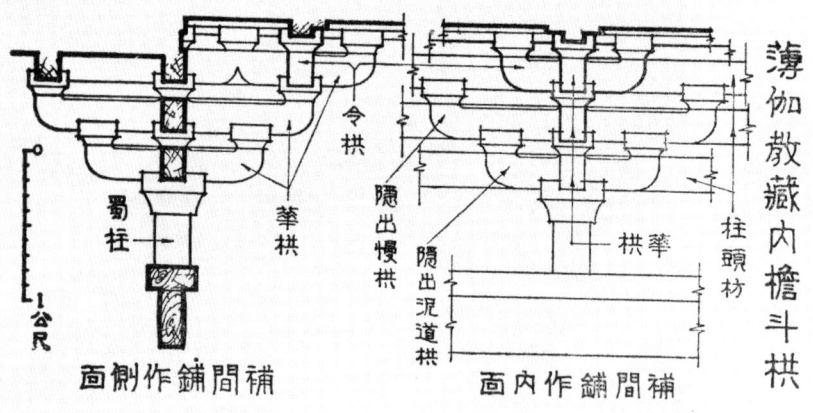

图十四
华严寺薄伽教藏殿内檐斗
栱补间铺作内面、侧面图

图十五
华严寺薄伽教藏殿内檐斗
栱补间铺作与转角铺作图

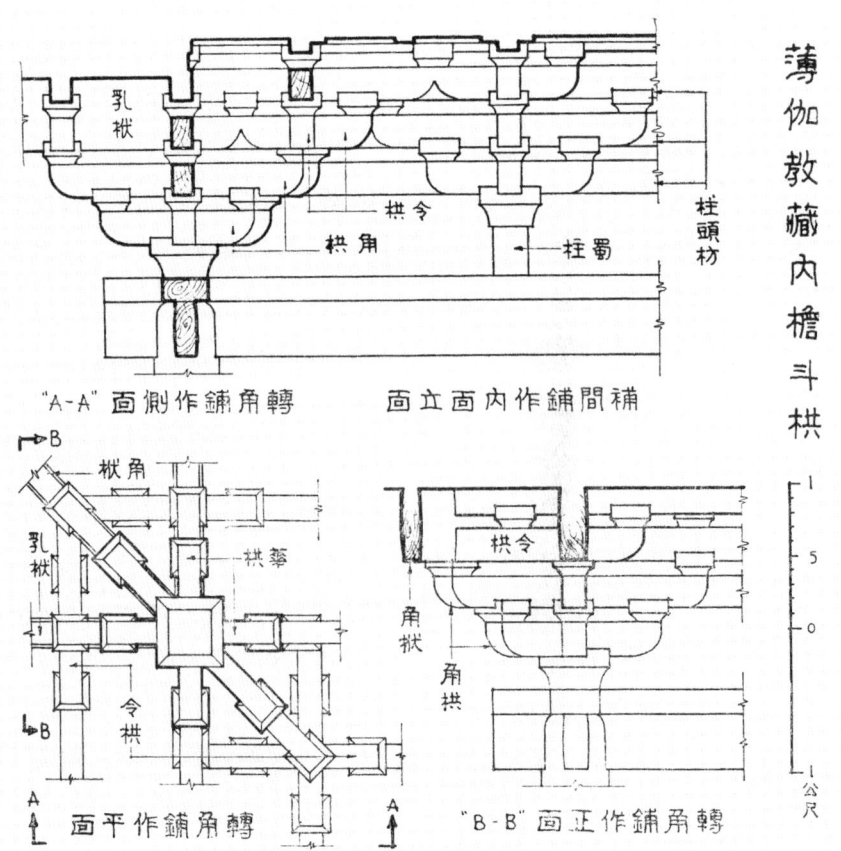

出鸳鸯交手栱，插入梢间平面四十五度之角栿内（图十六）。反之，侧面华栱二层，为正面泥道栱与柱头枋之延长。

平面四十五度之斜角华栱，内外侧均二跳。外侧者，第二跳贴于梢间四十五度角栿下（图十六）。内侧第二跳，则承受十字相交之令栱。栱之外端，托受罗汉枋延长之刻栱，内端与普拍枋上第二层柱头枋相交（图十五）。

柱及础石

此殿当心间阑额与内额之高度，相差甚微，故檐柱与金柱二者之高，无显著之差别。唯次梢诸间之柱，生起稍高，但其比例，仍不如善化寺诸殿之大。各柱之上径，等于栌斗之面阔，俱有卷杀。下径则以檐柱径五十一公分为最小。殿内柱自五十七至六十公分不等；而以前金柱为最大，分心柱与后金柱次之。其平均数五八·五公分，约合二材一栔之高，与《营造法式》厅堂柱一致。柱之下径与柱高之比，檐柱为 1：9.78，殿内柱平均数为 1：8.52。后者在今

图十六
华严寺薄伽教藏殿
内檐转角铺作

大同古建筑调查报告

日已知辽构中，较为粗巨。

殿内柱础方形，每面之长，约合柱之下径一倍半，视《法式》减四分之一。础系平石，无覆盆雕饰，亦无䃥，与其余大同辽金遗构，同一情状。檐柱之础，因迭经修理，表面为砖石所掩，详状不明。

梁枋

阑额高三十八公分，厚十五公分，等于材厚。其断面约为五与二之比，较《法式》与独乐寺，更为狭而高。内额高四十公分，厚十七公分，虽视阑额高厚各增二公分，但比例仍相接近。此二者伸出柱外部分，系垂直截割，无楂头绰幕之雕饰（卷首图三）。

额上之普拍枋，高十七公分，厚三十五公分，高与厚约为二与一之比。

殿内自平棊以上部分，以时间仓促，未及调查，其露出平棊藻井下者，仅四椽栿与乳栿二种，皆为直梁。后者高一材二栔，厚一材，较《法式》所云尺寸稍小，唯栿两侧微有卷杀，仍如《法式》。

柱头枋之高厚俱如材。橑檐枋之位置，用橑风槫，径三十二公分，下承替木，与《法式》同。

殿顶

殿顶为九脊式，即明清之歇山（卷首图三）。其坡度据经纬仪测量结果，自橑风槫上皮，至正脊下皮之高度，不及前后橑风槫心距离四分之一（卷首图四），视《法式》板瓦廊屋犹低，以较殿阁举屋之比例，相差更远。又连接橑风槫上皮至脊槫上皮之直线，与水平线所成角度，为二十四度整，在现存辽金诸例中，当推此殿坡之度为最低。

殿两山出际颇远（图十七），自叉手外皮，至博风版外皮，计长一·二○公尺，非明、清二代官式建筑所有。殿角上翘之法，除前述次梢诸间之柱，较当心间平柱生起外，复于橑风槫之上，檐椽之下，施生头木，与《营造法式》同（卷首图三）。生头木自次间至梢间，逐渐加高，至殿角处，高十七公分，等于"材"厚。但现存正

图十七
华严寺薄伽教藏殿
山面出际

面之檐，因殿角年久下垂，遽睹之，略似水平直线，非由生柱及生头木二点观察，几无由辨别矣。

檐椽径十一公分，与栔高等。飞子方形。二者之端，俱有卷杀。其长度之比，每檐椽一尺，仅出飞子三寸，较《法式》减半。

殿顶迭经修治，已非一度，唯其檐端勾滴之形状，极类独乐、奉国二寺，及上寺大雄宝殿者，疑其一部尚为辽金旧物。又现存正脊之鸱吻（图十八），亦与上寺大雄宝殿完全一致；外形轮廓，复与广济寺三大士殿类似，极足引人注意。今以殿内辽重熙间所造壁藏之鸱尾证之（图十九），则鸱吻之内缘线过直，外缘过方，顶部不类鱼尾，外缘易波形之脊为鳍，耳后增足。凡此数点足证现存鸱吻之形状不与壁藏鸱尾一致，而适居鸱尾与明清兽吻二者之间，颇疑此殿与上寺大雄宝殿之吻，同为金天眷、大定间重修此寺时所置。

按壁藏之脊，无线条装饰；其垂脊、角脊之端，间有垂直截去，如日本奈良时代诸例，今此殿亦复如是。垂兽与角兽之前部为鸟首形，后部张吻衔脊，姿态奇古（图二十），极类广济寺三大士殿之吻，虽不能定为何代作品，要非明、清二代之式样。又兽座

图十八
华严寺薄伽教藏殿鸱吻

图十九
华严寺薄伽教藏殿壁藏鸱尾

图二十
华严寺薄伽教藏殿垂兽

之底面，系水平状，与北平清式建筑异。此法至今犹为大同建筑所采用。

墙

殿之四周，除正面中央三间外，皆包厚墉（卷首图二）。据西北二面之墙观之，其外部以青砖修砌未久，但其内部，在正面南次间檐柱内侧，与壁藏连接处，于砖砌之群肩上，施水平木骨一层，与善化寺大雄宝殿等所用方法符合。疑墙之外部，虽经后世修筑，而墙内一部，尚为建立以来之旧物。

门窗

正面中央三间（卷首图三），上为方格横窗，下为长槅各六扇，装斜方格。每间中央二扇之外侧，复有帘架（图三），大体与宝坻广济寺三大士殿符合。虽非辽代原物，然其比例，似未尽失旧时矩矱，唯长槅之斜方格，颇歉太小，卷首图三所示，系依三大士殿改正者。背面仅天宫楼阁下有直棂窗一，广而矮；其广适与天宫楼阁平坐之地栿面阔相等，疑为建造当时所辟。

平棊藻井

殿内平棊，有方与长方形二种。其分布状况，长方形者，排列于墙内四周及内额内外两侧，与藻井之左右（卷首图二）。其宽度依华栱二跳之长定之。即第二跳华栱上，施瓜子栱，栱上用平棊枋，每间以贴划分四格，成长方形之平棊（图二十一）。前后平棊枋之间，则为方形平棊，结构与《营造法式》同。系于平棊枋之上置桯，桯与枋成九十度。桯上置贴，亦与桯为九十度。桯、贴二者之交点，以巨钉固定。其内缘周围，施方形难子，装背版其上（卷首图四）。故背版重量，自贴及桯，自桯传于平棊枋，极类近世楼板结构之层次。视明清天花支条，纵横双方，皆在同一平面上，其背面以帽儿梁，补其强度，则此尚能表示结构上之真实情状，弥足可贵。此项方形平棊之大小，为内檐斗栱及藻井位置所制限，致内外槽共有数种（卷首图二）。其高度，则外槽——即金柱与檐柱间——者，位于乳栿上，内槽——前后金柱与内额以内部分——提高一材一栔，露

图二十一
华严寺薄伽教藏殿
外槽平棊

图二十二
华严寺薄伽教藏殿
藻井

出四椽栿之一部（卷首图四，卷首图五）。

殿内中央三间之后部，各置如来像一尊，像上覆八角形藻井，当心间者，较左右次间者稍大（卷首图五）。藻井之立面，为不等边之八角锥体，而截去其顶，大体与独乐寺观音阁类似。所异者，此殿仅于每隅阳马上施背版，无三角形交叉小格（图二十二）。

彩画

外檐及殿内前金柱以前之彩画，灿然如新，构图亦显系近代作品。唯内槽彩画较旧，如平棊藻井之背版与栌斗散斗等，描绘宝相华（图十三，图二十二），华栱、慢栱、瓜子栱等，于外棱缘道内，绘篁纹与三角柿蒂，以朱、绿二色与墨线间杂相饰，俱与《营造法式》符合。其四椽栿底彩画，无箍头与枋心之别，遍绘连续写生花纹，与平棊之桯绘网目纹，均类奉国寺大雄宝殿梁底之彩画。又内槽左右次间之长方形平棊，及梢间角栿下，有飞仙人物，以朱色为地。在平棊者，周围杂饰宝相华；栿下者，两端无箍头与如意头，仅饰流云，后者亦与奉国寺大雄宝殿不期而合。但上述飞仙之构图，虽系辽代之旧，然因屡经后世重描，致其姿态失去原来风致，殊足惋惜。此外方形平棊内之彩画，绘云形岔角，及流水形圆光者（图二十一），与上寺大雄宝殿明景泰间所建之平棊一致，故最早当为明代作品。

佛像

殿内砖台上，中央三间，各置如来一躯，四隅列金刚各一。如来之前，杂置大小佛像多尊，极类唐大雁塔门楣雕刻之构图。诸像或结跏坐，或蹲足坐，或立，或合掌，或扬手，姿态不一（图二十三至三十六）。就中有立于莲座上者，合掌微笑露齿，最不经见（图二十七）。除少数近代恶劣作品外，其余大小三十一尊，面貌衣饰，如出一手，一见辨为辽代遗物。第此殿之像，雅丽有余，而庄严不足，立像之风度，亦不及独乐寺观音阁胁侍之隽逸，殆为作者表现能力所限。

当心间之如来像，趺坐莲座上，下承八角形之台二重，无枭混

图二十三
华严寺薄伽教藏殿
佛像之一

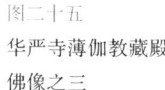

图二十五
华严寺薄伽教藏殿
佛像之三

图二十四
华严寺薄伽教藏殿
佛像之二

图二十六
华严寺薄伽教藏殿
佛像之四

图二十七
华严寺薄伽教藏殿
佛像之五

图二十八
华严寺薄伽教藏殿
如来佛座莲瓣纹样

图二十九
华严寺薄伽教藏殿
当心间如来佛像

图三十
华严寺薄伽教藏殿
如来佛之背光飞仙

图三十一
华严寺薄伽教藏殿
金大定碑

图三十二
华严寺薄伽教藏殿
元至元碑

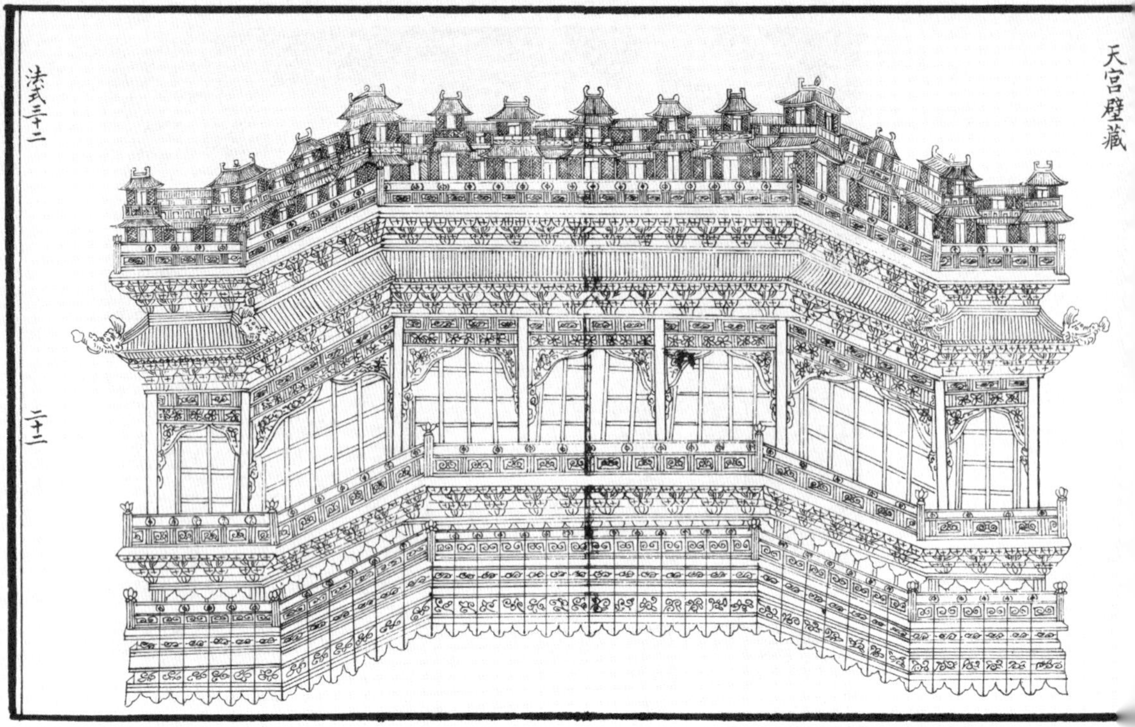

图三十三
《营造法式》之《天宫壁藏》（故宫本）

图三十四
华严寺薄伽教藏殿之壁藏

图三十五
华严寺薄伽教藏殿
北壁壁藏之上层

图三十六
华严寺薄伽教藏殿
西壁壁藏之九脊顶

曲线。台上莲瓣四层，形制甚美，其表面饰金线立粉之佛像，构图极秀逸(图二十八)。如来像作说法施无畏相，尚静穆，不失中上之选(图二十九)。背光之内侧，饰网目形花纹，与奉国寺大雄宝殿梁下者类似，决为辽代图案(图二十九)。背光外侧之火焰，亦尚存唐以来旧型，视明以后者，形制迥异。两侧复有飞仙各一，显与佛像同时所制(图三十)。唯火焰线条颇柔和，无云冈石刻之遒劲，其色彩似经后世重描，非本来面目。

碑

殿内有碑二，左右遥对。一为金大定二年碑(图三十一)，位于南次间前金柱之北。一为元至元十年碑(图三十二)，在北次间前金柱之南。二碑皆圆首，无螭。唯前碑承以矩形之座，下琢莲瓣，中分四格，皆作壸门形，内镌写生华，后碑则用普通龟趺，稍异。自金迄元，此寺之重修记录，咸著录二碑内，为华严寺最重要之文献。

壁藏与天宫楼阁

《营造法式》壁藏制度，载该书卷十一"小木作制度"一章者，可区为上、中、下三层。下层为坐，有神龛，外绕重台勾栏，龛上为平坐，复设勾栏，其制颇繁。中层为帐身，横直排列经匣，与转轮藏同，其上覆斗栱腰檐。上层于平坐上，设天宫楼阁，有殿身茶楼、角楼、龟头殿、挟屋、行廊等，缭以单勾栏，见同书卷三十二《天宫壁藏》一图(图三十三)。此殿壁藏则仅上、下二层；下层为简单之台基，次经橱，次腰檐。上层于平坐上，易天宫楼阁为神龛，外设单勾栏，上覆屋顶(卷首图六，卷首图七)。虽南北壁中央三间，与西壁转角第二间，及东西壁尽头处，屋顶一部升高，覆以九脊式之顶，但上下仍仅二层，视《法式》所载，简单而合实用。外观亦能上下调和，无下大上小之弊。

殿后壁当心间窗上，悬天宫楼阁五间，以圜桥子与左右壁藏上层连接(卷首图八)，极玲珑之致。按《法式》天宫楼阁，见佛道帐、转轮藏与壁藏上部者，皆设于腰檐平坐之上，此则临空结构，适符天宫楼阁之意义。

壁藏与天宫楼阁之结构，系模仿木造建筑，故可视为辽式建筑最适当之模型。且因庋藏殿内，未受风雨摧残，保存较佳。如屋角上翘，与檐端曲线，及鸱尾、悬鱼、正脊、垂脊等，较薄伽教藏殿本身，及同时诸建筑屡经修葺者，尤足表示辽式建筑之真状。故在建筑史中所处地位之重要，与日本法隆寺之玉虫厨子同一意义，而规模宏巨与结构式样之富变化，又非具体而微之厨子所可比拟也。兹逐项分析如后：

平面 壁藏共三十八间，沿殿内四壁排列；计南北壁各十一间，东壁之左右梢间各二间，西壁之左右次梢间各六间，至西壁之当心间，以天宫楼阁联为一气。各间之面阔，以北壁中央及其迤东数间，广一·五四八公尺者为最宽，约合经橱进深之三倍。其余稍狭，而以北壁最东一间之面阔为最小。

天宫楼阁共五间，中央三间较左右挟屋突出约八分之三，平面作凸字形，即《法式》所云龟头殿。其外单勾栏，随殿势萦绕，至当心间复突出一部（卷首图八），与独乐寺观音阁上层同。

立面 壁藏外观（卷首图六，卷首图七），自平坐腰檐以下，咸一致。唯上层屋顶形状有三种：（甲）普通人字形，（乙）九脊顶，（丙）中央当心间覆九脊顶，左右挟屋半九脊顶。兹自台基起，自下而上，分述如后。

台基之高，约为下层檐柱高度之半。其自经橱表面伸出之部分颇大，约为台基本身高度二分之一强（卷首图八），故全体比例不因经橱进深甚浅，发生外观上不安定之印象。台上下缘各有繁密叠涩，以曲线与直线混杂相饰。中为花版。每橱一间，下具花版三组。除转角外，无隔身版柱（卷首图六，卷首图七）。

经橱进深，约为台进深二分之一弱。其面阔，即两柱间之中心距离，为一·五四八公尺。柱方形，立于地栿上，两侧各附立颊一，装扉二扇。扉内以板区为上、中、下三层，藏经其中（卷首图八），无《法式》所云之经匣。柱上置阑额与普拍枋，至转角处，二者皆未伸出隅角之外，与唐大雁塔雕刻类似。其上所施斗栱，系七铺作重杪双下昂重栱造。除柱头铺作外，每间置补间铺作三朵，间隔颇密（卷首图六，卷首图七），不似殿本身斗栱之疏朗，殆因小木作之故，得自由增加欤。再上为腰檐，具檐橼飞子瓦轮，无殊实际建筑（图三十四）。

上层于腰檐上，设平坐勾栏。前者于通长之额与普拍枋上，置六铺作卷头重栱造斗栱，每跳皆计心（卷首图六，卷首图七）。在原则上，与《法式》卷四"平坐"条，"宜用重栱及诸跳计心造作"及卷十一"壁藏"条，"用六铺作卷头"完全符合。但其配列，北侧者每间三朵，与下檐斗栱一致，南侧者减为二朵；又北侧用泥道栱一层、柱头枋三层，南侧无泥道栱，改为柱头枋四层，殆欲故示变化，避千篇一律之弊也。

平坐上为斗子单勾栏（图三十五），大体似独乐寺观音阁内之平坐勾栏，但束腰华版所雕花纹，种类更为繁复，另详下文。勾栏内为神龛，面阔、进深均与下层经橱同，唯柱为圆径，其高度仅及下层三分之二。每间之两侧，各于面阔五分之一处，立方形楝柱。柱与楝柱之间，施难子，装版，空其间五分之三为门。门无扉，中供佛像，今大部已亡。柱上复有阑额、普拍枋，与七铺重杪双下昂斗栱，其出跳与配列距离及各分件尺寸，均与下檐完全符契。其上屋顶，因壁藏进深甚浅，而屋顶高度，为全体平衡计，不能过低，故脊之位置，偏于后侧（卷首图八）。以上就殿内壁藏之普通部分言，其在南北壁中央三间者，屋顶升高，作梯级式，非清季宫殿建筑所有（卷首图六，卷首图七）。此三间之总面阔，与下檐经橱三间之面阔相等。但其中央当心间特大。在北壁者，平柱之位置，与平坐及下檐次间第一朵补间铺作之中线一致，故所余左右次间之面阔，仅及下檐次间面阔四分之三。南壁者，平坐斗栱，每间减为二朵，不与下檐斗栱位置一致，而上层当心间之平柱，系与平坐次间第一朵斗栱在同一中线上，故其面阔较北壁者稍大。所余上层左右次间之面阔，只及下檐次间面阔三分之二。各间均有楝柱。其门无扉。门之上部，普通为方角（图三十四），另有壶门造者二种（图三十五）。檐柱之高，左右次间者，较两侧普通壁藏上层之柱，高出三五·二公分，当心间者，复较次间之柱，高三十六公分，故各间高度相差之数，大体可云相等。柱上施阑额与普拍枋同前。唯普通壁藏与次间之阑额，各直接交榫于次间与当心间之角柱（图三十五），极为特别，非如清官式建筑，于次间另增一柱。普拍枋上之斗栱，系七铺作重杪双下昂重栱造，与下檐同，但其转角铺作与补间铺作，能于统一调和中力求变化，不落常套；计有转角铺作三种、补间铺作二种，足征计划当时之苦心。屋顶形状，以檐柱高度不等，致中央当心间之九脊顶最高，左右次间之半九脊顶次之，普通壁藏屋顶又次之，故其外轮线成三级递减之状，使左右亘长十一间之壁藏，无平直呆板之弊，最堪赞赏（卷首图六，卷首图七）。

东西壁之壁藏尽头处，与西壁梢间转角第二间（图三十六），各于上层设九脊顶，共六处（卷首图六、卷首图七、卷首图八）。面阔仍与下层经橱同。屋顶高度及斗栱、壶门、槏柱等，亦与前述南北壁中央三间之次间一致。

天宫楼阁为龟头殿（图三十七），位于北壁当心间窗上，下为平

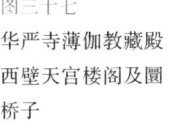

图三十七
华严寺薄伽教藏殿
西壁天宫楼阁及圜
桥子

坐，其上设斗子单勾栏。勾栏内，中央殿身三间，具槏柱，无壸门。檐端斗栱，与壁藏上下檐，同为七铺作重杪双下昂重栱造。左右挟屋各一间，较殿身稍低，斗栱为五铺作重杪重栱，减二跳。屋顶之式样，殿身系九脊式；左右挟屋则为半九脊顶，稍低。故屋顶轮廓，亦为梯级式（卷首图八）。

材栔　"材"广（即材高）四公分，厚三公分，断面为四与三之比。"栔"高二公分，适为"材"高二分之一，与独乐寺山门同，而异于《法式》及殿本身之比例。殆因小木作制作不易，不必尽与大木同也。

斗栱　壁藏与天宫楼阁之斗栱种类，较薄伽教藏殿本身，超出一倍以上。计有柱头铺作一种、补间铺作六种、转角铺作十种，共十七种。其中有未见他例者，至足珍贵。其分件比例因"材"高尺寸颇大，致以十五分之一"材"高，除各分件实测之数，所获数值，较薄伽教藏殿之比例稍小。但（一）瓜子栱之长，仍等于令栱，（二）泥道栱与慢栱增长，（三）第二跳以上华栱与下昂出跳，较第一跳减短，皆与薄伽教藏殿符合，足证壁藏亦系辽构无疑也。

柱头铺作　壁藏上下檐柱头铺作，皆系七铺作重杪双下昂重栱造（图三十八），大体类似独乐寺观音阁及奉国寺大雄宝殿。但后二者第二跳计心，此则第一跳亦计心，不无小异。其结构层次，栌斗外侧，自下而上，第一跳华栱之端，施瓜子栱、慢栱，上置罗汉枋二层。第二跳华栱亦然，唯罗汉枋仅一层。第三跳偷心。第四跳于昂端施令栱，与批竹昂式之耍头相交，受替木及橑檐枋。华栱皆单材，昂系假下昂，自第二跳以内，为水平状，殆因小木作本属一种模型，其斗栱在实际上结构之机能无多，故无挑斡斜上之必要也。

栌斗左右两侧施泥道栱，其上置柱头枋三层。第一与第三两层隐出慢栱，第二层隐出泥道栱（图三十八），但亦有二、三两层不隐出者（图三十九）。又北壁上层中央当心间之柱头铺作，因与内侧补间铺作及外侧转角铺作距离太近，致正心慢栱及外拽慢栱俱与邻组

图三十八
华严寺薄伽教藏殿
壁藏下檐斗栱之一

图三十九
华严寺薄伽教藏殿
壁藏下檐斗栱之二

相连为一。故于当心施散斗，斗底两面相交，隐出栱头，若人字形（卷首图六），如《营造法式》鸳鸯交手栱之状。

补间铺作 （一）普通壁藏上层未升高者，上下檐补间铺作俱为七铺作重杪双下昂重栱造（图三十九），与前述柱头铺作之结构完全相同（图三十八）。天宫楼阁当心间补间铺作亦复如是。唯壁藏上层升高者，其补间铺作虽亦为七铺作，但因排列过密，致慢栱与邻朵相连，成鸳鸯交手栱（卷首图六）。

（二）北壁上层当心间之补间铺作（图四十），除栌斗正面，依前例施重杪双下昂重栱外，复于栌斗左右两角，各出平面四十五度之斜华栱四层。第一、第二两跳俱计心。第三跳偷心。第四跳之端，置散斗，直接托受橑檐枋下通长之替木（即清式挑檐枋），无令栱与耍头。

前述栌斗中央之重杪重昂，与两侧四十五度之斜华栱四层，相距甚近，故第一、第二两跳上之瓜子栱与慢栱，皆连为一体。其两端截割方法，与栱本身成四十五度，而与斜华栱平行。又第二跳瓜子栱，在斜华栱与中央重杪重昂间之部分，隐出鸳鸯交手栱；外端

图四十
华严寺薄伽教藏殿北壁壁藏上层当心间补间铺作（左）

图四十一
华严寺薄伽教藏殿天宫楼阁挟屋斗栱（右）

则为翼形栱，未施散斗，托受上层之瓜子栱。此瓜子栱之地位，依常例应为慢栱，殆因左右余地无几，为避免邻侧铺作冲突之故，改用此法。

栌斗左右两侧之泥道栱与柱头枋，如前述柱头铺作。

（三）天宫楼阁两侧挟屋之正面补间铺作，系五铺作重杪重栱造（卷首图七，卷首图八）。第一跳华栱计心，施瓜子栱、慢栱及罗汉枋一层。第二跳华栱施令栱，使与耍头相交，承受替木及橑檐枋。栌斗两侧泥道栱上，置柱头枋三层，下层隐出慢栱，如前述柱头铺作。

（四）挟屋侧面补间铺作，较正面者，提高一材一栔（图四十一）。第一跳华栱，与第一层柱头枋相交，下承交互斗，斗下无蜀柱，疑为匠工遗漏，否则不致不合理若是。此华栱之端，仅施翼形栱，其上另无慢栱。第二跳华栱直接承托替木，无令栱与耍头。

此项铺作因提高一材一栔，于第一层柱头枋上，向外出华栱，故铺作左、右两侧无泥道栱。天宫楼阁平坐之补间铺作，在两侧圜桥子下者，其后尾结构同此（图四十二）。

（五）壁藏及天宫楼阁两侧挟屋之平坐斗栱，俱为六铺作卷头重栱造，每跳计心（图三十五，图三十七），与《法式》同。即外侧第一跳华栱，施瓜子栱、慢栱及罗汉枋一层。第二跳华栱，施瓜子栱与罗汉枋，略去慢栱。第三跳华栱施交互斗，直接托受素枋，无令栱。与素枋相交者，为耍头之延长，其端垂直切去。出跳之长：第一跳七·六公分，第二、第三跳与耍头，减为六公分。

内侧华栱后尾之出跳，见天宫楼阁平坐者，视外侧减一铺作。第一跳计心，第二跳施令栱与耍头，受平棊枋（图四十二）。每跳之长，同外侧。

栌斗左右两侧之结构，分二种：（甲）在北侧壁藏与天宫楼阁者，于栌斗上施泥道栱与柱头枋三层，下层柱头枋，隐出慢栱（卷首图六，卷首图八）；（乙）在南侧壁藏平坐者，无泥道栱，仅列柱头枋四层，枋之表面，隐出泥道栱、慢栱（卷首图七）。

（六）天宫楼阁当心间之平坐，较两侧挟屋平坐，突出十一公分。但斗栱之外观，须与两侧者一致，故于正面仍用华栱三层，而第二、第三两跳，各等于挟屋平坐斗栱二跳之长。换言之，全体出跳，以华栱三层支配五跳之长，为他例所未有（图四十三）。其结构层次，第一跳华栱计心，与挟屋平坐同。第二跳华栱，等于挟屋平坐第二、第三两跳之长；为外观整齐划一计，于华栱中段，置交互斗，施瓜子栱、罗汉枋，使与两侧平坐第二跳计心者，衔接一气。第三跳华栱之长，等于第二跳，其端置交互斗，受素枋与耍头，无

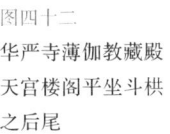
图四十二
华严寺薄伽教藏殿
天宫楼阁平坐斗栱
之后尾

图四十三
华严寺薄伽教藏殿
天宫楼阁平坐中部
斗栱

图四十四
华严寺薄伽教藏殿
壁藏下层外转角
铺作

令栱。此法琐碎不合结构原则，远不逮观音阁上层当心间之平坐，仅延长耍头于第三跳之外，简单而合实用。后尾及栌斗两侧，如第（五）种补间铺作。

转角铺作　　转角铺作分外转角与内转角二类，共十种。计外转角七种，内转角三种。

（一）壁藏上下檐之外转角铺作（图四十四），于栌斗正侧二面，各出重杪双下昂，即华栱二跳与下昂二跳。第一、第二跳华栱计心，第三跳下昂偷心，第四跳昂端施令栱，托受替木，与上述普通柱头铺作及第（一）种补间铺作同。转角处，在平面四十五度角线上，出角栱、角昂各二层，其上施由昂，承受大角梁与子角梁。但在第二层角栱之平盘斗上，正侧二面各出重栱。第二层角昂之平盘斗，上各出单栱托载橑檐枋下之替木。此外又于平面与角栱成九十度之线上，自栌斗之角，出抹角栱二层，胥计心。各跳之长，与正二侧面华栱平。栱端截割法有二种：一与栱本身成四十五度，一与栱身成九十度。其第二层抹角栱之平盘斗上，则出重栱，直接支撑替木，无令栱。此转角铺作之结构，略似独乐寺观音阁上檐，但观音阁第一跳华栱偷心稍异。

泥道栱与柱头枋之层次，同柱头铺作。

（二）殿北侧壁藏中央三间之三级顶，其次间外转角铺作（图四十五），与前项略同，唯抹角栱自二层增为四层，尚属初见。其第一、二跳俱计心，第三跳偷心，第四跳直接承托替木。栱端之截割，与栱本身成四十五度。又第二跳抹角栱之平盘斗上，正面出重栱，支载替木，与第（一）种转角铺作同。

泥道栱及柱头枋，俱如柱头铺作。

（三）前述三级顶之当心间外转角铺作（图四十六），于转角栌斗外，正侧二面，复各增附角斗一具，即《法式》卷五"平坐"条所述之缠柱造。前乎此者，有义县奉国寺大雄宝殿，亦作此式，但其昂栱分配与细部结构，略有出入，非完全符合。

此项铺作之结构，其转角栌斗上，正、侧二面，各出重杪双下

图四十五
华严寺薄伽教藏殿
北壁壁藏上层次间
外转角铺作

图四十六
华严寺薄伽教藏殿
西壁壁藏下层外转
角铺作

图四十七
华严寺薄伽教藏殿
天宫楼阁中央三间
柱头及外转角铺作

昂，与四十五度角线上，出角栱、角昂各二层，与第（一）种转角铺作同。但未设抹角栱，而于正、侧二面附角斗上，各施华栱四层。第一、第二跳皆计心。跳上所置瓜子栱及慢栱，在转角栌斗与附角斗之间者，因距离过近，均为鸳鸯交手栱。第三跳偷心。第四跳无令栱，直接撑于替木下。

转角栌斗与附角斗上之泥道栱，连为一体。柱头枋与前述柱头铺作同。

（四）天宫楼阁中央三间之外转角铺作（图四十七）以较第（一）种转角铺作，仅减去抹角栱二层，及第二层抹角栱上所出之重栱，余悉同。

（五）天宫楼阁之挟屋外转角铺作，正侧面皆用华栱二层，甚简单（图四十一）。第一跳计心，施瓜子栱、慢栱及罗汉枋一层。第二跳施令栱，与耍头相交，托受替木。四十五度角线上，则施角栱三层，第三层用以代替由昂，支撑大角梁与子角梁。

泥道栱与柱头枋，同柱头铺作。

（六）壁藏平坐之外转角铺作，在前后壁南侧者（图四十八），于转角栌斗正、侧二面，各出华栱三层。第一跳计心，施瓜子栱、慢栱与罗汉枋一层。第二跳仅施瓜子栱、罗汉枋，无慢栱。

此瓜子栱在正、侧面华栱与角栱之间，及华栱与抹角栱间者，

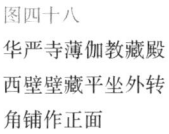
图四十八
华严寺薄伽教藏殿
西壁壁藏平坐外转
角铺作正面

胥为鸳鸯交手栱。第三跳华栱之端，托于勾栏素枋下。枋与耍头相交，无令栱，与第（五）种补间铺作同。

次于平面四十五度角线上，出角栱三层。第二跳角栱之平盘斗上，正、侧二面，各出单栱——即正、侧面第二跳华栱上瓜子栱之延长——托受勾栏下素枋。第三跳角栱，直接贴于正、侧二面素枋之交点下。

此外，复于平面与角栱成九十度之线上，自栌斗角，出抹角栱二层（图四十八）。各栱端之截割，皆与栱本身成九十度。第二跳抹角栱上，正面出单栱，承托勾栏下素枋。但此项铺作在后壁罨桥子下者，仅正面具抹角栱，侧面则略去抹角栱及第二跳抹角栱上之单栱（图四十九）。

图四十九　华严寺薄伽教藏殿西壁壁藏平坐外转角铺作侧面及圜桥子底面

图五十　华严寺薄伽教藏殿天宫楼阁平坐外转角铺作

柱头枋同第（五）种补间铺作（乙）项。

（七）天宫楼阁平坐及前后壁北侧壁藏平坐之外转角铺作，系缠柱造；除转角栌斗外，正、侧二面，各增附角斗一具，无抹角栱（图五十）。其结构层次，系于转角栌斗与附角斗上，正侧面各出华栱三层。第一跳施瓜子栱、慢栱与罗汉枋。第二跳施瓜子栱与罗汉枋，省去慢栱。其瓜子栱在转角栌斗与附角斗间者，隐出鸳鸯交手栱。第三跳直接受素枋及耍头，无令栱。

角线上出角栱三层。第一跳平盘斗上，除载第二跳角栱外，复延长正、侧二面第一跳华栱上之瓜子栱为单栱，承托正、侧面第二跳之瓜子栱。第二跳角栱平盘斗上，除载第三跳角栱外，复延长正、侧面第二跳华栱上之瓜子栱为单栱，承托勾栏下之素枋。第三跳角栱，贴于正、侧面素枋交点之下。

泥道栱与柱头枋之层次，同第（五）种补间铺作（甲）项。

内侧出跳见天宫楼阁下者（图四十二），转角栌斗上之角栱后尾，亦系三层。第二跳托载十字相交之单栱，栱上施平棊枋。枋以内之平棊，无楎贴，仅雕剔地簇四毬文，颇雅素。第三跳角栱后尾临空，无结构意义。两侧附角斗上之华栱后尾，因地位逼狭，只出一跳，施瓜子栱、慢栱与罗汉枋一层。

（八）壁藏下层腰檐之内转角铺作（图五十一），于四十五度角线上，自转角栌斗出角栱二层与角昂二层。第一跳角栱平盘斗上，二面各施瓜子栱、慢栱及罗汉枋，与两侧泥道栱及柱头枋平行，而延长各栱与罗汉枋之后端，使与第二、三、四层柱头枋相交。第二跳角栱上，结构亦同，但其慢栱与两侧补间铺作第二跳上之慢栱，连接为一，成鸳鸯交手栱。第三跳角昂偷心。第四跳角昂上，施令栱与批竹昂式之耍头。令栱亦与邻侧者，并为鸳鸯交手栱。泥道栱与柱头枋，同柱头铺作。

（九）壁藏平坐之内转角铺作（图五十二），于转角栌斗上，出角栱三层。第一跳角栱平盘斗上，与两面柱头枋平行，各出瓜子栱、慢栱及罗汉枋一层，而延长其后尾，与第二、第三层柱头枋相交。

图五十一
华严寺薄伽教藏殿壁藏下檐内转角铺作（左）

图五十二
华严寺薄伽教藏殿壁藏平坐内转角铺作（右）

第二跳角栱平盘斗上，两面出瓜子栱与罗汉枋，无慢栱，后尾则与第三层柱头枋相交。第三跳角栱，贴于两面素枋之交点下。

泥道栱与柱头枋，在北壁平坐者，同第（五）种补间铺作（甲）项，南壁同第（五）种（乙）项。

（十）壁藏上檐之内转角铺作（图五十三），亦系缠柱造，唯两侧之附角斗，仅各出华栱一跳。其转角栌斗，则于四十五度角线上，出角栱与角昂各二跳。其第一跳角栱上，两面各出瓜子栱，载于附角斗华栱之上，其上施慢栱与罗汉枋，后端延长与柱头枋相交，如第（八）种转角铺作。第二跳角栱上，施瓜子栱、慢栱与罗汉枋，后尾同前。第三跳角昂偷心。第四跳角昂上，两面施令栱，与批竹昂式之耍头相交。此二令栱系十字相贯，外端承托替木，内端贴于遮椽版下。

泥道栱与柱头枋，同柱头铺作。

柱 壁藏下檐经橱之柱，立于地栿上，正面宽一〇·五公分，进深不明，高一·三五公尺。高与宽约为一与十二·五之比。上檐用圆柱，径八·八公分，高八〇·八公分，为一与九·二之比。柱上端微具卷杀，下端直接置于楼板上，无础石与覆盆雕饰，与殿本身诸柱同。

枋 阑额、普拍枋、柱头枋、罗汉枋、橑檐枋之尺寸，上下檐完全一致。其比例，则阑额高七·六公分，视材高二倍，仅减四公厘，大体与《法式》同。普拍枋高二·八至三·三公分不等，平均为三公分，等于材厚，适与殿本身所用之比例符合。柱头枋及罗汉枋，高厚如材。橑檐枋高六公分，为材高一倍半，厚五公分，断面近于方形，而切去四角，成不等边之八角形。

按《法式》橑檐枋高二材，厚十分，为狭而高之断面。辽代遗物中，如独乐、奉国、广济三寺，及此寺薄伽教藏殿、海会殿等，俱用橑风榑，唯壁藏及佛宫寺塔二者，用橑檐枋。

屋顶 壁藏上下檐之水平长度，自栱眼版之表面，至飞子外皮，同为五九·七公分，合下檐柱高二分之一弱。自橑檐枋，向外挑出之长，檐椽与飞子为二与一之比，即檐椽一尺，出飞子五寸。二者之端，皆有卷杀（图三十八，图三十九）。每壁藏一间，列檐

图五十三 华严寺薄伽教藏殿壁藏上檐内转角铺作

椽三十七枚，瓦三十一陇，颇密。屋顶之坡度，据连接脊槫上皮，至檐端瓦陇上皮之直线，与水平线所成角度，以腰檐二十一度为最低；上檐则为二十七度；天宫楼阁为三十一度。除天宫楼阁外，其余皆在二十八度以内，与其余辽构符合。

九脊顶之翼角上翘，系于橑檐枋上施生头木。生头木自中点起，向两翼逐渐提高，至角高五·七公分，约为一材一栔之高。故檐端为整个曲线，优美自然，无生硬之弊（卷首图六，卷首图七，卷首图八）。明清之檐，则梢间以内为水平线，梢间外始上翘，乃直线与曲线之连接体，与此对照，优劣立辨。大角梁之端，刻简单凹形曲线，非三瓣头或楂头。小角梁垂直切去，或雕兽首，其式不一。正脊、垂脊、角脊之背，皆微圆，两侧无线条及花纹镂刻，外观颇简素（卷首图六，卷首图七，卷首图八）。以鸱尾制作之精密推之，脊之形体，应为当时通行式样，非匠工工作草率所致也。垂脊颇长，前部微呈反曲之状，甚美。其端亦有垂直截切，如日本飞鸟、奈良诸代之例。唯多数镌刻龙首，与栖霞寺舍利塔角脊之用兽首，同一方式。角脊作二叠式，前部施圆木橛三枚，殆表示其为走兽（卷首图六，卷首图七，卷首图八）。

正脊两端之鸱尾，为讨论唐、宋二代式样变迁之重要证物（图五十四）。其全体轮廓，如内外缘曲线，皆极圆和，与外缘具波状之鳍，及下部无吻座，咸与唐大雁塔之门楣雕刻符合。唯鸱尾之顶，作鱼尾分叉形，及前、后二面遍饰鳞纹，未见前例。据宋黄朝英所著《靖康缃素杂记》引《倦游杂录》，谓："自唐以来，寺观旧殿宇，尚有为飞鱼形，尾上指者，不知何时易名鸱吻，状亦不类鱼尾。"则鱼尾形亦为唐式之一，虽非初唐所有，或为盛唐以后之式样，殊未可知。

至于鸱吻之产生，固未审起于何时，以大雁塔雕刻与日本奈良时期唐招提寺鸱尾证之，俱非此状，疑其最早亦在盛唐以后，最晚在北宋末期以前。盖黄朝英为北宋末人，其书成于钦宗靖康间，所引《倦游杂录》，虽不知何代人所作，至迟当与黄氏同时故也。今考此殿建于辽兴宗重熙七年（公元1038年），即北宋仁宗景祐五年，先于靖康之乱，盖九十年。其壁藏鸱尾之上部为鱼尾形，如《倦游杂录》所云之唐式，而下部有吻，又类宋之鸱吻。在形体与时代先后，均足证为鸱尾与鸱吻间之过渡物。又图五十四所示，吻后无足，视大雄宝殿及殿本身之吻（图十八），式样尤古，亦为过渡之证。

九脊顶之两山，出际颇大（图五十四）。自垂脊以外，具排山，下为博风版及悬鱼，后者式样，完全与《法式》符合。普通壁藏上檐之尽头处，亦施博风版（图五十五），版端刻凹曲线，如前述大角梁前端之形状。其下复有水平版，紧贴其下，施大、小悬鱼二，形制较前者简单，盖用以遮盖橑檐枋及第一、第二跳罗汉枋之外端者。

勾栏 壁藏及天宫楼阁平坐之上皆用斗子单勾栏（图五十六）。其法于平坐外缘，施通长之地栿：栿上立望柱，其顶雕刻简单之宝珠，仅见于敦煌壁画与日本诸例。柱之位置，与下檐经橱柱之中线一致。望柱之间，上施寻杖，中施盆唇，皆与地栿平行。寻杖之断面，有圆形及长方形二种：前者用于天宫楼阁，后者用于壁藏。至

图五十四
华严寺薄伽教藏殿壁藏鸱尾及悬鱼
（左）

图五十五
华严寺薄伽教藏殿壁藏博风版及悬鱼
（右）

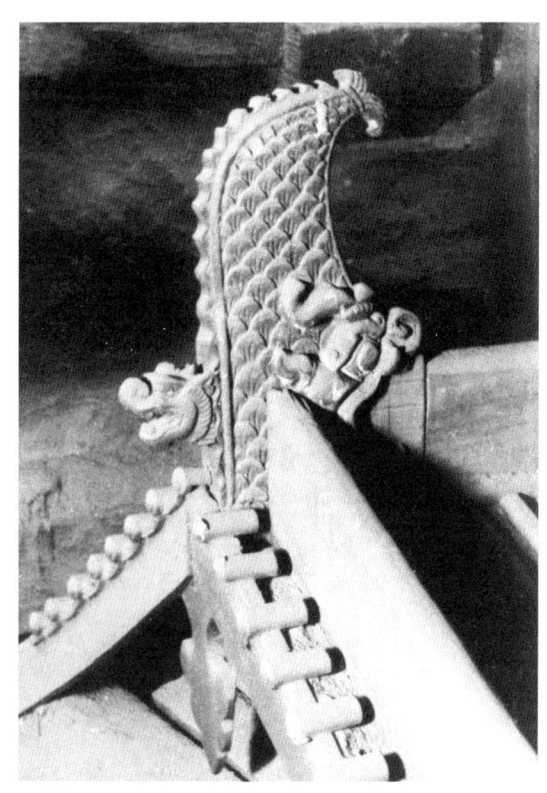
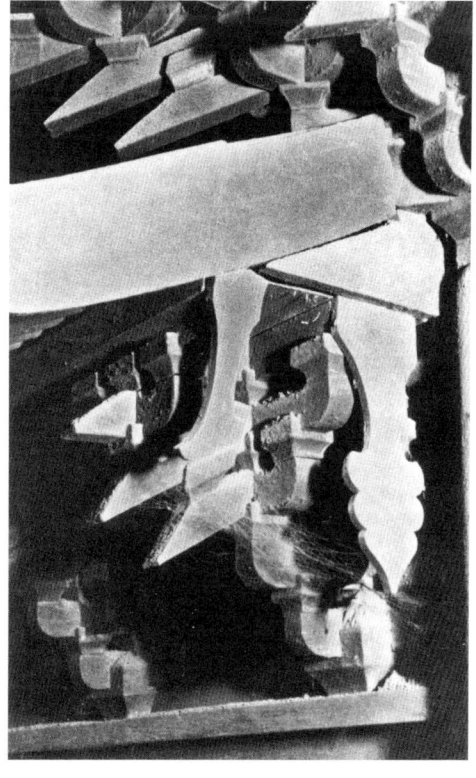

转角处，增设望柱一，令寻杖交梓于柱，非绞角造。二柱之间，于寻杖之下、地栿之上，施斗子蜀柱三处：中央一，余二者紧贴望柱之两侧。又于蜀柱之间，盆唇之下，为束腰华版，镂刻几何形透心花纹三十余种（图五十七）力避雷同之弊，卓具匠心，唯无《法式》所云之起突花草人物。其花纹一部，曾见蓟县独乐寺观音阁内之平坐，及观音寺白塔勾栏，当为辽代通行之式样。

按《法式》卷十一壁藏单勾栏，高七寸，系以佛道帐制度为标准。据卷九佛道帐所载，高五寸至一尺者，其名件等，以勾栏每寸之高，积而为法：如勾栏每高一寸，望柱方一分八厘之类。以百分率计之，即望柱之方，为勾栏通高百分之十八。今此殿壁藏勾栏之高，为二六·一公分，约在宋尺一尺以内，依百分率换算各分件之比例，与《法式》规定之数，未能吻合。表列如次，以供参考：

图五十六
华严寺薄伽教藏殿
壁藏勾栏

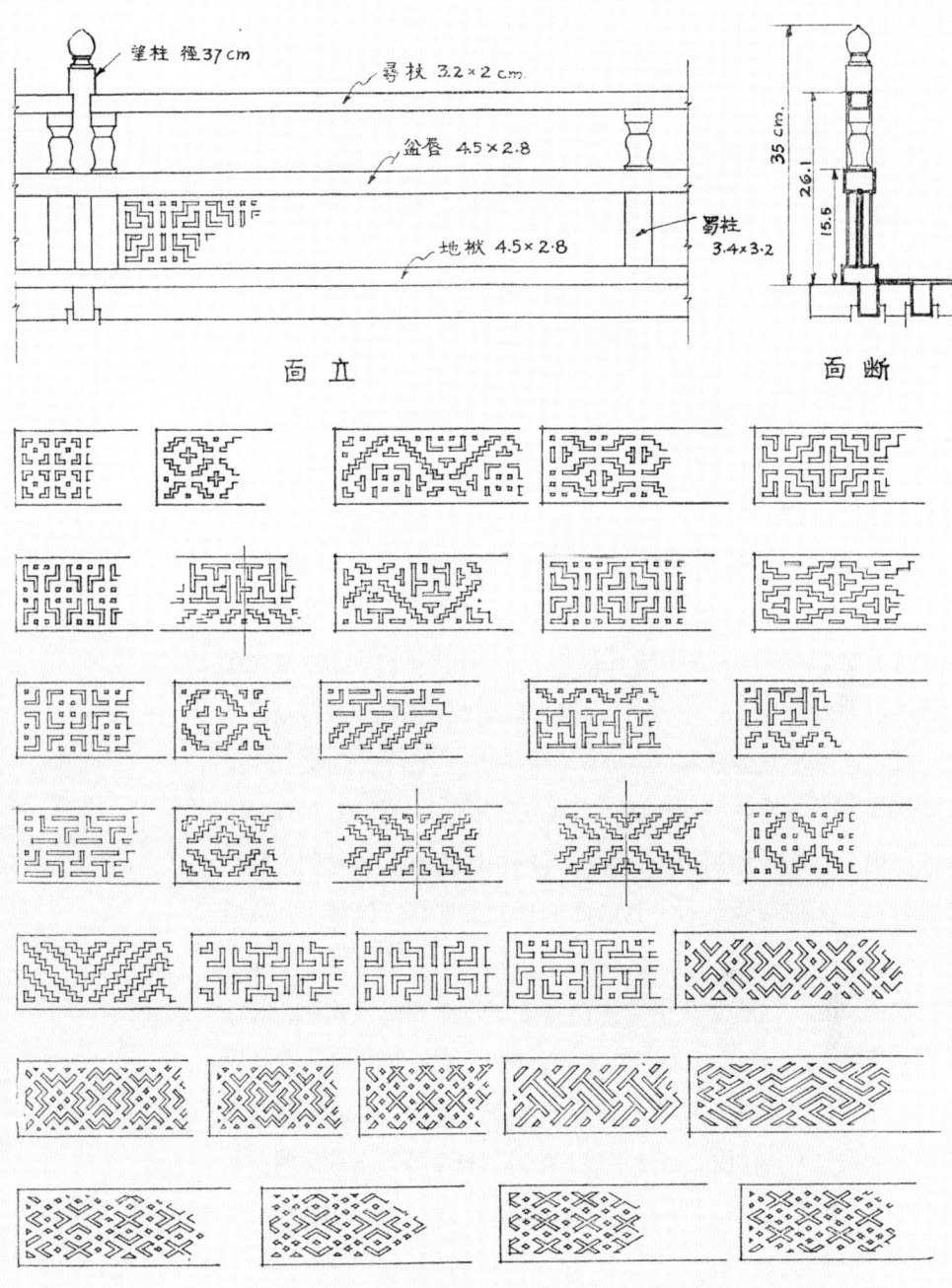

图五十七 华严寺薄伽教藏殿壁藏勾栏图

分件名称		实测尺寸	与勾栏高度之比例	《营造法式》之比例
望柱	高	三五·〇公分	百分之一三四分	百分之一二〇分
	径	三·七公分	百分之一四分	百分之一八分
蜀柱	广	三·四公分	百分之一三分	百分之二〇分
	厚	三·二公分	百分之一二分	百分之一〇分
寻杖	广	三·二公分	百分之一二分	百分之一〇分
	厚	二·〇公分	百分之八分	百分之一〇分
盆唇	广	四·五公分	百分之一七分	百分之一八分
	厚	二·八公分	百分之一一分	百分之八分
地栿	广	四·五公分	百分之一七分	百分之一五分
	厚	二·八公分	百分之一一分	百分之一二分

圜桥子 天宫楼阁两侧之圜桥子（卷首图八），两颊高三三·六公分。其与天宫楼阁平坐衔接处，两颊之上口，与平坐上缘素枋上皮平，下口与普拍枋下皮齐。另一端之下口，与壁藏勾栏地栿之下皮平，而延长其上缘，交榫于壁藏之上檐柱，致截断平坐之一部。同时两颊上之勾栏，亦未能与壁藏平坐勾栏衔接（卷首图八），为壁藏与天宫楼阁外观唯一之缺点。然壁藏自腰檐以上部分，原非实用，为圜桥子稳固计，殆亦不得不用此法也。两颊间，随桥势装圆版，无促版及踏版。其底面以程划分四格，施难子，装版（图四十九）。

综前所论，壁藏之斗栱结构，与屋顶勾栏等所示式样，决非辽以后所能有。且据金大定二年碑，知辽兴宗重熙间，有教藏五千七十九帙。以庋藏教藏为目的之薄伽教藏殿，复成于重熙七年，则壁藏与天宫楼阁之制作年代，应与薄伽教藏殿落成之时，相距不远，即使至迟，亦不出数年外也。

殿之年代

殿为保大乱后幸存五建筑之一，载前述金大定二年碑。其创立年代，见殿内当心间四椽栿底之题记者，左侧有"推诚竭节功臣，大同军节度云、弘、德等州观察处置等使，荣禄大夫，检讨太尉，同政事门下平章事，使持节云州诸军事，行云州刺史，上柱国，弘农郡开国公，食邑肆仟户，食实封肆百户，杨又立"七十四字，右侧有"维重熙七年岁次戊寅，玖月甲午朔十五日戊申午时建"二十二字，均红地墨书，为记载此殿建筑年月唯一之文献，《通志》《府志》诸书所载，殆皆以此为根据。按《辽史》无杨又立传，仅圣宗本纪，载又立以开泰七年知详覆院，太平二年任枢密副使，五年迁吏部尚书，参知政事，兼枢密使，八年知贡举。其后何时出镇大同，《辽史》略而未载，无由稽考，然大同军节度使及观察处置等使官名，实与同书百官志所载一致。又以陈氏二十史朔闰表证之，戊寅戊申为重熙七年九月十五日，干支亦相符会。故现存梁下题署，虽未必即为建造当时所书之原物，然后世修理时，或仅予重描，未事改篡，否则官制干支，决难契合若是也。

次以式样与结构论之：宝坻广济寺三大士殿建于辽圣宗太平五年（公元1025年），先于重熙七年，十有三载，与此殿同为面阔五间，进深八架椽。不仅面阔、进深之尺寸，与材栔大小极相接近，其斗栱亦同为五铺作双杪重栱造；补间铺作与转角铺作，亦同用蜀柱及抹角栱，式样几完全一致。除殿顶、藻井与当心间金柱之位置外，在宋、辽、金遗物中，求其类似若此二殿者，殊不可得。兹将二者之重要尺寸，表列于后：

	薄伽教藏殿	三大士殿
通面阔	二五・四九公尺	二五・一四公尺
通进深	一八・三五公尺	一八・二八公尺
檐柱高	四・九九公尺	四・三九公尺
通高	一三・二二五公尺	一二・七七公尺
材高	〇・二三五公尺	〇・二三五公尺
材厚	〇・一七公尺	〇・一六公尺
栔高	〇・一〇五公尺	〇・一二公尺

前表中，仅檐柱高与通高二项，薄伽教藏殿较三大士殿高出约半公尺外，其余面阔、进深与材栔等，皆相差甚微，足证计划当

时，二者同受时代性之影响，致采用之尺寸，大体类似。且此殿之斗栱结构，与屋顶坡度、平棊、藻井、彩画、壁藏、佛像等所示之式样，如前文所述，直接间接，无不为辽式建筑之铁证，而非金以后所能有，故知梁下题记，乃极忠实可靠之记录。日人伊东忠太氏于其《北清建筑调查报告》中，谓此殿与海会殿俱系金建，殆未就结构式样做详密之比较也。

海会殿[1]

数年来，社中调查宋、辽、金遗构多处，屋顶形式，以四注居最多数，歇山次之，独无挑山者，有之，自海会殿始。殿在今下寺薄伽教藏殿左侧，南向（卷首图一）。依建筑式样言，其建造年代宜与薄伽教藏殿同为辽代所造。第金大定二年碑，载辽末天祚帝保大二年，金兵入西京，寺大部被毁，仅余斋堂、厨库、宝塔、经藏及守司徒大师影堂五处，未及此殿，疑为殿名变更，前后歧出所致。盖殿之结构配置，如下文所论，决为辽构无疑。而前述五建筑中，经藏即薄伽教藏殿，与宝塔俱可不计。所余三者，以伽蓝配置之常例推之，斋堂与厨库不应居于寺之前部，而海会殿面积颇小，尤不适于盛极一时之辽华严寺斋堂。且斋堂与厨库皆为佛寺之次要建筑物，其结构比较简单，无用斗栱之必要。其平面配置，亦无略去分心柱，使梁架之结构徒臻于复杂。故依地点、面积、结构三点推论，疑今之海会殿，为辽守司徒大师影堂所改称者。

辽世名器最滥，沙门跻三公之位者，据《辽史》兴宗本纪，有惠鉴授检讨太尉，守志、志福授守司徒，圆释、法钧授守司空。志福曾著《释摩诃衍论通玄钞》四卷，似为当时高僧，第诸人事迹俱无可考，不知此寺之守司徒大师，为守志、志福，抑此外另有其人也。

阶基

殿建于砖砌之阶基上（卷首图十）。附近地面，较薄伽教藏殿前部者稍低。阶基平面系长方形，南北视东西稍狭（卷首图九）。依同时代诸例，其前应尚有月台，殆因屡经变乱，摧毁无遗矣。今阶基

[1] 海会殿于新中国成立前已毁。——孙大章校注

北面，经近世以青砖修砌，尚严整。唯南面仅存土基，东、西二面亦凋毁过半。据西侧残存部分所示（图五十八），内部之砖，水平层与垂直层交互叠砌，似较阶基外侧者年代稍旧，但是否即为辽构，尚难断定。

平面

殿面阔东西五间（卷首图九），南北八架椽（卷首图十二），全体平面作长方形，面阔与进深之比与薄伽教藏殿接近。其南面当心间设门。左右次间，各于坎墙上装窗，余为砖墙。门内中央三间，各有六角形石香炉一具。其后有砖台，面阔尽中央三间；左右两翼向前突出若凹字形，极类薄伽教藏殿之台。此大台外，沿左右墙，复各有砖台一列，安奉佛像。殿内梁架四缝，前后金柱为数共八。其后侧金柱前，于四椽栿下，又各增小柱一，显系后世修理时所置。

材栔

材广（即材高）自二十三至二十四公分不等，平均为二三·五公分。材厚有十五公分与十八公分二种，平均为一六·五公分，合材广十五分之一〇·五分。栔广十一公分，合材广十五分之七。俱与薄伽教藏殿所用材栔大小相差绝微。

图五十八　华严寺海会殿侧面

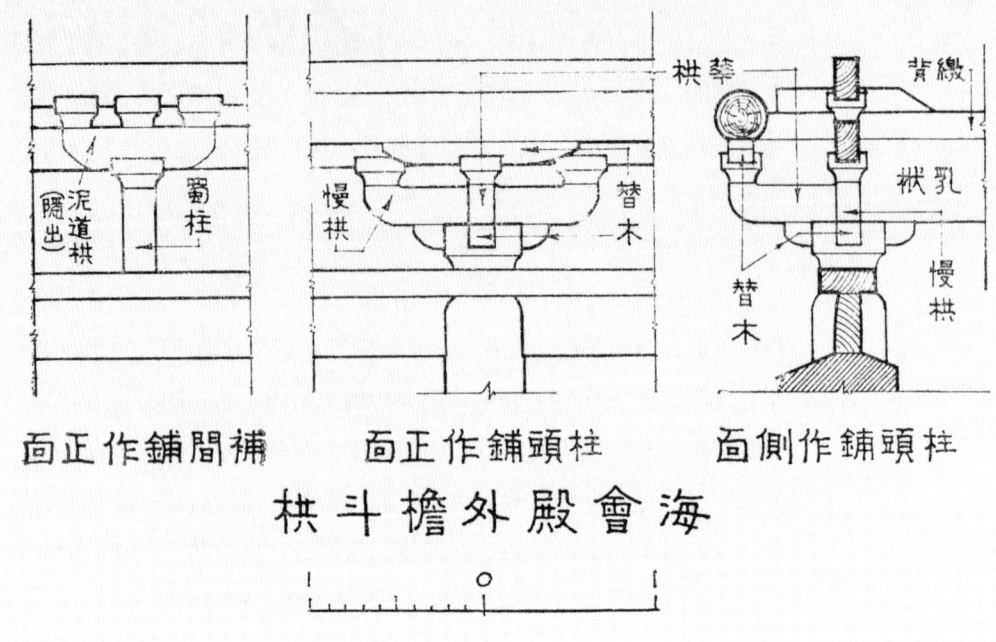

图五十九
华严寺海会殿外檐斗栱图

斗栱

此殿内外檐斗栱共三种。其用于襻间及两山出际者，另于襻间条述之。

（甲）外檐柱头铺作（图五十九），于栌斗口内，横直双方，各施替木一层，其高度等于栌斗之口深，外端未施交互斗，非真实之华栱与泥道栱，极为特别。此法除本例外，又见于辽道宗清宁二年所建应县佛宫寺塔之上层，故由此点，可证海会殿亦为辽构。替木之比例，自栌斗心至外皮，长三八·五公分，合材高二十四分半，较普通华栱之出跳，约减五分之一。高十四公分，合材高十五分之九，较单材栱之高，约减五分之二。就形体言，其两端仍具卷杀，极似普通单材栱，截去其上部。就结构意义言，其出跳与高度，均较华栱及泥道栱稍小，殆可目为"简单化之栱"。故疑替木进展之过程，系截去单材栱之上部，置于栌斗口内，供简单建筑斗栱出跳小者之用；或置于令栱与襻间之上，承托橑风槫及下平槫、上平槫等。

栌斗外侧，于替木上施华栱一层。此华栱系内部乳栿之延长，刻为栱形，故替木后尾在栌斗内侧者，直接贴于乳栿下，其上无栱（图五十九）。华栱出跳之长，自栌斗心至橑风槫心，长六十一公分，合材高三十九分弱，在《法式》及辽代遗物中，适居四铺作与五铺作之间。栱端无令栱，仅置交互斗，施替木，承受橑风槫。此替木之高，等于栔高，与殿内襻间之替木一致，而较前述柱头栌斗内者，减三公分。栌斗左右两侧，于替木上置慢栱一层，长一·三五公尺，合材高八十六分强，其比例在泥道栱与慢栱二者长度之间，与前述华栱之出跳，具同类性质。栱上列柱头枋二层：下层隐出栱状，较慢栱稍长。其上施散斗，受上层柱头枋（图五十九）。

（乙）外檐补间铺作，下置蜀柱，柱上施散斗，受柱头枋二层（图五十九）。下层柱头枋之表面，隐出泥道栱：栱上列散斗三具，载上层柱头枋，与观音阁下檐正面补间铺作及本寺薄伽教藏殿补间铺作略同。但唐大雁塔雕刻，蜀柱上无泥道栱之剜刻，亦未排列散斗，方法较此更古。

蜀柱高四十八公分，等于材高二倍，宽十五公分，与材厚等，进深不明。

（丙）内檐柱头铺作之栌斗比例，与外檐同，唯无替木（卷首图十二，卷首图十三），直接施华栱于栌斗上。华栱形状，仅栌斗内侧者具栱形，其外侧在四椽栿外端下者，上缘斜杀如批竹昂式，未见他例。

栌斗左右两侧泥道栱之长，与华栱同为一·〇六公尺，合材高七十分弱。其比例在辽代诸例中，大于普通华栱之出跳，而与泥道栱之长接近。殆因外观整齐划一之故，横直双方，须取同样尺寸，致华栱之长，亦随泥道栱而增加。泥道栱上，直接施襻间，见下文。

柱及础石

外檐当心间平柱之下径，为四十五公分；高四·三五公尺。直径与高，约为一与九·六之比，与薄伽教藏殿接近。但次梢诸间之柱提高（图六十），如《营造法式》生柱之法，比例稍异。平柱系梭柱形，上径与栌斗之长略等，唯其收分尺寸，不若《法式》所述之巨。但在现存辽宋遗构中，又以此殿檐柱为唯一之梭柱，外形亦最美丽（图六十一）。

屋内柱（即前后金柱）下径恰为材高二倍。径与高，约为一与十三之比。

殿内悉铺方形地砖，无柱础露出。但正面当心间檐柱下之基础，因阶台残毁，露出地面者，系于方形础石上雕简单覆盆（图六十二），疑旧日殿内亦应如是，殆因后世迭经修葺，致为地砖所掩也。

枋

阑额之厚，与材厚等，高为一材一栔，视《法式》所规定者稍低。普拍枋之高，等于材厚，其宽一材二栔，与栌斗之长略等。阑额伸出梢间角柱外部分，系垂直截割，无楂头、绰幕诸雕饰（卷首图十）。

内额施于殿内前后金柱之上端，自东迄西，尽面阔五间，其上无普拍枋（卷首图十三）。高一材一栔，厚与材厚等。

柱头枋高厚俱如材。

梁架

殿之架构（卷首图十二），极类宋李明仲《营造法式》卷三十一

图六十
华严寺海会殿外檐梢间之生起

图六十一
华严寺海会殿外檐
当心间

图六十二
华严寺海会殿外檐
当心间柱础

图六十三
华严寺海会殿梁架之一

"八架椽前后乳栿用四柱"一图，仅四椽栿下，省去内额，与图稍异。梁架之结构，因系挑山顶之故，各缝皆取同一方式。其在檐柱与金柱间者（卷首图十二），下为乳栿，即清之双步梁。内端交榫于金柱，外端置外于檐柱柱头铺作之栌斗上，斫削为华栱，上施替木，受橑风槫。此乳栿上，复施薄木一层，外端撑于橑风槫内侧，内端与乳栿同插入金柱内（图六十三）。据《法式》卷五造梁之制："凡方木小者，须缴贴令大。在月梁上者，谓之缴背。"此殿乳栿虽非月梁，但前述薄木，贴于乳栿上，以承驼峰，疑即《法式》之缴背。

乳栿与缴背之中点，施驼峰及栌斗，其上为劄牵，即清之单步梁。劄牵高一材二栔，内端插入金柱内，外端与襻间十字相交于驼峰栌斗内。襻间之上，置散斗及替木。替木上皮，与劄牵上皮平。再上为下平槫，与劄牵成九十度角（卷首图十二、卷首图十三）。

前后金柱间之梁架（卷首图十二），最下层为四椽栿，即清五架梁。两端载于金柱上之柱头铺作，各嵌中平槫于栿之上缘，方向与下平槫同。栿两端自中平槫以内，约于栿长四分之一处，各置驼峰一具。驼峰栌斗上，施平梁，即清三架梁。梁两端各嵌上平槫于

图六十四 华严寺海会殿梁架之二

内，其中点复置驼峰。因举折较高之故，于驼峰上立侏儒柱，施栌斗。斗上置丁华抹颏栱与翼形栱相交(图六十四)，受襻间及脊槫。

以上为梁架结构之层次，若各分件之比例，则劄牵、乳栿、平梁与四椽栿四种，俱为直梁。高与厚，约为一与二之比，较《法式》稍高。梁之两侧，俱有卷杀。驼峰形状(卷首图十二)，略如《法式》之鹰嘴驼峰，而两肩稍丰，高与长约为一与五之比。侏儒柱方形，每面之宽，与材高等。

槫及叉手

殿之脊槫，与上平槫、中平槫、下平槫等，直径皆为三十四公分，恰合一材一栔之高，与《法式》厅堂之槫径一致。唯前后撩檐枋之位置，用撩风槫，直径三十公分，稍小。

上平槫、中平槫、下平槫三者之端，分别置于平梁、四椽栿与劄牵之上(卷首图十二, 卷首图十三)。为安定计，上平槫与下平槫，复于槫之下皮，出叉手，撑于下部梁栿三分之一处。[1] 其在两山者，中平槫亦出叉手，撑于下部劄牵上(图六十五)。

脊槫置于襻间上，与侏儒柱、栌斗未直接联络，势极孤危，故

[1] 按目前通行叫法，在脊槫两侧之斜木称"叉手"，而在平槫侧的斜木称"托脚"。亦有学者认为只有在脊槫下无侏儒柱(脊瓜柱)承托，而以两侧斜木支承脊槫时，此一对斜木才可称作叉手。——孙大章注

于襻间之两侧，各出叉手，斜撑于下部平梁上（卷首图十二）。各叉手之高厚，略等于材，即《法式》"余屋广随材"者是也。

襻间

襻间位于槫下。其尺寸以脊槫下者为最大，高四十七公分，合材高二倍。两侧刻凹线，区分上下，使下层若素枋形状（卷首图十二）。其余襻间皆素枋一层，高厚俱如材。唯《法式》之单材襻间，系左右相闪，此则各间俱有，结构稍异。襻间之两端（卷首图十三），在脊槫下者，置于丁华抹颏栱上；在中平槫下者，置于内檐柱头铺作泥道栱上；在上平槫、下平槫下者，置于驼峰栌斗内。

襻间与槫之间——即襻间之上，槫之下——除脊槫外，皆以散斗与替木联络之（卷首图十三）。即襻间之两端与中央，各置散斗，斗上施替木，以承槫。明清建筑，于檩与坐斗枋之间，列一斗三升斗科，与此同一性质。

襻间出际之结构，分二种（卷首图十三）。（甲）脊槫与中平槫之出际系二层，第一跳为栌斗上之泥道栱，第二跳为襻间本身之延长，刻为栱形，上置替木。（乙）上平槫与下平槫之出际仅一跳，即襻间之外端刻栱状，上施替木。此外前后檐柱上之出际斗栱在

图六十五
华严寺海会殿梁架之三

两山者，系三层，第一层替木，第二层泥道栱，第三层柱头枋之延长，刻慢栱形状。

殿顶

殿顶高度，自橑风槫背，至脊槫背，较前后橑风槫心距离四分之一稍小，视《法式》之板瓦廊屋尤低。其自橑风槫背至脊槫背，连接一直线，与水平线所成角度，约为二十五度弱，与薄伽教藏殿之坡度，相差不出一度，足证此二者之建筑年代，相距不远。

殿之举折，依八架椽屋言，前后应各折三缝，此殿虽亦为三折，然中平槫一缝，所折极微，遽睹之，自上平槫至下平槫，几成一直线（卷首图十一、卷首图十二）。余辈初疑此缝下之柱，年久低陷，致成此状。但细察柱及梁架，无低陷及走动形迹，且各间前后中平槫所折之数略等，当为建造以来，既已如是。

前后出檐之水平长度，即柱头枋心至飞子外皮长二·二五公尺，恰为檐柱底至普拍枋上皮高度二分之一。檐端列檐椽、飞子各一层，其长度为十与四之比，即每檐椽一尺，出飞子四寸。檐椽圆形，前端具卷杀。飞子方形，有卷杀者较少。其无卷杀者，殆为后代重修时所置（图六十六）。

两山出际，长一·二八公尺。因辽、宋二代之尺不明，无法推算，与《法式》四尺五寸之规定对照，求其异同。博风版及悬鱼，屡经修葺，恐非原物（图五十八）。出际斗栱详前。

屋顶于仰板瓦上，施筒瓦，皆灰色。据前述飞子卷杀情形，及正脊两侧所砌卷草纹之花砖，大小不等（图六十七），知屋面经后世修理，已非一度。唯垂脊以薄砖叠砌，覆扣筒瓦其上，尚存旧法。

墙

殿四周之墙，依砖形及砌法言，显为最近所建无疑。其在阑额上补间铺作左右者，以土砖与薄陶砖杂砌，虽与下部之墙异，但砌法草率过甚，不知何时所修。

门窗

殿仅正面当心间设双扇版门一处。其比例，每扇高七宽五，列

图六十六 华严寺海会殿檐椽、飞子及门簪

门钉五行，行九枚，皆铁制（卷首图十）。扉后有福五，排列位置与门钉一致。上部门簪二具，胥长方形（图六十六），与善化寺普贤阁及应县佛宫寺塔者完全符合，足证门簪之数，辽时尚为二具，后世始增为四。其余立颊、门限、门额、鸡栖木及两侧腰串版等，具见图六十一，不复赘。

正面左右次间坎墙上，各有窗六扇，装方眼格，非直棂，不知何代改造（图六十七）。

图六十七 华严寺海会殿次间窗及兽吻

平棊

殿内系彻上明造。仅中央三间,自金柱以内,有方格形平棊,每间横六直十,共六十格载于四椽栿上(图六十八)。平棊之桯贴、宽度相等,底面亦在同一平面上,与教藏平棊之结构法,根本不同,而与明景泰间僧宝资所造上寺大雄宝殿之平棊类似,殆为明代所构。

平棊背板之彩画,以数种写生华点缀其间,极类薄伽教藏殿所绘。但流水形环状圆光及云形岔角,又与上寺大雄宝殿者一致,当

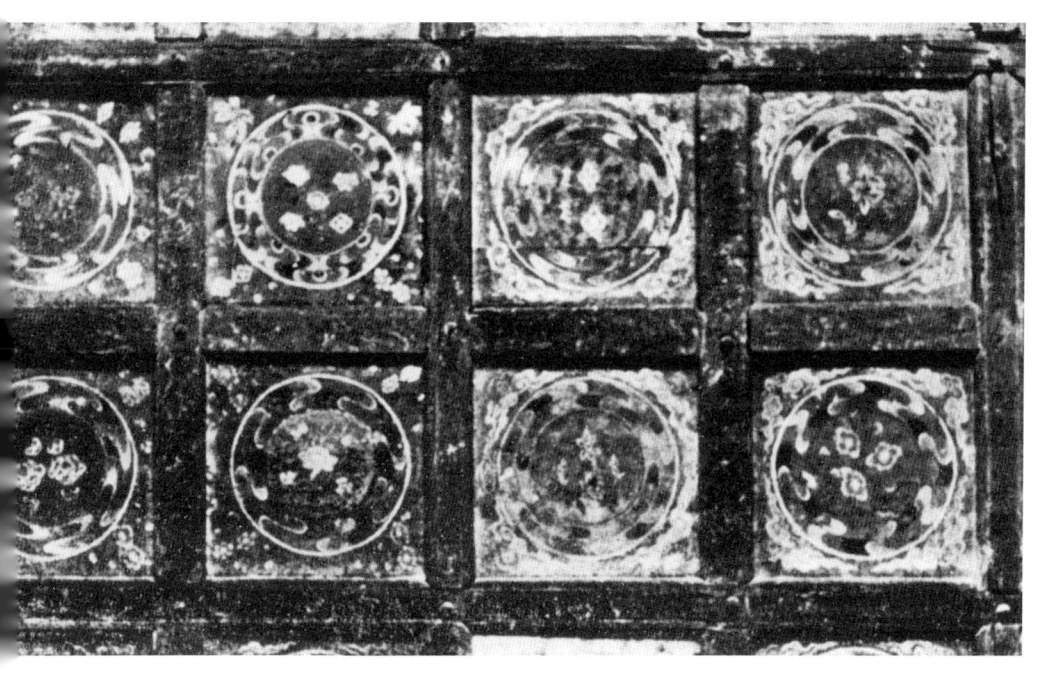

图六十八
华严寺海会殿平棊

为明代作品(图六十八)。除平棊外,其余各部,无彩画。

佛像及塑壁

殿中央砖台上,前部东南、西南二隅,各有金刚一躯,其后列小像三十余尊。再后有观音像三尊。当心间者,踞一足坐塑石上;石与后部之塑壁连接。塑壁面阔,尽东西一间之广,上达内额之下皮,状岩石、修竹,手法极劣(图六十九)。左右次间者,跌坐于不等边八角形台上,无塑壁,只饰背光于后(图七十)。沿东西墙,复

各有砖台一列，各置罗汉九尊。统观此殿诸像，衡权失当，而面貌衣饰亦极伧俗潦草，决非辽制。以背光火焰花纹等证之（图七十），系明以后之物无疑也。

碑

殿内存碑二。一在西次间窗下，刻文征明诗。一为明万历四十三年乙卯（公元1615年）碑，在西梢间前金柱侧。俱与殿之沿革无关。

殿之年代

殿之创立年代，无确实记录可凭，故解决之途，唯有以结构方法为论断之鹄的。按华严寺现存诸建筑中，以辽重熙七年所建薄伽教藏殿为最古，其内外檐补间铺作之下蜀柱，与辽独乐、广济二寺俱能符合，而为金天眷间重建之上寺大雄宝殿及善化寺三圣殿山门所未有。今此殿不仅蜀柱一项，其平面比例及材栔尺寸，与殿顶坡度等，咸与薄伽教藏殿极相接近，则此二者应同为辽建无疑。此外大木架构及替木、驼峰、叉手、襻间、出际、门簪诸项所示之式样，与其他辽代遗物，如出一臼，亦为有力之佐证。

大雄宝殿

殿面阔九间，单檐四注，巍然峙高台上，与义县奉国寺大雄宝殿同为国内佛殿中稀有之巨构，而面阔、进深较奉国寺尤大。余辈调查时，以殿高大逾恒，上部架构，非搭大规模之木架无由工作，而时间经济，均所不许，故仅择要摄影，及测量殿之平面，与材栔、斗栱比例。其要点如下：

台

台颇高峻，全部甃以青砖，平面作长方形，前附月台（卷首图一），与薄伽教藏殿同。月台之正面，设石级二十。级尽有坊一，面阔三间，其顶为梯级形（图七十一）。两侧稍后，左钟亭，右碑亭，皆六角攒尖顶，后者有明万历十一年及清康熙十二年碑各一通。坊后为八角形铁制焚帛炉，明万历二十二年造（图七十二）。其后有陀罗

图六十九
华严寺海会殿当心间佛像及塑壁

图七十
华严寺海会殿次间佛像

图七十一
华严寺大雄宝殿
月台

尼经幢，平面亦作八角形，文字大部漫漶，唯铭记中"太康二年岁次丙辰十月"数字，尚隐约可辨，知为辽道宗末年物。幢之上部已毁，现置小龛疑为明以后所增。月台外缘，悉绕砖阑。其后复有石级一步，次为大雄宝殿（图七十三）。

殿之平面

殿东向，面阔九间，进深十架椽，面阔、进深约为二与一之比（卷首图十四）。正面当心间，及左右第三间，各辟门，门上设窗。殿之门窗，只此三处，故内部光线颇感不足。殿内中央五间，沿后金柱筑砖台，供如来五尊及胁侍诸像。左右复有台二列，各置罗汉十尊。此外沿墙内四周，又有小台二十三处，如图所示。

此殿平面配置，令人注目者，即柱之排列，异于明以后之方式，最足取法。今以明、清二代之建筑，面阔、进深间

图七十二
华严寺大雄宝殿铁炉及经幢

图七十三
华严寺大雄宝殿近景

数与此殿相等者，比较观之：如明长陵祾恩殿与大内保和殿，俱为正面九间十柱，侧面五间六柱。其内部每缝之柱，因须与外侧檐柱一致，致殿内柱数，共三十有二，颇嫌过多。此殿正面虽系九间十柱，侧面之柱，在左、右二尽间者，亦系每二架椽设一柱，共计五间六柱。但所余中部七间六缝，每缝只有前后金柱二，其位置适介于尽间老檐柱与金柱之间，故柱数减为二十（卷首图十四）。同时上部梁架，因每缝省去二柱之故，自金柱至檐柱——即外槽——用三椽栿，前后金柱之间——即内槽——用四椽栿，视尽间缝上之梁，长度胥等于二椽架进深者，结构法根本不同。以意度之，殆因寻常方法，致殿内柱数太多，妨碍佛座之配列与光线交通，故不拘成法，减少中部七间六缝之柱，期合于实用。而梁架结构，亦无千篇一律之病。可云适合建筑以"合用"为第一原则者也。

材栔

材厚二十公分，高自二十九至三十一公分不等，而以三十公分者居多，故高与厚恰为三与二之比，与《法式》合。栔高十四公分，合材高十五分之七，与海会殿所用之栔，同一比例，而较《法式》规定者稍大。

据《法式》卷四"大木作制度"一章，材分八等：一等材广九寸，厚六寸，用于殿身九间至十一间。今此殿面阔九间，所用材之等级，虽不可考，但其材高三十公分，合嘉庆《大清会典图》所载营造尺九寸四分八厘（营造尺一尺等于〇·三一七五公尺）；合吴大澂《权衡度量实验考》所载宋三司布帛尺一尺一寸一分七厘。以时代先后言，此殿建于金天眷三年，即南宋高宗绍兴十年，所用之尺，虽不可考，要与宋尺相去不至太远，而较清营造尺稍短。今此殿之材高竟在清尺九寸以上，则大于宋尺九寸，即大于宋之一等材，不待言矣。

斗栱

此殿外檐斗栱，系五铺作重杪重栱造。但东、西二面当心间之补间铺作，用六十度斜栱，左右梢间用四十五度斜栱，颇富变化。

图七十四 华严寺大雄宝殿内檐柱头铺作

图七十五 华严寺大雄宝殿外檐柱头铺作正面

细计之，共有柱头铺作、转角铺作各一种，补间铺作三种。内檐斗栱较简单，有柱头铺作二种。一施于前后金柱上，用华栱二层（图七十四）；一施于左右尽间之中央二柱上，用华栱三层，两侧俱无泥道栱、慢栱，而代以柱头枋四层。此外左右尽间内额上，又有补间铺作一种，用华栱三层，承载左右梢间之扒梁。此三种斗栱之结构，大体似善化寺大雄宝殿之内檐斗栱，唯后尾仅出二跳，其上施批竹昂式与翼形栱式之耍头各一层，稍异。因位置过高，且一部为平棊所遮，未获——详测为憾。其外檐斗栱之结构如次：

（甲）外檐柱头铺作（图七十五），自栌斗外侧，施华栱二跳；第一跳计心，施瓜子栱、慢栱及罗汉枋一层。第二跳之长，较第一跳约缩短三分之一强（图七十六）。栱端施令栱，与批竹昂式之耍头相交。其上置通长替木于橑风槫下，若明清之挑檐枋。其法仅见于辽薄伽教藏殿之壁藏与善化寺普贤阁二处之上檐，及三大士殿之梢间，然在金初，则甚为普遍，足证其时结构手法已生变化。又此殿泥道栱、瓜子栱、令栱三者之长度，取同样尺寸，亦与辽代诸例异。

图七十六
华严寺大雄宝殿柱头铺作侧面图

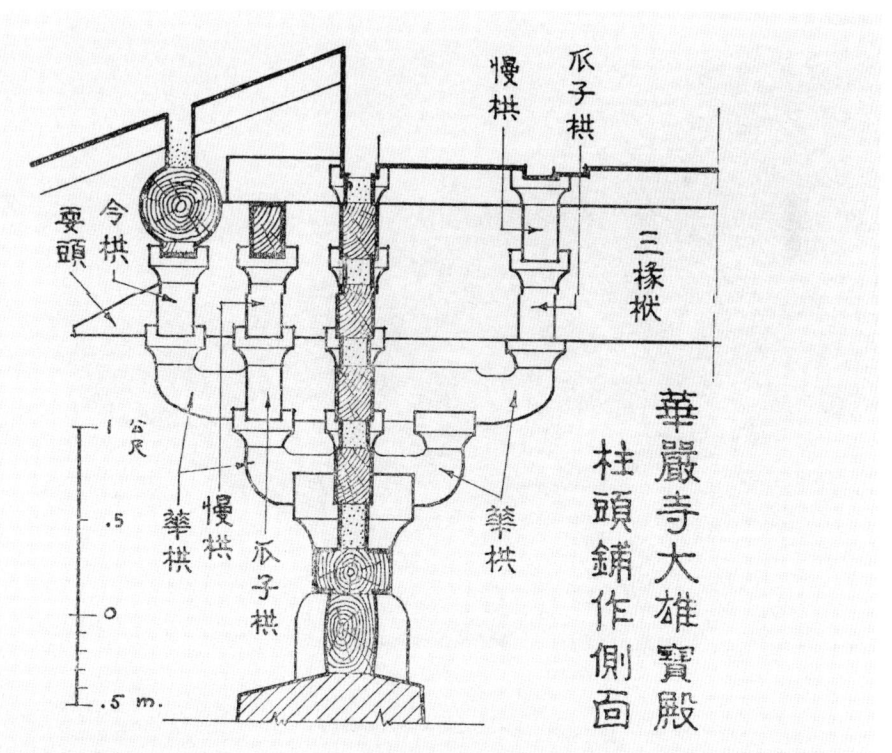

华栱后尾在栌斗后侧者，亦二层。第一跳偷心。第二跳置交互斗，紧贴乳栿或三椽栿下（图七十六，图七十七）。又于栿两侧出瓜子栱与慢栱，上施素枋二层贴于椽下。但中央七间有平棊者，栿两侧仅出瓜子栱，无慢栱。瓜子栱上，载素枋三层。其下层素枋，露于平棊下，遽睹之，极似平棊枋。

栌斗左右两侧之泥道栱上，施柱头枋三层。枋之表面，未隐出慢栱，仅置散斗于各枋之间（图七十五），再上施压槽枋一层（图七十六）。

（乙）外檐转角铺作系缠柱造，于转角栌斗外，正、侧二面，各施附角斗一具（图七十八）。其转角栌斗上，正、侧面各出华栱二层。第一跳华栱上，施瓜子栱，栱上置罗汉枋，无慢栱。此罗汉枋向邻间延长，直达邻接之柱头铺作上，以资联络，与善化寺普贤阁上檐，同一情状。第二跳施令栱与批竹昂

图七十七
华严寺大雄宝殿外檐柱头及补间铺作之后尾

图七十八
华严寺大雄宝殿外檐转角铺作正面

式之耍头，同（甲）种柱头铺作。在平面四十五度角线上，则自转角栌斗出角栱三层。第一、第二跳角栱上，正、侧二面各出单栱，承托橑风槫下之通长替木。第三跳角栱系由昂性质，如图所示。

两侧附角斗之高与长，均较转角栌斗稍小，而与补间铺作之栌斗同，故其下亦承以极低之驼峰。附角斗之外侧，出华栱二跳，其结构与转角栌斗上者，完全符合，唯因二斗相距甚近，致瓜子栱、慢栱、令栱等，相联为一。又此项附角斗上之出跳斗栱，与补间铺作同一性质，故其耍头形状，不用柱头铺作上之批竹昂式，而与补间铺作之耍头，同为翼形栱之半。此项以耍头形状，区别柱头铺作与补间铺作之方法，与善化寺三圣殿所用者相同，可为殿建于金初之证据。

以上就普拍枋之外侧言，其在内者，自转角栌斗出角栱后尾五层（图七十九），第二、第三两跳角栱后尾，与两侧附角斗上第二、第三跳华栱之后尾相交，同载于第一跳角栱后尾之平盘斗上。第五跳之端，则置于正、侧双方第四缝槫下之襻间交叉点下。附角斗之华栱后尾，仅出三跳；第二、第三跳与角栱后尾相交。延长其端，为重栱，上施素枋三层，贴于椽下，略如善化寺之大雄宝殿。栌斗左右之泥道栱及柱头枋，大体同（甲）种柱头铺作，所异者，转角栌斗与附角斗间之泥道栱，联为一体。

（丙）外檐补间铺作，每间仅一组，除东、西二面之当心间及其左右梢间者外，皆为五铺作重杪重栱造（图八十）。其栌斗外侧出跳，与左右两侧之泥道栱等，以较（甲）种柱头铺作，只栌斗稍低小，下承驼峰；及耍头为翼形栱之半；与尽间补间铺作之第一跳华栱上，改慢栱为通长之罗汉枋；余悉同。

栌斗之内侧，出华栱五跳（图七十七、

图七十九 华严寺大雄宝殿外檐转角铺作之后尾

403

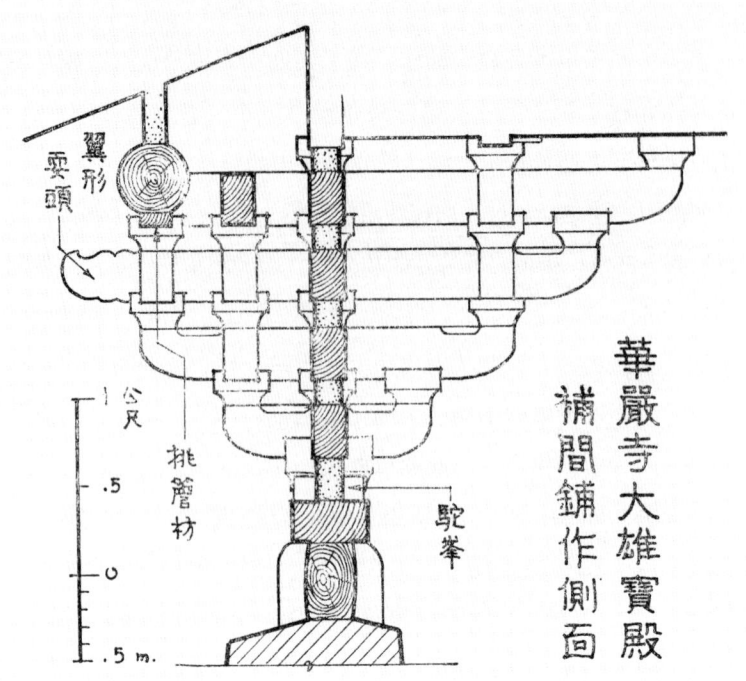

图八十 华严寺大雄宝殿补间铺作侧面图

图八十）。第一跳偷心。第二跳施瓜子栱与慢栱，其上置素枋二层，直接贴于椽下。但亦有无慢栱，而于瓜子栱上施素枋三层者。第三四跳复偷心。第五跳之端，置散斗，托受第四缝槫下之襻间。唯外槽有平棊者，平棊以下，仅露出华栱四跳。

（丁）外檐东、西二面之当心间补间铺作（图八十一），外侧自栌斗两角，出平面六十度之斜栱二缝，每缝二层，极似善化寺大雄宝殿当心间之补间铺作，唯此殿要头形状，易批竹昂式为翼形栱之半，稍异。其第一跳二斜栱上，施瓜子栱、慢栱及罗汉枋一层。第二跳斜栱上，施令栱与要头相交，上置散斗三具，托受通长之替木。斜栱前端之截割，与令栱方向平行。瓜子栱、慢栱、令栱两端之截割，则与斜栱方向平行。

栌斗内侧之斜栱后尾，出跳共五层（图八十二）。第一跳偷心。第二跳计心，施瓜子栱与慢栱，两端截割如前。其上置素枋三层，贴于椽下，而下层素枋，兼为平棊之桯。第三、第四跳俱偷心。第

图八十一
华严寺大雄宝殿西面当心间补间铺作（左）

图八十二
华严寺大雄宝殿东面当心间补间铺作之后尾（右）

五跳以上，为平棊所遮。依前述（丙）种补间铺作推之，第五跳上所置平棊之桯，应为第四缝槫下之襻间无疑。

栌斗左右两侧之结构，同（丙）种补间铺作。

（戊）外檐东、西二面左右梢间之补间铺作（图八十三，图八十四），自栌斗外侧正中，出华栱二层，施瓜子栱、慢栱、令栱、耍头等，同（丙）种补间铺作。但于第一跳瓜子栱之两端，各出平面四十五度之斜栱一层，直接托于通长替木下，无耍头。斜栱前端之截割，系与令栱方向平行。瓜子栱、慢栱之端，则与斜栱方向平行。

栌斗内侧之出跳，系延长华栱后尾为五跳（图八十五）。第一跳计心，施瓜子栱与慢栱。瓜子栱之两端，复各出四十五度斜栱一层，即外侧斜栱后尾所延长，其上施翼形栱之耍头。各栱端之截割方法，同外侧。第二跳仅施瓜子栱。第三、第五跳偷心。第五跳之上半为平棊所遮，其上当为第四缝下之襻间，如（丙）种补间铺作所述。

栌斗左右两侧结构同前。

图八十三
华严寺大雄宝殿外檐梢间补间铺作正面（左页上）

图八十四
华严寺大雄宝殿外檐梢间补间铺作侧面（左页左下）

图八十五
华严寺大雄宝殿外檐梢间补间铺作之后尾（左页右下）

柱及梁枋

檐柱高七·二四公尺。下径最巨者六十七公分；上径较栌斗稍大，微具卷杀。下径与高，约为一与一〇·八之比。殿内诸柱虽较檐柱稍高，但其下径出入甚微。其侧附长方形㮇柱，似系后世修理时所添。

柱础为方形平石，每面之长，约为柱下径之二倍。础上无覆盆雕饰，一如薄伽教藏殿。

阑额高一材一栔，两侧俱有卷杀，其伸出角柱外部分，垂直截去，仍如辽制（图七十八）。普拍枋之比例亦同。

殿内诸梁，胥直梁，无用月梁者。其在外槽檐柱与前金柱之间，及内槽后部之廊，用三椽栿（图八十六）。在左右两尽间者用乳

图八十六
华严寺大雄宝殿外槽全景

栿。皆外端截割如耍头，置于外檐柱头铺作上，内端则交榫于殿内柱之上部。内槽周围，除左右第三间外，于柱上端施内额，上为普拍枋与内檐柱头铺作。前后金柱间，于华栱之上，用四椽栿，其上覆平棊（图七十四）。又柱头铺作之两侧，无泥道栱、慢栱，代以柱头枋四层（图八十七），兼为前后第二榑缝与两山第三榑缝下襻间之用，极似善化寺大雄宝殿之结构。

殿顶

殿系四注顶，无推山，外观极简单古朴（图八十八）。正吻与角吻之式样，后于壁藏之鸱尾，而与薄伽教藏殿一致。故疑金天眷、大定间，僧通悟等重兴此寺，依旧址重建大殿，同时并修葺教藏，致二者所用之吻，同为金式。

殿角上翘甚微，几与中部之檐成水平直线，平面上亦伸出极短。今以结构状况观之：中部橑风榑之上，无生头木，仅尽间转角铺作上，有极短之生头木一段，其外端之高，不及材高二分之一（图七十八），而其上檐椽，具卷杀甚巨（图八十三），不类后代修理时所改造。故疑现存殿角，为建造以来之情状。

出檐之水平长度，自檐柱心至飞子外皮，为三·七六公尺，约合檐柱底至普拍枋上皮高度之半，与海会殿比例同。檐椽排列甚密，其空当约等于檐椽之半径（图八十三），甚类奉国寺大雄宝殿。椽之前端皆具卷杀，唯飞子卷杀极微，上下未能调和。二者之长度比例，每檐椽一尺，出飞子四寸，类海会殿。勾滴之形状与花样，一部与薄伽教藏殿符合者，当为金源旧物。

门窗

正面之当心间，与左右梢间，各设门窗（卷首图十四）。其下部为双扇版门，外饰壸门牙子，形制古朴（图八十九），略如《法式》所图。在辽金遗物中，当推此门最能保存壸门之形状。内侧之扉，具门钉，每扇横七列，列各九枚。楾柱两侧施双腰串，上下俱装版。各门分件之比例，均与柱、枋诸部调和适当，应为建造以来之原物未经修改者。唯左、右二门，易腰串上之版为玻璃小窗，则系近代改造者。

图八十七
华严寺大雄宝殿佛像及内檐补间铺作

图八十八
华严寺大雄宝殿屋顶

图八十九 华严寺大雄宝殿之门

上部之窗，在门上者，划分五格，中央一格稍阔，余略等。其上复有横窗一列，尽两侧立颊间之长，直接装于阑额下，均为方格眼棂子（图七十三）。

平棊

殿内除左右两尽间外，皆有平棊（卷首图十四）。其高度，以外槽及内槽后部之通道为最低，内槽七间内之中央五间次之，内槽两端之二间为最高。平棊大部系方形，唯因梁栿之位置，及斗栱出跳之长度所制限，致大小不等，未能一律，且有作长方形者。其结构方式，横直支条之宽度皆相等，而二者之底系在同平面上。知明宣德、景泰间，僧资宝所构之记录，信非虚妄。

墙

殿四周之墙厚一·六七公寸。下部为砖砌群肩，约合墙高七分之一。上部者表面施红垩，内部结构不明。但群肩之上，有木骨一层露出，厚十公分，疑与善化寺诸殿之墙，同为土砖与木骨合砌者。

彩画

外檐彩画，在正面者，柱身与门窗皆朱色。柱之上端，施籀头。阑额之枋心颇长，超过额长三分之一。斗栱则用青绿二色相间。其余三面斗栱，悉为土黄刷饰。至早当为清初姜瓌乱后，僧化愚所修理，即茅世膺《重修上华严寺碑记》所谓"匾额牌联，门窗墙壁，咸焕其彩"者是也。内檐梁架，仅左右二尽间用土黄刷饰，描绘松木纹（图七十七），余为普通清式彩画。但其枋心仍较北平通行者稍长，而所用画材，尤为庞杂；如梁之两侧，用普通清式一整两半之旋子；梁底及普拍枋、柱头枋等，则用卍字、曲水及其他几何形花纹（图八十七），后者非清官式建筑所有，疑其一部尚保存辽金以来传统之旧法。平棊之背版，虽偶用写生花，但无宝相华文。岔角俱作云形。亦有流水形环状圆光，如薄伽教藏殿海会殿者，时代似稍早。普通叠晕圆光应为最近作品。

壁画

殿内四周有壁画，构图描线，俱拙劣不足观，当为清代所绘。

佛像

中央砖台上，置如来五躯，据明成化元年碑，其中三躯，系宣德间僧了然造于北京，余二躯成于宣德、景泰间。今以全体比例与面貌衣饰，及背光、火焰、花纹、金翅鸟等项观之，亦确出明人之手（图八十七）。然胁侍中有数尊，虽迭经后世涂饰，略失原形，而权衡比例及姿态神情，犹能辨为辽金旧制（图九十）。

碑

殿内藏碑三：一为明成化元年碑，在北尽间前金柱之侧，记僧了然等重修此殿之事迹甚详。余二碑并列南尽间前金柱旁；内侧者为成化元年碑，外侧为

图九十
华严寺大雄宝殿佛像（胁侍）

万历九年《上华严寺重修碑记》。上寺之名，始见于此，为大华严寺析为上、下二寺之证物。

殿之年代

自来外籍叙述此殿之建筑年代，每多舛误；如《支那建筑解说》中，塚本靖、关野贞二氏，谓："寺创于辽清宁八年，后世虽经修葺，犹存当初式样。"最近藤岛亥次郎所著《支那建筑史》，亦称为辽清宁八年建。然据薄伽教藏殿内所存金大定二年碑，谓寺经辽末保大之乱，殿阁楼观大部荡为灰烬，仅存斋堂、厨库、宝塔、经藏及守司徒大师影堂五建筑，而此殿未预其列，则清宁八年之说，根本无由成立。其后殿之重建，同碑有金熙宗天眷三年，僧通悟等重建九间、五间殿之记载。今按大雄宝殿之现状，面阔九间，进深十架椽，下为五间六柱，与奉国寺大雄宝殿同为国内佛殿中有数之巨建筑，适与碑文所述之间数符合。自是以后，元、明、清诸代之碑，虽屡称严饰大殿，独无言殿被毁或重建者，则此殿应为金初所建无疑也。

次以实物证之，殿之大木结构式样，以较金初善化寺三圣殿山门二建筑，则此殿保存辽式之成分稍多，固无疑问。若转角铺作用缠柱造；补间铺作用四十五度与六十度斜栱；补间栌斗下承以低矮之驼峰；及阑额前端之截割法是已。但其另一部分，与辽式异者，如：

（一）泥道栱、瓜子栱、令栱三者之长度相等。

（二）易替木为通长之挑檐枋。

（三）以二种不同之耍头，分别用于柱头铺作与补间铺作。

按第（一）项各栱之长度，在辽式系瓜子栱与令栱相等，而泥道栱稍长，与《营造法式》之比例稍异。在今日已知诸例中，辽代遗物竟无一逾此法则，则此殿决非辽构可知。第（二）项挑檐枋之应用，辽代只善化寺普贤阁及薄伽教藏殿壁藏二处之上檐，与宝坻广济寺三大士殿之梢间，因补间铺作距离近者用之，其余悉为替木，但入金以后，补间铺作疏朗者亦用挑檐枋。第（三）项以耍头形状，区别铺作之种类，仅见于金初三圣殿与此殿，绝非辽式所有。故由此数点，不仅证此殿确系金天眷三年僧通悟等所重建，且与三圣殿等同为辽、金间建筑手法逐渐推移之信物也。

三、善化寺[1]

[1] 此寺于1961年被列为"第一批全国重点文物保护单位"（编号88）。——孙大章注

略　史

寺在今大同内城南门之西，南向。《通志》《县志》谓创于唐开元间，赐名开元寺，确否难知。仅据金世宗大定十六年（公元1176年）碑，知寺有铜钟，铸于后唐清泰三年（公元936年）。石晋初，易名大普恩寺。自是以后，迄于辽末，文献无征，不悉其详。迨辽末保大之乱，寺毁于火，存者十不三四。至金太宗天会六年（公元1128年），经僧圆满修复，事具金大定十六年朱弁所撰《西京大普恩寺重修大殿碑记》。碑现存山门内，记圆满重修事迹颇详，为此寺历史最重要之证物。兹节录原文如次：

> 大金西都普恩寺，自古号为大兰若。辽后屡遭烽烬，楼阁飞为埃坋，堂殿聚为瓦砾。前日栋宇，所仅存者，十不三四。骄兵悍卒，指为列屯，而喧寂顿殊矣。残僧去之而饮泣，遗黎过之而增欷，阅历滋久，散亡稍还。于是寺之上首通元文慧大师圆满者，思童戏于画沙，感凤因于遗础；发勇猛心，德不退转。舍衣盂凡二十万，与其徒合谋协力，化所难化，悟所未悟；开尸罗之坛，阐卢舍之教；以慈为航，遂其先登之志，以信为门，咸怀后至之耻。于斯时也，人以须达自期，家乃给孤相勉，咸蕴至愿，争舍所爱。彼髓脑支体，尚无所吝，况百骸外物哉。于是辇币委珠金，脱袍鬻裘裳者，相系于道，累月逾时，殆无虚日。经始于天会之戊申，落成于皇统之癸亥。凡为

大殿,暨东西朵殿、罗汉堂、文殊普贤阁,及前殿、大门、左右斜廊,合八十余楹。瓴甓变于埏埴,丹艧供其绘画。榱橼梁柱,节而不侈。阶序牖闼,广而有容。为诸佛萨埵,而天龙八部,合爪掌围绕,皆选于名笔;为五百尊者,而侍卫供献,各有仪物,皆塑于善工……始于筑馆之三年,岁在庚戌冬十月,乃迁于兹寺。

就上文所载,与实状参照(卷首图十五),知朱氏所记,精核异常,非如寻常碑记,徒骛词藻之骋驰者。据《宋史》弁本传及《高宗本纪》;弁徽州婺源人,少负文名,高宗建炎元年,以通问副使偕王伦至金,留居大同十余载,金之名王贵人,多遣子弟就学,至绍兴十三年和议成南归,任奉议郎,翌年卒。考宋建炎元年至绍兴十三年,即金天会皇统间,其时圆满惨苦经营,重兴此寺,皆为弁所亲睹,而弁归于绍兴十三年,即金熙宗皇统三年,此寺重修工事落成之时,前碑所载重修事迹,亦至是年戛然而止,则此文应出弁手,非后人伪托可知也。至碑立于金世宗大定十六年,后于寺之落成三十三载,以华严寺元至正十年碑证之,乃事所常有,不足为异。兹摘举要点,考订于后:

(一)《辽史》载天祚帝保大二年(公元1122年)金兵陷西京,碑文中"辽后屡遭烽烬"一语,当指保大二年及其后数年言。迨金太宗天会六年戊申(公元1128年),僧圆满始发愿重修此寺。

(二)兴工后三年,即天会八年庚戌(公元1130年),圆满迁居寺内,碑文"筑馆之三年",系指天会六、七、八年言。

(三)重修工程,经始于天会六年,至熙宗皇统三年癸亥(公元1143年),凡阅时十五载,全部告竣。

(四)据碑文"前日栋宇所仅存者,十不三四",知圆满重修时,辽时殿阁犹存一部,非全数荡为灰烬。今按大雄宝殿之结构,宛然辽式,与前部三圣殿山门稍异。而朱弁所撰碑文,题为《西京大普恩寺重修大殿碑记》,亦明言大殿系"重修"而非"重建",是实物与文献双方，俱能符合。故决此殿之架构，仍为天会重修前之物。

（五）以结构式样言，西楼与大雄宝殿极相类似，宜俱为天会以前物，当于下文分别论之。又碑文中无西楼名，只言文殊、普贤二阁。今按西楼上层犹奉普贤像，其作风与大殿诸像一致。则今之东西楼，应为文殊、普贤二阁之俗称。故文中仍称为普贤阁。

（六）三圣殿在大雄宝殿南，即碑中所载之前殿。其式样与山门略同。疑二者均为天会间圆满所重建，详下文。

（七）东西廊已毁，仅余一部阶基之故址，即卷首图十五所示之点线是已。又东西廊必依垣而设，今图中东西垣未成一直线，与碑文"左右斜廊"合。

（八）东西朵殿及东西配殿，未见此碑，年代不明。

（九）罗汉殿与五百尊者，俱无存。依佛寺之配列习惯，罗汉殿不应居东西廊以内。就实状论，亦无容纳之余地。疑在其两侧，或大雄宝殿迤北一带。

（十）碑文"天龙八部，合爪掌围绕，出自名笔"，当指壁画言。今无存。

寺自圆满重修后，至元末二百余年间，仅山门内存金章宗明昌元年（公元1190年）所立大金西京大普恩寺重修释迦如来成道碑铭并序一碑，知明昌间曾修理释迦如来像，余无可考。其后明代修葺记录可稽者如下：

（一）宣德三年（公元1428年）僧大用增修（山门内崇祯六年《重修善化寺碑记》）。

（二）正统十年（公元1445年）僧大用奏请藏经，又为整饰，为多官习仪之所，复更其名为善化寺（山门内明万历十一年碑，及三圣殿内清乾隆五年《重修善化寺碑记》）。

（三）历年以深，旧规渐废，台基尽毁，廊庑将颓。于是邻居善士，不欲以千年古刹废于一旦，乃与寺僧谋修之。……始于万历四年，中有水患，九年而告成矣。大都以坚实久远为计；故朴实之务多，藻绘之文鲜。塑像非其毁者不以更，壮严非甚陋者不以饰。唯于朽者易之，颓者理之。新其庑壁，甃其台基。增二亭于台上，以蔽钟鼓。易石栏于四周，以壮观瞻。廊内及台下之地，悉以砖石砌之。……至于改易其墙垣，则体制益峻。开广其山门，则气概愈宏。……又树坊于通衢之外，俾见者咸知所仰焉（山门内万历十一年碑）。

（四）万历四十四年（公元 1616 年）总兵王威等重修（三圣殿内清乾隆五年《重修善化寺碑记》）。

（五）崇祯六年（公元 1633 年）僧严心重修（山门内崇祯六年《重修善化寺碑记》）。

据上列记录，知明宣德、正统间，僧大用重修此寺，并奏请藏经，改名善化寺，为多官习仪之所，于寺之复兴，厥功颇伟。惜万历、崇祯、康熙三碑，语焉不详。其后万历初，总兵郭琥等捐修，见前举第（三）项张时中所撰万历十一年碑记。其主要工程，仅建钟亭、鼓亭、石栏、坊楔与塑补诸像，及甃地等事，而《县志》卷五，题为郭琥改造，似嫌过当。迨清顺治初，姜瓖据大同叛，寺复遭残毁，见三圣殿内乾隆五年《重修善化寺碑记》。其节略如次：

> 云中有善化寺，居城之西南隅，地址规制，宏阔端严。始于唐元宗开元年间，名之曰开元寺。其后传之久，更其名曰大普恩寺。迨辽末兵燹而后，不无残废。金太宗天会六年，寺僧圆满重修葺焉，而古刹为之一新。历明正统十年，僧大用奏请藏经，又为整饬，为多官习仪之所，复更其名曰善化寺。万历、崇祯年间亦因之，而规制犹为可观。至国朝姜变而后，复遭摧折。台基尽废，廊庑俱颓。棍徒指为赌局，顽童视为戏地。心存之徒源庆，目睹心伤，与本街檀越田见龙、胡兆晟等商议，募化众善高佩玉等。从康熙四十七年起，至康熙五十五年工止。数年之间，风雨不避，昼夜不辞，勤劳之至。工程告

竣，易其废而高者以复，举其颓而坠者以兴；廊庑尽为砖墙，初无一间之弗固；台基悉为齐备，又无几微之或亏。画六十余间之壁，圣像巍巍。整三座圣像之仪，金身灿灿。立钟楼于庙中，居民有静听之乐。移僧房于廊外，殿宇无骚扰之忧。厥后军需烦兴，造置骆驼鞍屉，廊屋尽被填砌，阶级又致损伤，大殿土墙，将有□覆之忧。沿及乾隆五年，其徒广德从京受戒归，源庆与其徒，又向众善募化。灰灌阶级，砖包殿墙，栋宇愈见辉煌。

如上碑所述，此寺于康熙、乾隆间，经源庆、广德二人，再度重修，保存之功，直可与圆满、大用辈后先辉映。所云壁画六十余间，今存大雄宝殿内一部，虽非佳构，尚不失为巨作。其僧房、钟楼地点，均无可考。以现状推之，今大雄宝殿迤北及西北一带，有平房多所，或即源庆所建之僧房。钟楼疑为数年前焚毁之东楼，因旧文殊阁重建者。但确否若是，尚待搜求证物，非今日所能论定。又《县志》卷五，载"乾隆五年知府盛典重修"，及"三十五年又修"二项。依年代言，前者即广德自京受戒归，向众善募化一事，因碑文未载，补记于此。

自乾隆重修后，迄于最近，历时一百六十余载，因证物缺乏，其间经过情形，无从冥索。若寺之现状，大雄宝殿西北之平房，只余残垣败壁，零落不堪寓目。殿以南一区，为寺之主要部分（卷首图十五），仅殿本身及三圣殿、东西朵殿四者，保存较佳，山门次之，西楼及东西配殿又次之，东楼与东西廊无存。

现存诸建筑之年代，根据结构式样与记录所示，推定大雄宝殿、普贤阁、三圣殿、山门四处，为辽、金二代遗物。唯东西朵殿与东西配殿，因文献缺乏，而结构上亦无可凭以论断其时代之特征，故其年代，非今日所能断定，仅据配殿梁下之题记，知非清代所构耳。

大雄宝殿

台 大雄宝殿为善化寺之正殿，在三圣殿后，南向。自山门经东西配殿、三圣殿、东西楼至此，恰符伽蓝七堂之数（卷首图十五）。台之平面，随殿身作长方形，其前附月台，与同时诸例一致。唯殿前广场甚阔，而月台高度不足三公尺，远不逮华严寺教藏及大殿二台之崇伟。台系砖筑，据东南隅残毁处所示者（图九十一），外部构以单砖甚薄；内部则以水平层与垂直层交互叠砌，不与外部连属，疑非同时所构。

月台面阔，与殿之中央五间略等。其面阔进深，约为五与三之比，一如殿本身所采之比例（卷首图十五）。正面设石级二十步。级尽为牌坊三间。左右六角亭各一，居左者悬钟。稍后，中央有明万历二十二年铁焚炉一具，制作极劣。台之外缘，旧有石栏，现唯存正面一部。据山门内明万历十一年碑，栏与钟、鼓二亭俱建于明万历四年至九年之间，但除石栏外，现存牌坊等恐经后世修理，非原物矣。

殿之平面 殿面阔七间。进深十架椽；每二架一间，故侧面为五间六柱。面阔与进深，约为五与三之比（卷首图十六）。正面中央

图九十一
善化寺大雄宝殿
正面

图九十二
善化寺大雄宝殿外檐柱头铺作正面

当心间及左右梢间，辟门三处；门上设窗，余无门窗。殿之内槽中央五间，与左右二壁，筑砖台，供佛像，详下文。

殿内柱之配置，与普通方式异。即东、西两尽间与梢间之间，每缝用四柱；其间隔各等于二架椽之长。中央五间四缝，则省去外槽之老檐柱及内槽之后金柱，只用二柱（卷首图十六）。各柱之距离，除后部檐柱与老檐柱之间为二架椽外，自老檐柱至前金柱，及前金柱至正面檐柱之间，皆系四架椽之长。故虽与华严寺大雄宝殿同为进深十架椽，且同为每缝二柱，而柱之位置与柱上梁栿之长稍异。依结构言，后者柱之排列系对称式：即脊槫以前之架构，与脊槫后者，可取同一方式，用材制作，俱较此殿简便。然就利用殿内面积论之，此殿内外槽共深八椽架，所余二架，为内槽以北之通道，可云修广适得其度。华严寺大殿则为三架，致内外槽之深，不及此殿。

材栔　材广（即材高）二十六公分，厚十七公分，以材高十五分为标准，则高与厚为十五与九·八之比，几与《法式》无别。栔高十一至十二公分，平均十一公分半，合材高十五分之六·六分，其比例与薄伽教藏殿接近。

斗栱　此殿有外檐柱头铺作、转角铺作各一种，补间铺作四种，内檐柱头铺作二种，共八种。其附属于梢间扒梁下，及驼峰、蜀柱、襻间等项者，另详各条，不在此列。

（甲）外檐柱头铺作系五铺作重抄重栱造（图九十二，图九十三）。栌斗外侧之出跳，列华栱二层。第一跳计心，施瓜子栱、令栱及罗汉枋各一层，枋上平铺遮椽版。第二跳之长，较第一跳缩短约三分之一，栱端施令栱与耍头相交。耍头系内部乳栿或四椽栿之延长，上缘截割若批竹昂，置替木其上，受橑风槫。

栌斗内侧之华栱后尾，亦二层（图九十三、图九十四）。第一跳偷心。第二跳之端，贴于四椽栿或乳栿下，两侧未出瓜子栱，而于栿上相距一材一契处，嵌骑栿令栱于栿身内。栱上施罗汉枋二层，其间置散斗。上层罗汉枋视下层者稍高，紧接椽下。椽与椽之空间，以石炭填塞。

栌斗左右两侧之结构，自栌斗出泥道栱，其上施柱头枋三层，下层隐出慢栱，置散斗，最上为压槽枋一层（图九十三）。

（乙）外檐转角铺作系缠柱造，于转角栌斗外，两侧各增附角斗一具（图九十五、图九十六），其转角栌斗上，正、侧二面华栱之出跳，及瓜子栱、慢栱、令栱、耍头等，与前项柱头铺作完全吻合。角线上则施角栱三层，第三层上置宝瓶，受大角梁与子角梁。附角斗之长与高，与其他补间铺作之栌斗，胥较柱头铺作之栌斗稍小，故其下承以驼峰，俾斗之上缘，与转角栌斗平。驼峰系长方形之木，表面隐出驼峰形状。栌斗外侧华栱之出跳同前，唯跳上所施瓜子栱、慢栱、令栱、替木等，与邻侧转角栌斗上者，因距离太近，连为一体。其瓜子栱、令栱，皆为鸳鸯交手栱，剜刻两栱交隐之状（图九十五）。

栌斗内侧之结构，则角栱后尾出跳系五层（图九十七）。最末跳之端，位于正面及山面第四槫缝交叉点之下，承托槫下之襻间。两侧附角斗之华栱后尾，则各出四层。第一跳为小栱头，栱端无交互斗。第二跳因避免与角栱后尾冲突之故，其长与第一跳等。第三跳华栱，十字相交于角栱后尾第二跳平盘斗上，而延长其端，受第四跳华栱。第四跳上，施罗汉枋二层，与前述柱头铺作后尾之骑栿令栱上者，同一高度，贴于椽下。

转角栌斗与附角斗上之泥道栱，联并为一，其余柱头枋、压槽枋，同柱头铺作。

（丙）外檐南、北二面当心间之补间铺作（图九十八），栌斗亦较

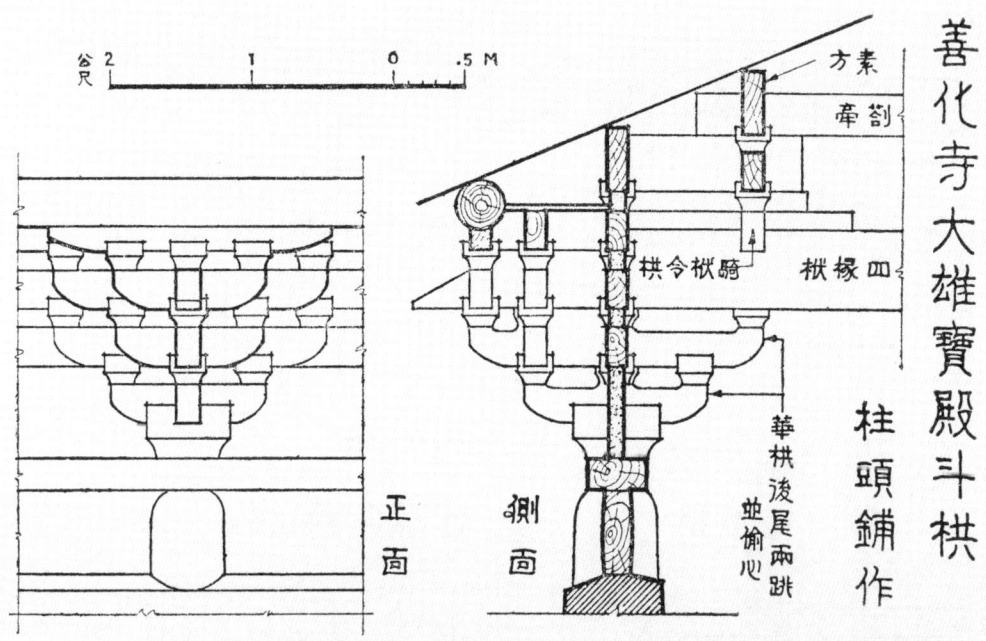

图九十三
善化寺大雄宝殿柱头铺作正面、侧面图

图九十四
善化寺大雄宝殿山面外檐柱头及补间铺作之后尾

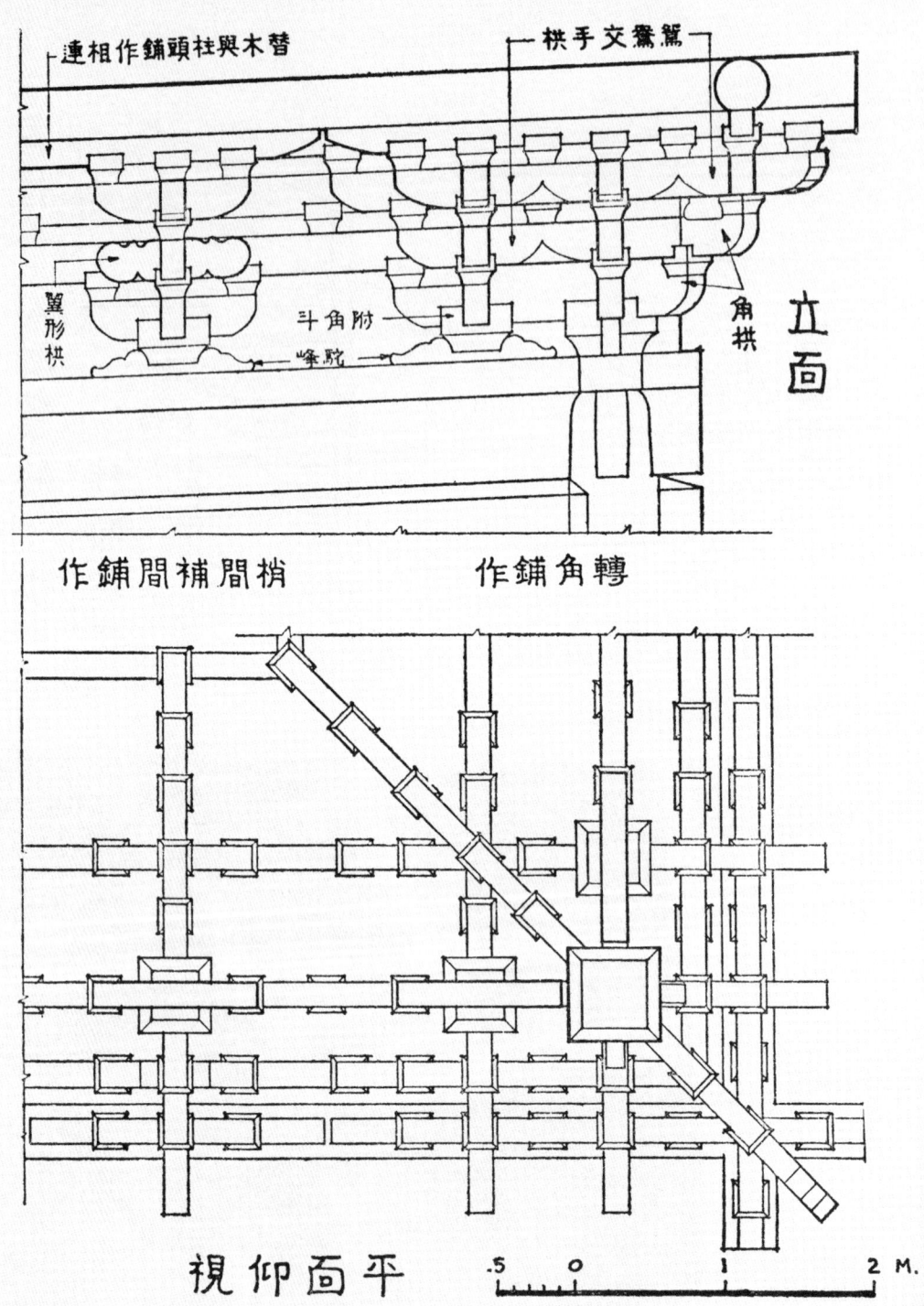

图九十五
善化寺大雄宝殿转角铺作立面、平面仰视图

图九十六
善化寺大雄宝殿外檐转角及补间铺作正面

图九十七
善化寺大雄宝殿外檐转角及补间铺作之后尾

柱头铺作者稍矮，其下承以驼峰。其外侧出跳。自栌斗两角，出平面六十度斜栱二缝，每缝列斜栱二层。第一跳斜栱上，施瓜子栱、慢栱及罗汉枋各一层。第二跳斜栱上，施令栱与批竹昂式之耍头相交，其上置替木与橑风槫。斜栱前端之截割法，系与令栱方向平行。瓜子栱、慢栱、令栱等之两端，则与邻接之斜栱方向平行。其全体结构，极与华严寺大雄宝殿之当心间补间铺作类似。

栌斗内侧之出跳，系延长外侧斜栱与耍头衬枋头等之后尾为五跳（图九十八，图九十九）。第一跳偷心。第二跳施瓜子栱、慢栱，上置素枋二层，贴于椽下。第三、第四两跳俱偷心。第五跳之前端，与压槽枋十字相交，后端则施散斗，托于第四槫缝襻间之下，约分当心间襻间之长（即当心间之面阔）为三等分。此项斜栱之形体，虽非下昂，但仍具杠杆作用，故不仅保持结构上之机能，绝对非装饰品；其每缝所载之荷重，且较下述（戊）种普通补间铺作所载者，约减六分之一，使荷重之分布更为安全。各栱端之截割法，同外侧，从略。

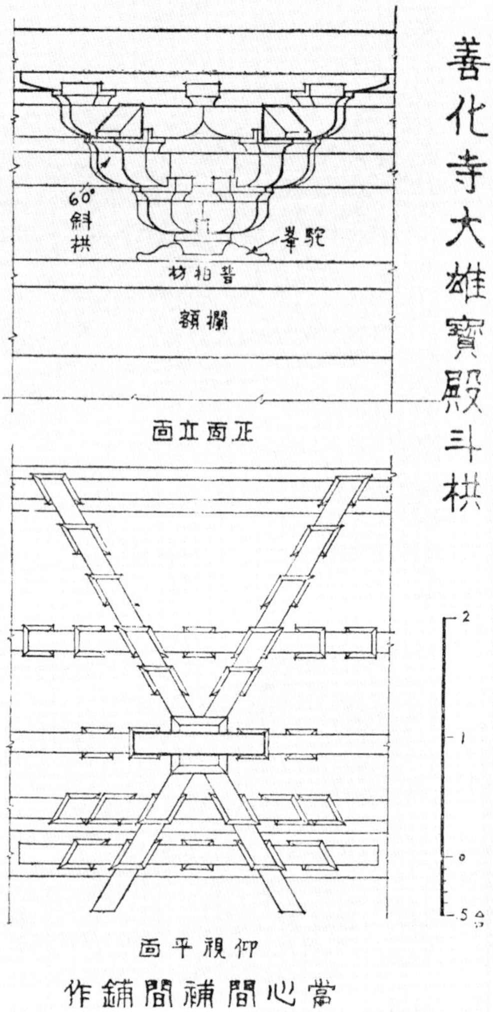

栌斗左右之泥道栱、柱头枋，同（甲）种柱头铺作。

（丁）外檐南、北二面左右次间之补间铺作（图一〇〇，图一〇一），栌斗大小同前项（丙）种补间铺作。其栌斗外侧之正中，出华栱二层。第一跳华栱上，施瓜子栱、慢栱及罗汉枋一层；第二跳施令栱与耍头相交，上置替木，悉如（甲）种柱头铺作之结构。所异者，第一跳瓜子栱之两端，各出平面四十五度之斜栱。

图九十八
善化寺大雄宝殿当心间补间铺作立面、平面仰视图

图九十九
善化寺大雄宝殿外檐当心间补间铺作之后尾

其前端截割,与栱本身成四十五度,上置斜散斗,承托替木,后尾则与第二层柱头枋及耍头交榫于栌斗中线上,未延长于栌斗之后。辽构中,除此殿外,清宁二年所建应县佛宫寺塔之附阶补间铺作,亦用此法,但其斜栱结构、栌斗内外二侧,取对称之方式,视此稍异。

栌斗内侧之华栱后尾系五层(图九十四)。第一跳偷心。第二跳施瓜子栱、慢栱,其上置罗汉枋二层,紧贴椽下。第三、第四两跳偷心。第五跳之端施散斗，支撑第四槫缝之襻间。

栌斗两侧结构，同柱头铺作。

（戊）外檐南北二面左右梢间之补间铺作（图一〇二），以较（丁）项，仅无栌斗外侧第一跳瓜子栱上之斜栱，其余结构悉同。又此殿两山及背面补间斗栱，除（丙）（丁）（己）三种外，俱用此项铺作，故其用途最广，数量亦最多。

（己）外檐尽间之补间铺作（图九十五，图九十六），较前项（戊）种，只易栌斗外侧第一跳，与内侧第二跳上之瓜子栱为翼形栱。但栱上仍有瓜子栱，二者之间，以石灰填塞，无散斗，余件悉同。其易跳上之瓜子栱为翼形栱，与薄伽教藏殿壁藏之第（二）种补间铺作一致。

（庚）内檐柱头铺作，在后部老檐柱上者（卷首图十九，图卷首图二十），栌斗正面出华栱二层。第一跳偷心。第二跳贴于六椽栿下，两侧未出瓜子栱。

栌斗后侧（卷首图十九），则延长正面第一跳华栱之后尾，为劄牵，与后侧第四槫缝之襻间相交。第二跳之后尾，约于椽架中点垂直截去，压于六椽栿之后尾下。

栌斗左右无泥道栱，仅于栌斗上置柱头枋四层（卷首图二十），隐出泥道栱与慢栱，其间施散斗。最上层散斗上，装替木，受后侧第三缝槫。故此项柱头枋兼具襻间作用。

（辛）内檐柱头铺作，在左右梢间之前后金柱上者（卷首图二十），较前述（庚）种斗栱，只增内侧华栱为三层。第三跳之端，贴于梢间顺梁下，偷心。其华栱之后尾，第一跳延为劄牵，第二、第三跳垂直截去（卷首图二十）。左右柱头枋之层次，俱如（庚）种。

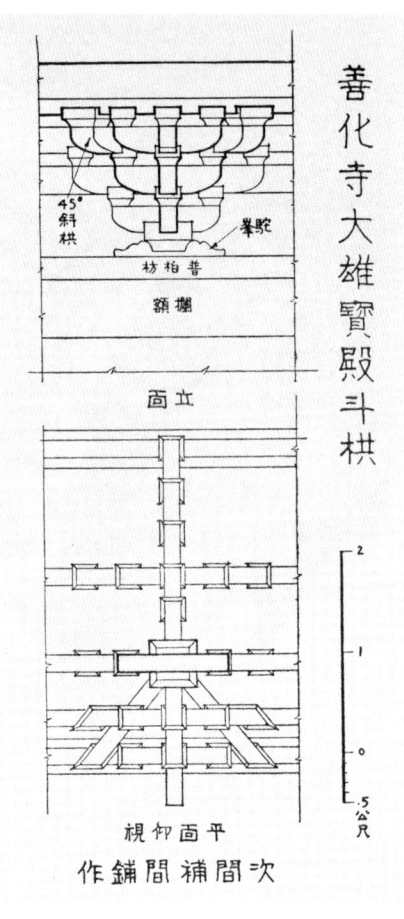

图一〇〇 善化寺大雄宝殿次间补间铺作立面、平面仰视图

图一〇一
善化寺大雄宝殿外檐次间补间铺作正面（左）

图一〇二
善化寺大雄宝殿外檐梢间补间铺作正面（右）

柱及础石 此殿檐柱埋于墙内，其直径与侧脚无由测度，唯生柱之法，则极显著（卷首图十七）。据实测结果，正面两端之角柱，视当心间平柱升高四十二公分，超过《法式》七间六寸之规定一倍以上。其中央三间正面檐柱之内侧，附方形小柱，上端撑于第一跳华栱之后尾下，虽埋于墙内，系后代所增。

殿内诸柱之下径，为六十七公分。上径等于栌斗之长。柱高九·二八公尺。高与下径为一与一三·七之比。在内额与四椽栿之两端，各于柱侧附襻柱，如卷首图十六所示。

础石方一公尺，较柱径二倍稍小，其上无覆盆雕饰（图一〇三），与华严寺诸例同。

梁架 殿内梁架，分横断面与纵断面二项。横断面中，因柱之排列，有二柱、四柱两种（卷首图十六），致中央四缝之梁架，与东、西两端二缝异。睹之，似极复杂。然两端二缝，自内额以上之柱头枋，因适在山面第三槫缝下，兼为槫下之襻间（卷首图二十），如宝坻广济寺三大士殿之例，故实际上结构原则仍极简单。兹为叙述简便计，横断面两端二缝，附述于纵断面第三槫缝内，不另题标出，以免重复。

（甲）横断面　　各檐柱间，于柱之上端，以阑额一层联络之。阑额之前端，伸出角柱外部分，垂直截去，无楷头绰幕。纯系辽式。其上施普拍枋，承载斗栱。枋之断面，上缘微凸，只于安装栌斗处削平，与独乐、广济二寺及华严寺薄伽教藏殿异。

殿中央四缝之梁架，以每间只用二柱（卷首图十九），故自正面檐柱至前金柱之间，用四椽栿。栿之前端，截割为批竹昂式之耍头，置于檐柱柱头铺作上，后端插入前金柱内。次于四椽栿前端四分之一处，施简单驼峰，两肩斜削，无鹰嘴及出入瓣，其上置栌斗及素枋二层。此项素枋，即第四槫缝之襻间。自栌斗口，与襻间成九十度，向外出劄牵。其前端，与外侧柱头铺作后尾第二跳上之罗汉枋十字相交，垂直截割。后端则截割如栱状，托于第三槫缝与第二槫缝间劄牵之下，以资联络（图一〇四）。上层素枋上，施散斗及替木

图一〇三
善化寺大雄宝殿
柱础

图一〇四
善化寺大雄宝殿梁架之一

受第四缝槫。槫下之襻间，与广济、奉国二寺及大同辽金诸例，同为通长之素枋，未各间上下相闪，如《法式》所载。又此殿襻间，除脊槫下者，系一木斫制外，普通用素枋二层者居多，亦有重叠素枋三层或四层者。各层素枋之间，于两端近驼峰蜀柱处，施散斗。当心间面阔较大者，复于各层素枋之中点置散斗，如补间铺作（卷首图二十）。最上层素枋之上，施散斗及替木，托于槫下。

次于前述四橼栿之中点，复置驼峰。每缝驼峰之间，施横枋，上缘与驼峰上口平，俾支撑各缝之驼峰梁架，无倾侧之虞。枋与驼峰上，施普拍枋及栌斗，上为襻间，以素枋四层累叠为之。其上置散斗及替木，受第三缝槫（卷首图十九）。第三缝与第四缝之间，联以劄牵。劄牵之后端，置于第三缝之驼峰栌斗上，前端与第四缝之襻间，九十度相交（图一〇四）。

前金柱与后部老檐柱之间，相距亦四橼架之长，但柱上所载之梁，则为六橼栿。即后端置于后部老檐柱之柱头铺作上，而延长其前端，与第三槫缝之襻间相交（卷首图十九）。故正脊之前后，各为三架橼之长，成对称形状。但栿身颇厚，未能嵌入前金柱栌斗内，故于栿下另施枋一重，贴于栿下。此枋与《法式》卷五之顺栿串，同一性质；且亦为二架椽之长，与《法式》置于乳栿下者相等，似可称为顺栿串。串之前端，与第三槫缝之襻间第二层素枋十字相交。后端置于前金柱栌斗口内，而延长其端于栌斗后侧，截割如华栱形状。

六椽栿上，施缴背。其上，自栿之两端前后第三槫缝起，各于六分之一处，施驼峰栌斗，载四椽栿，栿上亦有缴背（卷首图十九）。其与四椽栿九十度相交于栌斗上者，为素枋二层，即前后第二槫缝之襻间。上层素枋，施散斗与替木，受第二缝槫。

再次，自四椽栿之两端前后第二槫缝起，各于 span 四分之一处，设驼峰及扒梁（卷首图十九）。扒梁高一材二栔，上缘与驼峰上口平，下缘嵌入四椽栿内，与栿成九十度。又于前述驼峰上施栌斗，前后出华栱各一跳，上施素枋一层，其上置缴背，高一栔，再上为平梁。其在栌斗左右两侧者亦各出华栱一跳，上置素枋三层，即前后第一槫缝之襻间，方向与扒梁同。襻间之上，施散斗替木，托受第一缝槫。

在前后第一缝槫下，自南至北，两端与槫下襻间第三层素枋九十度相交者，为平梁（卷首图十九）。梁之中点，置鹰嘴驼峰，立侏儒柱其上。柱上施栌斗，置翼形栱，与丁华抹颏栱相交，承受脊槫下之襻间。襻间高二材，系一木截割。两侧刻凹线，区划上下，使下层若单材襻间。又施叉手，斜撑于下部平梁两端三分之一处，极似海会殿之结构。襻间上为脊槫，断面作八角形，而四角之斜棱微短，与其余诸槫用圆径者异。

后部老檐柱之位置，适在后部第三槫缝下（卷首图十九），故于柱之上端，施内额与普拍枋，枋上再施柱头铺作，即前举（庚）种斗栱。栌斗之两侧，无泥道栱与慢栱，易以柱头枋四层，即后部第三槫缝下之襻间。上层柱头枋上，置散斗与替木，托载第三缝槫。

自后部老檐柱以北之梁架，系于老檐柱与檐柱间，用乳栿（卷首图十九），前端插入老檐柱内，后端则截割为批竹昂式之耍头，载于檐柱柱头铺作上。乳栿之中点，施驼峰栌斗，斗上为素枋二层构成之襻间，托受后部第四缝槫。襻间与前后之联络（卷首图十九），在前部者,延长老檐柱上第一层华栱之后尾为劄牵,高一材一栔,与襻间之上层素枋十字相交。在后部者,自驼峰栌斗口,出劄牵,高一材,与下层素枋平。其后端,则与檐柱柱头铺作内侧第二跳上之罗汉枋相交。

（乙）纵断面　　纵断面之梁架,在东西尽间上者(卷首图二十),自两山檐柱至梢间诸柱间,施乳栿及缴背。栿之中点,于缴背上置驼峰及襻间,载山面第四缝槫(图九十四),与前述横断面后部老檐柱至檐柱间之结构,完全符合。

山面第三槫缝,位于梢间诸柱上。系于柱上端施内额,各等于二椽架之长。其上为普拍枋,及内檐柱头铺作（辛）种(卷首图二十)。此项柱头铺作之结构,于栌斗内侧出华栱三层,皆偷心。第三跳之端,载次间顺梁(图一〇五),另详下条。栌斗外侧,则延长内侧第一跳华栱之后尾为劄牵,高一材一栔(卷首图二十),至山面第四槫缝下,与襻间之上层素枋十字相交,供联络第四槫缝与第三槫缝之用。其与华栱成九十度之柱头枋四层,即山面第三槫缝之襻间,皆单材,表面隐出泥道栱与慢栱,其间配列散斗(图一〇五)。最上层散斗上,施替木,受第三缝槫,与横断面后部之第三槫缝一致。

次于前述梢间前后金柱上柱头铺作——即内檐柱头铺作（辛）种——之内侧第三跳华栱上,施顺梁,高一材一栔。梁之外端,与第四层柱头枋相交,内端嵌入次间六椽栿上(图一〇六)。计左右梢间各有顺梁二根。此外与顺梁平行而同在梢间者,又有扒梁二根,位于前后金柱与前后老檐柱之间(卷首图十六)。其结构,系于内额上第一层柱头枋之上,施栌斗,内侧出华栱二层。后尾在外侧者,皆垂直截割。内侧第二跳华栱,则托受扒梁之外端。扒梁之内端,仍嵌于六椽栿上,与顺梁同(图一〇六)。再次于顺梁及扒梁上,各二分之一弱处,施驼峰栌斗,上置素枋二层,与顺梁、扒梁成九十度角度(卷首图二十)。此素枋即襻间,上施散斗替木,承受山面第二缝槫。其在驼峰栌斗上,与下层素枋相交者,为华栱一层。华栱上复施枋一层;其外端垂直截去,而内端嵌于次间之四椽栿上,联络山

图一〇五
善化寺大雄宝殿梁架之二

图一〇六
善化寺大雄宝殿梁架之三

图一〇七
善化寺大雄宝殿梁架之四

面第二榑缝与次间之梁架，使臻稳固（图一〇六）。

此殿梢间面阔，大于二架椽之长（卷首图十六），故山面第一榑缝，位于次间梁架之外侧，非适在次间平梁上，致其结构不及前述山面第三榑缝之简单。其法系延长横断面前后第一榑缝之襻间，于栌斗外侧，为华栱二跳，以受榑，极为特别（卷首图二十）。即横断面前后第一榑缝下之第一、第二、第三，三层素枋，延至栌斗外侧，而截割其下二层，如华栱形状（图一〇六）。第一跳华栱上，施素枋二层，与平梁平行，即山面第一榑缝下之襻间。其上置散斗替木，受第一缝榑。第二层华栱托载第三层素枋，枋之前端，截割为批竹昂式之耍头。

自山面第一缝榑以内，有平面四十五度之隐角梁二根，自下而上，相续至顶，与脊榑相交。其下以侏儒柱与丁栿——即清式建筑之太平梁——承之（卷首图十六）。其结构层次系于次间与明间四椽栿上，施扒梁，与栿成九十度角度。梁之上缘，与栿两端之驼峰上口平（卷首图二十）。此一扒梁上，再各施栌斗，出华栱一跳。栱上载丁栿，复与扒梁成九十度角度（图一〇七）。丁栿之中点，立侏儒柱，施栌斗，与翼形栱、丁华抹颏栱等，受襻间及脊槫。山面二角梁，即相交于脊槫之上。

殿顶 殿系四注顶，即《营造法式》之四阿殿，俗云五脊殿，又称为吴殿者。据《法式》卷五"阳马"条，虽无推山之名，其时汴梁宫殿，已有推山之法。但其结构与清式推山异者，计有二点。(甲)宋式八椽五间至十椽七间之殿阁，两头增出脊槫各三尺。换言之，宋式推山，仅于最上一架，推三尺，非如清式除方檐——即檐端第一步架——不推外，其余每步架皆推，而所推之数亦异。(乙)《法式》"阳马"条注谓："于所加脊槫尽处，别施角梁一重。"即在平面上，除原有四十五度角梁，自下而上，相续至脊槫下外，复于脊槫两端增三尺处，至山面最上缝之两端，增角梁一重（图一〇八）。今大雄宝殿系十椽七间四阿殿，而实测结果，山面各椽架之长度皆相等，而脊槫之两端，亦未增出三尺，故山面最末一架，

图一〇八
辽、宋推山之异同图

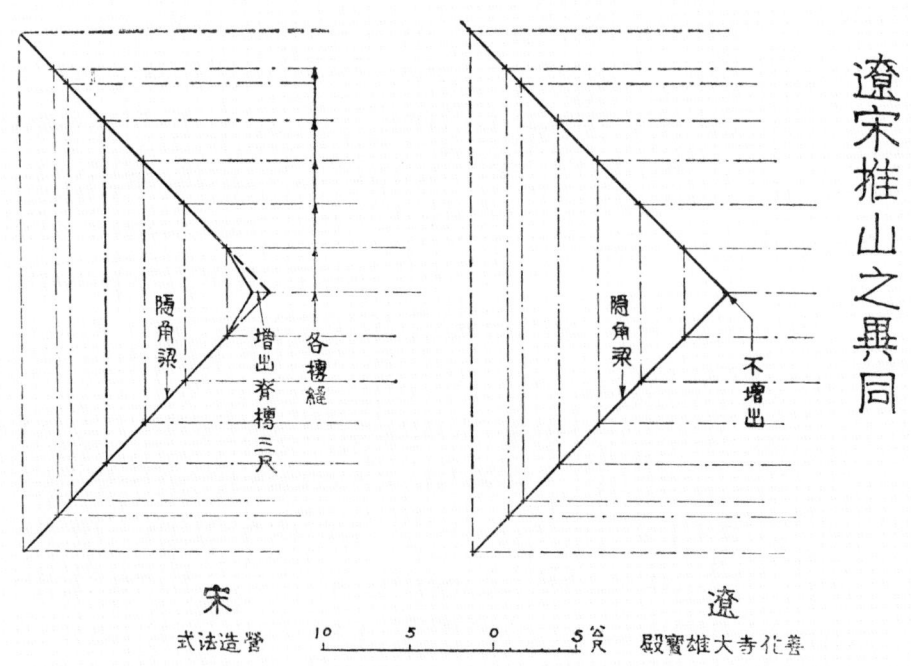

只有平面四十五度之角梁二根（卷首图十六），足证辽建筑中，尚有未用推山之法者。

殿顶举高之数，自橑风槫之上皮，至脊槫上皮，仅及前后橑风槫心距离四分之一，再加通进深百分之二·二，较《法式》筒瓦厅堂犹低。又连接橑风槫上皮与脊槫上皮之直线，与水平线所成角度，约为二十七度四分之三，较华严寺薄伽教藏殿、海会殿二者，相去尚不甚远。唯此殿屋顶之举折，则甚奇特：即自橑风槫至脊槫，仅折第一与第二两槫缝（卷首图十九）。其自第二槫缝以下，直至檐端之橑风槫，系一直线，与《法式》每缝皆折者异。

此殿屋角上翘之结构，取二种方式。（甲）柱之高度，自当心间平柱起，向两侧逐渐升高。（乙）自次间起，于檐端橑风槫之上、檐椽之下，施生头木。生头木之高，愈近屋角愈高。最高处，约高一材（卷首图十七）。故檐端自当心间起，呈反曲之状（图九十一）。又其脊槫等亦施生头木，故正脊微呈反曲（卷首图二十），俱与《法式》类似。出檐之长度，自柱头枋心至飞子外皮，不及檐柱高二分之一（卷首图十九），视薄伽教藏殿与海会殿稍小。但檐椽与飞子之比例，每檐椽一尺，约出飞子四寸，仍同。檐端勾滴之式样，一部与华严寺薄伽教藏殿相似，当为辽金旧物。

殿自建立以来，迭经修葺，非止一度，故现存正脊、垂脊之吻，皆为清式。唯诸脊仅涂黄垩，无线条雕饰，尚如华严寺大雄宝殿及薄伽教藏殿。兹依后二者，绘复原图，如卷首图十七所示。

墙　殿之四周，除正面设入口三处外，悉包以厚墉。其东北角以青砖修砌，显系近代所修（图一〇九）。正面之墙，厚一·四公尺，与西侧者，同于砖砌群肩之上，用土砖与水平层之木骨合砌（图一一〇）。木骨厚十八公分，自群肩至墙顶，共十层，每层之间隔，大小不等。在西壁南端，复有木骨一处，宽十公分，厚七公分，与水平层之木骨，成九十度角度，贯入墙身内，以资联络。墙之表面，涂厚垩，仅正面尚完好，西侧者，已全部剥落无余。善化寺中，除此殿外，三圣殿及山门之墙，亦采用同样之结构法，而金

图一○九
善化寺大雄宝殿东面山墙

图一一○
善化寺大雄宝殿西面山墙

初所建华严寺大雄宝殿，亦复如是。颇疑此殿之墙，系金天会间僧圆满重修此寺时，依旧架构，补筑其外墙，故与三圣殿、山门等一致。按《营造法式》砖作制度内，无砖与木骨混合之法，泥作内亦仅言铺襻竹一种，唯卷"三壕寨"制度"筑城"条，谓"每高五尺，用纴木一条，长一丈至一丈二尺者，径五寸至七寸"，然则此项水平层木骨，殆为纴木同类之物也。

门窗 殿正面当心间与左右梢间，各辟门一处。门之宽度，约为各间面阔五分之三。两侧用圆柱，柱之上端，嵌阑额于内，直达普拍枋下皮（图一一一）。每门装扉二扇，无门钉、门簪，上施方格眼棂窗。疑门、窗圆柱及柱两侧之砖墙，俱为后代修理时所改。盖依华严寺大雄宝殿之例，圆柱应为方形柱，两侧

图一一一
善化寺大雄宝殿当心间门窗

装腰串版；其门扉亦宜有门钉，如卷首图十七所示之复原图是也。

平棊藻井 殿内只当心间一部有平棊藻井，余为彻上明造（卷首图十六）。当心间又可分为二部。前部自第三槫缝下起，至前金柱之间（图一一二），施平棊三列，每列四格。其桯贴之结构（图一一三），非贴位于桯上，如薄伽教藏殿之平棊，似系后代所构。后部则自前金柱至老檐柱之间，施斗八藻井（卷首图十六）。周围列七铺作重杪双下昂重栱造斗栱（图一一四）。第一、第二跳俱计心，第三跳偷心，第四跳施令栱。其昂嘴与耍头皆批竹昂式。此外又有平面六十度之斜栱二朵，结构式样与华严寺壁藏北侧补间铺作第（二）种一致。斗栱之上，施斜版，绘佛像。其内又划分三区。前部列方形平棊三格（图一一四）。后部列菱形平棊二格（图一一五）。此二部之

图一一二
善化寺大雄宝殿外
槽全景（左页上）

图一一三
善化寺大雄宝殿平
槽栱及四椽栿彩画
（左页下）

图一一四
善化寺大雄宝殿斗
八藻井之一

斗栱，用五铺作重杪重栱，其上覆背版，绘写生华。中部则为斗八藻井。井外四隅之三角形内，施背版，绘凤。藻井内，上下列斗栱二层。下层斗栱为七铺作重杪双下昂重栱造；第一、第二跳计心，第三跳施翼形栱，第四跳施令栱，昂嘴耍头，亦皆批竹昂式。上层者，系八铺作卷头重栱造，逐跳计心。中央覆圆形之背版，绘双龙宝珠。其制作年代，依斗栱结构方法，及昂嘴、耍头、翼形栱、斜栱等之形状观之，系与殿本身同为辽代旧物，殆可断言。

彩画 　外檐彩画，几全体剥落无存，唯内檐自梁架以上，尚余一部。据构图、花纹与色彩三项判之，此殿彩画屡经修理，时代先后不一。如次间四椽栿上之斗栱，向外侧挑出托受山面第一缝槫

图一一五
善化寺大雄宝殿斗
八藻井之二（左页上）

图一一六
善化寺大雄宝殿斗
八藻井彩画（左页下）

者，于外棱缘道内，绘写生华；其栱头且绘如意头，当为明以前之作品（图一一六）。次为当心间藻井内之佛像、龙凤、莲荷花等，构图设色，似为明物（图一一四）。而明间六椽栿底面之彩画，枋心甚长，与两端旋子花纹所示，极类北平明智化寺万佛阁之彩画，仅枋心内杂饰写生华，为后者所无（图一一三），疑为明末或清初所绘。其当心间前部之平棊（图一一三），则系清式彩画。

佛像 殿内中央五间，自东迤西，设砖台，后接老檐柱，前达后金柱，约尽二椽架之长（卷首图十六）。砖台上，于每间中央，各列如来像一尊，下承莲座（图一一七）。座后角系方形，前部二角，则向内递收三折（卷首图十六）。上饰莲瓣、火珠、三角柿蒂及狮首等（图一一八），手法甚雄健。其三角柿蒂，曾著录《营造法式》，明以后用者甚稀；狮首张口，踞前二足，极似义县广祐寺辽砖塔之雕刻，故此殿中央五佛之座，应俱为辽物。座上佛像，虽经后世修补，但其姿容凝重，无板滞之病，衣纹亦极流丽，宜与殿之年代相同，惜后部背光，为明以后所增（图一一九）。中央三如来像之两侧，

图一一七
善化寺大雄宝殿内槽佛像

图一一八
善化寺大雄宝殿佛座之雕刻

图一一九
善化寺大雄宝殿如来佛（左下）

图一二〇
善化寺大雄宝殿胁侍（右下）

图一二一 善化寺大雄宝殿诸天之一

图一二二 善化寺大雄宝殿诸天之二

各有胁侍立像一尊；台前每间又各有一像，立于六角莲座上（图一二○），俱权衡适度，确系辽塑。

沿东西壁，复有砖台，置立像各十二尊，即护法二十四诸天像。诸像姿态不一（图一二一），而以东壁六手观音一尊最为丰美自然（图一二二），明、清二代塑像中，决难觅此佳作。

壁画 殿内壁画，据乾隆五年碑，系康熙末叶，僧源庆所监造，虽非杰构，亦不失为大作。

殿之年代 殿之建立年代，据前引金大定十六年碑，题为《西京大普恩寺重修大殿碑记》，是明言此殿于金天会间，经僧圆满重修，而非重建。自是以后，迄于最近，无重建之记录，则殿之主要架构，为辽构可知。又以结构方式证之，其斗栱比例（见末章结论内）及前述耍头、替木、襻间、叉手、藻井、础石与屋顶坡度、勾滴形状等，胥与其余辽代遗物符合，而同寺三圣殿、山门及华严寺大雄宝殿所用之金代方式，未发现于此殿，俱为有力之佐证。第耶律氏享祚二百余年，此殿究建于何时，尚属不明。据正面左右次间所用之补间铺作论之，其外侧第一跳瓜子栱之两端，出四十五度斜栱之结构法，又见于辽道宗清宁二年所造应县佛宫寺塔，故疑殿之年代，与塔同为辽中叶以后所建。唯确否尚俟考证，非凭此孤证所能决定。

普贤阁

　　大雄宝殿前之西，有所谓"西楼"者，巍然矗立（图一二三，图一二四），其东尚有遗址，遥相对立，即十余年前罹灾之东楼也。按金大定十六年碑，无东、西楼之称，只有"文殊、普贤阁"之名。今西楼之上，尚奉普贤像，殆即碑文所称普贤阁欤。据寺僧云：阁内下层西壁，旧有塑壁甚精美，二载前尚存，最近与平棊、栏、门扉、月台、踏道等，同归乌有，极足惋惜。

　　阶基　　殿建于砖砌阶基之上，其平面作正方形。阶基前之月

图一二三
善化寺普贤阁正面
（左）

图一二四
善化寺普贤阁侧面
（右）

台，较阶基只低一步，其砖砌部分，已完全毁坏，只余土堆，尚可辨其原形。月台之前，本有砖砌踏道，今已毁坏无遗。阶基高于现地面只一·二二公尺，颇嫌低矮。

平面 阁平面（卷首图二十一）为三间正方形，面东向。下层之西偏，区以砖墙，墙上旧有塑壁，旁辟小门，内置扶梯，以达平坐内。自平坐内起，梯折向东，升达上层。上层正中供普贤像，并胁侍菩萨，正面当心间辟门。周有平坐。今阁之各层地板与平棊俱毁，自下层仰视，可直视上层椽栿，普贤像高峙于数支楞木（joist）之上，岌岌可虞。

柱之配列，上层与平坐及下层不同。下层及平坐前后各四檐柱；山面各在纵中线上，立山柱共为三柱。但上层山面

图一二五
善化寺普贤阁正面
各层斗栱

改为四柱，其二平柱立于平坐补间铺作之上（卷首图二十三）。

材栔 普贤阁材高二十二或二十三公分，平均约二二·五公分；厚约十五或十六公分，平均约十五·五公分，较大雄宝殿所用之材，似减一等或两等。以材高为十五分，则厚为一〇·三分，约略为三与二之比。栔高十至十二公分，平均为十一公分，合材高十五分之七·三强，较大于大同其他辽金建筑。

斗栱 下檐、平坐、上檐，皆施斗栱，因位置及功用之不同，各异其结构。各层斗栱虽皆出华栱二跳，但跳头所施横栱，则层各不同，以示各檐轻重之别，为此阁斗栱最特殊之点。

（甲）下檐斗栱（图一二五） 栌斗之上，左右施柱头枋三层，最下层隐出泥道栱，次层隐出慢栱，上层为素枋。此种左右各层全部用枋而不用栱之法，仅见于薄伽教藏殿壁藏南侧之平坐，然壁藏

图一二六
善化寺普贤阁山面柱头及补间铺作之后尾

为小木作，其施诸实际建筑者，尚属初见。自材料方面言，似微嫌其靡费，然在结构方面，固为比较坚实之构造也。

与此三层枋相交者，为华栱两跳及衬枋头——清称撑头木——一层。第一跳跳头施翼形栱。第二跳跳头施替木，以承橑风槫。柱头铺作及补间铺作皆如是。唯后尾跳数，则正脊二面之柱头铺作出华栱一跳，以承四椽栿；栿高二材一栔，故伸出柱头中线以外部分，斫作第二跳华栱及衬枋头。山面柱头铺作之后尾，则出华栱二

图一二七
善化寺普贤阁平坐前后面柱头铺作图

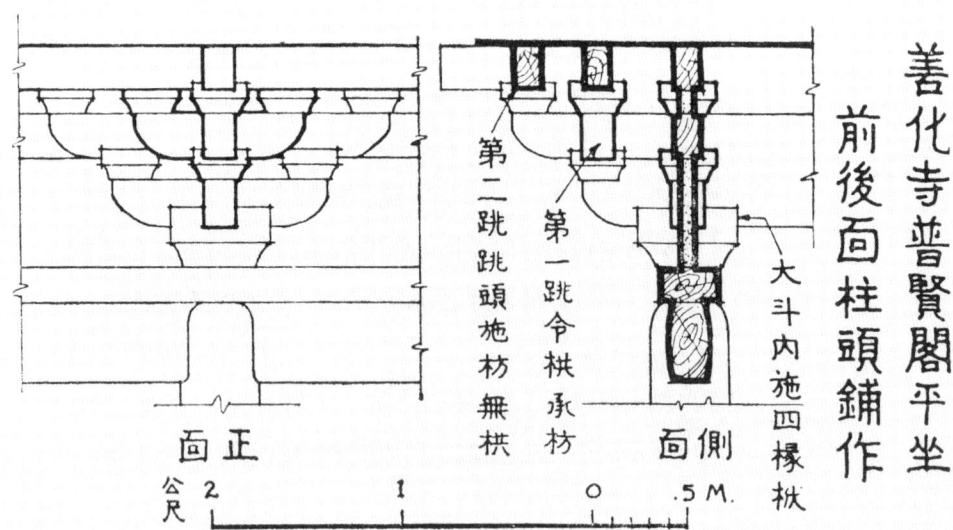

图一二八
善化寺普贤阁平坐
斗栱之侧面

跳（图一二六），第一跳偷心，第二跳托受素枋一层及与素枋九十度相交之楞木。补间铺作后尾亦出华栱两跳，各跳之层次与山面柱头铺作同。结构殊简洁。转角铺作除正面、侧面各出华栱两跳外，更出角栱两跳。第一跳偷心，并翼形栱而无之。第二跳跳头施替木，正侧面相交，以承正侧面相交之橑头。其后尾则唯角栱两跳，以承斜梁。

（乙）平坐斗栱（图一二七）　在正、背二面柱头铺作及当心间补间铺作，皆于栌斗口内左右施泥道栱，其上施素枋两层，下层枋上隐出慢栱。栌斗口前出华栱两跳，第一跳跳头施单令栱，上承素枋，第二跳跳头只一素枋（图一二七、图一二八），柱头铺作之后尾即为承重梁，高二材一栔，其外端斫作华栱两跳，梁上缴背伸出为耍头，方整无饰。当心间补间铺作后尾则出华栱两跳，承受承重平行之楞木，楞木外端亦伸出为耍头。

山面柱头铺作之外侧出跳，与前述正面柱头铺作完全相同，唯内侧出跳（图一二九），因无承重梁，改为华栱二跳，结构稍异。第一跳华栱偷心。第二跳华栱实拍，直接置于铺版枋下。枋为足材，其外端伸出为耍头，与正、背二面之楞木同。

转角铺作与梢间补间铺作之泥道栱相联，作鸳鸯交手栱，在侧面伸出为华栱，其上柱头枋，则贯通全面阔、全进深，亦隐出鸳鸯交手之慢栱，但在侧面则伸出为第二跳华栱。补间铺作华栱跳头横栱之配列，与柱头铺作及当心间补间铺作同。转角铺作则正侧面华栱之间，出角栱两跳。第一跳跳头，施正侧面并列之瓜子栱。第二跳跳头之上为要头。后尾亦只角栱两跳，以承斜置之楞木。

（丙）上檐斗栱（图一三〇）　柱头铺作、转角铺作及其间之补间铺作等，于栌斗口内，左右以连栱交隐之鸳鸯交手泥道栱相联；其上施素枋三层，下层隐出慢栱，其上二层再隐出泥道栱、慢栱，更上为压槽枋。柱头铺作及补间铺作皆出华栱两跳，其上更出批竹昂式之要头，

图一三〇
善化寺普贤阁上檐斗栱图

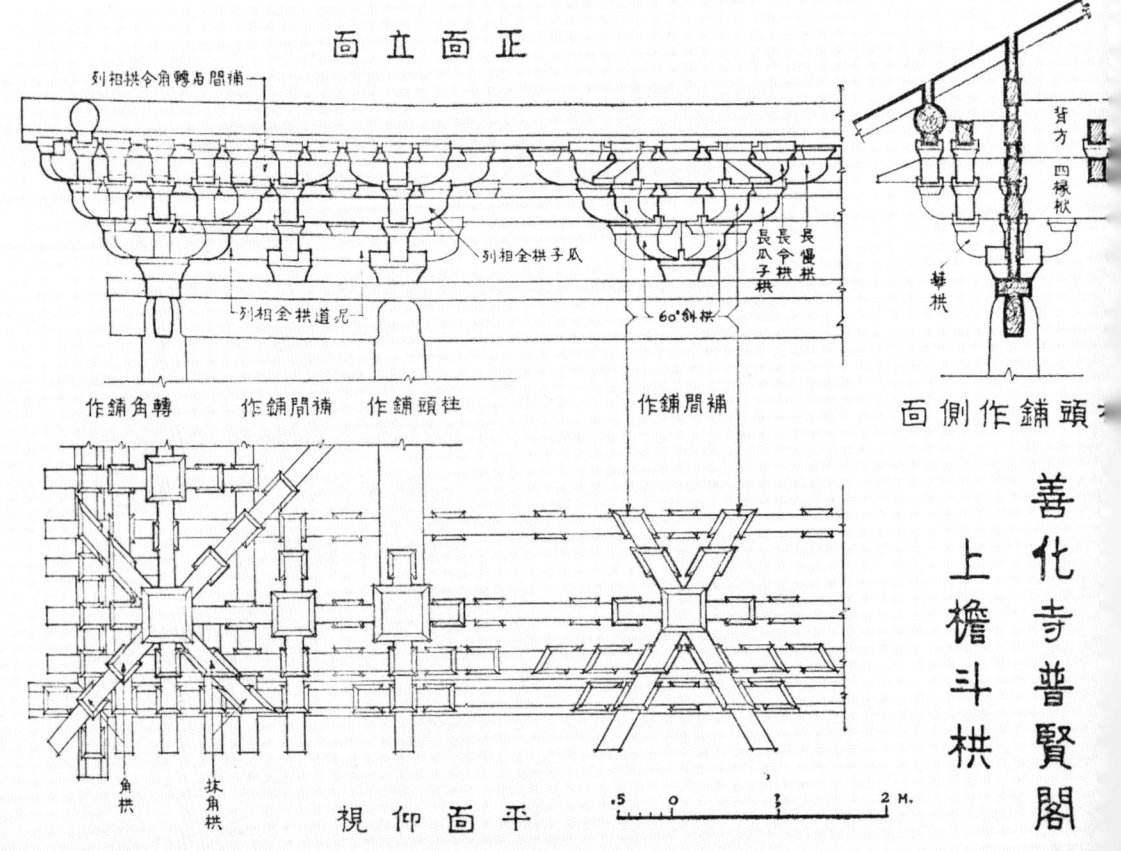

图一二九
善化寺普贤阁平坐山面柱头铺作侧面图（左页上）

图一三一
善化寺普贤阁上檐斗栱后尾及两际结构

与通长之替木相交。转角铺作则除正侧面各跳华栱及斜角线上之角栱外，更施与角栱成正角之抹角栱，使平面成为米形。各铺作第一跳跳头之上，施瓜子栱、慢栱，亦皆连栱交隐；其瓜子栱伸出为侧面第一跳角栱上之正华栱，慢栱则为其上之耍头。抹角栱亦两跳，其第一跳跳头上亦有正华栱，与第二跳抹角慢栱相交，两者之上更施耍头。第二跳角栱跳头之上，有正侧面令栱及第三跳角栱相交。故转角铺作之上，第一跳出栱三缝，第二跳则五缝，令栱承托橑风槫及其下通长之替木。角栱之上，旧应有宝瓶或角神以承角梁，今已毁失。

正面柱头铺作后尾，只华栱一跳，其上即为四椽栿（图一三一）。山面则华栱两跳，以承与四椽栿成正角之丁栿；第二跳跳头施罗汉枋两层，与丁栿相交。补间铺作后尾华栱两跳，亦承托此两枋之下。转角铺作后尾角栱三跳，第二跳跳头承上述两枋正面枋及山面枋之相交点；第三跳则承隐槫角栱（？）。

上檐当心间前后面补间铺作（图一三〇），与大雄宝殿当心间补间铺作颇相类似。栌斗之长，较柱头铺作者稍小，内外出斜华栱两缝，其平面与阑额作六十度角。每缝出两跳。第一跳跳头，列瓜子栱、慢栱及罗汉枋一层。第二跳跳头，列令栱，与两缝之耍头相交，承其上之通长替木与橑风槫。两缝上之栱，皆连栱交隐。栌斗左右出泥道栱一层，其上即为三层之柱头枋。里跳只斜华栱两缝，第一跳偷心，第二跳承托罗汉枋。

此类自栌斗出斜华栱而无正华栱之补间铺作，除华严寺大殿及善化寺大殿外，尚见于应县佛宫寺木塔。

柱及柱础 普贤阁平面为正方形，

449

然柱之配置，则下层正面与山面微有不同，正面用二平柱，山面仅一山柱，平坐柱之分配亦如之。唯上层正面柱如下层，而山面则如正面。山面二平柱系叉立于平坐补间铺作之上。故上层正面、山面，皆得见四柱。

下檐平柱高五·〇三公尺，径五三公分，其高与径之比，尚不及十与一。角柱生起颇为显著，亦远甚于《法式》"三间生起二寸"之规定。平坐柱叉于下层柱头铺作之上，较下层柱移入少许（卷首图二十四，卷首图二十五）。平坐及上层柱径与下层略同，而柱高则各异；柱高与径，并无固定之比率。以材栔计，柱径约合两材一栔弱。柱头皆"卷杀作覆盆状"，如辽金诸刹所常见。柱础埋藏砖下，未得见。

梁架 各檐柱间，左右皆以阑额联络，其上施普拍枋以承斗栱。阑额高四十公分，厚二十五公分，高厚成八与五之比。角柱上阑额相交出头，方整无雕饰。

各层前后平柱，柱头铺作之间，皆施四椽栿（卷首图二十四，卷首图二十五）。其大小皆约略相同，高五十四至五十六公分，厚四十二至四十四公分，高厚约为五与四之比，其断面颇似清式梁。此三层梁中，下层除一部分承托楼梯之上部外，其唯一之功用只在承托藻井。次层为承重梁，梁本身之上，更贴置高三十六公分、厚十五公分之缴背，将楞木嵌置其上，以承上层地板。地板今已全部被毁。上层四椽栿为屋盖之承托者。在梁背之上，按前后檐椽之长，安放背方，前端延长为衬枋头（撑头？），后端至平槫缝下，以承驼峰（图一三二）。此种结构法，尚属初见。驼峰之上，大斗之内，有十字相交之令栱，以承平梁及与之相交之襻间替木（图一三三）。平梁之上为侏儒柱，其上施丁华抹颏栱，栱上为襻间及替木（图一三四，图一三五）。

在平槫缝下，与槫平行，自山面柱头铺作之上，达四椽栿上，与栿上之背方同高，而与正角相交者，为丁栿（卷首图二十五）。丁栿之上施驼峰；其上十字栱与四椽栿上者，连栱交隐（图一三一，图

图一三二
善化寺普贤阁梁架之一

图一三三
善化寺普贤阁梁架之二

图一三四
善化寺普贤阁梁架之三

图一三五
善化寺普贤阁平梁及闌头栿下斗栱

一三五）。栱上亦施平梁，梁上侏儒柱、叉手、丁华抹颏栱，一如四椽栿上平梁之制。在两际之下，另加平梁，以承出际部分者，在辽金遗构中，尚未见于他例，盖因楼顶狭小，故须如此。按《法式》卷五"栋"节："出际之制"，有"更于丁栿背方添闌头栿之法"，殆即指此，即后代之采步金梁也。此相邻之平梁与蜀柱之间，复以叉手联合，如卷首图二十五所示。

阁顶　阁有上、下二檐，上檐为九脊式顶。阁前后橑风槫间之距离，为一一·三八公尺，举高二·九三公尺，约合四分中举起一分，又加通长百分之六，仅同《法式》所规定板瓦厅堂之制。其举起角度约为二十七度四分之三，与大雄宝殿完全相同。其折下仅二十公分，尚不及举高十分之一。

上下两檐皆以筒瓦盖顶。正脊、垂脊、岔脊、博脊，皆以砖垒成。脊下用筒瓦两路，以代线道瓦及当沟，脊上则以筒瓦扣脊。正脊正中施砖雕牌楼为饰，边楼之旁为龙头；正楼及左右龙头之上，皆立刹形宝珠（图一二三）。除刹形宝珠外，其做法与蓟县独乐寺观音阁脊饰颇相似，但观音阁牌楼只一间，当为明以后物。正吻做法与山门相同，唯剩南头一吻，北头已失。两际挑出，仅较侏儒柱上之栱稍长。博风版已残毁，中垂悬鱼，由多数横木拼成，其轮廓颇肥硕（图一二四）。

墙 下层除正面当心间外，皆用砖墙垒砌；墙尚新整。上层唯当心间当中三分之一辟门，其四周全部用薄墙垒砌。墙用土砖，外涂黄土。

装修 下层门只余门框及横披。就门框观之，其两侧应有槏柱及腰串版，今俱无存。横披之棂作小方格。上层亦唯余门框；其上两门簪扁方形，尚存辽代遗制。平坐四周原有栏杆，今已毁坏无遗。楼梯只余两侧之两颊，踢版、踏版亦已无存。下层平棊之断面，系中平周斜，略如天龙山石窟之天顶，唯背版已全部凋落，仅余桯贴（卷首图二十四，卷首图二十五）皆最近所毁。

佛像 上层供普贤像，屡经后代重装，犹存宋代之作风（图一二六）其旁侍立像，当属诸天之一，与大殿诸天像颇相似。下层原有塑壁及佛像，今俱毁。

年代 阁之建造，未见于寺内碑碣。但就结构方式考之，其斗栱之分配，各层只用补间铺作一朵；又下层用替木；上层用六十度角华栱；及方整之阑额头与屋顶坡度等，皆足证明其与大雄宝殿属于同时代，要亦辽末幸免兵燹之遗构也。

图一三六 善化寺普香阁佛像

三圣殿

三圣殿位于大雄宝殿之前，山门之后。殿五楹，单檐四阿（图一三七），内供一佛二菩萨像，为寺之次要建筑物。

阶基 殿建于砖砌阶基之上，其平面作长方形，较今地面只高出一·一五公尺。阶基之前为月台（卷首图十五），较阶基低一级。月台之前，阶基之后，中央皆设砖砌蹉蹬，为上下之道，而无踏道。今基四周砖砌部分多已毁坏，仅存基础，略可辨原状。阶基与月台顶上墁砖，今亦破裂不平。

月台中央有石盘一具，下承方座。盘之周围划分四格，刻麟、鹿、荷蕖、梅雀各一幅（图一三八）。其鸟兽姿态甚古拙，云之形状亦极类薄伽教藏殿如来像背光上所雕者，决非元以后作品。就形体推之，疑盘为经幢之一部，自他处移至此者。

平面 殿东西五间，南北八架（卷首图二十六）平面作长方形。面阔进深之比，极与大雄宝殿接近。其南面当心间设门，次间辟窗。北面则唯当心间设门。其余各檐柱间皆砌砖墙。在内柱位置之

图一三七
善化寺三圣殿正面

图一三八
善化寺三圣殿前石盘

配置上，就余辈所知，此殿最为特殊。殿内柱共八，其中四为主柱，四为辅柱。其四主柱中，当心间二金柱，置于后部第二槫缝之下，为内柱通常之位置。次间、梢间之金柱，则向前移至第二槫缝之下。此种不规则之配置法，尚属初见。四辅柱中，二在当心间前金柱位置；二在次梢间柱后，通常金柱应在之位置。中三间沿后金柱砌扇面墙，墙前为砖台，上供三圣像及侍立菩萨二尊。殿东北隅供关帝并侍像四。东次间有清乾隆五年《重修善化寺碑记》，为寺中重要文献之一。

材栔 三圣殿材高二十六公分，厚十六至十七公分，平均厚一六·五公分；高与厚约为三与二之比。栔高十至十一公分，合材高十五分之六。在材栔之应用上，与《法式》所规定，可称符合。

斗栱 此殿斗栱之种类除外檐两次间之补间铺作外，余为六铺作单杪双下昂重栱造；有柱头铺作、转角铺作、补间铺作三种变化。次间之补间铺作，则为三杪，每跳皆有四十五度之斜栱，结构殊复杂，详下文。

斗栱之配列，仅外檐当心间，用补间铺作二朵，余皆一朵。按辽代遗物，自独乐寺观音阁山门至佛宫寺塔，无补间铺作二朵之例，唯《法式》卷四总铺作次序，有"当心间须用补间铺作两朵，次间及梢间各用一朵"之记载，疑此殿斗栱系靖康乱后，随金版图之扩大，受宋式建筑之影响也。

（甲）外檐柱头铺作（图一三九）自栌斗口外，施华栱一跳。跳头施瓜子栱、慢栱及罗汉枋，与华头子相交。华头子上插昂，为第二跳；跳头亦施重栱素枋，如第一跳。第三跳亦为插昂，跳头施令栱，与由内部伸出作耍头之梁头相交。耍头系蚂蚱头形，如清式所常见。令栱之上，直接施橑檐枋，其断面为长方形。上述诸点，皆与《法式》符合。

此殿斗栱出跳之长，皆远超过《法式》"不得过三十分……第二跳减四分"之规定。第一跳长竟达三十四分余，而第二、第三跳亦为二十八分左右，与《法式》不符。

栌斗口内左右伸出与华栱相交者，为泥道栱，其上施慢栱并柱头枋三层。

里跳正面者见卷首图三十，山面者卷头三跳（图一四〇），第一、

图一三九
善化寺三圣殿柱头铺作正面、侧面图

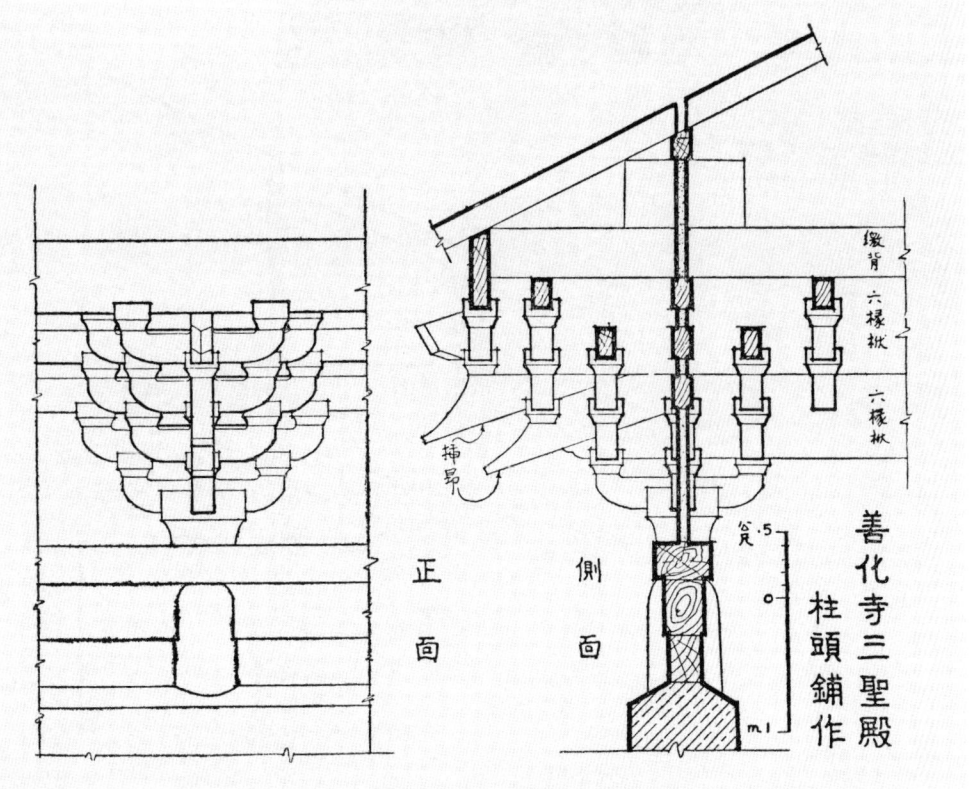

图一四〇
善化寺三圣殿外檐柱头及补间铺作之后尾

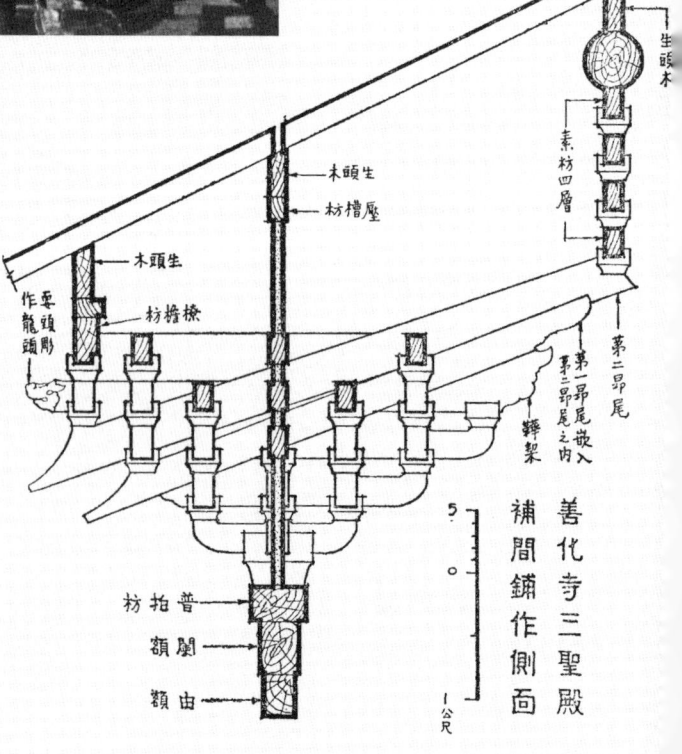

图一四一
善化寺三圣殿补间铺作侧面图

第二跳重栱计心造，第三跳偷心，直接托于乳栿之下。里跳之长，俱为三十二分弱，亦超过《法式》规定之数。

（乙）外檐正面当心间、梢间及山面之补间铺作（图一四一），出跳之长度及栱之分配，与山面柱头铺作同，但出跳之法，则用下昂，在大同诸寺中，唯此殿有之。第一跳华栱跳头之上，出华头子，其上斜施下昂，昂后尾向上挑起。第二昂在第一昂上，与之平行，而较长一跳。跳头施令栱，与耍头相交。耍头斫刻奇特，略似明清套兽，而古劲过之。铺作后尾出华栱三跳（图一四〇），第一、第二两跳重栱计心，唯第一跳跳头之瓜子栱，刻作云形，如清式之"三福云"，至为奇特。第四跳之位置上，有不规则之三角形木，即法式所谓靴楔，亦即清式菊花头之前身。靴楔刻作翼形卷瓣，紧托于第一昂尾之下。第一昂尾刻作简单之两卷瓣，托于第二昂尾下，而刻入槽内。第二昂尾方整无饰，尾端施散斗，以承托多层之素枋及枋上之槫，而完成其杠杆（lever arm）之使命。

下昂之用，系利用杠杆原理，支撑檐部之重量。最古之例，见于蓟县独乐寺观音阁之柱头铺作，其昂尾压于乳栿之下；但补间铺作，则极简略而无昂。正定隆兴寺转轮藏殿，则柱头铺作无真昂，仅两补间铺作用之。其昂尾结构与全部权衡手法，俱与此殿相类，盖皆与《法式》约略同时者也。

（丙）次间补间铺作（图一四二，图一四三）　自栌斗向外，正面出三杪（即华栱三跳），复自栌斗两角，在四十五度斜线上左右各斜出三杪至跳头，与正面华栱出跳跳头并列。

第一跳华栱跳头，复左右斜出两跳；第二跳华栱跳头，亦左右出一跳，胥至与第三跳跳头并列为止。第一、第二跳正斜华栱之跳头，各施加长之重栱素枋，与正斜各华栱相交。在第三跳正斜华栱之上，而与各华栱平行者，计有耍头七，排比并列，与特长之令栱相交，而承于橑檐枋之下。斜栱之用，亦见于善化寺大雄宝殿及普贤阁，然未有如此殿之累赘者。此庞大笨拙之斗栱，位于阑额之正中，匪特不足助檐部之支出，且其自身之重量，已使阑额有不胜任

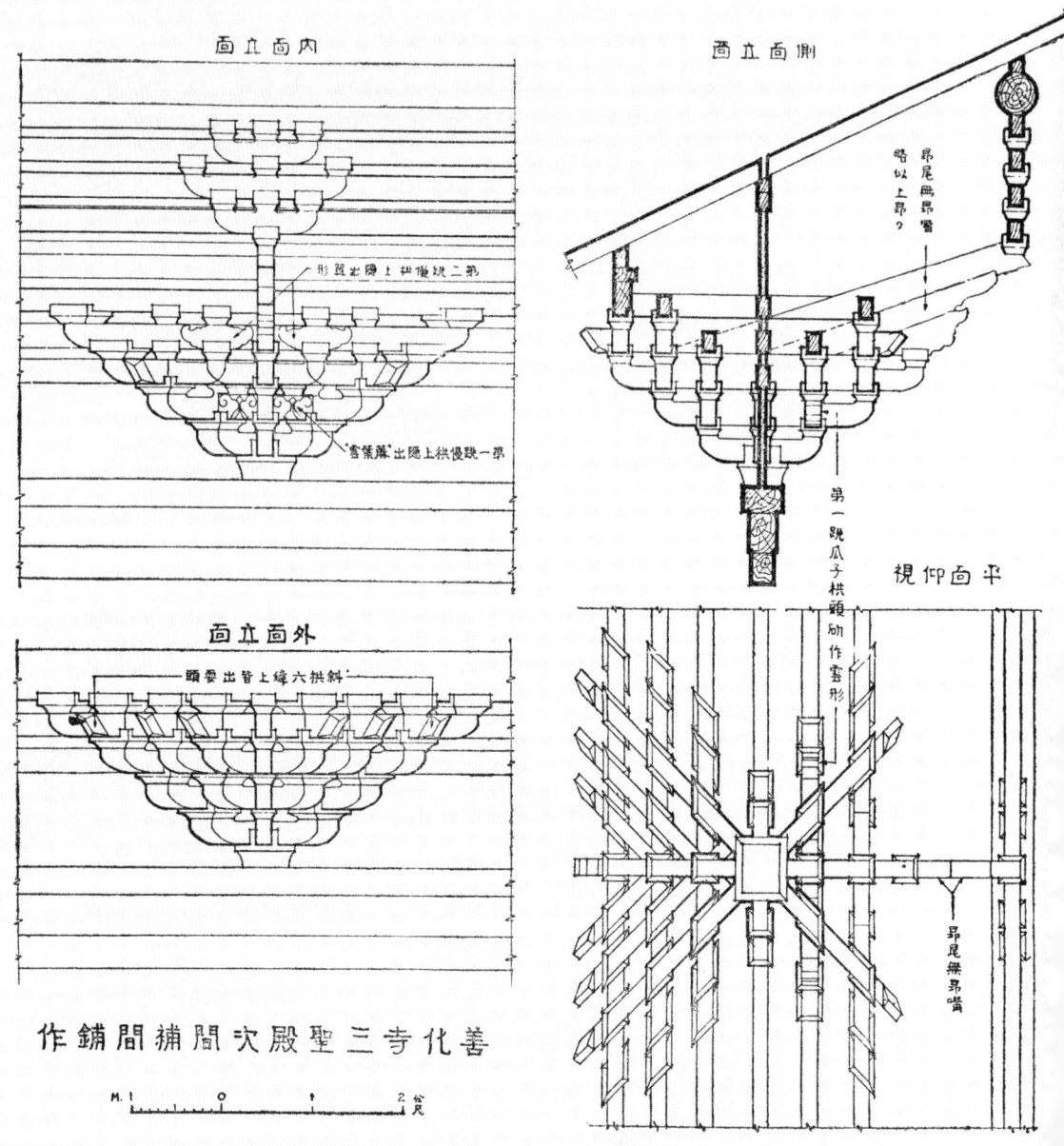

图一四二
善化寺三圣殿次间补间铺作图

图一四三
善化寺三圣殿外檐次间补间铺作正面

图一四四
善化寺三圣殿外檐次间补间铺作之后尾

之虞，在结构上殊不合理。其后尾（图一四四）则较简单，斜栱只自栌斗出两跳。正面华栱之上，亦有昂尾挑起。如当心间补间铺作，唯外侧既无昂嘴，则其杠杆作用，无由存立；而成一种纯粹斜撑之作用，略似《法式》所谓上昂者。

（丁）**外檐转角铺作**（图一四五、图一四六）乃缠柱造，用栌斗三；一在角柱上，其两旁普拍枋上又各置一斗，即《法式》所谓附角斗。自此三栌斗口中，正、侧二面皆出单杪双下昂；角斗在斜角线上，更出角栱、角昂共三跳。正、侧面跳头皆施重栱，栱皆为鸳鸯交手栱，连贯左右跳头，而相交于角栱、角昂之上，复伸出侧面出跳。第三跳为令栱之"鸳鸯交手列栱"，与各缝耍头及由昂相交，以支角部正、侧两面相交之橑檐枋。后尾（图一四七），则角栱、角昂向后挑起；附角斗缝上之昂尾，系贴于角昂后尾之上。角栱第二跳跳头之上，施略似圆形之平盘斗，而附角斗上伸出之第二跳华栱后尾，亦将栱之一部斜削，使贴于角华栱之侧。圆形平盘斗之上，则承托第三跳正面、侧面及角华栱之相交点；其上即为角昂后尾，承托于第一缝交点之下。附角斗第一跳之瓜子栱，亦刻三福云，如补间铺作（图一四七）。

（戊）**内檐斗栱**（卷首图二十九、卷首图三十）之位置，及其功用，可分为承梁与

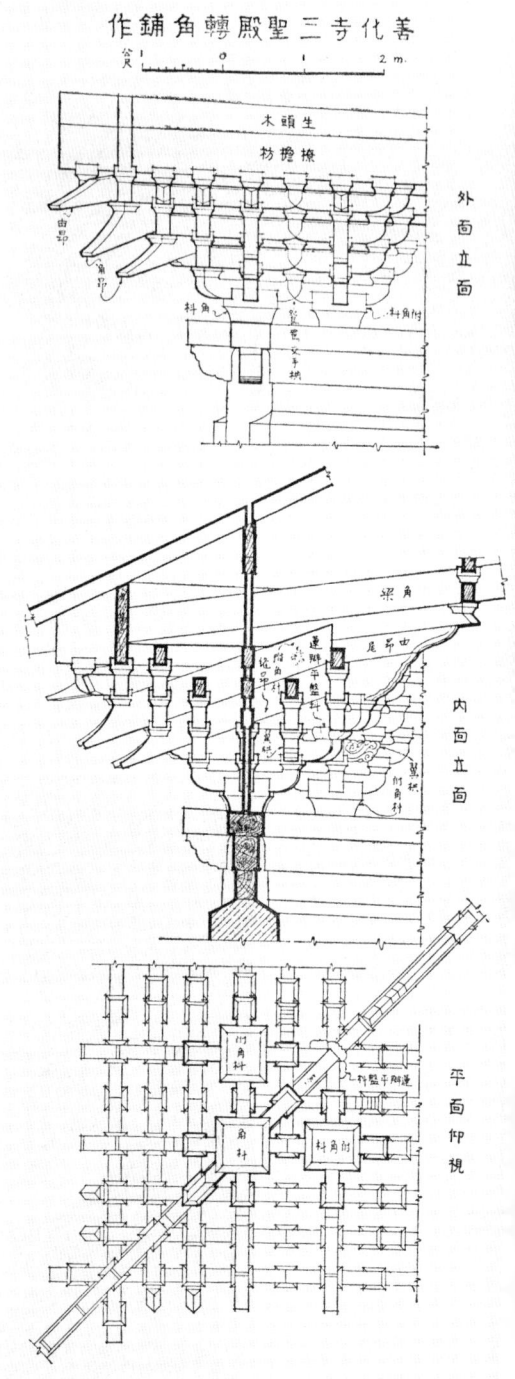

图一四六
善化寺三圣殿外檐
转角铺作正面

图一四七
善化寺三圣殿外檐
转角铺作之后尾

图一四五
善化寺三圣殿转角
铺作图（左页）

承枋两种。其构造皆至为简单。沿内柱之一周，承枋之斗栱，皆在栌斗内置泥道栱，栱上置三散斗，以承槫下之枋。与泥道栱相交者，有翼形栱。其全铺作之做法，可谓清式"一斗三升交麻叶云"之前身。其承梁之斗栱，则有华栱一跳，与泥道栱相交，其上又承雄大之替木，将梁置于其上。

沿第一槫缝之下，则唯在梁下施大斗，斗口内出角替，以承平梁（卷首图二十九，卷首图三十）。

柱及柱础　　檐柱十八。其正面之六柱中，当心间二平柱高六·一九公尺，次柱高六·四八公尺，角柱高六·五九公尺，角柱高于平柱四〇公分，其生起远超过《法式》"五间生高四寸"之规定。平柱下径约五十八公分，高与径约为一〇·七与一之比。柱头小于栌斗，微有卷杀作覆盆状。内柱高达第二槫缝下斗栱之下，高约九·八〇公尺。当心间两柱隐于扇面墙内；次柱下径七十九公分，高与径约为一二·四与一之比。柱头亦有卷杀。按材栔计，檐柱径约为二材一栔弱，内柱径适为三材。

当心间二辅柱，位于前第二槫缝中线上，直支于四椽栿下。径四十五公分，恐为后世所加。次间后第二槫缝亦置二辅柱，但左右各向内移少许。其主要功用，似为殿内扇面墙两端边沿之用。

柱础为方形平石，无覆盆雕饰，约大于柱径半倍。

梁架

（一）檐柱各柱头间左右施阑额，高四十二公分，其下施由额（？）高三十四公分，厚稍逊，其上施普拍枋，宽于阑额（卷首图二十九）。阑额角柱出头处，刻作菊花头形（卷首图二十七）。

（二）当心间前面檐柱与后面内柱之间施庞大之六椽栿，外端置于平柱柱头铺作之上，内端交榫于后内柱（卷首图二十九）。六椽栿分上下两层：下层高两材一栔，置于华栱之上；上层高两材两栔，外端之下半斫为耍头。六椽栿与后内柱交榫处，以硕大简劲之角替承托之。六椽栿之上为四椽栿，前（外）端置于前面第二槫缝下之侏儒柱上，后端则置于后内柱上（图一四八）。后内柱与侏儒柱上，

图一四八
善化寺三圣殿梁架之一

图一四九
善化寺三圣殿梁架之二

皆施斗栱以承四椽栿，如上文所述。在第三槫缝之下，亦施斗栱，以承剳牵。

四椽栿亦分上、下二层（图一四九），下层高一材一契又半材（？），约合两材，上层约合一材一契，梁栿两肩作三卷瓣。在梁下斗栱大斗之上，紧托梁下者，有机能略同替木之构材，其高一材或足材，内端率作楂头，姑称为"楂头栱"。上层梁两端之长仅达槫（卷首图二十九）。

四椽栿上，在第一槫缝置矮拙之侏儒柱，与次间之顺扒梁相交。顺扒梁上有普拍枋，枋上置斗，斗内施楂头栱，上承平梁（图一四九）。平梁亦分上、下两层，下层高一材一契；上层高不及两契，但较下层两旁宽出少许，如额上之普拍枋（卷首图二十九）。

脊槫缝下之侏儒柱，与合楂相交，置于平梁之上。合楂之厚，较侏儒柱稍薄，故于侏儒柱之下端作凹口，叉于合楂上。就形制与结构意义言，此合楂极似清式之角背，而与大雄宝殿、海会殿及

《营造法式》之驼峰异。侏儒柱上安斗，斗上安襻间；两面出耍头并安叉手。襻间之上为足材襻间，紧贴于脊槫之下（卷首图二十九）。

（三）后檐柱与内平柱之间，施乳栿，长两椽。乳栿亦分上、下二层，各高两材。正中施矮柱及斗栱，以承剳牵及其上之槫（卷首图二十九）。

（四）次间内柱与前檐柱之间，安大梁如当心间；唯梁之长仅及五椽，殆受木料长度之限制，故权将柱之位置移前相就（卷首图三十）。五椽栿上无四椽栿，唯在前第二槫缝上用矮柱，以承内额；额上施普拍枋，枋上安斗栱，以承山面第二缝槫。后端交榫于内柱，亦以硕大之角替承之（图一五〇）。

（五）次间后乳栿长三椽，广如当心间后乳栿，唯在后第二槫缝上安矮柱，以承后内额；如前面结构。第三槫缝下，亦施矮柱与驼峰相交，以承斗栱，及其上之剳牵（卷首图三十）。

（六）次间前后第一槫缝之下，施顺扒梁二（卷首图三十、卷首图三十一），内端置于四椽栿上，外端置于山面第二槫上（图一五一）。顺扒梁上施普拍枋，枋上坐斗，约在梁中而略偏于山面斗；内施头栱以承太平梁（图一五二）。太平梁上之侏儒柱、驼峰、叉手等部分，

图一五〇
善化寺三圣殿梁架之三

图一五一 善化寺三圣殿梁架之四

图一五二 善化寺三圣殿梁架之五

一如平梁。脊槫及两垂脊内之隐角梁，即相交于太平梁侏儒柱之上。在太平梁与山面第二槫之间，又施大斗，斗上施素枋两重，以承山面第一槫；斗内更有角华栱一，耍头一，与素枋斜角相交，以为支承隐角梁之辅材。

（七）两山梢间之内，两山檐柱与次内柱上大梁之间施乳栿，外端在两山柱头铺作之上，内端在大梁之下（卷首图三十一）。头高一材一契，外端伸出为耍头；其上复施一材。在内柱之后者，柱之内端与侏儒柱相交（图一五三），置于后面乳栿之上。在内柱之前者，则将五椽栿斫削，将乳栿嵌入，使与后面者同高。两层乳栿之上，更施一枋，高一材，自橑檐枋达第三槫缝以内；在槫缝之下，承矮小之驼峰于此枋之上，以承斗栱及槫枋。

（八）各槫之下，皆施素枋数层为襻间（卷首图二十九、卷首图三十、卷首图三十一），其各槫缝之分配如次：

（甲）脊槫缝　侏儒柱下斗内，施襻间一材，两面出耍头，襻间上隐出栱形，上施散斗，以承"实拍"，即脊槫下之无斗襻间，高

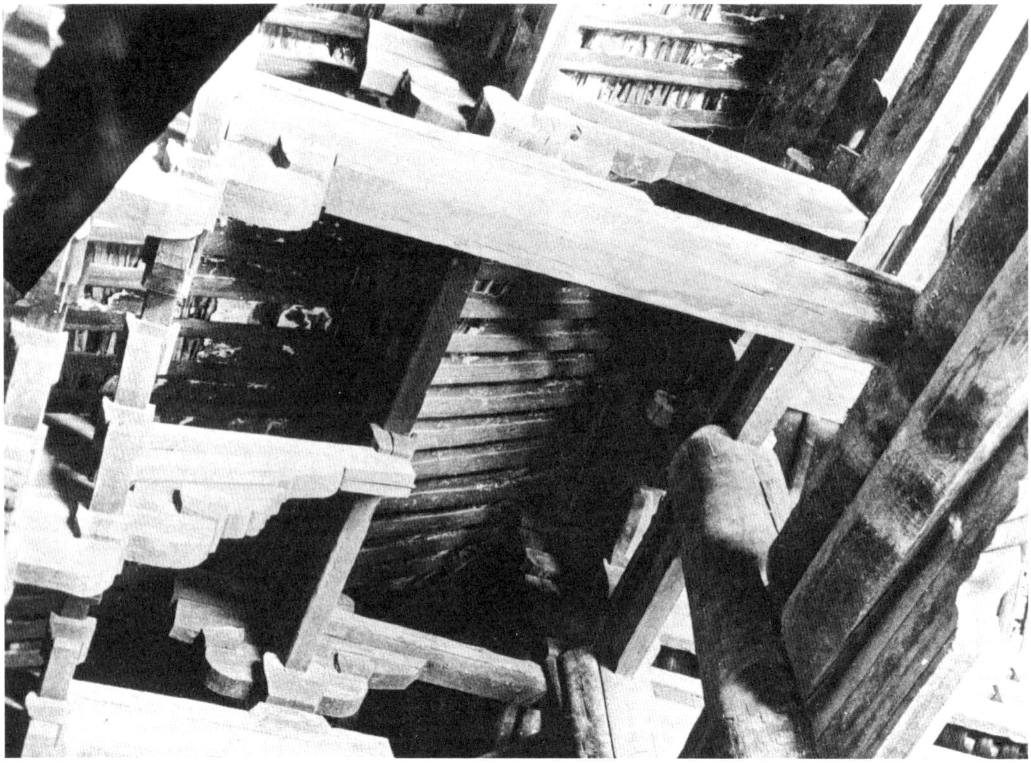

图一五三

善化寺三圣殿梁架之六

图一五四

善化寺三圣殿第二槫缝襻间

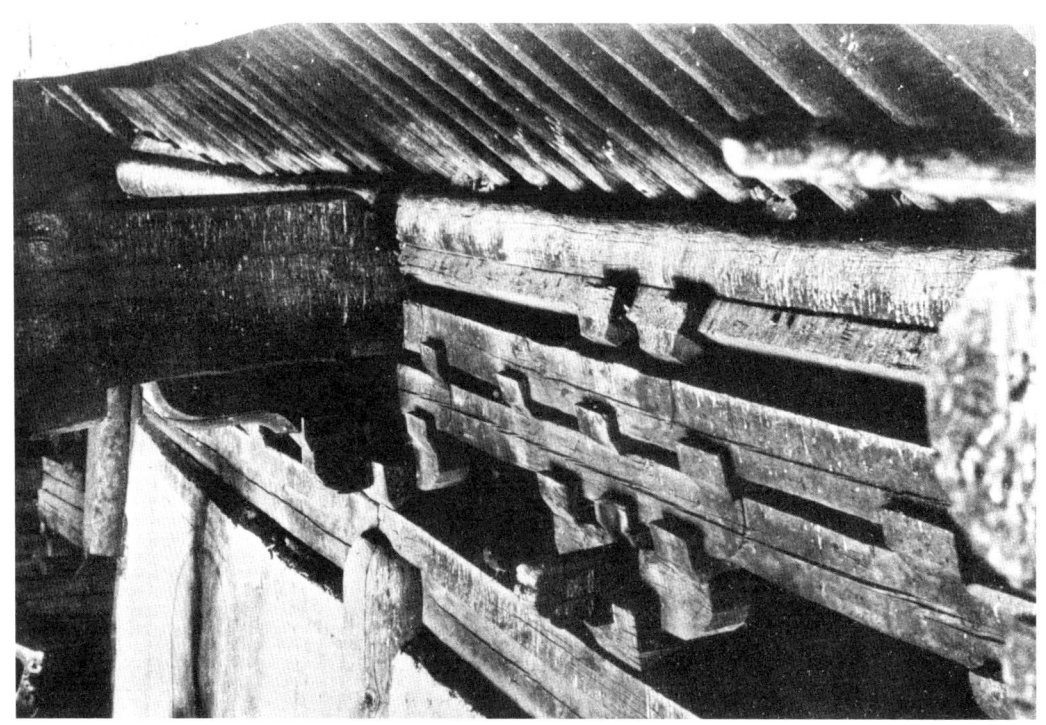

一材一栔。各架侏儒柱之间亦施联络构材，即《法式》所称顺脊串。

（乙）第一槫缝　　槫置于梁头上，其下紧贴半材襻间，以下更施襻间两层，上层与梁头交；下层与楷头栱交于斗内。

（丙）第二槫缝　　第二槫缝即内额缝（图一五四）。槫置于四椽栿之两端，槫下亦为半材实拍襻间，并襻间两材；下层襻间及头栱之下，更承以相交之栱，置于斗内。山面第二槫缝，即于内额斗栱之上，施与四椽栿大小相同之栿，其上更施缴背以承椽，不用圆形断面之槫。

（丁）第三槫缝　　与上一缝略同，但用襻间三材半，而不用最下层栱。最上半材贴于槫下。上层襻间与劄牵交，次层与头栱交，下层与栱交。

综上观之，则可见此殿槫下辅材——襻间之分配，由下向上递减，各缝之分配如下表：

檐柱缝　　压槽枋——襻间（枋）——襻间（枋）——襻间（枋）——慢栱——泥道栱——斗

第三槫缝　　槫——半襻间——襻间——襻间——斗

第二槫缝　　槫——半襻间——襻间——襻间——栱——斗

第一槫缝　　槫——半襻间——襻间——襻间——斗

脊槫缝　　槫——一材一栔襻间——襻间——斗

殿顶　　殿亦四注顶，如大雄宝殿，但有极微之推山。前后橑檐枋间之距离为二二·一〇公尺，举高七·二六公尺。按《营造法式》卷五举屋之法："殿阁楼台，先量前后橑檐枋心相去远近，分为三分……举起一分。"则举高应为七·三七公尺，较之实测所得，虽相差十公分，但因梁栿年久下弯，足以致此，故与《法式》规定之举法，大体可云符合。其举起角度为二十三度余，与大雄宝殿有显著之差别。至于其每缝折下之数，则远过《法式》所定，致使屋坡之角度，颇呈陡峻之象。各架槫缝之水平距离，异于他殿之均等排列，即下两架长而上两架短；而椽之实长，则长短相间故自下起，第一、第三两架较短，第二、第四两架较长。亦为初见之做法。

图一五五
善化寺三圣殿彩画

此殿檐柱既有显著之生起，复自平柱始，于榑上施生头木，故檐之全部，成为两端翘起圜和之曲线，如其他诸殿。出檐长度，约合檐柱净高之半强。每檐椽一尺，仅出飞子三寸五分强，视上述其他诸殿，皆较短。

盖顶用筒瓦。正脊、垂脊皆用砖垒砌，无线道雕饰，上亦覆筒瓦。正吻上部已毁，下部则张口衔脊。吻上唇向上微翻，两侧须卷作圆圈，与独乐寺观音阁正吻颇相似，恐为明代物（卷首图二十七）。

墙 山面之全部，与前面之梢间，及后面之次梢间，皆砌雄厚之墙。墙厚约一•一八公尺，收分率约为百分之八•五。墙下部之裙肩，青砖垒砌，高不及墙高五分之一，为所见辽金诸例裙肩之通常高度，而异于清式"按墙高三分之一"之规定。裙肩以上，有水平木骨一层，又有与此成九十度之木骨，插入墙内，见西侧山墙。木骨系与土砖垒砌，外涂黄垩。正面次间装修之下为槛墙，高约为墙高五分之二。

装修 前后当心间皆辟门。在由额之下置额（清式上槛），两侧于平柱之旁树槏柱，下为地栿（清式下槛）。腰串（清式中槛）

以上为"走马板"。腰串之下，地栿之上，为立颊。立颊与槏柱间，复用腰串（清式腰枋），其间空当安泥道版（清式余塞板）。原有门扇已失，而在门扇地位，代以砖砌小门，为最近改作（图一三七，卷首图二十七）。

正面次间在槛墙之上，安置棂窗，每窗四十九棂。

彩画　外檐彩画，几已全部剥蚀无遗，唯内檐梁栿之下面，尚有多处清晰可辨。西次间五椽栿之下面（图一五五），与《营造法式》卷三十三之"合蝉燕尾"颇相类似，而清式最常见之"一整二破"，尚无踪影。若与《法式》及明智化寺暨清彩画比较，则其年代似在明初，而较大雄宝殿梁上彩画尤古。其狭长枋心内之华纹，写实之意颇重。斗栱之栱头，画青绿如意，亦非后代所有。

佛像　殿内中央三间，扇面墙之前为砖台，上供佛像，中为如来（图一五六），左右为菩萨（图一五七）；如来左右，尚有胁侍二尊（图一五八）。如来全部金身，菩萨则涂丹，像座形制与大雄宝殿像座完全相同。

图一五六　善化寺三圣殿佛像之一

图一五七　善化寺三圣殿佛像之二

砖台前部之中央凸出少许，上供如来小像并胁侍，颇嫌蛇足之赘。扇面墙背后为韦驮。殿东北角，供关帝并侍立诸像。

年代 三圣殿即大定十六年碑所称前殿。其结构式样，与大雄宝殿及普贤阁有显著之差别，而较近于《法式》所规定。其全部构架，由梁枋、斗栱，以至各件之雕饰、卷杀，俱较大殿流畅精研，但亦微嫌烦琐。其为金天会六年（公元1128年）至皇统三年（公元1143年）间落成诸殿之一，殆无可疑。较之薄伽教藏殿，则约后百年矣。

山 门

山门为善化寺之正门，在三圣殿之前（卷首图十五）。门东西五楹，南北两楹，单檐四阿（图一五九，图一六〇）。正中为出入孔道。

图一五八 善化寺三圣殿佛像之三

阶基 山门建于砖砌阶基之上，其高尚不及一公尺半。阶基之上面，视门内地砖较低少许，但前低后高，故自门内至前面阶基，有踏阶两级之别，至后面则仅高一级，不用踏步而将阶面斜墁（卷首图三十五）。阶基之前为月台，较阶基低一级，其前面中央设石踏道八级。月台之上，左右立石狮各一。阶基后面正中设蹉蹂。

阶基及月台皆全部砖砌。砖之砌法，每层卧立相间。其上面四周用压阑石（清式称阶条石）。

平面 门东西五间，南北四架，平面为狭长之长方形；其长与深，约略为五与二之比弱（卷首图三十二）。当心间南北辟门，为寺之出入道。南面次间辟窗，左右各设天王像二尊。梢间三面皆砌砖墙。东梢间之东北隅，为金大定十六年碑所在。

山门柱之分布极为齐整，前后檐各六柱，纵中线上立山柱、中柱六，共为十八柱，将门分为十间（卷首图三十二）。

图一五九
善化寺山门正面

图一六〇
善化寺山门背面

材栔 山门材广二四公分，厚十六公分，广厚恰为三与二之比。栔广十至十一公分，约合材高十五分之六强。材栔比例，与《法式》可称符合。

斗栱 外檐斗栱为五铺作单杪单昂重栱造，计有柱头铺作、转角铺作、补间铺作三种；而柱头铺作，因功用之不同，又有三种变化。内檐斗栱施于纵中线上，有柱头铺作、补间铺作两种。

内外檐斗栱之配列，当心间与左右次间，皆用补间铺作二朵，非辽式所有。唯《营造法式》卷四总铺作次序小注内谓："若逐间皆用双补间，则每间之广，丈尺皆同。"今按山门各间面阔尺寸（卷首图三十二），当心间与次间仅差三十五公分，可云约略相同，而补间铺作又同为二朵，与《法式》完全符合，疑与前述三圣殿同受宋式之影响也。

（甲）外檐柱头铺作（图一六一，图一六二），栌斗口里外出华栱一跳，跳头各施瓜子栱、慢栱及素枋一层。第二跳为平置之华栱，外端作假昂嘴及华头子，跳头施令栱，承其上通长之替木与檐风槫；

图一六一 善化寺山门柱头铺作图

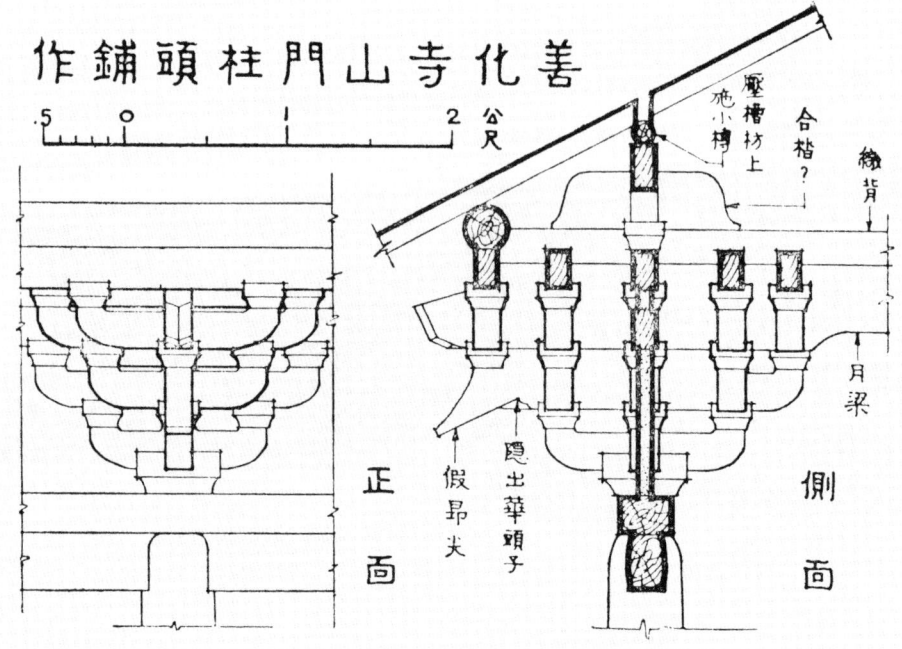

图一六二
善化寺山门背面柱头及补间铺作

内端栱头施令栱、素枋各一层。与令栱平而与之相交,紧置于第二跳假昂之上者,为乳栿伸出斫作耍头之部分。在柱左右中线上,与此诸层栱枋相交者,为泥道栱、慢栱,与其上两层之柱头枋及压槽枋一层。

但次间柱头铺作后尾（图一六三）,除承托与正面成正角之乳栿外,更须出斜栱两跳,以承托四十五度之抹角梁,直达山面山柱柱头铺作上。山柱柱头铺作后尾（卷首图三十二,卷首图三十六）正角相交者,为华栱后尾及其上两层之中柱柱头枋,但在两斜角上均出斜栱,以承受前后次柱上之抹角梁。

图一六三
善化寺山门外檐斗栱之后尾及抹角梁

图一六四
善化寺山门外檐转角铺作正面

（乙）外檐转角铺作（图一六四），共有三栌斗，如三圣殿转角铺作之制。角栌斗及附角斗在正面及侧面，各出华栱一跳、昂一跳；华栱跳头施重栱，昂跳头施令栱。角栌斗斜角线上则出斜栱、斜昂及由昂。正面、侧面各层栱，皆为鸳鸯交手栱。后尾（图一六三）以斜栱为主，计三层，第四、第五层为角昂及由昂挑起之后尾，承托于角梁之下。附角斗内，唯华栱后尾出一跳，计心，第二跳即交于第二跳角栱之上。第二跳角栱之上施平盘斗，以承第三跳角栱与之相交之令栱。令栱上之素枋，即与角昂尾相交。

（丙）补间铺作（图一六二，图一六五），栌斗口内出华栱及下昂各一跳。第一跳施重栱，第二跳施令栱，与耍头交。其特可注意之点，即下昂之为插昂，其内端长只及一跳，而不向后挑起。后尾为华栱两跳，跳头栱之分配如外跳（图一六三），颇为简单朴实。

（丁）内檐柱头铺作（图一六六），在中柱柱头之上。其主要功用，在承托中柱与前后檐柱上之乳栿，故前后面完全相同。栌斗口内前后出华栱两跳，跳头上各栱之分配，与外檐柱头铺作后尾同。

（戊）内檐补间铺作（图一六六），前后两面，均与外檐补间铺作之后尾完全相同。

柱及柱础 山门之柱，唯前后檐及纵中线上三列。内外檐斗

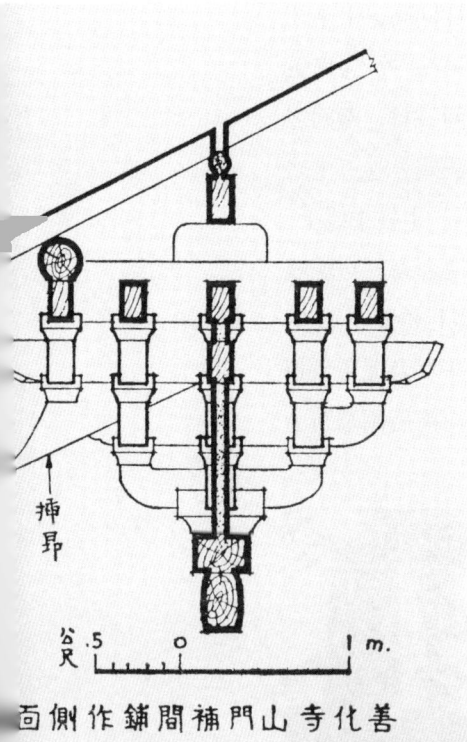

善化寺山门补间铺作侧面图

栱相同，故内外柱之高度亦相等。平柱之高为五·八六公尺，角柱高六公尺，生起十四公分；与《法式》"五间生高四寸"之规定较为接近。平柱下径约四十七公分，高与径约为一二·五与一之比。其所呈现象，殊嫌过于瘦长。按材栔计，柱径适为两材之高。柱下应有石础，如其他诸殿，但掩于现有砖下，不得见。

梁架 沿檐柱一周，各柱头间，并纵中线上各柱头间，皆施阑额。阑额高三十三公分，厚二十二公分。角柱出头处斫法，略如《法式》卷三十之"楂头绰幕"。北面当心间平柱，出丁头栱以承阑额，即清式角替之前身。阑额上置普拍枋，大小同阑额，其上安斗栱（图一六二）。

山门梁栿皆为月梁，为北方所罕见。其屋架分配法，即《法式》卷三十一所见之"四架橼屋分心用三柱"；其唯一不同之点，在《法

图一六五 善化寺山门补间铺作侧面图

图一六六 善化寺山门内檐柱头与补间铺作及乳栿

式》图之中柱,直达平槫之下,而山门中柱仅与檐柱同高,上施斗栱,以承乳栿(卷首图三十五)。乳栿之上施缴背(图一六六),为扁置之一材。其上,正中置驼峰,左右驼峰之间,施襻间一材,襻间之上,亦扁置一材为普拍枋,枋上乃置斗。驼峰为《法式》卷三十之"鹰嘴三瓣"驼峰,但其曲线乃由直线之木块上隐出。中柱中线上,则在梁上立蜀柱,柱下安合㭼如清式之"角替",蜀柱之高,与驼峰及普拍枋之总高度同,蜀柱左右以襻间相联络,其上亦置斗(卷首图三十五,卷首图三十六)。此蜀柱及驼峰上之斗,皆出华栱及泥道栱相交,泥道栱上承襻间,华栱上承劄牵,前后一致,而前后劄牵乃为

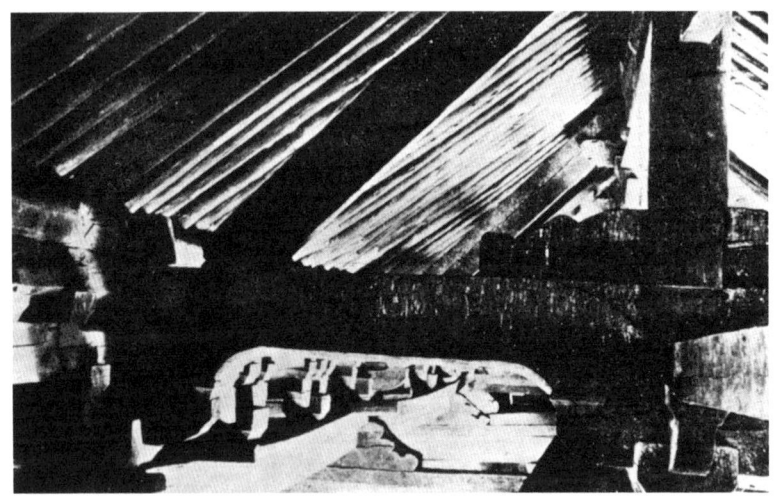

图一六七
善化寺山门月梁

图一六八
善化寺山门第一槫缝襻间

图一六九
善化寺山门侏儒柱及叉手

一整木，斫作月梁两段之形（图一六七）。梁头与襻间两材相交，其上置平槫（图一六八）。前后劄牵相接处，亦立侏儒柱，柱下之合，形如两瓣驼峰，柱头以襻间左右联络（图一六九），柱上置斗，斗内施襻间，两面出耍头，如《法式》"丁华抹颏栱"之制。其上更施足材襻间及脊槫，左右施叉手。

各槫缝下，襻间之分配如下：

脊槫缝　　槫——足材襻间——襻间——斗

平槫枋　　槫——襻间——襻间——泥道栱——斗

檐柱缝　　小槫——压槽枋——襻间（枋）——襻间（枋）——慢栱——泥道栱——斗

以上分配法亦上简而下繁，如三圣殿襻间之分配。劄牵下侏儒柱上斗栱，亦左右施襻间；次间一材，施于泥道栱上，在当心间出为慢栱，以承"月梁形"之襻间。

月梁之用，虽今日尚盛行于南方，然在北方则较罕见。山门之月梁，计有乳栿及劄牵两种。《法式》卷五"造月梁之制……乳栿三椽栿各广四十二分……若劄牵，其广三十五分"。而山门乳栿只

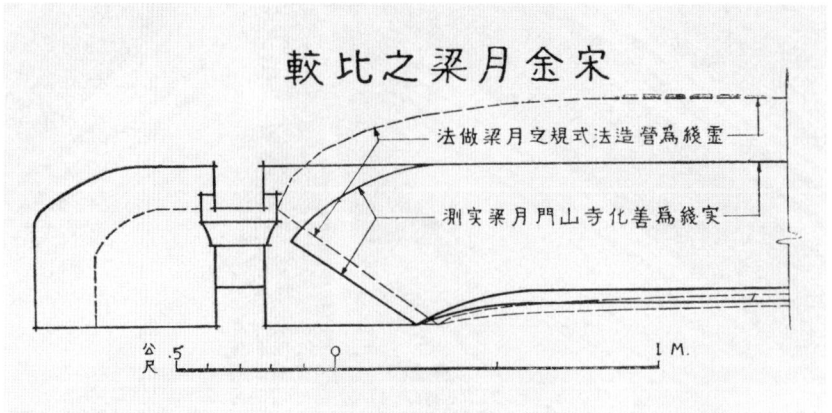

图一七〇
宋、金月梁之比较图

高两材，合三十分，并栿上缴背，则高四十一分余。劄牵亦高两材，合三十分，不及《法式》所规定。至于月梁卷杀之法，亦与《法式》稍异。《法式》："梁首不以大小，从下高二十一分。其上余材，自斗里平之上，随其高匀分作六分；其上以六瓣卷杀，每瓣长十分。其梁下当中颤六分，自斗心下量三十八分为斜项（如下两跳者长六十八分）。斜项外自下起颤，以六瓣卷杀，每瓣长十分，第六瓣尽处，下颤五分（去三分留二分作琴面；自第六瓣尽处渐起至心又加高一分，令颤势圜和）。"以两者相较（图一七〇），其区别甚明显。至于尤应特别注意者，则月梁两端之下半，非自梁斫出，而为略似替木之构材，托于梁下，非真正斫成之月梁。而梁首两肩，实自梁上隐出，并无实际卷杀，故虽有月梁之形，而实皆直梁也。

殿顶 山门亦四注顶。前后橑风槫间之距离，为一一·八四公尺，举高三·六四公尺。固不及殿阁之"三分中举起一分"，亦不及筒瓦厅堂之"四分中举起一分，又通以四分所得丈尺，每一尺加八分"，而只及四分中举一分，又加通丈尺百分之六弱。其举起角度为三十三度弱，与三圣殿略同。角柱较平柱生起十五公分，檐部翘起亦颇圜和。出檐长度，约合柱净高之半弱。每椽一尺，出飞子尚不及二寸五分，为大同辽金诸建筑中之最短者。

屋顶布筒瓦，但各部瓦陇之疏密不同，即山面密于正面，而正面中部又密于两旁。正脊、垂脊皆用砖垒砌，上覆筒瓦一陇，脊下亦横施筒瓦二陇，以代线道及当沟。正吻下半，与三圣殿之残吻略同，上半则为较小之龙，盘踞其上，龙首向内，背兽殊肥大。较之华严寺吻，雄壮远逊之。垂兽亦张口瞪目，颇嫌呆板（卷首图三十三）。

墙 山门墙壁门窗之分配，与三圣殿不同。前面之梢间、后面之次梢间及山面之全部，皆砌砖墙，其厚度及收分率，则皆与三圣殿略同。西面山墙内砌木骨七层，如大雄宝殿及三圣殿之制。前面次间直棂窗下为槛墙，原高约合柱高之半，但现状则于原有槛墙之上，加砌砖数层，将窗之下部，遮去约四分之一。

装修 当心间南北面檐柱间皆设门，上为走马版，两侧为泥道版，唯南面立颊直达腰串之下，而北面则达阑额下，故门框部分之构造，前后略有不同（图一五九，图一六○）。门扇朴素，并门钉无之，恐为近代添改者。立颊外侧之抱鼓（图一七一），雕镂颇饶古趣。

前面次间在槛墙之上，安直棂窗，直棂中段施二横棂。现唯四面窗尚存，东面者已毁（图一五九）。山门后面无窗。

图一七一
善化寺山门抱鼓石
（左）

图一七二
善化寺山门天王像
（右）

山门南面当心间，悬额一方，题"威德护世"（卷首图三十三）。

塑像 山门内，东西次间置天王像四尊，坐于砖基之上；塑工殊劣（图一七二）。较之大雄宝殿及三圣殿诸像，不及远矣。门前月台上石狮，颇恶劣，恐为明以后物。

碑碣 山门东北间立碑两通。其一为金大定十六年（公元1176年）朱弁撰《西京大普恩寺重修大殿碑记》（图一七三），为本寺最重要之史料。其一为金明昌元年（公元1190年）《大金西京大普恩寺重修释迦如来成道碑铭》并序，仅知其修理佛像，于建筑上无所记述。东次间北面，有明万历十一年（公元1583年）；碑当心间地下，又有崇祯六年（公元1633年）《重修善化寺碑记》残碑，皆寺史重要资料。

年代 山门即大定十六年碑所称大门。其结构式样，与《法式》较为接近，显然与三圣殿属于同一系统，盖亦同为天会皇统间落成者也。

东西朵殿

平面 东西朵殿在大雄宝殿左右，俱南向（卷首图十五），距大殿各三公尺余，其间连以短垣，但东侧者已加屋盖，利用为附属小屋

图一七三
善化寺山门金大定碑

图一七四
善化寺东朵殿外观
（右页上）

图一七五
善化寺西朵殿正面
（右页下）

（图一七四，图一七五）。殿皆建于台上，与大殿之台，连属为一，唯稍低。西朵殿之前，有砖踏步九级，东朵殿亡。

二殿之平面大小，几完全一致，即面阔三间，进深四架椽，四围除门窗外，皆包以砖墙（卷首图十六）。西朵殿内，中央台上，奉地藏像，俗称为地藏殿。两侧沿墙壁复设砖台，列十阎罗像，制作甚劣，系近代所造。东朵殿内，砖台配列同前，唯其中央供观音像（图一七六），故又云观音殿。此像虽经后世涂髹，大体犹存辽式，其余诸像，俱系清代作品。

立面 二殿皆于正面当心间辟门（卷首图十七），门外以青砖砌圆券，与他部手法不符，显为最近所增（图一七四，图一七五）。左右次间，则于坎墙上施直棂窗，面阔几尽一间之阔。檐柱上，施阑额与普拍枋，前者伸出次间隅柱外之部分，非垂直截割，而饰以楂头绰幕，如三圣殿所用者（图一七七）。枋上载四椽栿，其前端挑出普拍枋外侧者，剜刻略似近世之麻叶头，而形制较古（图一七八）。殿顶为悬山式。檐端施檐椽、飞子各一层，仅檐椽具卷杀。山面悬鱼之形状，略如华严寺壁藏所示，尚存古式。屋顶修理未久，正吻系

图一七六
善化寺东朵殿观音像

图一七七
善化寺东朵殿阑额
及普拍枋

清式,如卷首图十七所示,则依壁藏改绘之复原图。

断面 二殿之横断面(图一七九),系于普拍枋上,施四椽栿。自前后檐柱心,约四分之一处,于四椽栿上,各立蜀柱。柱下贯合楷,俾与下部之栿联络,无倾侧之虞。按合楷始见于三圣殿山门,非大同诸辽构所有,疑故朵殿之年代,最早亦不出金初。蜀柱之上端,作凹形之榫,嵌平梁于内。梁与四椽栿皆直梁,但于蜀柱内侧刻斜线,表示其为月梁。外端伸出蜀柱外部分,仍雕麻叶头,与前述四椽栿同。蜀柱上,与平梁九十度相交者,为前后第一缝槫,槫下施枋一层,两端插入蜀柱内。

平梁之中点,复施侏儒柱及合楷,与四椽栿上者同一方式。柱上置脊槫(图一七九)。槫之两侧,各出叉手,斜撑于平梁之两端近第一缝槫处。脊槫下有枋二层。上层紧贴槫下,补助槫之荷载力。下层离隔稍远,仅用以联络各缝之蜀柱,即《法式》卷五"侏儒柱"条所云之"顺脊串"。唯宋式顺脊串,隔间用之,此则各间俱有,恰与辽宋襻间之异同,同一方式。明清官式建筑,于

图一七八
善化寺东朵殿之出檐

檩下施垫版与随檩枋，结构层次与此类似，且系每间皆有，疑自辽式演绎改进者。

年代 东西朵殿之建造年代，具无确凿文献可据。以结构方法衡之，其四椽栿不直接置于檐柱上，其下施普拍枋一层，与四椽栿、阑额二者之前端，剜刻麻叶头，及梁架、叉手、榑枋、悬鱼等所示式样，与大同辽金遗物，一部吻合，非北平清式建筑所有。但上述各项，尚为今日大同通行之建筑法，非若补间铺作之蜀柱与翼形栱之耍头，为辽或金特有之方法，可凭以论断其建造时代者。故此殿之结构式样虽古，其年代则暂难论定。若依前述合㭼与㭼头绰幕及下列之东西配殿推之，最早亦不出金初，最晚当为清以前所建。

图一七九 善化寺东朵殿内部梁架

东西配殿

东西配殿位于三圣殿前（卷首图十五），面阔各三间，覆悬山顶（图一八〇）。其平面面阔、进身及梁架结构，与东西朵殿完全一致，当为同时所建。据梁下题记，知清初曾经修理，故其建造年代，至迟当为明构。现二殿门窗俱毁，只余梁架墙壁支撑风雨中。其结构同东西朵殿，从略。

四、结论

前述华严、善化二寺诸建筑之建造年代，除东西朵殿与东西配殿不计外，以辽兴宗重熙七年（公元1038年）所建之华严寺薄

图一八〇 善化寺西配殿正面

伽教藏殿为最早，金太宗天会六年至熙宗皇统三年间（公元1128年—1143年）落成之善化寺三圣殿、山门为最晚。其间相距，虽仅百有五载，然其各个建筑之结构，及结构上所产生之式样，实与时代互为嬗递，不乏异同；如斗栱比例与补间铺作之朵数及屋顶坡度，即其荦荦大者。故自此可窥辽、金二代建筑变迁之痕迹，及其与各时代之相互关系。兹归纳前文所述平面配置、材栔斗栱比例、大木架构、屋顶坡度等项之特征，做辽金结构变迁之初步检讨。其次要事项，如柱础、门窗、藻井、彩画等，散见各篇，不复赘及。

台　　大同辽金佛寺之主要建筑物，若华严寺大雄宝殿、薄伽教藏殿及善化寺大雄宝殿，皆建于高台上。其前复有月台，台之正面设石级，与义县奉国寺大雄宝殿大体符合，当为辽金通行方法之一。又其月台正面，树坊楔，后列钟、鼓二亭，平面皆作六角形，据寺内诸碑，大都建于明万历间。此外义县奉国寺月台上亦有钟亭、碑亭各一。第诸例俱无确实记录可凭，不知其为辽金以来之配列法，抑系后世所增建。

二寺之次要建筑，若华严寺海会殿与善化寺三圣殿、山门，其台及月台，均甚低矮，依《营造法式》，只能称为"阶基"，非"台"甚明。当时"台"与"阶基"之应用，依前述诸例，似以建筑物之为主要或次要定之也。

殿之平面　诸殿平面，除善化寺普贤阁为方形外，其余俱为长方形。面阔与进深之比，系变化于五比三·六至五比一·八九之间，极不一律。但二寺内，邻接建筑所示之比例，偶有极相接近，如华严寺之薄伽教藏殿与海会殿，及善化寺之大雄宝殿与三圣殿，颇足引人注意。兹依进深大小，列举如次：

名称	面阔与进深之比
华严寺薄伽教藏殿	五比三·六
华严寺海会殿	五比二·五七
善化寺大雄宝殿	五比三·〇四
善化寺三圣殿	五比二·九四
华严寺大雄宝殿	五比二·五六
善化寺山门	五比一·八九

各间之面阔，以当心间为最大，左右次、梢、尽诸间，依次减小，俱如常例。唯大同辽建筑之补间铺作，每间皆仅一朵，较宋式尤为疏朗。其后金初善化寺三圣殿之当心间，与山门之当心间、次间，各用补间铺作二朵，似其时已受《营造法式》之影响，然其间隔，仍无明、清二代平身科斗栱之丛密。故其各间面阔、进深之尺寸，不受补间铺作之朵数与其每朵宽度所缚束，为当时平面配置特点之一。面阔中，以善化寺三圣殿当心间七·六八公尺为最阔，华严寺薄伽教藏殿梢间四·五六公尺为最狭。槫架之水平距离，以二公尺至二公尺半者居多数。

平面配置中，尤足令人赞美者，即前举六建筑之内柱配列，各依实用上之需求，取不同方式，极合建筑原则。其特征、影响与各时代之关系，可得论举者如下：

（一）殿内中央一区，其内槽因安置佛座而外槽为瞻拜顶礼之

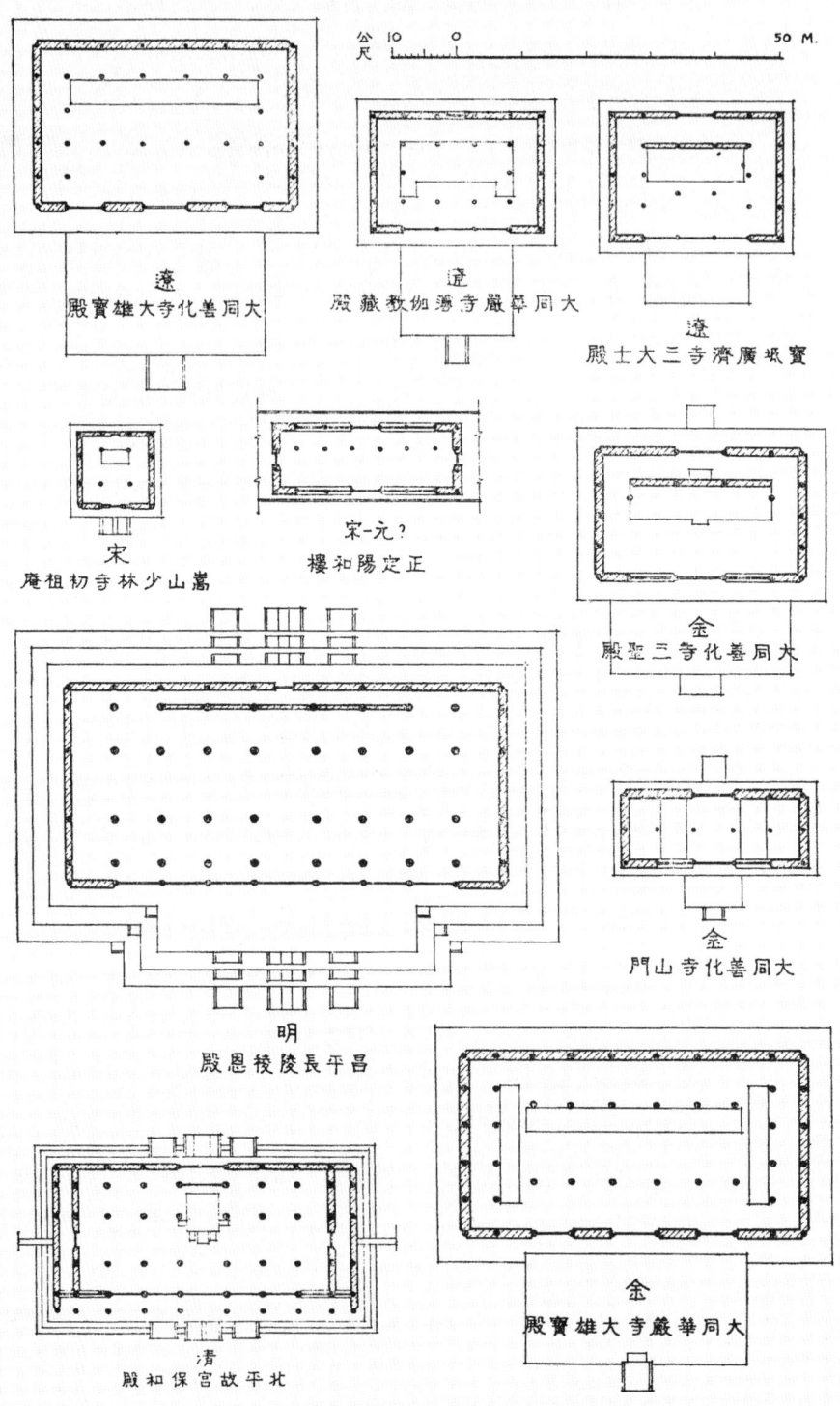

所，皆须取较大空间，故力图减少其中央部之柱数，期合于实用。故殿之平面配置，除少数例外——华严寺海会殿与善化寺山门——中央数缝之柱，俱不与两山檐柱一致（图一八一）。

（二）两山檐柱之间隔，在较大建筑——华严寺之薄伽教藏殿、大雄宝殿，与善化寺之大雄宝殿、三圣殿等——各等于二架椽之长。内部之柱，仅其邻接一缝，因便于承载檐柱上乳栿之后端，与支撑屋顶重量之故，取同样配列之法。自此以内，柱数即皆减少。但邻接之缝，亦有不与两山檐柱一致，如善化寺之三圣殿（图一八一），殆受材料所限制也。

（三）柱数既减，于是在横断面上，梁之开间与梁架之结构，随之亦异。故殿内梁架结构之方式，与结构所产生之外观，颇饶变化，无雷同之病。

（四）减柱之法，前乎此者，有辽广济寺三大士殿，既已如是。同时及稍后之例，则有嵩山宋少林寺初祖庵及元正定阳和楼，足证此法曾盛行于宋、辽、金、元诸代。唯明、清二代柱之配置，渐成呆板固定之方式：即殿内柱皆依正面及山面双方之檐柱，比比排列，无减柱之制，若明长陵祾恩殿与北平太和殿等，其例不遑枚举。即此一端，可觇我国建筑，自明以来，渐趋退化之途矣（图一八一）。

材栔 大同辽金诸建筑之材栔尺寸，因年代久远，木材受自然力之影响，收缩弯揿，不一其状。余辈实测时，求与建造当时所用之尺寸不致相差过巨，乃于同建筑内，实测数处，取其平均数值。兹将大同诸例，与蓟县独乐寺及宝坻县广济寺之材栔，依其大小，表列于后，并推算其与材广之比例，以供参考。

图一八一
辽、宋、元、明、清平面比较图

殿名	材广（高）	材厚（高）	栔广（高）
华严寺大雄宝殿（面阔九间）	三〇·〇公分	二〇·〇公分（合材广十五分之一〇分）	一四·〇公分（合材广十五分之七分）
善化寺大雄宝殿（面阔七间）	二六·〇公分	一七·〇公分（合材广十五分之九·八分）	一一·五公分（合材广十五分之六·六分）
善化寺三圣殿（面阔五间）	二六·〇公分	一六·五公分（合材广十五分之九·五分）	〇·五公分（合材广十五分之六分）
独乐寺山门（面阔三间）	二四·五公分	一六·八公分（合材广十五分之一〇·三分）	一二·三公分（合材广十五分之七·五分）
独乐寺观音阁（面阔五间）	二四·〇公分	一六·五公分（合材广十五分之一〇·三分）	一〇·〇公分（合材广十五分之六·三分）
善化寺山门（面阔五间）	二四·〇公分	一六·〇公分（合材广十五分之一〇分）	一〇·五公分（合材广十五分之六·六分）
广济寺三大士殿（面阔五间）	二三·五公分	一六·〇公分（合材广十五分之一〇·二分）	一二·〇公分（合材广十五分之七·六分）
华严寺薄伽教藏殿（面阔五间）	二三·五公分	一七·〇公分（合材广十五分之一〇·九分）	一〇·五公分（合材广十五分之六·七分）
华严寺海会殿（面阔五间）	二三·五公分	一六·五公分（合材广十五分之一〇·五分）	一一·〇公分（合材广十五分之七分）
善化寺普贤阁（面阔三间）	二二·五公分	一五·五公分（合材广十五分之一〇·三分）	一一·〇公分（合材广十五分之七·三分）

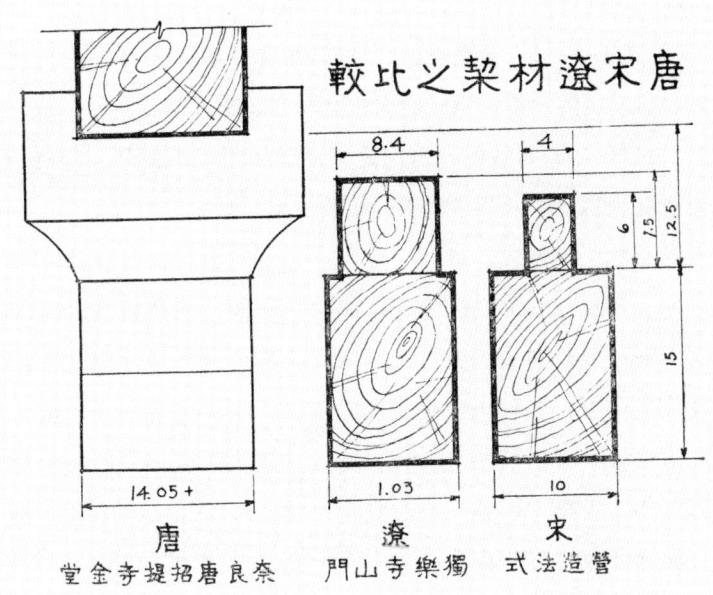

图一八二 唐、宋、辽材栔之比较图

前表中数字所示结构上之特征，可归纳为四项。

（一）辽金建筑是否如《营造法式》，视建筑物之面阔间数定材为九等，虽不可考，但前表中，除少数例外——善化寺三圣殿与独乐寺山门，其余材广之尺寸，俱随面阔之间数而增减。在原则上，似与《法式》一致。且辽金面阔五间殿阁所用之材广，多数在二十四公分左右，尤足证建造当时，必有依面阔间数定材广尺寸之法则也。

（二）《法式》所载材之广厚比例："材广十五分，厚十分。"断面为三与二之比。辽金诸例之材厚，自九·五分至一〇·九分不等，大体不离材厚十分之规定。且前举诸例之平均数，为一〇·二分，与《法式》极相接近。故宋、辽、金三代之材，可云同隶于三比二原则之下（图一八二）。

（三）《法式》栔之高度，为材广十五分之六。辽金诸例，则无一不超过此数。其最大者，如蓟县独乐寺山门之栔，为材高二分之一，依法式推算，等于材广十五分之七·五分（图一八二）。又上述诸例之平均数六・八分，亦较《法式》大。

（四）《法式》栔厚四分，故其栔之广厚，与材同为三与二之比。辽金之例，不第栔广增大，其厚亦超出《法式》一倍或一倍以上（图一八二）。如独乐寺山门之栔，厚一三・八公分，合材广十五分之八・四分；华严寺薄伽教藏殿之栔，厚一二・五公分，合材广十五分之八分是也。

综上而言，宋、辽、金三代材之比例，大体符合，而栔之比例，则辽金较宋式稍大，乃唐宋间结构变迁极可注意之事项。盖辽代遗构中，若独乐寺观音阁、山门，与广济寺三大士殿，华严寺薄伽教藏殿四建筑之年代，皆较《法式》成书之时（宋哲宗元符三年）更早。而独乐寺二辽构，建于辽圣宗统和二年，即宋太宗雍熙元年，上距唐亡，仅七十七载，所用建筑方法，当系承受唐式建筑之余绪。故由此推论，颇疑辽宋双方材之比例，俱系遵守唐代遗规，未与变更。否则燕云十六州，自石晋割让契丹以来，在地理与政治界限比较与中原隔绝，何以巧合若是也。至于栔广之异同，以日本天平时代我国鉴真大师所建之唐招提寺证之，其栱与栱之空间——即栔广之分位——等于栱高四分之三（图一八二）。辽代诸例，最高者为栱高二分之一强，虽视唐招提寺略低，但高于《法式》所云材高十五分之六。故疑栔之高度，自唐至宋，系由高减低，而辽栔之高，适居二者之间，必保存一部分唐式建筑之遗法也。

斗栱 辽金栱之高厚——即材之广厚——与宋式大体一致，具见前节。唯其栌斗之长高比例，与各栱长度、出跳分数等，以较《营造法式》未能尽合。兹以材广十五分为标准，推算各分件比例，仍与独乐寺山门等表列于后，并附以《法式》所载，以资参证。

	辽							金			宋
	独乐寺山门	广济寺三大士殿	华严寺薄伽教藏殿	华严寺壁藏	华严寺海会殿	善化寺大雄宝殿	善化寺普贤阁上檐	华严寺大雄宝殿	善化寺三圣殿	善化寺山门	《营造法式》
栌斗长	三二·二分	三五·七分	三一·九分	三一·九分	二七·五分	三四·六分	二七·三分	三三·〇分	三八·一分	二八·八分	三二·〇分
栌斗高	一九·六分	二一·七分	一七·九分	一八·八分	一六·〇分	二〇·八分	一九·三分	一九·五分	二三·一分	一五·六分	二〇·〇分
第一跳长	三〇·六分	二八·一分	三一·九分	二六·三分	二四·〇分	三〇·一分	三〇·七分	二五·五分	三四·一分	三三·二分	三〇·〇分
第二跳长	二一·九分	二七·六分	二一·一分	二二·五分	一四·五分	二〇·八分	二二·〇分	二五·五分	二八·二分	二三·二分	三〇分或二八分
第三跳长				二四·八分							?
第四跳长				二四·八分							?
耍头长	二九·四分	二七·五分	三〇·九分	三二·〇分		二七·四分	三二·〇分	二八·〇分	二四·八分	二三·八分	二五·〇分
泥道栱长	一三·一分	七五·一分	七五·九分	六七·七分		六四·一分	七三·〇分	六一·一分	七二·七分	六七·五分	六二·〇分或七二·〇分
瓜子栱长		六六·四分	六四·九分	六〇·二分		六〇·六分	五八·三分	六一·一分	六五·八分	六六·三分	六二·〇分
令栱长	六七·五分	六六·六分	六六·二分	六〇·九分		六六·八分	五八·八分	六六·〇分	七二·五分	六六·三分	七二·〇分
正心慢栱长	二八·七分	一二三·六分	一二四·五分	一〇九·〇分	八六·三分				一〇八·六分	一〇八·八分	九二·〇分
外拽慢栱长	一〇八·五分		一二四·三分	一〇三·〇分		二一·二分	二〇·三分		一〇二·七分	一〇六·三分	九二·〇分

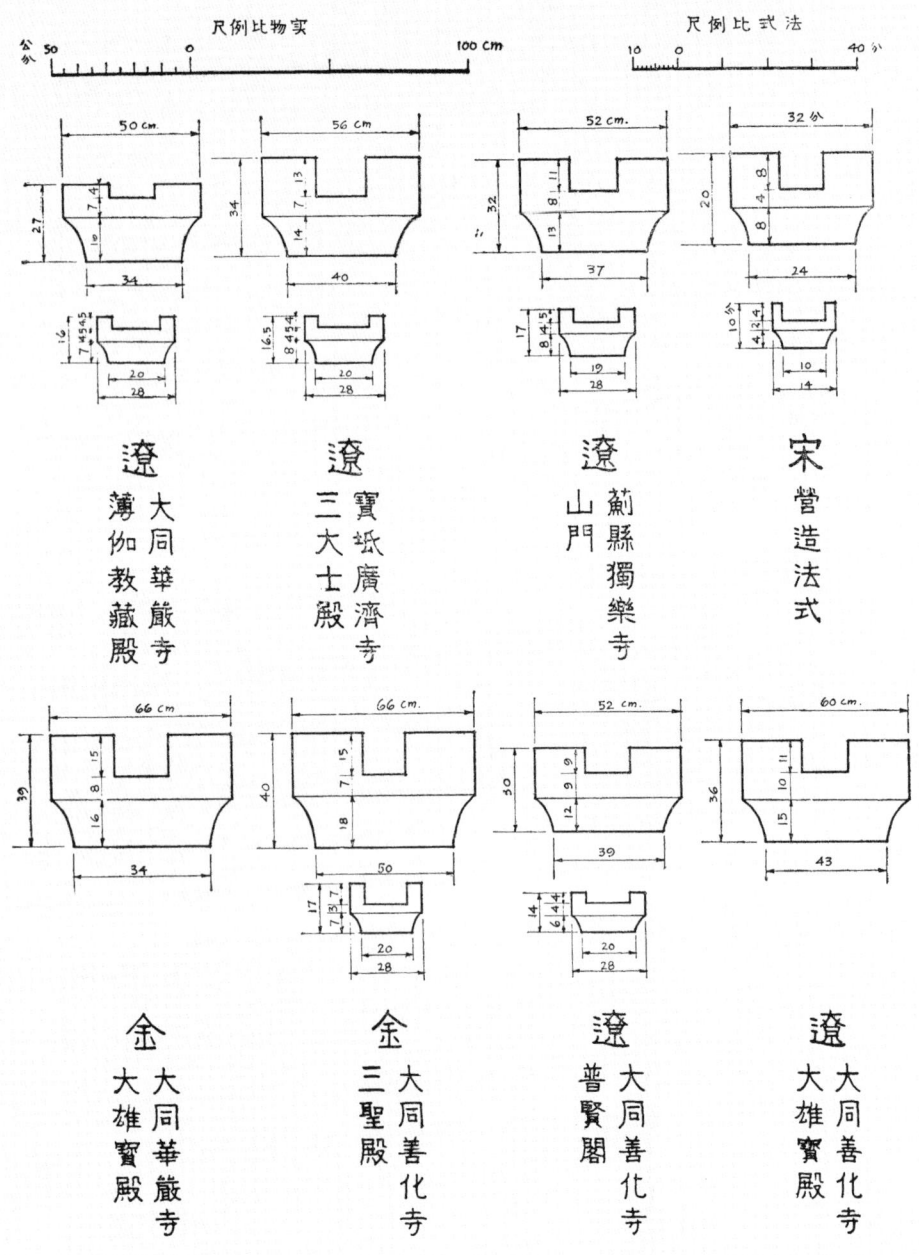

图一八三
宋、辽、金栌斗、散斗比较图

前表数字所示，及其他特征，论列如次：

（一）辽金栌斗之长，多数大于《法式》之规定。故前举十例之平均数三十四分，大于《法式》之三十二分。唯进深参差不一，如善化寺三圣殿者，进深较面阔稍小，非正方形。栌斗之高，平均二〇·五分，则与《法式》相差甚微，大体比例，可云相等（图一八三）。

（二）如前所述，栌斗全体之比例，宋、辽、金三代虽无显著之差别，然其局部比例，则辽金栌斗之"欹"，较其本身之"耳"稍高，栌斗之"平"，亦半数超过材高十五分之四，均与《法式》异（图一八三）。兹以材高十五分之一，除实测尺寸，与《法式》比较如下：

	耳高	平高	欹高
辽独乐寺山门	七·〇分	五·〇分	七·六分
辽广济寺三大士殿	八·〇分	四·八分	八·九分
辽华严寺薄伽教藏殿	二·八分	四·四分	一〇·〇分
辽善化寺大雄宝殿	六·八分	五·三分	八·七分
辽善化寺普贤阁上檐	六·〇分	四·〇分	九·三分
金善化寺三圣殿	八·六分	四·〇分	一〇·四分
金华严寺大雄宝殿	七·二五分	四·〇分	八·二五分
宋《营造法式》	八·〇分	四·〇分	八·〇分

（三）散斗之比例，如下表所示，亦与栌斗同一情状，即其通长、通高、底长等，胥与《法式》接近，而其"欹"，均较本身之"耳"稍高，"平"亦较《法式》规定之二分稍大（图一八三）。此"欹"与"平"之总和，即栔之高度，依前引唐招提寺之例，似辽与金初之栌斗、散斗局部比例，介乎唐、宋二者之间，足证前述栔之高度，逐渐减低，乃确凿不移之事实。

	通长	底长	通高	耳高	平高	欹高
辽独乐寺山门	一六·七分	一二·七分	一〇·〇分	二·五分	二·七分	四·八分
辽广济寺三大士殿	一七·五分	一二·一分	一〇·五分	二·九分	二·八分	四·八分
辽华严寺薄伽教藏殿	一八·二分	一二·三分	一〇·二分	三·五分	二·四分	四·三分
金善化寺三圣殿	一五·九分	一一·六分	一〇·〇分	四·〇分	二·〇分	四·〇分
宋《营造法式》	一六·〇分	一二·〇分	一〇·〇分	四·〇分	二·〇分	四·〇八分

（四）《法式》斗栱出跳之长，以三十分为标准。其在七铺作——即清式九彩——以上者，第二跳得减四分，六铺作——即清式七彩——以下者不减，见同书卷四"华栱"条。辽代遗物中，除宝坻广济寺三大士殿一例外，大多数在五铺作之第二跳即已减短，且所减之数，俱较《法式》规定者大。如蓟县独乐寺山门，与本文华严寺薄伽教藏殿及善化寺大雄宝殿，几达材广十五分之十分，即其第二跳之长，视第一跳约缩短三分之一，为辽式斗栱最特殊之一事。但金代建筑所减之数，已不如辽代之甚，且有五铺作第二跳不减，如华严寺之大雄宝殿，与辽宝坻广济寺三大士殿，同为例外。

（五）耍头之长，除善化寺三圣殿山门外，均较《法式》大。

（六）泥道栱、瓜子栱、令栱三种之长度，在《法式》有二种方式。（甲）泥道栱与瓜子栱相等，而令栱稍长（图一八四），其法最为普遍，自宋至清，名称虽易，而比例沿袭未变。（乙）宋式斗口跳及铺作全用单栱造者，泥道栱之长，与令栱等。辽代泥道栱之长，大体与（乙）种接近，尚未发见（甲）种。唯金初建筑，已未能划一。如华严寺大雄宝殿，三栱之长度相等；或如善化寺三圣殿，泥道栱与令栱相等；或如同寺之山门，泥道栱与瓜子栱相等。然竟无一处与辽式一致，其故令人莫解（图一八四）。

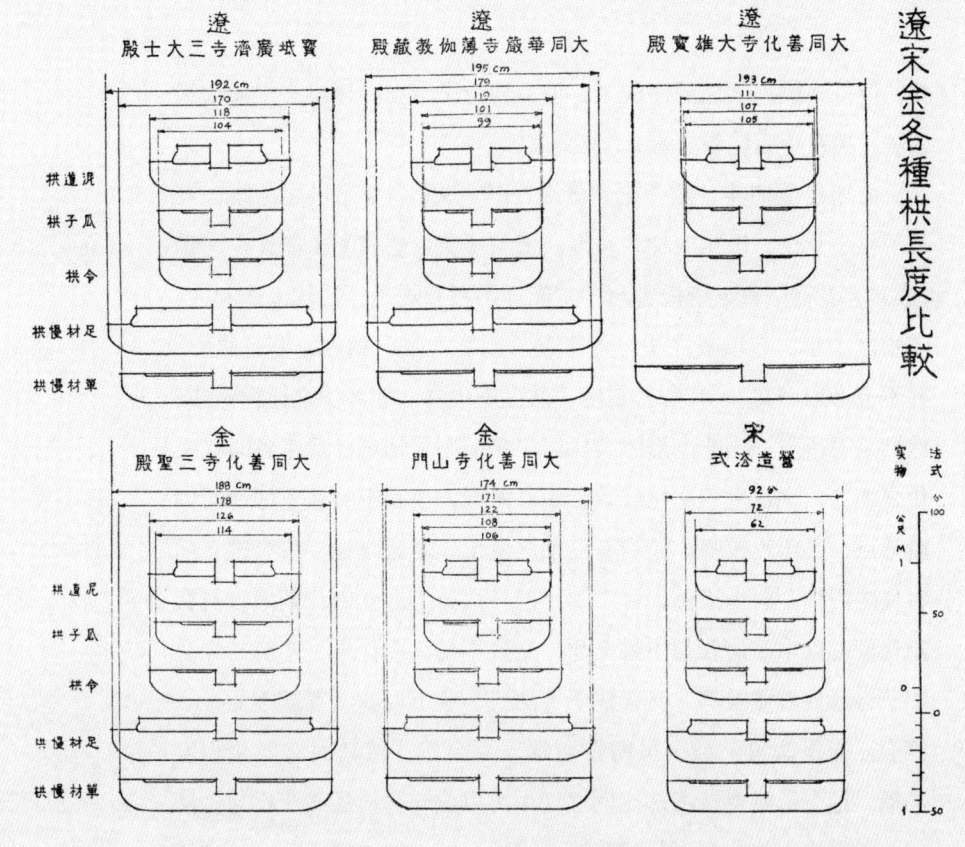

图一八四 辽、宋、金各种栱长度比较图

（七）《法式》慢栱，无正心慢栱与内外拽慢栱之别，胥长九十二分，与清式万栱同。辽金之例，除华严寺海会殿之外檐柱头铺作，因栱下用替木之故，致正心慢栱长度特短外，其余皆较《法式》增长。而正心慢栱，除独乐寺观音阁外，又较外拽慢栱稍长。其最长者，如华严寺薄伽教藏殿，几较《法式》增出三分之一（图一八四）。按辽代补间铺作皆仅一朵，无《法式》当心间用二朵之例。或因各铺作之间，距离颇远，不得不增加慢栱之长，使所托柱头枋、罗汉枋等易臻稳固欤？其后金初善化寺二建筑，虽受宋式影响，增加补间铺作为二朵然，其慢栱之长，或因旧习未除，犹墨守辽以来之遗法，未能尽改也。

（八）华严寺薄伽教藏殿南侧壁藏之平坐，无泥道栱与正心慢栱；善化寺普贤阁之上檐亦无慢栱，皆代以柱头枋。其法虽靡费材料，但依斗栱进展之顺序观之，似为泥道栱与正心慢栱产生前之结构法，遗存于后代者。

前述辽金栌斗、散斗之"欹""平"高度，与昂栱之出跳，及瓜子栱、令栱、慢栱三种之长度，俱与《营造法式》未能符合。据《法式》看详一章，李氏曾与"工匠详悉考究规矩，比较诸作利害，随物之大小，有增减之法，各于逐项制度功限料例内，剙行修立，并不曾参用旧文"。其所云制度，散见书中者，即各作之比例做法；然则是书所载，决非全部因袭唐以来之旧制可知矣。且考各时代文化之变迁，率发生于文化或政治中心区域，逮其影响及于邻境与偏僻地点，必年代较晚。故当新变动之发生，僻远之地，每尚遵守前时代之法则。前举诸例，皆隶属于旧日燕云十六州内；其地自石晋割让契丹以来，比较与汴梁文化，交换不易，而独乐、广济二寺及华严寺薄伽教藏殿等，又皆建于《法式》成书以前，宜其不能一一符会。至于契丹一族，虽窃据边陲二百余年，然其固有文化程度甚低，绝无影响建筑细部比例之理由可以成立。故辽式斗栱与《法式》不同诸点，非为唐代建筑法之遗留，即与斜栱同为燕云一带特有之方式。唯斜栱一类，未著录《营造法式》，分布范围亦倾重于燕云诸州及其邻接区域，如正定龙兴寺之类。而斗栱比例所异者，仅为细部尺寸，若其结构层次，仍与宋式大体吻合。故辽代斗栱之比例，或尚保留一部分唐代矩蠖，非纯属地方色彩，殊未可知。书之以待异日之证实。

斗栱种类，散见前文者，无虑三十余种，可谓尽意匠变化之能事，然其中最特别者，无如斜栱一类。斜栱之产生与其发达之过程，虽尚不明，若其应用范围，则辽代遗物中，仅有转角铺作及补间铺作二类，至金初善化寺山门，始如正定龙兴寺摩尼殿，用于柱头铺作。斜栱之排列，在平面上，不出四十五度与六十度两种（图一八五）。其内外取对称方式者，系利用杠杆作用支撑檐部重量，如转角铺作之抹角栱，与补间铺作之四十五度或六十度斜栱，皆能使荷重分布，较普通斗栱，更为安全。但斜栱之后尾或前端，未延

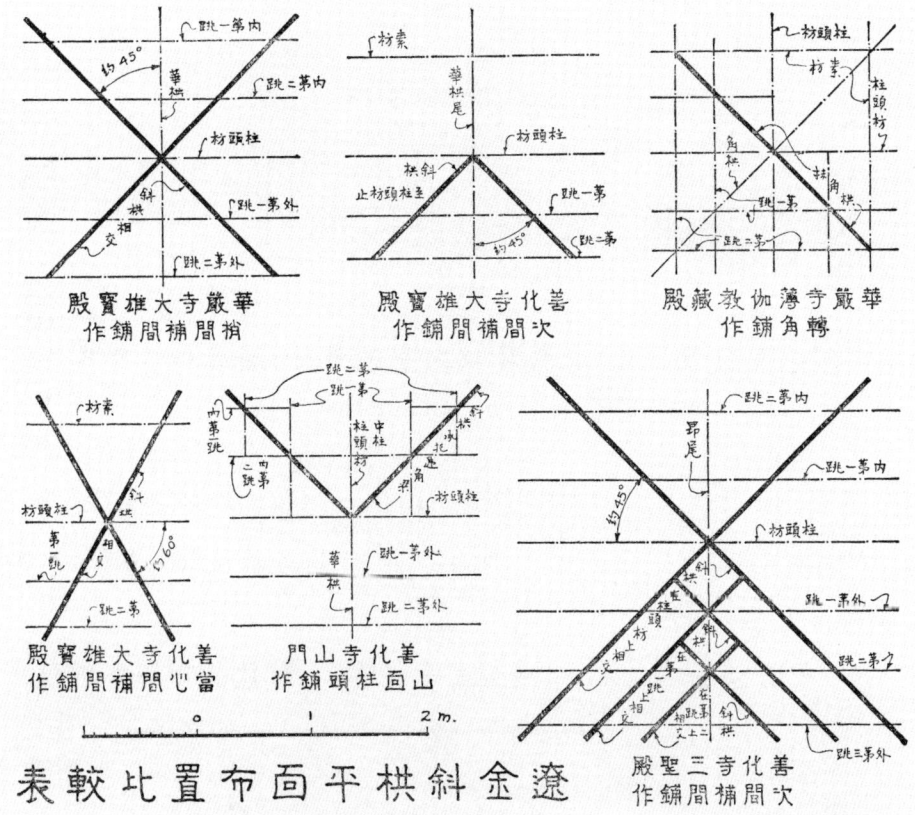

图一八五
辽、金斜栱平面布置比较表图

长于内侧或外侧者，已非健全之结构，若善化寺大雄宝殿之次间补间铺作与善化寺山门之山面柱头铺作，已启坠落之征兆。驯至如金初所建三圣殿之次间补间铺作，外侧每跳交互斗上，皆出四十五度之斜栱，而延于内侧者，只栌斗上斜栱二缝。此繁琐笨重之斗栱，既无美感可言，而徒增其本身重量，使阑额下垂，在结构上极不合理。故斜栱逐渐衰微，寖至于废弃失传，未始不基于结构之退化也。

下昂之结构，在辽代遗物中，最足表示最初阶级之结构法；如辽初蓟县独乐寺观音阁上檐柱头铺作，及辽末应县佛宫寺塔二例，其后尾均压于草栿下，与日本法隆寺金堂，及《法式》卷四"飞昂"条"如当柱头，即以草栿或丁栿压之"一致，尚未见补间铺作用下昂者。迨金初善化寺三圣殿，始于昂后尾挑斡上施斗，托载第

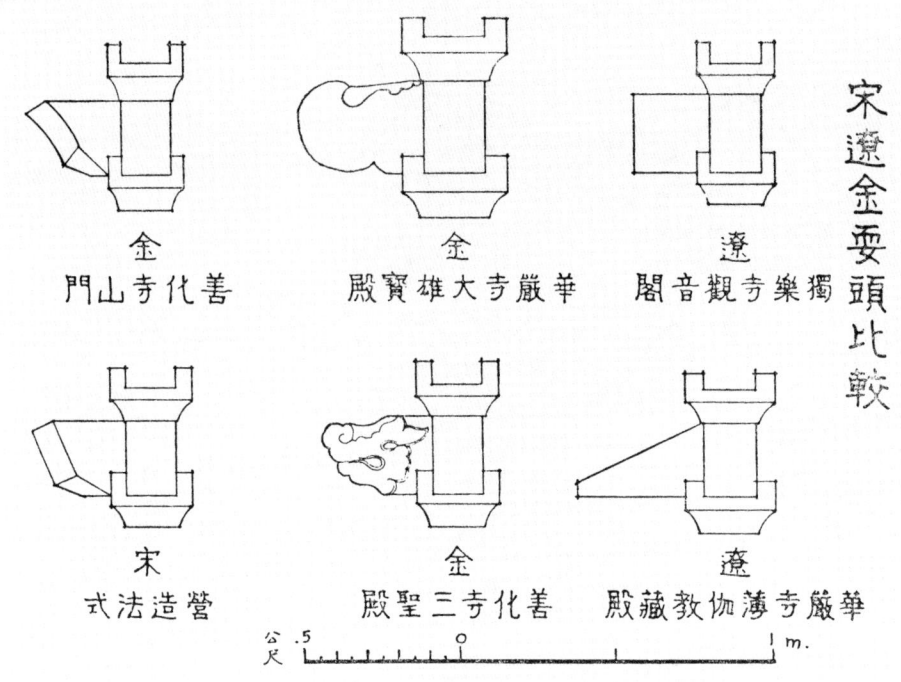

图一八六
宋、辽、金要头比较图

三缝槫下之襻间（图一四一），与《法式》"若屋内彻上明造，即用挑斡"同。现存宋代遗构，如正定龙兴寺转轮藏殿，及嵩山少林寺初祖庵，均用挑斡及斗，足征此法在北宋颇为普遍，而燕云一带，至金天会皇统间，始见其例，岂此法自靖康乱后，始流传北方耶？依下述要头、月梁诸例，似此假说有成立之可能。

《法式》插昂之制，辽代遗构中，迄未发现。仅见于金初善化寺三圣殿之柱头铺作（图一三九）及同寺山门之补间铺作（图一六五）。殆与前述下昂后尾之结构法，同受宋式之影响。

要头形状，就今日已知者，自辽迄于金初，共有五种（图一八六）。其第一种虽非发现于大同，但为比较辽金要头之变迁，合述于后，以供参考。

（一）辽代要头之形状，以垂直截割者，最为简单。使用此类要头之建筑物，仅有蓟县独乐寺观音阁、义县奉国寺大雄宝殿及应县佛宫寺塔三处。在数量上，远不及批竹昂式之普及，疑为唐式之残留，非当时流行式样。

（二）辽代耍头最普通者，无如批竹昂式一种，自蓟县独乐寺起大多数遗构皆采用此式，非仅大同二寺而已。又与辽接壤之宋建筑，如正定龙兴寺摩尼殿，亦复如是。

（三）金初重建之华严寺大雄宝殿，有耍头二种。一为批竹昂式，用于柱头铺作；一为半翼形栱式，用于补间铺作。翼形栱虽见于独乐寺观音阁，但就已知之例，其应用于耍头，以辽末应县佛宫寺塔之内檐斗栱为最早。

（四）金初善化寺三圣殿柱头铺作之耍头，亦与补间铺作异。前者与宋式略同，后者刻龙首，在辽金遗物中，尚属初见。

（五）《法式》耍头形状，略似清式之蚂蚱头，唯辽代迄无其例，仅金初善化寺山门，与三圣殿柱头铺作二处，与之仿佛相似。但宋式鹊台下之斜线，系用直线，金初二例，则向内微曲，不无小异。

以上五种耍头，以时代先后别之：第一种见于辽初者二处，即独乐寺观音阁与奉国寺大雄宝殿；辽末者一处，即应县佛宫寺塔，而金初尚无其例，疑其法至辽末渐归淘汰。第二种为辽代比较普遍之方法，唯金初建筑，仅华严寺大雄宝殿有之，似入金以后，日就式微。第三种翼形栱式耍头，发生于辽末。第四种仅见于金初。唯除应县、大同三建筑外，尚无同样之证物，故此二者之分布范围，与其流传之暂远，暂难论定。至于以二种形状不同之耍头，区别柱头铺作与补间铺作，辽构中尚未发现。《法式》之耍头，自北宋至于今日，寿命最称长永，然辽代遗构中，无用此式者，仅金初善化寺三圣殿、山门，有类似之结构，则此法传入燕晋北边，似在北宋亡国后也。

梁架　大同辽金阑额，除金初善化寺三圣殿，于阑额之下加由额外，其余皆仅阑额一层。

额之高厚比例，以华严寺薄伽教藏殿所用五比二为最高，余皆

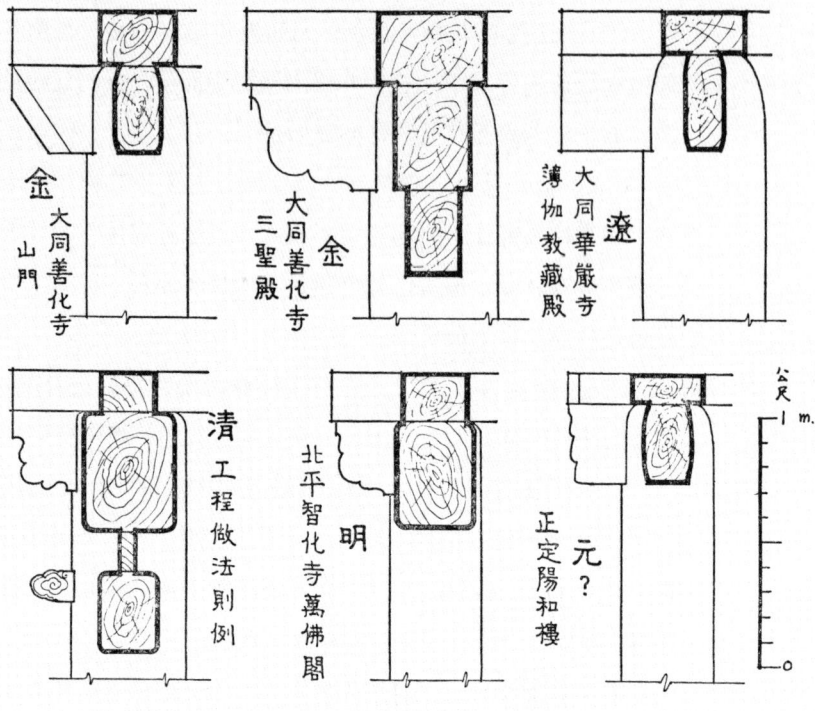

图一八七
辽、宋、金、元、明、清阑额、普拍枋之比较图

升降于二比一至八比五之间，大体与《法式》接近。唯元明以后，逐渐加阔，至清几与柱径相等，耗费材料，而不合结构原则，可谓退化甚矣（图一八七）。阑额之端，伸出角柱外部分，辽代均垂直截去，整然自成一系统。其法至金初犹未全废，如华严寺大雄宝殿，尚沿用之。但其时善化寺山门，已用斜杀之法，及同寺三圣殿用类似宋式之楂头绰幕，均为辽代诸例所未有，足证金初建筑已受宋式之影响。自此以后，逐渐嬗变，至明清霸王拳之轮廓线，已近于方形，又非楂头绰幕之旧矣（图一八七）。

阑额之下，两端皆无角替（即清式雀替之前身），唯内部梁架下有之。最早者，为辽建善化寺大雄宝殿内顺栿串之端，已具角替之意义（卷首图十九）。其后金初所建同寺三圣殿六椽栿下，则有正式角替（卷首图二十九），形状与正定阳和楼内部所用者，约略相同。

普拍枋之宽与厚，在大同辽构与金初华严寺大雄宝殿，皆在二比一左右。唯金初善化寺三圣殿、山门二处，为三与二之比，视辽式增高，而与宋式比较接近。普拍枋之宽，约为栌斗长三分之二，则诸例胥皆一致。依时代言，宋、辽、金普拍枋之宽度，无一不较阑额大；明初之大同城楼犹复如是；其后阑额增阔，而普拍枋减窄，逐致柱之上端，呈无法归宿之情状（图一八七），亦为结构退化之一端也。

善化寺大雄宝殿普拍枋之断面，上皮微凸，仅于安装栌斗处削平，极奇特。此法可使栌斗无左右倾侧之虞，且可省去无谓斫削之工，甚得结构要领。

梁之形状，辽代遗物皆为直梁，唯金初善化寺山门用假月梁，故疑月梁之制随北宋之亡，与金版图之扩大，始传入北方。梁之断面，大多数狭而高，但亦有近于方形之例外，如善化寺普贤阁之四椽栿，高与厚为五与四之比。梁之两侧有卷杀，俱同《法式》。

辽代梁架之层次，及其细部手法，如缴背、驼峰、侏儒柱、丁华抹颏栱、叉手等，均如《法式》所载，足为辽宋建筑同导源于唐式之证。唯金初善化寺三圣殿、山门，易驼峰为合楷，手法渐变。颇疑清式瓜柱下之角背，渊源于此。此外辽、金二代之襻间结构，亦与宋异。盖宋式襻间，见《营造法式》卷五"侏儒柱"条者，系隔间上下相闪，辽金则为各间通长，似较宋式更为稳固。明清之金枋、脊枋，亦系各间通长，殆受辽金之影响，而檩下枋上之空间，施垫版，亦似由辽金襻间之散斗、替木等改进者。至于金初善化寺三圣殿、山门之襻间层次，自下而上，各缝呈递减之状，匪特为辽构所未有，亦为《法式》与明清诸代所无。唯此二例之外，尚未发现同样证据，其影响与分布范围，暂难论断。

屋顶　　辽建筑之屋顶坡度，比较甚低。除壁藏系小木作可置不论外，余若华严寺薄伽教藏殿，为二十四度，海会殿二十五度，善化寺大雄宝殿与普贤阁，二十七度四分之三，与独乐、广济二

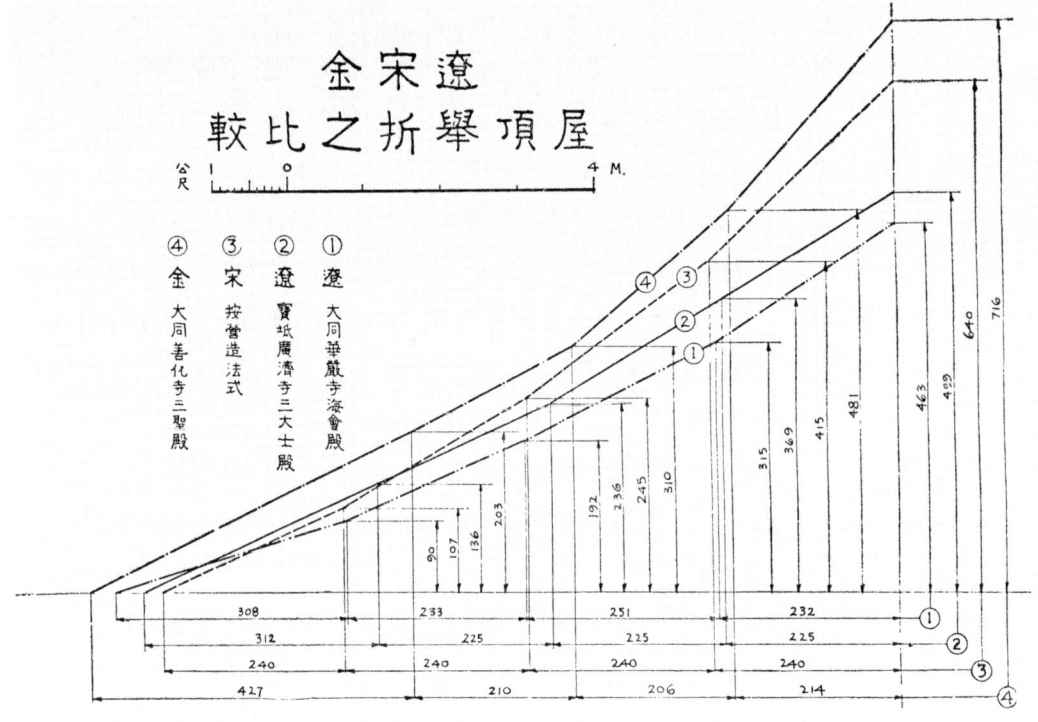

图一八八 辽、宋、金屋顶举折之比较图

寺，皆在二十八度以内，可谓为辽建筑特征之一。逮金初善化寺三圣殿、山门，则增至三十三度左右，与辽式之差别，最为显著（图一八八）。

屋顶之折缝，大同辽金遗物，多数不如《法式》之秩序整然。若华严寺海会殿第二缝所折极微（卷首图十二）；善化寺大雄宝殿仅折第一、第二两缝，自第二缝以下，至檐端成一直线（卷首图十九）；又如同寺三圣殿最上一架，竟超出四十五度以上（卷首图二十九）；律以独乐、广济二寺，似均逸乎常轨以外。

辽代屋顶用四注式者，如广济寺三大士殿及善化寺大雄宝殿，俱无推山。金初善化寺三圣殿，则于山面最上一架，向外推出少许（卷首图二十六），与辽式异。唯此为孤证，尚难断其即受宋式之影响。此外与三圣殿同时建造之山门，因梢间进深之半数（即檐柱至分心柱间之距离），较梢间之面阔略小，而角梁须搭交于次间、梢间之间分心柱之上，故不能不向内推展，与普通推山相反（卷首图三十二)。同时前后二面之槫与襻间，因须与山面之槫在角梁上结合，故在平面上，自次间起向内弯曲，未能成一直线。然此为特殊之例，不能据以论断金初屋顶之制度也。

宋式建筑出檐之结构，据《法式》卷四造栱之制，及卷五"栋""槫"诸条，计有二种。（甲）于令栱上，施狭而高之橑檐枋，以承檐椽与飞檐椽。（乙）易橑檐枋为橑风槫。其中（乙）种，因槫径较大，故于槫下施替木一层，俾槫与令栱二者，易于接合。辽代遗构中，用（乙）种者占大多数。其偶用（甲）种之例，如华严寺薄伽教藏殿内之壁藏，与应县佛宫寺塔，切断面比较近于方形，不若宋式橑檐枋等于二材之高，故仍置替木于枋下，未脱（乙）种之窠臼。唯金初善化寺三圣殿，则与（甲）种类似，足为宋式北来之又一证明。至于替木之变迁，在辽代只华严寺薄伽教藏殿之壁藏，与善化寺普贤阁二处之上檐，及广济寺三大士殿之梢间，因补间铺作距离较近，故于令栱上，施通长之替木，若清式之挑檐枋，其法与《法式》卷五"替木"条"如补间铺作相近者，即相连用之"符合。入金后，华严寺大雄宝殿与善化寺山门，虽补间铺作甚疏朗，乃亦用挑檐枋，似其时替木之制渐归淘汰矣。

大同辽金之鸱尾，现存华严寺壁藏与薄伽教藏殿、大雄宝殿三处。前者制于辽中叶，下部有吻，而上部为鱼尾分叉形。据前引《靖康缃素杂记》，尚保存一部分唐式。后二者之形状，完全相同。依独乐寺山门与广济寺三大士殿二例，及华严寺大雄宝殿之重建记录，至迟亦为金初作品。以较壁藏之鸱尾，则此只能称为"鸱吻"，因其吻后增足一具，已非鱼类所应有，而分叉之尾，在下者，平直伸出，业失去鱼尾之形状。宜乎明清以来，遂归淘汰。唯其上义，向外卷曲，表面饰鱼尾纹，尚如壁藏之鸱尾耳（图十八）。颇疑明、清二代兽吻之尾，向上卷曲甚高，即由此上义发达而成。

勾滴之形状，如华严寺之薄伽教藏殿、大雄宝殿及善化寺大雄宝殿三处，尚遗存一部，与蓟县独乐寺观音阁山门、义县奉国寺大雄宝殿暨历史博物馆所藏宋大观间钜鹿勾滴，完全符合。即其上下缘，略成平行之曲线，与下缘具锯齿状之纹样，俱非明清官式建筑所有，疑为辽金旧式。

墙　　大同辽金遗构，因气候之故，俱无外廊，而于檐柱之间，甃以厚墙。其下部为砖砌裙肩，上以横直木骨与土砖合砌，未见于明、清二代，只北平元妙应寺塔以青砖与水平木骨混用，尚存其法。诸例中，以善化寺大雄宝殿、三圣殿、山门三建筑所示之结构法最为明显。华严寺之薄伽教藏殿与大雄宝殿，因屡经修理，仅见裙肩上木骨一层，疑其一部，必尚保存辽金原状也。

综上所述，辽与北宋建筑，在时间上虽为同期，然其结构手法，实有合有不合。其合者，当俱导源于唐式，不合者，不仅与宋式异，且与金代遗物，未能一致，如补间铺作之朵数，与栌斗、散斗之欹平，及各栱长度、屋顶坡度等，即其最重要者。此殆因燕云一带，自五代没入契丹以来，比较与中原文化隔绝，除一部分固有地方色彩外，必保留若干唐式手法所致也。至于金初建筑，如斗栱比例所示，似极庞杂，已无辽式整然一贯之系统。而其中与辽式异者，每不乏与《营造法式》符合，则其一部，必为北宋亡后所受宋建筑之影响。同时明、清二代官式建筑之斗栱比例，与霸王拳、雀替、角背、随檩枋、挑檐枋、蚂蚱头等，或胎息于辽金旧法，或为宋式之遗留，依此数例，亦得以证实。唯大同辽金建筑，在我国建筑史中，所处地位，如是其重要，而其现状，则任其飘零风雨中，未加人力之维护。行见数十载后，此珍贵之古物，归于颓废，沦为尘壤。甚望地方当局，与海内热心人士，共策保存之术焉。

五、附录

大同东、南、西三门城楼[1]

[1] 大同城楼现均已拆除。——孙大章注

大同城之沿革，据清道光十年《大同县志》及《图书集成》考工典所载，现城系明洪武五年，大将军徐达，因旧土城之南半增筑。城作方形，每面辟门一，各建城楼其上。又建角楼四，敌楼五十有五。其西北角楼曰乾楼，八角三层，最称雄壮，清道光初犹存。今角楼、敌楼俱亡。北门城楼，于数载前毁后重建，俗恶不堪。唯东、南、西三门楼，尚未全毁。诸楼平面，俱为凸字形，外观结构，亦皆一致。据余辈所量东、南二楼之平面尺寸（图一八九），各间面阔进深，虽略有参差，为数极微，足证此二者系同时所建，

图一八九
大同东门、南门城楼平面图

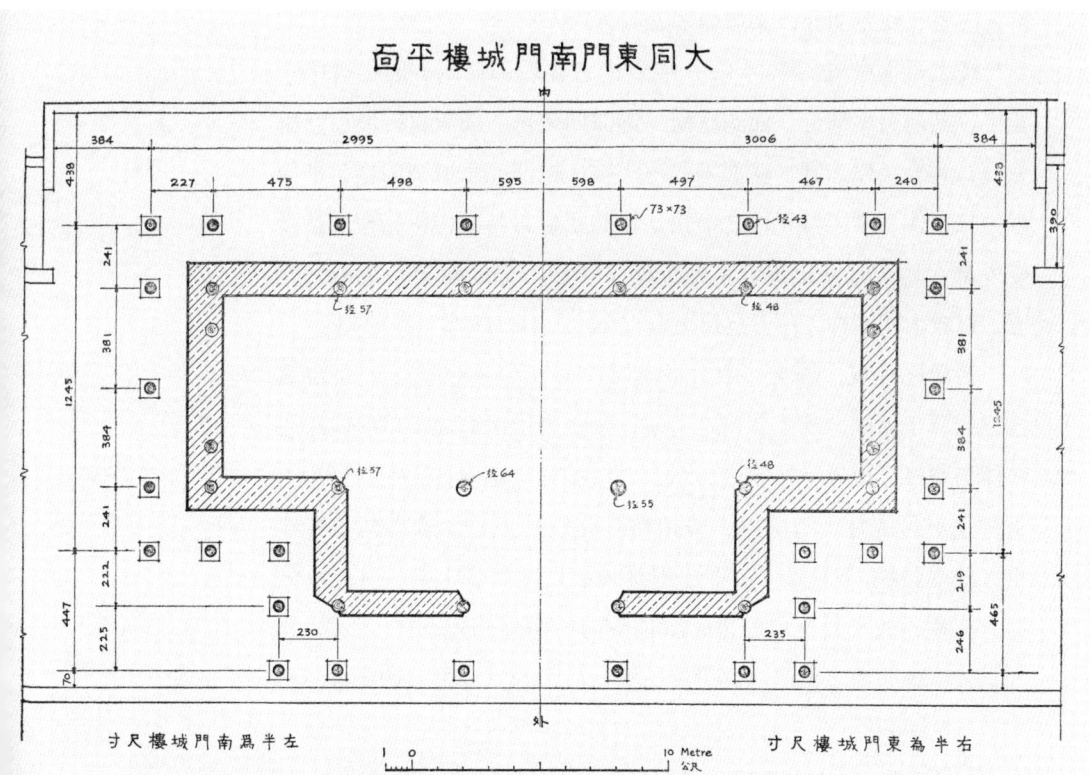

图一九〇
大同西门城楼背面

《县志》所述,信非虚妄。唯二楼年久失修,梁架之一部,暴露于风雨中,距毁灭之期已日近一日。此外仅西门城楼,保存稍佳(图一九〇),但其现状,较十余年前关野贞氏所摄相片,载于《支那建筑》内者,残毁部分,又增加多处矣。

楼之平面配置(图一八九),墙以内者,后部面阔五间,进深六架椽。其前突出部分,面阔三间,进深四架椽。周围以砖墙连前后为一,其外绕以走廊,略似宋之龟头殿。按清北京城诸门楼,平面胥为长方体,唯子城正面之箭楼,作凸字形,与此仿佛相似。然箭楼外部无廊,且突出部分(即虎座)在楼后侧,略类殿阁之后抱厦,以较大同诸楼,位置适反。

诸楼之外观,分上、中、下三层(图一九〇、图一九一)。下层之檐,系覆于周围走廊上。檐之上端,紧接中层诸窗之下口。中层之壁体与腰檐,俱较下层收进。系于下层檐柱与墙内柱之上,施梁一重,梁上再施柱,与阑额、普拍枋其间以砖填砌。普拍枋上置斗栱,托受腰檐(图一九二)。上层则延长墙内之柱于上部,其上施阑额、斗栱,故又较中层收进。屋顶系前后两卷相连(图一九一),均九脊式,即明清之歇山。其梁架结构:后部为六椽栿、四椽栿、平

图一九一
大同南门城楼侧面

图一九二
大同南门城楼突出部侧面

梁各一重,突出部为四椽栿、平梁各一,俱为月梁,其间承以极低之驼峰。外部檐端,乃直线与反曲线之联连体,已非宋、辽、金旧法。但两山出际甚大,仍非北平明、清二代建筑所有（图一九三）。悬鱼已糟朽,仅余博风版上一部,形状不明。

细部结构,与大同辽金诸例异者,如础石上已有简单之覆盆。各层之柱,据目测所得,俱无生起。阑额之前端,伸出角柱外部分,东、南二城楼均刻简单曲线（图一九三）,唯西门城楼,与北平明清建筑之霸王拳,极相接近。普拍枋之高,亦已增大（图一九三）。其伸出角柱外部分,在平面上,两角刻凹线,与正定阳和楼、赵县石佛寺塔、定兴县大悲观三处,完全一致。后二者据铭刻记录，确为元代遗构，故大同诸城楼所用普拍枋之手法，当为元式之遗留。

外檐斗栱下层为四铺作单杪重栱，腰檐及上檐为五铺作双杪重栱，逐跳计心。补间铺作之配列，以正面、背面之中央三间，用二朵者为最多，山面面阔大者用一朵，其余梢间及走廊面阔小者，俱无补间铺作。故其斗栱比例，虽非雄大，但因间隔疏朗之故，无琐碎、纤弱之印象。其结构特点如次：

（一）外檐之腰檐与上檐斗栱，于栌斗左右两侧施泥道栱与慢栱，其上再施栱一层，代替柱头枋（图一九四）。此法甚奇特，在今日已知宋辽以来遗构中，尚属初见。

（二）腰檐与上檐柱头铺作之耍头，系内部挑尖梁之延长。正面之阔，较下部之栱稍大；其前端上部，又易鹊台为麻叶云（图一九三），皆与正定府文庙前殿之耍头一致。当思成调查府文庙时，疑其年代与庙内所存元至正十七年碑前后同期，而不能确定，见汇刊四卷二期《正定调查纪略》一文。今按大同诸城楼建于明洪武五年，距元亡仅四载，所用方法，应为元末通行之方式，足证前项推测，尚无舛误。又按北平明、清二代柱头科之翘昂宽度，自挑尖梁以下，成递减情状。大同诸楼之上层斗栱，虽较耍头稍阔，而其下二层之栱皆宽度相等，与北平诸例异，足为过渡时代之证物（图一九四）。

图一九三
大同南门城楼下檐斗栱

图一九四
大同南门城楼腰檐及上檐斗栱

（三）耍头之形状，除柱头铺作外，皆如宋式，唯鹊台下斜线，向内微凹，非直线，尚如金初善化寺三圣殿、山门二例。耍头之上，延长衬枋头之前端，伸出挑檐枋外侧，剜刻麻叶云，极特别（图一九三）。

（四）大同辽金遗构之斗栱出跳无下昂者，其转角铺作在平面四十五度角线上，自下而上，皆用角栱，无由昂。诸城楼则于角栱上，施由昂（图一九三，图一九四），与辽金遗物异。

依前述各项结构上之特点观之，其中一部尚保存辽金旧法，另一部则与元代遗构所用之方法符合，可证其确系明初所建。其后诸

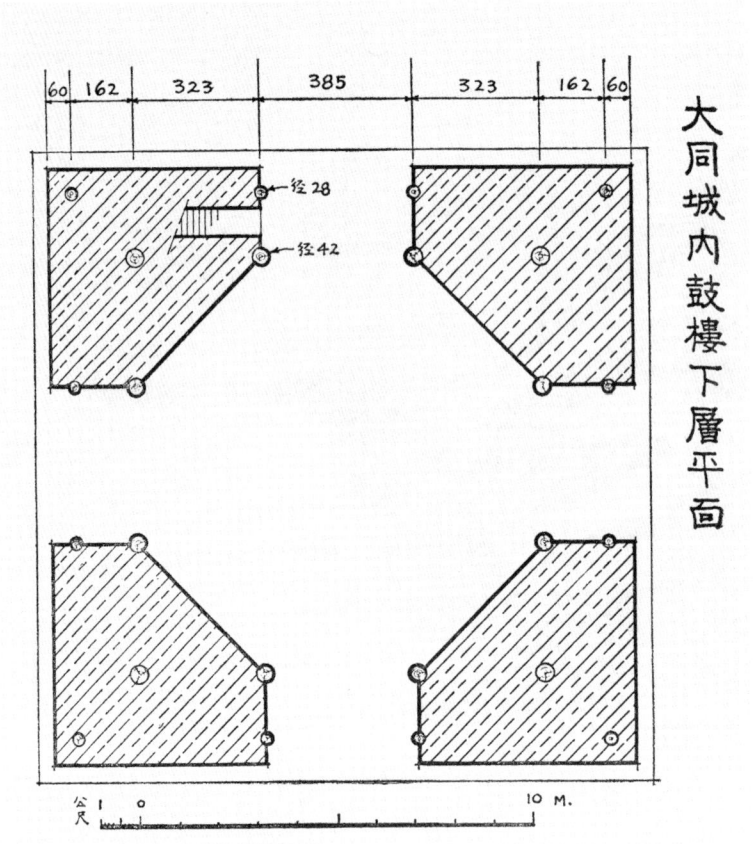

图一九五
大同城内鼓楼下层平面图

楼虽迭经修理，见《县志》卷五"营建"一章，但其主要架构，如前所述，应为建造以来之旧物。

钟 楼

钟楼在大同西门内清远街东段。平面为正方形（图一九五）。[1] 下层每面三间，空其当心间为门，两侧次间悉甃砖壁。门以内，截去四隅砖壁之内角，故钟楼下层之外部，作八角形。

钟楼外观（图一九六）系上下二层，但上层另附腰檐，遽观之，若三层。下层之柱与阑额，埋于墙内，仅当心间之阑额露出。其上施普拍枋及四铺作单杪重栱造斗栱；除柱头铺作外，每间仅有补间铺作一朵。斗栱之结构（图一九七），系于栌斗左右，出泥道栱、慢

[1] 图中文字疑误为"鼓楼"。——编者注

图一九六
大同钟楼外观

图一九七
大同钟楼下檐及平坐斗栱

栱各一层；正面则出华栱一跳，跳上施令栱与耍头相交，其上延长衬枋头于挑檐枋外侧，刻麻叶云，与诸城楼之下檐斗栱一致。唯转角铺作，改正、侧二面华栱上之耍头为单栱，承托衬枋头之前端，稍异（图一九七）。

上层每面亦三间，壁体较下层收进，外绕以廊。廊设于平坐上，其下斗栱为五铺作卷头重栱造，仅当心间施补间铺作一朵，左右次间无（图一九六）。其上设栏楯及柱。柱上置阑额、普拍枋，及四铺作单杪重栱之缠腰铺作，以受腰檐。廊内之柱，则较腰檐高出一段，于阑额、普拍枋上，施五铺作单杪单昂，亦只当心间设补间铺作一朵。其上屋顶为九脊顶，正脊东西向。两山出际与檐端曲线等，俱同城楼。

钟楼之建造年代，《县志》卷五仅云"明时建，国朝乾隆二十六年重修"，未言究建于明之何时。今以结构式样判之，其屋顶出际等，已如前述；此外斗栱比例之雄大，与补间铺作之疏朗，及衬枋头伸出挑檐枋与平坐素枋外侧，胥与东、南、西三城楼吻合，故疑此楼亦为明初所建。至于腰檐之缠腰铺作，比例甚小，且补间铺作增为二朵，不与上、下二层之斗栱调和，当为后世所改。